职业教育财经类专业教学用书

会计电算化实务

李霞林　主　编
谢泽贵　副主编

電子工業出版社
Publishing House of Electronics Industry
北京·BEIJING

内 容 简 介

本书是一本以商业企业的日常经营活动为线索、以企业的购销存与财务等业务的一体化处理方法为大纲构建的理实一体化教材。本书的编写贯彻知行合一、理实一体、任务驱动的教学思路与要求，以项目和任务为载体，以用友 ERP-U8V10.1 管理软件为工具，基于 2007 年发布的《企业会计准则》，以模拟公司，即文景纺织品贸易有限责任公司（流通企业）的会计电算化实施为主线，从建账前的准备工作、账套建立、各子系统初始化、当期日常业务处理、期末业务处理及报表编制的全过程来构建整体框架，内容的编排以学习任务、任务分析、知识准备与任务实施的形式呈现。

本书可满足不同层次的教学需要，既适合做高职高专会计、财务管理等专业会计电算化（或会计信息化应用、会计软件应用等）课程的教材，也可供普通高校本科会计、审计、财务管理等财经类专业会计电算化课程的教学使用，还可为会计工作人员在实际工作中学习 ERP 软件进行财务业务一体化处理提供参考。

图书在版编目（CIP）数据

会计电算化实务 / 李霞林主编. —北京：电子工业出版社，2019.12
ISBN 978-7-121-38095-2

Ⅰ. ①会… Ⅱ. ①李… Ⅲ. ①会计电算化－高等职业教育－教材 Ⅳ. ①F232

中国版本图书馆 CIP 数据核字（2019）第 251852 号

策划编辑：徐 玲
责任编辑：王凌燕
印　　刷：北京七彩京通数码快印有限公司
装　　订：北京七彩京通数码快印有限公司
出版发行：电子工业出版社
北京市海淀区万寿路 173 信箱　　邮编 100036
开　　本：787×1 092　1/16　印张：19.25　字数：505.1 千字
版　　次：2019 年 12 月第 1 版
印　　次：2019 年 12 月第 1 次印刷
定　　价：45.00 元

凡所购买电子工业出版社图书有缺损问题，请向购买书店调换。若书店售缺，请与本社发行部联系，联系及邮购电话：（010）88254888，88258888。

质量投诉请发邮件至 zlts@phei.com.cn，盗版侵权举报请发邮件至 dbqq@phei.com.cn。

本书咨询联系方式：xuling@phei.com.cn。

前言

高质量的教学效果离不开高质量的教材，为更好地体现职业特点、培养岗位职业能力、加强实践性教学环节，本书的编写贯彻知行合一、理实一体、任务驱动的教学思路与要求，以项目和任务为载体，以用友 ERP-U8V10.1 软件为工具，基于 2007 年发布的《企业会计准则》，以模拟公司，即文景纺织品贸易有限责任公司（流通企业）的会计电算化实施为主线，从建账前的准备工作、账套建立、各子系统初始化、当期日常业务处理、期末业务处理及报表编制的全过程来构建整体框架，内容的编排以学习任务、任务分析、知识准备与任务实施的形式呈现。本书充分践行理实一体化的教学原则，通过理实一体化的教学活动形成对会计电算化的整体认识与思路，使学生在不断提出问题、分析问题与解决问题的过程中掌握 ERP 财务软件的业务处理方法与处理流程，有利于学生更好地理解 ERP 系统对企业物流、资金流、信息流与人流进行一体化管理的思想内涵，形成综合职业能力，为学生顺利适应就业需要奠定坚实的基础。

本书以商业企业的日常经营活动为线索、以企业的购销存与财务等业务的一体化处理方法为大纲构建，由 12 个项目组成。项目一介绍计算机替代手工记账的基本条件与实施过程；项目二重点介绍单位建立会计电算化核算系统的要求与过程，包括会计软件与运行环境配置的要求及实施流程；项目三主要介绍账套创建及用户管理和权限设置操作流程；项目四介绍模拟公司基础档案的设置与操作；项目五重点介绍 ERP-U8V10.1 各子系统初始设置的规则与实施流程；项目六讲解总账月初业务的处理；项目七～项目十分别介绍企业的采购与应付、销售与应收、存货、固定资产和薪资相关业务的处理；项目十一是期末业务的处理，介绍各系统期末业务处理方法与流程；项目十二是会计报表编制业务的处理，介绍利用 UFO 报表系统编制资产负债表和利润表的方法，以及自定义报表的编制流程。

本书可满足不同层次的教学需要，既适合做高职高专会计、财务管理等专业会计电算化（或会计信息化应用、会计软件应用等）课程的教材，也可供普通高校本科会计、审计、财务管理等财经类专业会计电算化课程的教学使用，还可为会计工作人员在实际工作中学习 ERP 软件进行财务业务一体化处理提供参考。

本书由北京农业职业学院李霞林老师负责内容框架设计并担任主编，谢泽贵老师担任副主编，舒清老师为参编。本书项目一～项目三、项目五～项目九、项目十一～项目十二由李霞林老师编写，项目四由谢泽贵老师编写，项目十由舒清老师编写。本书采用用友 ERP-U8V10.1 为教学软件，为方便教学和自学使用，配套有 PPT 课件和备份账套，请有此需要的老师登录华信教育资源网（www. hxedu.com.cn）下载。

本书的编写参考了相关文献，也引用了用友 ERP 财务软件系统自带的帮助文件资料。同时，在本书的编写过程中，北京农业职业学院的胡霞、张晓红和王国清等老师提供了许多宝贵意见和建议，在此一并表示衷心感谢！

由于时间仓促，书中难免有不足和错漏之处，敬请读者指正并多提宝贵意见，以便今后进一步修改完善。

编者

2019 年 5 月于北京

项目一
计算机替代手工记账

学习目标

本项目主要学习单位在准备应用财务软件替代手工记账阶段，需要满足哪些条件，需要准备哪些资料，需要经历怎样的过程等基础知识。

任务 1　了解计算机替代手工记账的基本条件

学习任务

文景纺织品贸易有限责任公司（简称“文景公司”）成立于 2017 年 1 月 10 日，是专门从事纺织品批发与销售的商贸企业，属于一般纳税人企业。目前，该公司管理层通过商议，决定从 2019 年 6 月开始采用计算机替代手工记账，实施会计电算化核算系统。那么，在实施计算机替代手工记账之前，到底应该完成哪些准备工作呢？该项工作任务由会计主管负责，其他相关人员配合完成。

任务分析

在企业会计电算化系统实施前，首先需要了解企业应该满足哪些条件，包括文字与数据资料、软硬件条件、人员与制度等各方面的基本要求。一旦满足了这些基本条件，就可以进行计算机替代手工记账的实施工作了。完成此项任务可以通过查阅与学习相关资料完成。

知识准备

一、替代手工记账是会计电算化的目标之一

从广义上讲，替代手工记账是指将各种基础数据输入计算机，采用电子计算机设备和会计核算软件对输入计算机的会计数据进行处理（计算、分类、汇总、转存等），生成会计信息并存储在磁性或光盘等介质上，根据需要输出各种会计凭证、账簿、报表，即采用计算机替代手工记账、算账、报账过程。虽然企业会计工作信息化是最终目标和方向，但替代手工记账是首先要达到的目标，主要完成设置会计科目、填制会计凭证、登记会计账簿、进行成本计算、编制会计报表等方面的会计核算任务，实现会计数据处理电子化。

替代手工记账过程的实现不仅是记账、算账、报账处理方式的改变，更主要的是提高了会计信息的及时性、准确性和完整性，从而为实施企业会计信息化打下基础。

从狭义上讲，替代手工记账是指从手工会计数据处理方式向计算机会计数据处理方式的过渡阶段，即脱离手工会计核算工作的过程。因此，替代手工记账只是会计电算化工作的“初级阶段”，是一个单位会计信息化工作的“起点”。其主要任务是完成数据整理、初始化、计算机与手工并行和甩账验收等工作。由于会计电算化“初级阶段”的工作较多，本节主要从狭义上阐述替代手工记账的有关问题，包括脱离手工会计核算工作的过程和在工作中经常遇到的一些问题及其解决办法。

二、替代手工记账的基本要求

（一）组织保障

为保证会计电算化后会计工作的质量，《企业会计信息化工作规范》（以下简称《工作

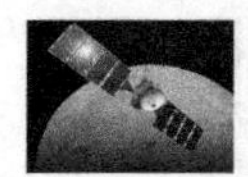

规范》）第 21 条明确规定，企业应当充分重视会计信息化工作，加强组织领导和人才培养，不断推进会计信息化在本企业的应用。同时，企业应当指定专门机构或岗位负责会计信息化工作。未设置会计机构和配备会计人员的企业，由其委托的代理记账机构开展会计信息化工作。本条对企业开展会计信息化工作提出了原则性要求，即首先需要组织、机构和人员保障。

（二）配有适用的会计软件和相应的计算机硬件设备

计算机硬件设备是实施会计电算化的物质基础，是会计信息系统正常运行的工具支持，是单位开展会计信息化工作的重要保证。这些设备主要包括计算机设备及数据采集、网络通信设备和机房设施等。下面主要对会计软件所涉及的相关内容进行重点介绍。

1. 会计软件的含义

会计软件指专门用于会计核算工作的计算机应用软件，包括采用各种计算机语言编制的用于会计核算工作的计算机程序。凡是具备相对独立完成会计数据输入、处理和输出功能模块的软件，如账务处理软件、固定资产核算软件、工资核算软件等，均可视为会计核算软件。不同软件公司开发的会计核算软件所包含的功能模块并不完全相同。企业配备会计软件，应当根据自身技术力量及业务需求，考虑软件的功能、安全性、稳定性、响应速度、可扩展性等，合理选择购买、定制开发、购买与开发相结合等方式。

2. 会计软件的分类

1）根据适用范围不同划分

根据适用范围不同，会计软件可分为专用会计软件和通用会计软件。

（1）一般来说，专用会计软件是指由使用单位根据自身会计核算与管理的需要自行开发或委托其他单位开发，专供本单位使用的会计软件。

其特点是把使用单位的会计核算规则，如会计科目、报表格式、工资项目、固定资产项目等编入会计软件，非常适合本单位的会计核算，使用起来简便易行。但其缺点是，受使用范围和时间限制，系统只适用于个别单位。一般只有实力较雄厚、规模较大或业务特殊的单位在实施会计电算化时才会选择这种开发模式。

（2）通用会计软件一般是指由专业软件公司研制，在市场上公开销售，能适应不同行业、不同单位会计核算与管理需要的会计软件，我国的通用会计软件以商品化软件为主。

通常通用会计软件又可进一步分为全国通用的会计软件和行业通用的会计软件。

为了体现“通用”特点，通用会计软件一般都设置“初始化”模块，用户在首次使用通用会计软件时，必须使用该模块对本单位的所有会计核算规则进行初始化设置，从而把通用会计软件转化为一个适合本单位核算情况的专用会计软件。

其特点如下：

（1）通用性强。

（2）成本相对较低。

（3）维护量小，且维护有保障。

（4）软件开发水平较高。

（5）开发者决定系统的扩充与修改。

（6）专业性差。

2）根据硬件结构不同划分

根据硬件结构不同，会计软件可分为单用户会计软件和多用户（网络）会计软件。

（1）单用户会计软件是指将会计软件安装在一台或几台计算机上，每台计算机中的会计软件单独运行，生成的数据只存储在各自的计算机中，计算机之间不能直接实现数据交换和共享。

（2）多用户（网络）会计软件是指将会计软件安装在一个多用户系统的主机（或计算机网络的服务器）上，该系统中的各个终端（工作站）可以同时运行该软件，且不同终端（工作站）上的会计操作人员能够共享会计信息。

3. 会计软件的基本要求

根据《会计法》《工作规范》和国家统一的会计制度规定，会计软件设计、应用、维护应当符合以下基本要求：

（1）合法。《工作规范》第 6 条规定，"会计软件应当保障企业按照国家统一的会计准则制度开展会计核算，不得有违背国家统一会计准则制度的功能设计。"

（2）文字。《工作规范》第 7 条规定，"会计软件的界面应当使用中文并且提供对中文处理的支持，可以同时提供外国或少数民族文字界面对照和处理支持。"

（3）功能。《工作规范》的第 2 章对会计软件的功能做出了原则性要求。例如，《工作规范》第 8 条规定，"会计软件应当提供符合国家统一会计准则制度的会计科目分类和编码功能。"第 9 条规定，"会计软件应当提供符合国家统一会计准则制度的会计凭证、账簿和报表的显示和打印功能。"第 10 条规定，"会计软件应当提供不可逆的记账功能，确保对同类已记账凭证的连续编号，不得提供对已记账凭证的删除和插入功能，不得提供对已记账凭证日期、金额、科目和操作人的修改功能。"第 14 条规定，"会计软件应当记录生成用户操作日志，确保日志的安全、完整，提供按操作人员、操作时间和操作内容查询日志的功能，并能以简单易懂的形式输出。"该条是对软件提供会计信息的完整性和安全性提出的要求。相关功能要求可查看《工作规范》相应章节内容。

（4）服务。会计软件开发销售单位必须为使用单位提供会计软件操作人员培训，会计软件维护、版本更新等方面的服务。

（5）升级。单位修改、升级正在使用的会计软件，改变会计软件运行环境，应当建立相应的审批手续。

（三）有专门机构或岗位参与

企业进行会计信息系统前端系统的建设和改造，应当安排负责会计信息化工作的专门机构或岗位参与，充分考虑会计信息系统的数据需求。

（四）建立健全严格的内部管理制度

会计电算化内部管理是指对已建立的会计电算化系统进行全面管理，保证系统的安全和正常运行，它是保证单位会计工作和会计电算化工作有序进行的重要措施。在准备替代手工记账前，要针对会计电算化工作的特点，对内部会计管理制度的内容进行相应调整。会计电算化的内部管理制度主要包括岗位责任制、日常操作管理制度、计算机软件和硬件系统的维护管理制度、会计档案管理制度及会计数据与软件管理制度等。

任务实施

根据文景公司会计电算化工作的计划内容，会计主管带领财务部工作人员进行了学习研究，列出了公司需要做的以下准备工作：

（1）根据公司业务要求重新装修了财务部机房，购置了会计软件（用友 ERP-U8V10.1）。

（2）进行人员配备与分工。

文景公司会计电算化相关岗位与人员分工情况如表 1-1 所示。

表 1-1　文景公司会计电算化相关岗位与人员分工情况

编　号	姓　名	口　令	部　门	业务分工
801	王成	1	财务部	负责系统初始设置、经济业务原始单据的审批、主管签字，记账凭证、发票、收款单、付款单审核
802	周晓	3	财务部	开具销售发票、总账、固定资产管理、工资、报表编制
803	刘圆	4	财务部	填制收款单、付款单，出纳签字，银行对账
804	李梅	5	市场部	填制销售订单和发货单
805	孙志	6	物流部	填制采购订单、到货单和采购发票
806	王伟	7	物流部	填制入库单、出库单、盘点单，进行采购结算和存货核算

（3）制定规范严格的会计电算化内部管理制度（略）。

拓展提高

相关法规参考：

《会计法》（2017 年 11 月修订版）。

《会计档案管理办法》（2016 年 1 月修订版）。

《企业会计信息化工作规范》（2014 年 1 月 6 日施行）。

任务 2　了解计算机替代手工记账的实施过程

学习任务

文景公司已经从软件、硬件、人员和制度方面完成了计算机替代手工记账的准备工作，满足了计算机替代手工记账的基本条件。那么，接下来要做的就是计算机替代手工记账的实施。由于会计电算化的实施工作是一项比较复杂的系统工程，需要从企业的实际需要出发，制定科学合理的实施计划与具体步骤，以确保计算机替代手工记账工作的顺利衔接与过渡。

任务分析

替代手工记账是会计电算化的阶段性目标。一般来说，单位实施方案应当包括整理手工会计业务数据，确定会计核算方法和数据处理过程，建立会计科目编码体系，设置各种会计凭证、账簿、报表的格式和项目，会计软件的初始化，以及在试运行阶段人工与计算机数据进行对比分析等工作。

知识准备

为保证计算机替代手工记账的顺利实施，单位需要在以下几个方面做好准备工作。

一、整理手工会计业务数据

在使用会计软件对会计业务进行处理时，首先要做的工作是进行会计数据的标准化与规范化处理。会计软件由于对会计数据源提出了一系列规范化要求，在很大程度上解决了手工记账的不规范、随意性、错漏多等问题，使会计工作的质量与效率在很大程度上得到了提高。从会计电算化的要求来看，对手工会计数据需要进行的规范化处理主要包括以下几个方面的内容。

（一）重新核对凭证与账簿，做到账证、账账、账实相符

由于计算机数据的高度集成与统一的特点，在将手工会计数据移入计算机处理之前，需要对会计数据按会计软件的要求进行整理与分类，确保凭证与各级明细账、总分类账之间，总分类账与其明细分类账、相关辅助明细账之间，各类明细分类账、总分类账和实物库存记录之间，金额与数量完全一致。

（二）整理各账户余额

在初次使用电算化系统时，软件是不含任何期初数据的，为保证手工数据与计算机数据的一致性，必须按照会计软件的要求进行账户期初余额的整理。在整理账户余额时需要注意的是，如果是在年初建账，只需整理各账户期初余额；如果是在年中某月建账，除了需要整理各账户期初余额，还需整理出建账月以前各月所有账户的发生额合计数。

（三）清理往来账户和银行账户

在电算化方式下，对往来账户的管理一般有两种方法：一是将往来账户所涉及的单位或个人作为账户的明细科目处理；二是将往来单位或个人设置为相应的辅助账，单独进行核算和管理。因此，单位在实施会计电算化时需要根据实际需求事先确定往来账的管理方式。

同样，电算化前需要及时核算银行账，对银行的一些未达账项进行清理，以保证银行期初数据的准确性。

二、规范化基础数据

规范化基础数据就是对会计科目、产品、材料、客户等基础数据信息进行代码化处理，以方便计算机处理。编码既是系统唯一识别每个、某类信息的依据，也是进行信息分类、校核、合计、检索的关键字，更是系统化、标准化、逻辑化的有效手段。在会计软件中，系统在对操作员、客户与供应商档案、会计科目进行信息处理时，都需要调用其编码才能完成。

（一）会计账户体系的规范化

会计账户体系是会计核算的基础，是最重要的会计信息的载体，整个会计核算系统都是以会计账户体系为基础建立的，由于会计电算化对会计科目的要求与手工记账有很大的差异，因此必须在输入计算机之前对会计账户体系进行统一的设计和规划，建立符合电算化特点和要求的会计账户体系。

建立会计账户体系从一级会计科目开始，逐级设置明细科目。设置会计科目时应遵循以下原则。

（1）符合财政部和有关管理部门的规定。对一级科目必须按照财政部颁布的会计制度或准则进行统一设置。

（2）满足本单位会计核算与管理的要求。对明细科目要根据企业具体的核算要求进行设置。

（3）满足会计报表的要求。凡是报表所用的数据，如果需要从账务处理系统中取数，则必须设立相应的科目。

（4）要保持体系完整，不能只有下级科目而没有上级科目。

（5）要保持科目的相对稳定性。会计科目是会计电算化最重要的基础数据，为了保持系统数据和流程的稳定，所设置的会计科目至少在年内要保持相对稳定性，一旦设定不得随意修改和删除。

（6）要考虑与子系统的衔接。会计科目是各个子系统之间传递数据的重要载体，凡是与其他各子系统有关的科目，在整理时应将各子系统中的核算大类在账务处理系统中设为底层科目。

（7）应当具有可扩充性。为了适应企业业务发展的需要，所设置的会计科目体系既要考虑当前核算与管理的现状，也要考虑未来一段时间内编码是否可扩充的问题。

（8）科目编码规则。会计软件主要是依据会计科目代码对会计信息进行分类核算与管理的，对会计科目编码是会计软件实现自动化数据处理的基础。为了保证会计科目的统一和完整，现有的会计软件都要求必须在初始化时预先设定会计科目代码的级次和各级位数，一旦使用就不能随意变动。因此，设置科目编码时必须在遵循以上原则的基础上全方位考虑后再决定。

单位在建立会计账户体系并确定科目编码时，一般情况下采用科目全编码方案，即本级科目全编码＝上一级科目全编码+本级科目编码。其中，一级会计科目编码按财政部规定的编码方案执行，明细科目编码按照具体编码规则设置。会计科目编码不能重复，而且必须按

级次顺序先后建立。科目编码可以用数字、英语字母等表示，科目名称可以用汉字、英文字母、数字等符号表示，但不能为空。

2006年2月15日，财政部颁发并于2007年实施的新《企业会计准则》确定了一级会计科目编码与名称，其中一级科目为4位，第一位数字表示会计科目的类别，其中1表示资产类、2表示负债类、3表示共同类、4表示所有者权益类、5表示成本类、6表示损益类。由于一级科目编码需要按财政部规定执行，因此企业只需要根据自身特点与需要，从二级科目开始编码。

例如，Y公司确定的会计科目编码方案为4－2－2－2，该编码规则表示科目级次为4级，其中一级的级长为4位，二、三、四级的级长均为2位。根据“本级科目全编码＝上一级科目全编码+本级科目编码”的原则，该公司一级科目全编码是4位，二级科目全编码为6位（4+2），三级科目全编码为8位（6+2），四级科目全编码为10位（8+2）。

如“银行存款”一级编码为1002，其下级科目编码与名称如表1-2所示。

表1-2 “银行存款”及其下级科目编码与名称

科目级次	编　码	科目名称
一级科目	1002	银行存款
二级科目	100201	工商银行
二级科目	100202	建设银行

另外，这种编码方案也表示，二、三、四级明细科目每级最多可以有100个，如果企业需要在应收账款二级明细科目下管理超过100个不到1 000个客户时，则需要将二级科目编码设置为3位才行，这时会计科目编码方案需要改为4－3－2－2。因此，企业设置编码规则时应当充分考虑可扩充性，以适应将来的发展规模与趋势，不造成被动局面。

在设置科目体系时，除了编码，还需要设置科目名称、科目类型、账页格式辅助核算等内容。会计科目的名称是指会计科目的中文名称，要在凭证、账簿及报表上显示和打印。科目类型是按会计科目性质对会计科目进行的分类，按照新《企业会计准则》，科目类型分为资产、负债、共同、权益、成本和损益6大类。账页格式规定每个科目的会计账页格式分为金额式、数量金额式、外币金额式和数量外币式。辅助核算账类是对科目进行辅助核算标识的，一般要求在最末级科目进行辅助核算设置。辅助核算账一旦设定，不得随意修改，避免造成数据丢失或出现混乱。

（二）其他基础数据的规范化

除了会计科目，与会计核算相关的其他基础数据如部门、职员、客户、供应商、存货等，也需要根据单位实际管理要求进行规范化整理，才能被会计核算系统存储和处理。

在实际工作中，对这类基础数据的编码设置通常采用类别码加顺序码的方式，编码规则与会计科目编码类似。例如，某公司存货分类编码方案为2-2，如表1-3所示。

表 1-3 存货编码及名称示例表

存货编码级次	编 码	存 货 名 称
一级编码	01	产品
二级编码	0101	A 产品
二级编码	0102	B 产品
一级编码	02	材料
二级编码	0201	甲材料
二级编码	0202	乙材料
一级编码	03	其他

三、规范各类账、证、表的格式和会计核算方法与过程

在计算机替代手工记账前，单位需要全面考虑各类会计资料的规范性格式，根据会计软件要求与企业核算需要保留必须保留的，修改必须修改的，使会计账、证、表的格式既符合单位特点，也适合会计软件的处理。

由于计算机数据处理具有计算速度快、存储容量大的特点，因此在手工方式下不方便开展的或因为工作量太大而未能实施的工作，在会计电算化方式下则可以很容易地实现。例如，实现电算化前许多企业采用综合直线法计提折旧，却未考虑不同类型固定资产的特点，如磨损速度的快慢。这种为了减少计算量而舍弃精确性的选择，在手工方式下是不得已的，但在电算化方式下能够很方便地对每项固定资产单独进行折旧，并不会增加计算工作量，因此可以采用个别折旧率进行折旧计算。一般来说，会计核算软件预置了多种会计核算方法，如成本计算方法、折旧计算方法、存货计价方法等，企业可以根据实际需要进行选择确定。

四、会计软件初始化

由于商品化会计软件通用性的特点，所以会计软件需要提供初始化功能。会计软件初始化是确定会计软件核算规则与输入基础数据的过程，即根据使用单位的业务性质和核算要求，对会计软件进行相应的规则定义及输入基础数据等一系列准备工作，以完成将通用会计软件转化为适合本单位实际情况的专用会计软件，以及从手工处理方式转换成会计电算化方式的过程。会计软件的正常运行离不开初始化设置的准备、规范、及时和完整。

初始化工作涉及软件运行的流程和基础信息输入，其对日常运行有决定性的影响。在初始化之前，应对企业业务及软件的功能做详细分析，将软件的功能与企业业务需求进行充分结合，一般需要企业业务人员和软件实施人员一起配合来完成。

由于会计软件包含多个功能模块，所以初始化工作也需要分功能模块来分别执行，每个模块的初始化内容也有所不同。例如，账务处理初始化的主要内容包括系统总体参数的设置（设置核算单位、启用日期、编码规则等）、设置凭证类别、设置会计科目、输入初始余额、

设置自动转账分录及其他初始设置等；工资核算初始化的主要内容包括设置部门编码、设置职工类型、设置工资项目、设置运算关系；成本核算初始化的主要内容则包括设置产品目录代码、输入期初在产品成本、定额资料等；报表处理初始化通常包括报表注册、设置报表格式、设置计算公式和审核公式等。

五、计算机与手工并行

计算机与手工并行是指在会计软件使用的最初阶段，人工与计算机同时进行会计处理的过程。在此阶段的主要任务是：检查已建立的会计信息系统是否充分满足要求，使用人员对软件的操作是否存在问题，对运行中发现的问题是否还应进行修改，并逐步建立比较完善的会计电算化内部管理制度等。

试运行时间最好放在年初、年末、季初、季末等特殊的会计时期，时间跨度最好能跨年，这样才能更全面地比较手工数据和电算化数据。如果计算机与手工核算结果不一致，要由专人查明原因并向本单位领导书面报告。

关于试运行的时间，在《企业会计信息化工作规范》（2014 年 1 月 6 日起施行）实施以前，《会计电算化工作规范》（1996 年 6 月 10 日颁布与施行）规定应该在 3 个月以上，一般不超过 6 个月。《企业会计信息化工作规范》实施后，《会计电算化工作规范》不再适用于企业。

六、甩账

在成功地双轨运行并确保电算化系统与手工核算的数据一致且软件运行安全可靠，则可以完全采用会计信息系统处理会计业务，实现计算机替代手工记账。

任务实施

根据文景公司会计电算化工作的计划与要求，文景公司准备从 2019 年 6 月开始用计算机替代手工记账。在满足了计算机替代手工记账的基本条件之后，会计主管领导公司财务部会计人员会同电算化系统相关人员进行了手工数据的整理与核对，然后对基础数据也进行了规范化，先后完成了公司基础信息、会计科目和基础档案的编码与整理工作。

一、文景公司的基础资料

文景公司成立于 2017 年 1 月 10 日，是专门从事纺织品批发与销售的商贸企业，主要经营服装和家纺面料。公司位于京州市和平区胜利路 7 号，开户银行为中国工商银行京州市和平支行，账号为 6202001097586328791，属于一般纳税人，统一社会信用代码为 91210258MA123375X6。公司法人代表是刘恒，邮编 100042，电话 022－60000227，邮箱：wjmy@188.com。

公司注册类型为有限责任公司，公司共有 5 个部门，组织结构如图 1-1 所示。

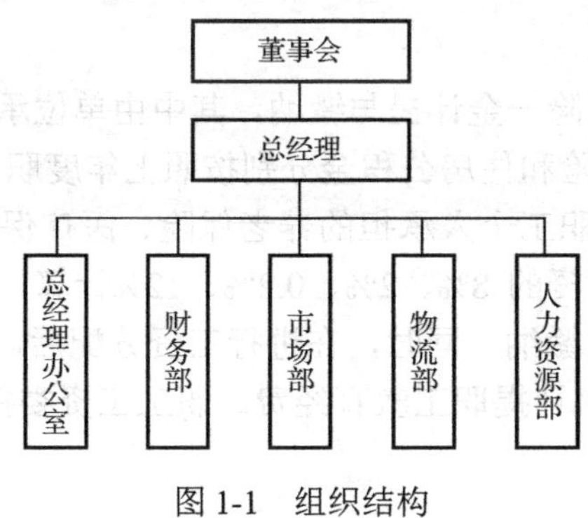

图 1-1　组织结构

二、公司会计核算制度

（一）会计科目体系设置

1. 会计科目设置要求

会计科目采用 4—2—2—2 编码方案，即一级科目级长 4 位，二级科目级长 2 位，三级科目级长 2 位，四级科目级长 2 位。

2. 科目设置要求

应付账款下设暂估应付款和一般应付款两个明细科目。其中，一般应付款明细科目设置为受控于应付款系统，暂估应付款科目设置为不受控于应付款系统。

3. 项目核算要求

公司将在途物资、库存商品、主营业务收入和主营业务成本 4 个会计科目设置为项目核算科目。项目大类名称为“商品目录管理”，项目分类定义为服装面料和家纺面料，项目目录中属于服装面料的有棉布、麻布、毛料、丝绸、混纺 5 种，属于家纺面料的有活性印花斜纹棉、磨毛印花面料、贡缎面料、提花面料 4 种。

（二）收付结算方式

公司分别在工商银行和中国银行开设账户进行收付结算，采用的结算方式包括现金、现金支票、转账支票、银行汇票、银行承兑汇票、电汇和同城特约委托收款等方式。

（三）存货核算方法

企业存货包括服装面料、家纺面料和包装物、办公用品等各种低值易耗品，均按实际成本核算，记账方法采用永续盘存制，发出存货计价采用全月平均法。

（四）坏账损失核算方法

本公司只对应收账款计提坏账准备，并于每年年末按应收账款期末余额的 1%计提。公司建立了专门的信用管理部门对客户信用度进行审查和确定，同时对应收账款的确认与收回进行管理。

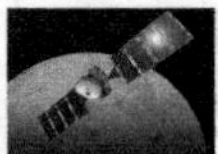

（五）工资薪金核算方法

公司按照相关规定进行五险一金计提与缴纳，其中由单位承担的养老保险、医疗保险、失业保险、工伤保险、生育保险和住房公积金分别按照上年度职工月平均工资的20%、10%、1%、1%、0.8%、12%计算，职工个人承担的养老保险、医疗保险、失业保险、住房公积金分别按照本人上年度月平均工资的8%、2%、0.2%、12%计算。各种保险金和住房公积金均于工资分配时当月计提，次月缴纳。同时，在进行工资分配后，还要按工资总额的2%计提工会经费，按工资总额的2.5%计提职工教育经费。职工工资委托银行代发，从2019年6月开始于月底发放工资。

（六）固定资产核算方法

公司的固定资产包括房屋及建筑物、机器设备、交通运输设备、电子设备和家具，均为在用状态。公司对所有固定资产采用平均年限法计提折旧，固定资产使用年限和折旧率的确定均严格按照《企业会计准则》规定执行。

（七）财产清查方法

1. 库存现金与银行存款清查方法

每日终了，出纳人员应对库存现金进行实地盘点，做到日清月结。如发现长短款，应及时查明原因，并进行必要的处理。银行存款也应每月根据银行对账单进行核对，并编制余额调节表。发现问题应及时查明原因，并做适当处理。

2. 存货和固定资产清查方法

公司采用实地盘点法每月末对存货进行清查，每季末对固定资产进行清查，根据盘点结果编制“盘点表”。对于盘点情况及在盘点中发现的问题，应由负责保管和使用部门查明具体原因并写出书面报告，经负责人审查报董事长审批后及时处理。

（八）税务处理方法

本公司为增值税一般纳税人，税率为13%，按月缴纳。企业所得税核算采用资产负债表债务法，税率为25%，按月预缴，全年汇算清缴。应交的城市维护建设税、教育费附加和地方教育费附加按当月应交增值税的7%、3%和2%计算。

（九）利润分配方案

根据公司章程及相关法律法规，本公司税后利润按以下顺序分配：

（1）弥补亏损。

（2）按10%的比例提取法定盈余公积。

（3）提取任意盈余公积。

（4）向股东分配利润。

（十）财务报告编制

公司在每月5日前编制上月财务报告，在每一会计年度7月1日前编制公司的中期财务

报告，在每一会计年度结束后50日内编制公司年度财务报告。

三、会计科目体系与基础档案资料

公司会计人员配合相关部门对会计科目和其他有关基础档案资料进行了整理和编码，其他资料见项目三初始化设置内容。

本公司使用《企业会计准则》规定的工业企业一级会计科目，根据公司业务内容与核算需要完成了会计科目体系的设置，详细内容参见项目四的任务4。

思考与练习

一、单选题（请将备选答案中唯一正确答案的字母填在括号内）

1．会计电算化后，会计科目编码应符合会计制度的要求，（　　）会计科目必须与会计制度保持一致。

A．一级及其明细　　B．一级　　C．一级和部分明细　　D．二级

2．某公司科目编码级次为4—3—2，下列科目编码不符合此方案的是（　　）。

A．400101　　B．3202001　　C．1205　　D．430100101

3．关于会计电算化设立会计科目，下列说法不正确的是（　　）。

A．建立会计账户体系要逐级设置明细科目，应从最末级开始逐层向上设置

B．要保持科目的稳定性

C．凡是与其他各子系统有关的科目在整理时应将各子系统中的核算大类在账务处理系统中设为底层科目

D．不能只有下级科目而没有上级科目

二、多选题（每个小题有两个或两个以上正确答案，请将所选答案的字母填在括号内）

1．会计软件的取得方式主要有（　　）。

A．定点开发　　B．自行开发与购买商品化软件相结合

C．购买商品化软件　　D．自己开发

2．内部管理制度中包括（　　）。

A．操作管理制度　　B．岗位分工制度

C．会计档案管理制度　　D．机房管理制度

3．计算机替代手工记账的步骤有（　　）。

A．会计软件初始化

B．建立会计账户体系并确定编码

C．整理手工会计业务数据

D．规范各类账、证、表的格式和会计核算方法与过程

4．从手工会计方式转换为电算化会计方式最好在（　　）时进行。

A．随时　　B．跨月　　C．跨年　　D．跨季度

5．会计软件必须具备以下初始功能（　　）。

A．录入会计核算所必需的期初数据及有关资料

B．录入需要在本期进行对账的未达账项

C．明确操作人员的岗位分工，包括操作人员姓名、操作权限、操作密码等

D．采用的总分类会计科目名称、编码方法可以由企业自行确定

6．属于计算机与手工并行阶段的主要任务是（　　）。

A．检验两种方式下核算结果的一致性

B．检查新系统是否充分满足要求

C．进行软件的二次开发工作

D．完善各项会计电算化管理制度

三、判断题（正确的在题后的括号内打“√”，错误的在题后的括号内打“×”。）

1．使用中小型计算机和网络化会计软件的单位，应设立电算化主管岗位。（　　）

2．会计电算化岗位及其权限设置一般在系统初始化时完成，平时根据人员的变动可进行相应调整。（　　）

3．计算机替代手工记账是单位能否成功实施会计电算化的起点。（　　）

4．电算维护人员为了维护的方便，可以自行操作软件进行数据的录入工作。（　　）

5．在实现了计算机进行账务处理后，可用余额表替代总账。（　　）

6．会计软件的初始化就是将系统所有的数据库作清空处理。（　　）

7．计算机和手工并行工作期间，不可以用计算机打印输出的记账凭证代替手工填制的记账凭证。（　　）

项目二

会计信息系统运行环境配置

学习目标

本项目主要学习如何配置会计信息系统运行环境及认识会计软件中多个模块的功能结构。该项工作是系统初始化设置的前提，也是进行日常业务处理的基础环节。

单位在做好各项计算机替代手工记账的准备工作后，首先要做的工作就是配置单位会计信息系统运行环境，包括配置好硬件设备和安装软件系统。

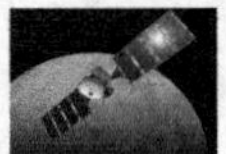

任务 1 配置会计信息系统运行环境

学习任务

文景公司已经完成前期计算机替代手工记账的所有准备工作，可以进行会计软件初始化工作。但在使用软件之前，还应配置好硬件环境并安装会计软件。本任务要求了解安装用友 ERP-U8V10.1 管理软件之前计算机系统需要配置的硬件环境，掌握用友 ERP-U8V10.1 的安装方法。

任务分析

会计软件的运行不仅需要有相应的计算机硬件支持，还需要有与之相应的系统软件支持。只有系统软硬件环境满足了要求之后，才能进行会计软件的顺利安装。该任务需要在运行环境配置满足要求的前提下进行 ERP-U8V10.1 会计软件的安装。

知识准备

一、会计软件运行环境

会计软件的运行环境是指会计软件运行所需要的硬件环境和软件环境。

（一）硬件环境

硬件环境是会计核算系统的物质基础。会计软件的运行要求配备合适的计算机及附属设备，包括主机、显示器、键盘、打印机、硬盘、网络设备等。

（二）软件环境

软件环境是保证系统正常运行，完成系统功能的必备条件。例如，没有网络操作系统，计算机网络就无法运行等。

会计软件的安装运行一般需要有合适的操作系统（如 Windows 2000、WindowsXP、Windows Vista 等）和数据库系统（如 Microsoft SQL Server）的支持，还对计算机 CPU、内存及硬盘容量有一定的要求。

二、用友 ERP-U8V10.1 运行环境要求

（一）硬件（建议配置）

（1）CPU：2GB 以上。
（2）硬盘：20GB 以上。
（3）内存：1GB 以上。

（二）软件

安装 ERP-U8V10.1 产品的软件要求包括操作系统、数据库、浏览器、NET 运行环境。

1. 操作系统

（1）Windows XP + SP2（或更高版本）。

（2）Windows Sever 2003+SP2（或更高版本）。

（3）Windows Vista+SP1（或更高版本）。

（4）Windows 7（旗舰版或专业版）。

2. 信息服务器（IIS）

IIS 5.0 或更高版本。

3. 数据库

（1）Microsoft SQL Server 2000 + SP4（或更高版本）。

（2）Microsoft SQL Server 2005 + SP2（或更高版本）。

（3）Microsoft SQL Server 2008。

4. 浏览器

Internet Explorer 6.0 + SP1（或更高版本）。

5. .NET 运行环境

.NET Framework 2.0 Service Pack 1。

任务实施

一、系统运行环境配置

（一）操作系统

一般计算机上所安装的操作系统都能满足要求，推荐使用系统同上。

（二）信息服务器（IIS）

安装 IIS 可通过“开始－设置－控制面板－添加 / 删除程序－Windows 组件”功能进行。安装过程需要用到 Windows XP 系统安装盘，当然也可以单独下载 IIS 的完整安装包进行安装。安装完毕，再打开“Windows 组件向导”对话框，可以看到“Internet 信息服务器（IIS）”组件前面的复选框已经画上“ √ ”了。

（三）数据库

一般安装 SQL Server 2005+SP2 即可，相应的补丁程序可通过网上免费下载。

1. 安装 SQL Server 2005 数据库

SQL Server 2005 安装文件解压缩后找到文件夹\SQL Server x86\Servers，然后双击执行该文件夹下的可执行文件 setup.exe，进行数据库的安装。

2. 安装 SQL Server 2005 Service Pack2

找到文件夹\SQL Server 2005 SP2，然后找到该文件夹下的可执行文件 SQL Server 2005 SP2-KB921896-x86-CHS.exe 并双击执行，进行数据库补丁程序的安装。

提示：正确安装 SQL Server 2005+SP2 后，重新启动计算机，在屏幕右下角的任务栏会出现一个图标，表示 SQL Server 已正常运行。

（四）浏览器

一般 Windows XP+SP2（或更高版本）操作系统都自带 IE 浏览器，所以不需要再单独安装。也可重新下载版本更高的 IE 浏览器，卸载低版本 IE 浏览器后再单独安装。

（五）.NET 运行环境

执行光盘程序文件“U8V10.1\3rdProgram\NetFx20SP1_x86.exe”进行安装，或者直接下载 NetFx20SP1_x86.exe 文件进行安装。

（六）安装 Silverlight

执行光盘程序文件“用友 ERP-U8 V10.1 安装程序\3rdProgram\Silverlight.exe”进行安装。

（七）安装 IE Web Control 组件

执行光盘程序文件“用友 ERP-U8 V10.1 安装程序\3rdProgram\iewebcontrols.msi”进行安装。

提示：安装前最好检查一下计算机名称，确保计算机名称中没有“-”等特殊字符。

二、用友 ERP-U8V10.1 软件与补丁安装

（一）安装用友 ERP-U8V10.1 软件

（1）找到用友 ERP-U8V10.1 的可执行文件“setup.exe”并双击，运行安装程序。在打开的对话框单击“下一步”按钮，打开“许可证协议”对话框，选择接受许可证协议条款，并单击“下一步”按钮。

（2）打开“历史版本检测”对话框，检测完毕，打开“客户信息”对话框，输入“用户名”和“公司名称”。再单击“下一步”按钮，系统提示选择安装路径，可以进行更改。

（3）选择好安装路径后，单击“下一步”按钮，选择最适合的安装类型，这里选择“全产品”，就是安装系统全部组件。

（4）单击“下一步”按钮，系统提示进行环境检测，单击“检测”按钮，系统自动根据上一步所选择的安装类型及其子项进行环境检测。检测完毕，当所有检查都满足要求后，则显示系统环境检查结果，并提示“可以直接安装 U8”。

提示：如果“基础环境”不符合要求，需要退出当前安装环境后手工安装所需的软件和补丁；如果“缺省组件”没有安装，可以通过“安装缺省组件”功能自动安装，也可以选择手工安装。

（5）单击“确定”按钮，打开 ERP-U8V10.1 安装界面，进入程序安装环节。单击“安装”

按钮，进行产品安装。安装完成后，系统提示已成功安装信息，并提示是否需要立即启动计算机。建议选择“是，立即重新启动计算机”。

（6）重新启动计算机后，还需要进行数据源配置，系统出现“正在完成最后的配置”提示信息，输入 SA 口令，单击“测试连接”按钮，测试数据库连接。

（7）单击“完成”按钮，系统提示进行数据库初始化，输入数据库实例名及 SA 口令，单击“确认”按钮完成数据库初始化。

（8）数据库初始化完成后，出现“登录”对话框，执行登录操作，到此已经完成用友 ERP-U8V10.1 软件的安装，可以使用了。

任务 2　认识会计信息系统功能

学习任务

在进行软件应用之前，有必要认识会计信息系统各模块的功能和特点。会计软件一般包括多个功能模块，本任务重点认识会计系统和供应链系统各模块的功能，了解各模块业务处理的特点。

任务分析

会计信息系统完成任务必然要借助各功能模块，只有对各模块的功能结构有了全面认识，才能更好地应用各模块来完成业务处理，完成会计信息处理任务。

知识准备

由于企业性质、行业特点及会计核算和管理需求的不同，会计信息系统所包含的内容不尽相同，其子系统的划分也不尽相同。

一、会计信息系统功能结构

较完整的会计信息系统（工业）一般应该具备以下几个基本功能，如图 2-1 所示。

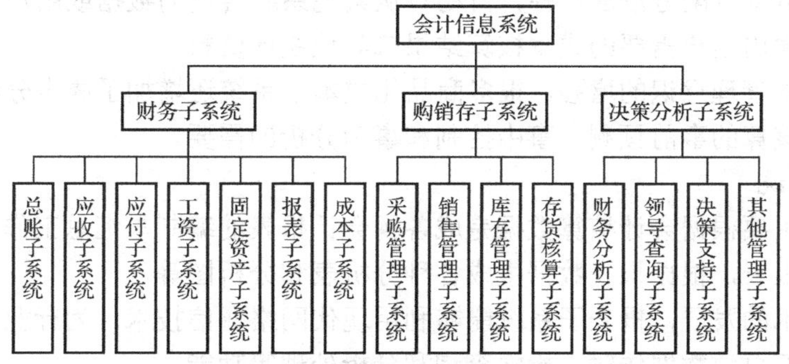

图 2-1　会计信息系统结构图

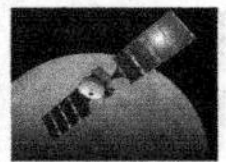

（一）财务子系统

财务子系统主要包括总账子系统、工资子系统、固定资产子系统、应收子系统、应付子系统、成本子系统、报表子系统。

1. 总账子系统

总账子系统又称账务处理模块，是以凭证为原始数据，通过凭证输入和处理，完成记账和结账、银行对账、账簿查询及打印输出，以及系统服务和数据管理等工作。近年来，随着用户对会计信息系统的需求不断提高和软件开发公司对总账子系统的不断完善，许多商品化总账子系统还增加了个人往来款核算和管理、部门核算和管理、项目核算和管理及现金管理等功能。

2. 工资子系统

工资子系统是以职工个人的原始工资数据为基础，实现职工工资的计算，工资费用的汇总和分配，计算个人所得税，查询、统计和打印各种工资表等功能。工资子系统可以实现对企业人力资源的部分管理。

3. 固定资产子系统

固定资产子系统主要是对设备进行管理；进行固定资产的变动核算，输入固定资产增减变动或项目内容变化的原始凭证后，自动登记固定资产明细账，更新固定资产卡片；完成计提折旧和分配，产生折旧计提及分配明细表等，费用分配转账凭证可自动转入账务处理子系统；可灵活地查询、统计和打印各种账表。

4. 应收子系统

应收子系统完成对各种应收账款的登记、核销工作；动态反映各客户信息及应收账款信息；进行账龄分析和坏账估计；提供详细的客户和产品的统计分析，帮助财会人员有效地管理应收账款。

5. 应付子系统

应付子系统完成对各种应付账款的登记、核销及应付账款的分析、预测工作；及时分析各种流动负债的数额及偿还流动负债所需的资金；提供详细的客户和产品的统计分析，帮助财会人员有效地管理应付款项。

6. 成本子系统

成本子系统是根据成本核算的要求，通过用户对成本核算对象的定义、对成本核算方法的选择及对各种费用分配方法的选择，自动对从其他系统传递的数据或用户手工录入的数据进行汇总计算，输出用户需要的成本核算结果或其他统计资料。

随着企业成本管理意识的增强，很多商品化成本子系统还增加了成本分析和成本预测功能，以满足会计核算的事前预测、事中控制和事后分析的需要。

7. 报表子系统

报表子系统主要根据会计核算数据完成各种会计报表的编制与汇总工作，生成各种内、外部报表及汇总报表，根据报表数据生成各种分析表和分析图等。

随着网络技术的发展，报表子系统能够利用现代网络通信技术，为行业型、集团型用户实现远程报表的汇总、数据传输、检索查询和分析处理等功能。

（二）购销存子系统

对工业企业而言，购销存子系统包括采购管理子系统、销售管理子系统、库存管理子系统和存货核算子系统；对商业企业而言，还应包括符合商业特点的商业进销存系统。

1. 采购管理子系统

采购管理子系统是根据企业采购业务管理和采购成本核算的实际需要，制订采购计划，对采购订单、采购到货及入库状况进行全程管理，为采购部门和财务部门提供准确、及时的信息，辅助管理决策。

很多商品化会计软件将采购管理子系统和应付子系统合并为一个子系统——采购与应付子系统，以更好地实现采购与应付业务的无缝连接。

2. 销售管理子系统

销售管理子系统是以销售业务为主线，兼顾辅助业务管理，实现销售业务管理与核算一体化。销售管理子系统一般与存货中的产成品核算相联系，实现对销售收入、销售成本、销售费用、销售税金、销售利润的核算；生成产成品收发结存汇总表等表格；生成产品销售明细账等账簿；自动编制机制凭证供总账子系统使用。

3. 库存管理子系统

本系统主要完成对库存商品、库存材料等存货业务的核算和管理。

4. 存货核算子系统

存货核算子系统主要针对企业存货的收、发、存业务进行核算，掌握存货的耗用情况，及时、准确地把各类存货成本归集到各成本项目和成本对象上，为企业的成本核算提供基础数据；动态反映存货资金的增减变动，提供存货资金周转和占用的分析，为降低库存、减少资金积压、加速资金周转提供决策依据。

（三）决策分析子系统

决策分析子系统是利用现代计算机技术、通信技术和决策分析方法，通过建立数据库和决策模型，向企业的决策者提供及时、可靠的财务、业务等信息，帮助决策者对未来经营方向和目标进行量化分析和论证，从而对企业生产经营活动做出科学的决策。

二、各功能模块数据传递关系

会计信息系统是由各功能模块共同组成的处理不同业务的有机整体，为实现集成业务处理功能，相关模块之间相互联系、互通数据。各模块之间的数据传递关系如图 2-2 所示。

1. 账务处理模块与工资管理模块之间的数据联系

账务处理模块的初始化设置数据可以和工资管理模块共享，如会计科目档案、部门和职员档案在账务处理模块中设置后，在工资管理模块中就不必重复设置。在工资管理模块中处理完工资业务后，各项工资费用的分配及其相关费用的代扣、计提可以通过相应的转账凭证传递到账务处理模块，不必手工填制与工资相关业务的记账凭证。

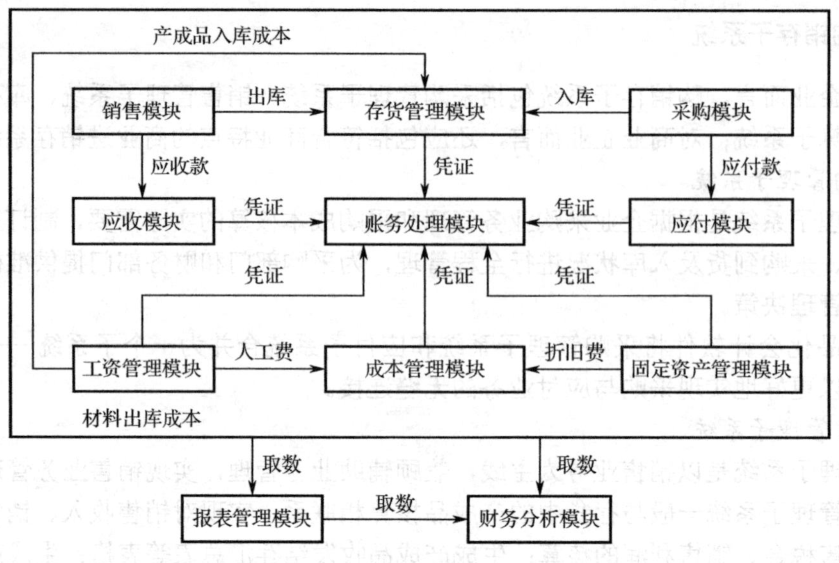

图 2-2　各模块之间的数据传递关系

2. 账务处理模块与固定资产管理模块之间的数据联系

账务处理模块与固定资产管理模块可以共享会计科目、部门档案等初始数据。固定资产管理模块日常业务所产生的业务数据，如固定资产增加、减少和其他变动所产生的数据，可以生成相应记账凭证传递到账务处理模块；月末固定资产计提折旧生成的记账凭证数据也可以直接传递到账务处理模块。

3. 账务处理模块与存货管理模块和应收模块、应付模块之间的数据联系

账务处理模块与存货管理模块和应付模块、应收模块之间可以共享会计科目、部门档案、存货档案、供应商和客户档案等初始数据。通过在采购模块输入采购订单、到货单和采购发票，经过审核，可以把采购入库有关数据传递到存货管理模块中汇总记账，存货管理模块将入库材料或商品的汇总数据生成转账凭证传递到账务处理模块，采购发票经过应付模块审核，进行采购结算，生成记账凭证传递到账务处理模块。同理，通过在销售模块输入销售订单、发货单和销售发票，经过审核后可以把销售出库相关数据传递至存货管理模块中汇总记账；存货管理模块将产品出库信息汇总生成转账凭证传递至账务处理模块，销售发票通过应收模块审核，生成记账凭证传递至账务处理模块。

4. 账务处理模块与成本管理模块之间的数据联系

账务处理模块与成本管理模块可以共享会计科目、部门档案、项目档案等初始数据。各产品的主要成本核算数据均来自相关模块。成本核算的处理结果以记账凭证的方式传递到账务处理模块。

5. 存货管理模块与成本管理模块之间的数据联系

存货管理模块为成本管理模块提供材料出库核算的结果，成本管理模块提供给存货管理模块半成品、产成品入库成本以进行半成品、产成品出库核算。

6. 报表管理模块与各模块之间的数据联系

报表管理模块的功能是将会计核算软件中各相关模块的数据进行收集和整理，并以报表文件的形式反映会计主体的管理信息。为实现报表编制功能，系统要求操作人员事先定义报表的取数函数与取数公式，通过取数函数、取数公式，可以从各模块中读取数据，并生成管理报表。

项目三

用户与账套管理

学习目标

系统初始化是会计软件日常运行的基础，本项目主要学习如何进行用户（操作员）与账套管理工作。这既是系统初始化的首要任务，也是会计信息化工作的重要前提。

一般而言，通用会计软件的系统初始化工作主要包括建账、设置操作员及其权限、设置公用基础档案，以及进行模块参数设置等。本项目主要完成账套创建和操作员及其权限设置。

任务 1　设置用户及创建账套

学习任务

文景公司已经做好计算机替代手工记账的各项基础工作，准备从 2019 年 6 月开始使用用友 ERP-U8V10.1 软件处理经济业务。计算机替代手工记账的第一步是进行会计软件的初始化，初始化工作的第一步是建立单位账套。本任务要求在增加操作员的基础上，使用系统管理模块为公司建立新账套，并进行账套维护。

文景公司会计信息系统操作员基本信息如表 3-1 所示。

表 3-1　文景公司会计信息系统操作员基本信息

编　号	姓　名	口　令	认证方式	部　门	所属角色
801	王成	1	用户+口令（传统）	财务部	账套主管
802	周晓	3	用户+口令（传统）	财务部	普通员工
803	刘圆	4	用户+口令（传统）	财务部	普通员工
804	李梅	5	用户+口令（传统）	财务部	普通员工
805	孙志	6	用户+口令（传统）	物流部	普通员工
806	王伟	7	用户+口令（传统）	物流部	普通员工

注：以上操作员用户类型均为普通用户。

文景公司账套资料如下。

1. 账套信息

账套号：008；账套名称：文景纺织品贸易有限责任公司；账套路径：F:\wj008；启用日期：2019 年 6 月 1 日；会计期间设置：1 月 1 日—12 月 31 日。

2. 单位信息

单位名称：文景纺织品贸易有限责任公司；单位简称：文景公司；单位地址：京州市和平区胜利路 7 号；法人代表：刘恒；邮政编码：300101；联系电话：022－66010000；电子邮箱：wjmy@188.com；统一社会信用代码：91210258MA123375X6。

重要提示：2015 年 10 月 1 日起在全国全面实施“三证合一”登记制度改革，由工商行政管理、质量技术监督、税务三个部门分别核发不同证照，改为由工商行政管理部门核发一个加载法人和其他组织统一社会信用代码的营业执照，因此，单位信息页中的机构代码和税号合并成了一个标识。由于软件更新问题，暂在“机构代码”栏录入本公司统一社会信用代码。

3. 核算类型

本位币：人民币（代码：RMB）；企业类型：商业；行业性质：2007 年新会计制度科目；科目预置语言：中文（简体）；账套主管：801（王成）。

4. 基础信息

该公司有外币核算，进行经济业务处理时，需要对存货、客户、供应商进行分类。

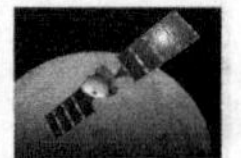

5. 分类编码方案

科目编码级次：4222　　　客户分类编码级次：234　　供应商分类编码级次：234
存货分类编码级次：222　　部门编码级次：122　　　　结算方式编码级次：12

6. 数据精度

均保留两位小数。

7. 系统启用

本账套于 2019 年 6 月 1 日开始启用“总账”“应付款管理”“应收款管理”“固定资产”“薪资管理”“采购管理”“销售管理”“库存管理”“存货核算”子系统。

任务分析

建立本单位账套是会计信息系统初始化设置的第一步，其目的是使会计软件系统适应本单位会计核算工作的基本要求。出于会计信息系统规范化操作的要求，在系统投入运行之前，必须首先根据业务处理要求和相关制度规定，设置必要的操作员并进行权限控制。只有被授权的人员才能进行系统操作。本任务要解决操作员的设置、账套的建立与维护分别由谁来进行及如何操作的问题。

知识准备

一、系统管理

（一）系统管理模块功能

企业会计软件一般由多个子系统组成，各个子系统之间既相对独立，又相互联系、相互约束，它们使用共同的基础信息，拥有相同的账套和年度账，操作员和操作权限集中管理，所有数据共用一个数据库，最终完成对财务、业务的一体化管理。为实现对所属的各子系统进行统一的操作管理，为各个子系统提供统一的运行环境，通用会计软件通常都会设立一个独立的模块即系统管理模块来组织管理系统资源，实施一体化管理应用模式。

系统管理模块是用友软件为各个子系统提供的公共管理平台，该模块承担着对整个系统的公共任务进行统一管理和数据维护，其他子系统的运行必须以系统管理数据为基础。

在用友 ERP-U8V10.1 系统中，系统管理模块主要能够实现如下功能：

（1）进行操作员及其权限统一管理，建立系统安全机制。

（2）进行账套统一管理，包括账套的建立、修改、删除、引入和备份。

（3）进行年度账统一管理，包括建立、清空、引入、输出和结转上年数据。

（4）对各个子系统的运行实施适时监控，为系统设置统一的安全机制。

（二）系统管理员与账套主管

由于系统管理模块在整个会计软件系统中的地位和重要性，因此对系统管理模块的操作权限必须予以严格控制。系统只允许以两种身份注册进入系统管理模块：一是以系统管理员

（admin）的身份；二是以账套主管的身份。

1．系统管理员

为了对整个会计系统的总体控制和日常维护，该系统设立系统管理员岗位。通用会计软件中一般都预设了默认的系统管理员。用友软件中预设的系统管理员用户名是 admin，这是一个虚拟的人物，在实际工作中可能是单位的财务主管、信息系统主管或专门人员来进行操作。该岗位处在对整个软件系统进行管理的级别上，是系统中权限最高的操作员，他可以管理该系统中所有的账套和操作员，因此他对系统数据安全和运行安全负责。为了实现内部牵制与监督，一般系统管理员不参与具体会计业务的操作，即具体核算模块的操作。

以系统管理员（admin）的身份注册登录系统，可以进行账套的建立、恢复、删除与备份，设置操作员和进行权限分配，监控系统运行，清除异常任务等。

2．账套主管

账套主管是主要负责协调计算机及会计软件系统的运行工作的岗位，该岗位工作的职责要求具备会计和计算机知识及相关的会计电算化组织管理的经验。账套主管可由会计主管兼任，采用中小型计算机网络会计软件的单位，应设立此岗位。账套主管主要负责对所主管的账套进行修改和管理，包括年度账的建立、清空、引入、输出和年末结账，此外还可以为其主管账套设置操作员权限，既可以登录系统管理模块，也可登录所主管的账套，进行账务处理。

对所管辖的账套来说，账套主管是级别最高的，拥有所有模块的操作权限。由于账套主管是由系统管理员指定的，因此第一次必须以系统管理员的身份在管理系统上注册。建立账套和指定相应的账套主管之后，才能以账套主管的身份登录管理系统。

系统管理员与账套主管权限对比如表 3-2 所示。

表 3-2　系统管理员与账套主管权限对比

操作权限	明细项权限	系统管理员	账套主管
账套管理	新建账套	√	×
	修改账套	×	√
	备份（输出／删除）账套	√	×
	恢复（引入）账套	√	×
	升级 SQL Server 数据库	√	√
	年度账管理	×	√
操作员管理	角色管理	√	×
	用户设置	√	×
	用户权限设置	√	√
其他管理	清除异常（所有／选定）任务	√	×
	清除单据锁定	√	×

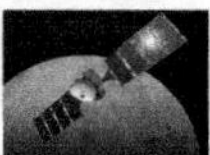

二、账套管理

（一）账套含义

账套是指一个独立、完整的数据集合，在会计软件中就是一组相关的会计数据信息，记录会计主体在某一时期内日常经营业务中发生的财务业务活动。这个数据集合包括一整套独立、完整的系统控制参数、用户权限、基本档案、会计信息、账表查询等，就是一个独立的数据库。一个账套代表一个核算单位，一个会计软件通常允许同时建立多个套账，分别代表不同的会计核算单位，而且各账套之间的数据是相互独立的。

（二）账套管理

账套管理功能一般包括建立、修改、引入、输出与删除账套等。账套建立后可以进行修改、删除、引入（恢复），也可以将其备份（输出）以利于保存或转移。建立、修改、引入、输出与删除账套的操作权限只属于系统管理员，但修改账套的权限属于账套主管。

1. 建立账套

在运行系统之前，首先要新建本单位的账套，确定企业的基本核算信息。只有确定了账套信息，即建账成功，才能对操作进行授权，然后才能进入软件各子系统进行初始设置与日常财务业务处理。建立账套时需要进行单位信息、账套信息、核算类型、编码方案及其他基础信息等的设置。

2. 修改账套

在用友 ERP-U8V10.1 软件中，只有账套主管可以查看和修改具有操作权限的账套中的信息，系统管理员无权修改。但是仍有些关键信息是在建账后就不允许修改的，主要包括账套号、账套路径、启用会计期和记账本位币信息等。

3. 引入（恢复）账套

账套引入（恢复）是指将系统外的某账套数据引入本系统中，即将备份到软盘、硬盘或其他存储介质中的备份数据恢复到硬盘上指定的目录中。如果原有账套遭到毁损或破坏，则可以通过账套恢复功能将以前的账套备份文件恢复成一个新账套来使用。只有系统管理员才有权进行账套引入（恢复）。

4. 输出（备份）与删除账套

账套的输出（备份）就是将账套数据定期备份到硬盘、软盘、光盘及其他存储介质上保存起来，以利于长期保存财务数据，防止意外事故或恶意破坏造成数据丢失等不安全因素对会计系统的影响，降低意外发生时的各项损失。只有系统管理员才有权进行账套输出（备份）与删除。

三、用户与角色管理

为了确保系统数据的安全与完整，系统管理模块提供了操作员设置功能，以便在计算机系统上进行操作分工及权限控制。操作员（用户）与操作权限管理包括设置操作员（用户）及对操作员（用户）进行权限分配，该功能操作权限只属于系统管理员。

用友 ERP-U8V10.1 软件使用角色和用户进行权限分配。角色是指在企业中拥有某一类职能的组织，这个组织可以是实际的部门，也可以是由拥有同一类职能的人构成的虚拟组织。系统根据实际工作的需要预置了相应的角色，企业在设置用户时可以直接选择相应的角色。用户是指有权登录系统，并对系统进行操作的人员，即通常意义上的“操作员”。

二者既有联系也有区别。角色是一类用户，每一个角色拥有不同的权限。当用户归属某一角色后，就相应地拥有了该角色的权限。一个用户可以通过扮演多个不同的角色而获取各种不同的权限。每次登录系统的只能是用户而非角色。

任务实施

根据任务分析及相关知识的学习，完成本任务需要经过以下几个步骤：第一，设置操作员（用户）；第二，建立新账套；第三，备份新账套。

一、设置用户

（一）以系统管理员的身份登录系统管理模块

（1）启动系统管理模块，执行“开始－所有程序－用友 ERP-U8V10.1－系统服务－系统管理”命令，打开系统管理窗口。

（2）执行“系统－注册”命令，打开“U8 登录”对话框，系统默认的操作员是系统管理员“admin”，由于是首次登录，密码为空，账套显示为默认账套。

（3）单击“登录”按钮，即以系统管理员身份进入系统管理模块。

提示：考虑到教学环境中一台机器多人使用的情况，如果设置密码，其他人将无法进入系统进行操作，建议学员在使用系统时仍然维持空密码状态。

（二）根据表 3-1 的资料增加操作员

（1）执行“权限—用户”命令，在“用户管理”界面单击“增加”按钮，根据表 3-1 相关信息依次录入编号为“801”的操作员相关信息，再单击“增加”按钮。

（2）以同样方式，增加表 3-1 中其他操作员。

二、建立文景公司新账套

（1）执行“账套—建立”命令，打开“创建账套”对话框，“建账方式”为默认设置“新建空白账套”。

（2）单击“下一步”按钮，打开“账套信息”对话框，根据任务资料分别录入“账套号”和“账套名称”，设置账套路径和启用会计期。

（3）单击“下一步”按钮，打开“单位信息”对话框，依据任务资料输入单位信息。

（4）单击“下一步”按钮，打开“核算类型”对话框，根据任务资料进行核算类型设置。

（5）单击“下一步”按钮，打开“基础信息”对话框，进行基础信息设置，勾选“存货是否分类”“客户是否分类”“供应商是否分类”“有无外币核算”复选框。

（6）单击“下一步”按钮，系统提示“准备建账”，单击“完成”按钮，弹出系统提示“可以创建账套了吗？”，单击“是”按钮，完成上述信息设置，等候系统进行数据处理。

（7）稍候，系统自动打开“分类编码方案”对话框，依据文景公司账套资料进行分类编码方案设置，如图3-1所示。

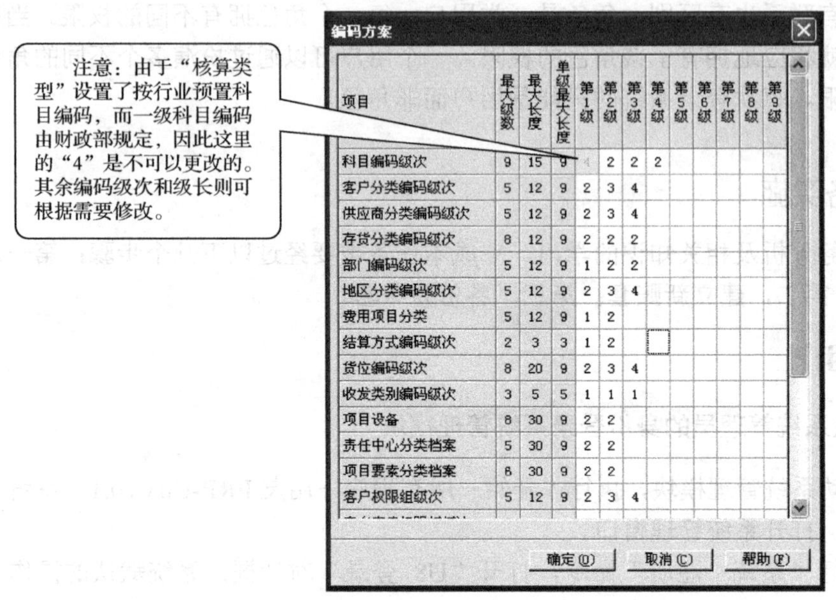

项目	最大级数	最大长度	单级最大长度	第1级	第2级	第3级	第4级	第5级	第6级	第7级	第8级	第9级
科目编码级次	9	15	9	4	2	2	2					
客户分类编码级次	5	12	9	2	3	4						
供应商分类编码级次	5	12	9	2	3	4						
存货分类编码级次	8	12	9	2	2	2						
部门编码级次	5	12	9	1	2	2						
地区分类编码级次	5	12	9	2	3	4						
费用项目分类	5	12	9	1	2							
结算方式编码级次	2	3	3	1	2							
货位编码级次	8	20	9	2	3	4						
收发类别编码级次	3	5	5	1	1	1						
项目设备	8	30	9	2	2							
责任中心分类档案	5	30	9	2	2							
项目要素分类档案	6	30	9	2	2							
客户权限组级次	5	12	9	2	3	4						

图3-1 编码方案设置

（8）单击“确定”按钮，打开“数据精度”对话框，本账套使用默认值。

（9）单击“确定”按钮，弹出“文景纺织品贸易有限责任公司:[008]建账成功”的提示，并询问是否“现在进行系统启用的设置？”。单击“是”按钮，打开“系统启用”对话框。选中“GL－总账”复选框，弹出“日历”对话框，选择日期“2019年6月1日”，单击“确定”按钮，系统提示“确实要启用当前系统吗？”，单击“是”按钮。

（10）同理，于2019年6月1日开始启用“应付款管理”“应收款管理”“固定资产”“出纳管理”“采购管理”“销售管理”“库存管理”“存货核算”“薪资管理”子系统。

提示：系统启用

◆ 系统启用功能用于各子系统模块的启用，要对某个子系统（如薪资管理系统）进行操作必须先调用此功能，该子系统模块被启用后才能进行登录与应用操作。在实际应用中，企业可以根据需要选购子系统，也可以先启用个别子系统，需要时再启用相关的模块。

◆ 启用系统有两种方法：一种是在建立账套时启用相关系统；另一种是账套主管通过ERP-U8V10.1企业应用平台执行“基础信息—基本信息—系统启用”功能进行系统启用操作。

◆ 系统启用日期必须大于等于账套启用日期。

（11）启用设置完成，单击“退出”按钮，系统提示“请进入企业应用平台进行业务操作”，单击“确定”按钮返回“创建账套”对话框，系统显示建账处于完成状态，单击“退出”按钮返回。

三、备份新账套

账套备份权限仅属于系统管理员。账套备份功能可以完成账套备份与删除操作。

（1）在硬盘创建专用账套备份文件夹。

（2）以系统管理员的身份登录系统管理模块，执行“账套—输出”命令，打开“账套输出”对话框，选择要备份的账“[008]文景纺织品贸易有限责任公司”，然后选择“输出文件位置”，如图 3-2 所示。

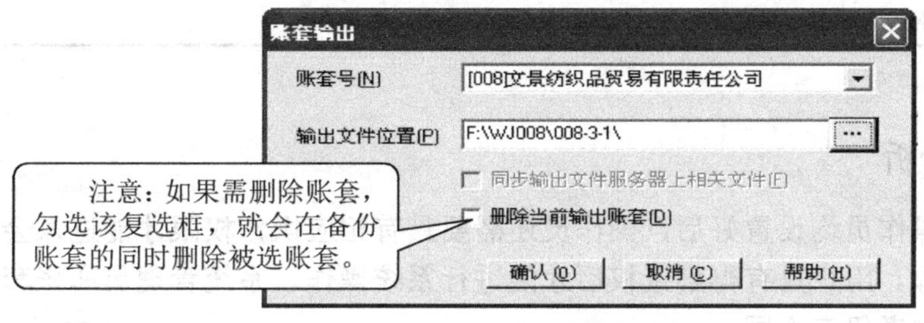

图 3-2　备份账套选择

（3）单击“确认”按钮，系统提示“输出成功”，再单击“确定”按钮，即完成账套备份。

提示： 账套备份成功后，在相应文件夹下会新增两个新文件，其中以“BAK”为扩展名的是 SQL 数据库的备份文件，以“Lst”为扩展名的是列表文件。

技能训练

完成以下操作：

（1）建立一个存放删除账套的文件夹，然后删除账套 008。

（2）利用备份的账套文件恢复账套 008。

（3）将编号为 803 的操作员“刘圆”的名字改为“刘媛”。

（4）将 804 号操作员李梅的部门修改为“市场部”。

（5）删除 806 号操作员。（提示：删除操作员之前必须先注销操作员且取消所属角色。）

任务 2　用户权限设置

学习任务

文景公司新账套建立后，为适应内部控制制度的要求，需要依据电算化会计岗位和工作职责对所设用户进行系统授权，以便进行操作分工和权限控制。此任务要求对已建立的用户依据业务分工进行相应权限设置。

文景公司会计信息系统操作员信息及权限分配情况如表 3-3 所示。

表 3-3　文景公司会计信息系统操作员信息及权限分配情况

编　号	姓　名	操作权限
801	王成	账套主管
802	周晓	公共单据、公用目录设置、应付款管理、应收款管理、总账（不包括总账—凭证—出纳签字和总账—出纳）、固定资产、UFO 报表、采购管理、销售管理、存货核算、薪资管理
803	刘媛	应付款管理、应收款管理、总账—出纳、总账—凭证—出纳签字
804	李梅	公共单据、销售管理
805	孙志	公共单据、公共目录设置、采购管理、库存管理

任务分析

在账套和操作员均设置好后，操作员还需要具有相应操作权限才能进入会计软件应用系统进行业务处理。用户只有得到授权后才能进行系统操作。系统管理员和账套主管均可以给用户授权，但二者仍有不同。

知识准备

一、电算化会计岗位设置

电算化会计岗位是指直接管理、操作、维护计算机及会计信息系统的工作岗位。实行会计电算化的单位要根据计算机系统操作、维护、开发的特点，结合会计工作要求来划分电算化会计岗位，如设立电算主管、电算维护、审核记账、档案管理等岗位。

电算化会计岗位一人可以兼任多个工作岗位，但应该注意满足不相容职务相分离的要求，如出纳和记账审核不应是同一人，软件开发人员不能操作软件处理会计业务等。小规模单位电算化会计岗位的设置，可由会计主管兼任电算主管和审核记账岗位，由会计人员担任操作员和电算维护员，但应单独设立出纳员岗位。

二、权限管理

权限管理即为适应内部控制和数据安全的需要，相关模块的操作只允许有权限的操作员进行，因此在使用系统之前，有必要按照内部控制制度要求，在系统管理中设置操作员的使用权限。没有经过授权的操作员无权操作软件系统，而且每次登录系统都要进行操作员身份的合法性检验。对不同的操作员分配不同的权限，才能更好地防止与业务无关的人员擅自使用软件，维护系统数据安全。

系统管理员和账套主管都有权设置操作员权限，但仍然有区别。系统管理员可以指定或取消任何账套的账套主管，也可以对系统内所有账套的操作员进行授权或取消授权；而账套主管仅局限于所辖账套操作权限的设置，即账套主管自动拥有管辖账套的所有权限，同时负责对该账套的操作员进行权限设置。

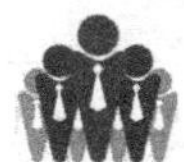

任务实施

（1）以系统管理员身份登录系统管理模块。

（2）执行“权限—权限”命令，打开“操作员权限”对话框，选择008账套即“[008]文景纺织品贸易有限责任公司”，从“操作员全名”中选择“王成”，可以看到该操作员已经是账套主管角色，他自动拥有本账套所有权限。

（3）给802号操作员授权。

① 从操作员列表中选择“周晓”，单击“修改”按钮，依次勾选“基本信息”功能中的“公共单据”“公用目录设置”，“财务会计”功能中的“总账”“应收款管理”“应付款管理”“固定资产”“UFO报表”，“供应链”功能中的“销售管理”“采购管理”“存货核算”，“人力资源”功能中的“薪资管理”功能，单击“保存”按钮。

② 若选择“仅显示选中条目”复选框，则只显示已授权限，如图3-3所示。

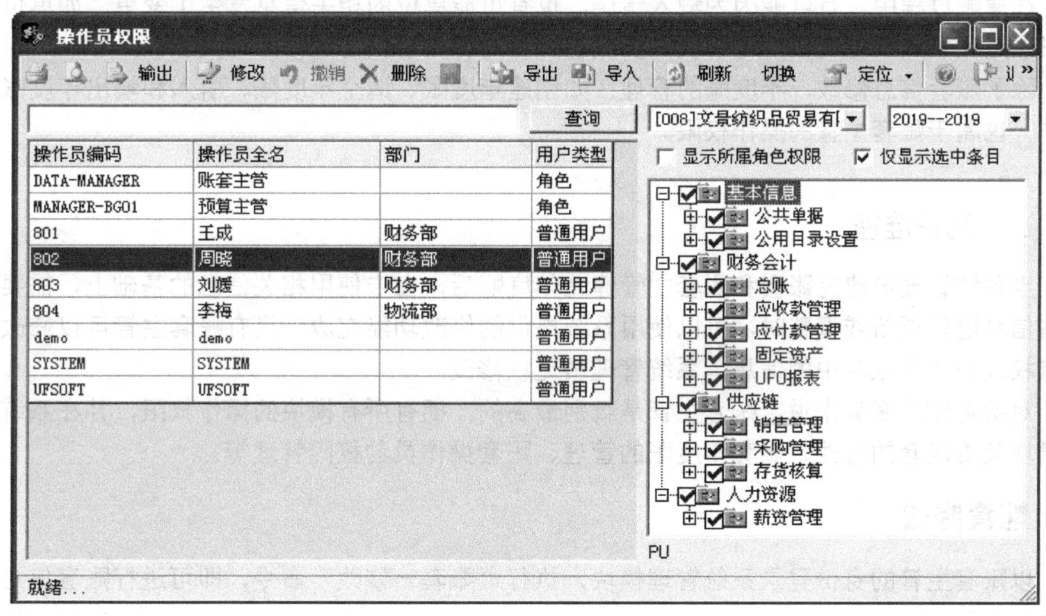

图3-3　操作员周晓权限设置

（4）同理，给其他操作员设置权限。

提示：操作权限

◆ 账套主管可以对所辖账套非账套主管操作员进行授权或删除权限，一个账套可以有多个账套主管。

◆ 所设置的操作员权限一旦被引用，就不能修改或删除。

◆ 系统一次只能对一个账套的某一个年度账进行权限分配。

◆ 正在使用的用户权限不能进行修改、删除操作。

任务3 账套修改

学习任务

文景公司新账套建立后，账套主管王成在审核后发现有几项基础信息设置有误，需要进行如下修改：

（1）部门编码级次应是“222”，而不是“122”。

（2）客户和供应商分类编码级次都是“23”，而不是“234”。

（3）数据精度中“换算率”小数位改为“4”。

任务分析

在建账过程中，有可能因为输入错误，也有可能单位的相关信息发生了变更，如单位地址或法定代表人发生变更，这时就需要账套主管进行账套信息的修改与更新。

除了账套信息修改，年度账的管理（如创建年度账、清空年度账、引入和输出年度账等操作）也属于账套主管的操作权限。

知识准备

当系统管理员建完账套和账套主管建完年度账后，在未使用相关信息的基础上，需要对某些信息进行更新或调整时，可以使用系统提供的修改功能完成。只有账套主管可以修改其具有权限的年度账套中的信息，系统管理员无权修改。

对所管辖的账套来说，账套主管是级别最高的，拥有所有模块的操作权限，并在系统管理模块负责账套的修改、账套年度账的管理、账套操作员的权限管理等。

一、账套修改

以账套主管的身份登录系统管理模块，执行“账套—修改”命令，即可进行账套信息的修改与更新。

不过，不是所有的账套信息都可以修改或调整，系统已经确认或已经处理的一些关键信息是不允许修改的，包括账套号、账套路径、启用会计期和记账本位币信息。会计科目编码方案中一级科目编码级长也是不允许修改的。

二、年度账管理

在用友 ERP-U8V10.1 软件中，不仅可以建立多个账套，还可以在每一个账套中放置不同年度的会计数据。年度账管理主要包括建立年度账、引入和输出年度账、结转年度账、清空年度数据。只有账套主管有权操作年度账管理。

1. 建立年度账

一个会计年度结束，新的一年开始时，应首先建立新年度核算体系，即建立年度账，再进行与年度账有关的业务处理。此操作在系统管理模块的“年度账－建立”菜单项下进行。

注意：只有建立了上年度的账套后，才能建立下一年的年度账，因此，初次使用本系统的单位不需要也不能在此建立年度账。这就是为什么008账套主管登录后，年度账功能项下的“建立”功能不能使用的原因。

2. 引入和输出年度账

年度账操作中的“引入”与账套操作中的“引入”含义基本一致，所不同的是年度账操作中的引入不是针对某个账套，而是针对账套中的某一年度的年度账进行的。

年度账备份数据是年度开始至备份时间的所有数据。如1月启用，操作时间是8月，则年度账数据是从1月到8月的所有数据。引入和输出年度账操作在系统管理模块的“年度账－引入”和“年度账－输出”菜单项下进行。

3. 结转年度账

企业一般是持续经营的，但为了进行一些统计分析和决策，需要人为地将企业持续经营时间划分为一定的时间段，如以一年为一个财会年度。每到年末，启用新年度账时需要将上年度的相关账户余额及其他信息结转到新年度账中。

结转年度账操作在系统管理模块的“年度账－结转上年数据”菜单项下进行。

4. 清空年度数据

“清空”并不是将年度账中的数据全部删除，仍然保留了一些信息，如账套信息、系统预置科目及基础档案信息等。如果年度账中有太多错误，或者不希望将上年度的数据及其他信息全部转到下一年度时，可使用清空年度数据的功能将年度数据清空。

任务实施

（1）2019年6月1日以账套主管“王成”的身份登录系统管理模块后，执行“账套—修改”命令，打开“修改账套”对话框。

提示：可以修改的信息背景色显示为白色，不可修改的信息背景以灰色显示。这里可以看出，账套号、账套路径和启用会计期不能修改，账套名称可以修改。

（2）单击“下一步”按钮，再继续单击“下一步”按钮，在“基础信息”对话框中单击“完成”按钮，弹出“确认修改账套了吗？”对话框，单击“是”按钮。

（3）在打开的“编码方案”对话框，将客户和供应商分类编码级次改为“23”，部门编码级次改为“222”。

（4）单击“确定”按钮后，在打开的“数据精度”对话框中将“换算率小数位”改为“4”。

（5）单击“确定”按钮，系统提示“修改账套成功”，再单击“确定”按钮返回。

技能训练

完成以下操作：

（1）给单位取一个有创意的域名，并加入“单位信息”对话框的“单位域名”栏目中。

（2）建立新文件夹，备份账套至该文件夹。

思考与练习

一、单选题（请将备选答案中唯一正确答案的字母填在括号内）

1．（ ）有权力建立一个新的账套。

A．Admin　B．账套主管　C．一般操作员　D．任何人

2．用友财务通软件使用的数据库是（ ）。

A．ACCESS　B．SQL Server　C．DBASE　D．FOXBASE

3．用友软件中的账套号是由（ ）数字构成的。

A．2位　B．3位　C．4位　D．5位

4．在用友ERP-U8管理系统中，系统管理员不能进行的操作是（ ）。

A．建立账套　B．备份账套　C．修改账套　D．删除账套

5．操作员初始密码由（ ）指定。

A．系统管理员　B．企业老总　C．操作员本人　D．账套主管

6．删除以前年份的会计数据前，要注意做好（ ）。

A．数据恢复　B．数据备份　C．数据转移　D．数据处理

7．用友软件中最多可以设置（ ）个账套。

A．999　B．1000　C．888　D．346

8．如果科目编码原则为42222，则科目最长级次为（ ）。

A．3　B．4　C．5　D．6

9．如果客户编码方案为12，以下（ ）为二级明细编码。

A．0101　B．101　C．1001　D．00101

10．建账的内容一般不包括（ ）。

A．核算方法　B．编码规则　C．操作人员　D．单位基本信息

11．对于账套启用日期的设定要求，以下描述正确的是（ ）。

A．在业务处理之前（或同时）　B．在业务处理之后

C．必须与业务处理相同　D．没有要求

12．我国计算机在会计工作应用的试点起始时间是（ ）。

A．1978年　B．1979年　C．1980年　D．1992年

13．操作权限管理的实质是（ ）。

A．设置操作员姓名　B．设置操作员的代码

C．设置操作员的口令　　　　D．设置操作员的权限

14．对所管辖的账套来说，（　　）是级别最高的，拥有所有模块的操作权限。

A．系统主管　　B．账套主管　　C．操作人员　　D．单位领导

15．下列属于系统管理员的权限的有（　　）。

A．输入记账凭证　　B．设置备份计划　　C．增加操作人员　　D．年度账管理

16．电算化会计岗位包括（　　）。

A．电算主管、软件操作、审核记账、电算维护、数据分析

B．会计主管、出纳、工资核算员、成本核算员、现金管理员

C．基本会计岗位和电算化岗位

D．专职会计岗位和电算化会计岗位

17．下列各项中，属于基本会计岗位的是（　　）。

A．会计主管　　B．数据分析　　C．审核记账　　D．电算化主管

18．下列关于增加操作员的操作，表述错误的是（　　）。

A．操作员编号在系统中必须唯一

B．所设置的操作人员的姓名必须输入

C．所设置的操作员一旦被引用，便不能被修改和删除

D．操作员编号可以不输入

19．以账套主管的身份登录系统管理模块，不能进行的操作是（　　）。

A．建立账套　　B．修改账套　　C．清空年度账　　D．引入年度账

20．年度账的输出和引入是指（　　）数据的备份和恢复。

A．某月账套　　B．某年账套　　C．某单位账套　　D．整个账套

二、多选题（每个小题有两个或两个以上正确答案，请将所选答案的字母填在括号内）

1．在用友 ERP 管理系统中，可以登录系统管理模块的身份是（　　）。

A．账套主管　　B．会计主管　　C．系统管理员　　D．企业负责人

2．一般用户的密码可以由（　　）加以清除。

A．系统管理员　　B．此密码的用户　　C．账套主管　　D．财务负责人

3．（　　）编码的设置不必根据财政部颁布的统一会计制度规定。

A．一级科目　　B．二级科目　　C．三级科目　　D．四级科目

4．新建账套时需要指定（　　）。

A．账套的名称　　　　B．会计制度

C．会计年度和账套启用日期　　　　D．记账本位币

5．关于删除账套，以下说法正确的是（　　）。

A．系统不提供删除账套的功能　　　　B．删除账套前系统会进行强制备份

C．正在使用的账套不允许删除　　　　D．只有账套主管才能删除账套

6．基础信息设置中包括的分类信息有（　　）。

A．客户分类　　B．职员分类　　C．存货分类　　D．地区分类

7．电算化系统中备份功能是重要的基本功能，进行这一工作时应（　）。

A．注明备份时间　　B．备份应有多份

C．删除数据前必须先备份　　D．先恢复数据

8．电算化会计岗位中，软件操作岗位与（　）岗位为不相容岗位。

A．审核记账　　B．电算维护　　C．电算主管　　D．电算审查

9．下列关于电算主管职责的说法中，正确的是（　）。

A．电算主管负责电算化系统的日常管理工作

B．协调电算化系统各类人员之间的工作关系

C．严格按照操作程序操作计算机和输入会计凭证

D．负责计算机输出账表、凭证数据的正确性和及时性检查工作

10．用友软件中关于账套主管的说法正确的是（　）。

A．一个账套可以设定多个账套主管

B．账套主管自动拥有该账套的所有权限

C．一个账套可以不设定账套主管

D．账套主管是由系统管理员设定的

11．建立账套完成后，（　）不能修改。

A．账套名称　　B．账套主管　　C．启用会计期　　D．账套号

12．企业年度账数据管理包括（　）等内容。

A．结转上年数据　　B．清空年度数据　　C．建立年度账　　D．建立账套

三、判断题（正确的在题后的括号内打“√”，错误的在题后的括号内打“×”）

1．账套号是区别不同账套的唯一标识。（　）

2．第一次必须以账套主管的身份注册系统管理模块。（　）

3．账套被删除后只有以账套主管的身份重新登录系统后才可以恢复。（　）

4．操作员被删除后还可以由系统管理员恢复，不需重建。（　）

5．系统管理模块只有系统管理员才可以登录，其他任何人都无权登录。（　）

6．ERP 的核心管理思想就是实现对整个供应链的有效管理。（　）

7．用友 ERP 管理系统各子系统启用时间必须大于等于账套的启用期间。（　）

8．只有在建立账套时设置了系统启用的系统才能进行登录。（　）

9．因为目前比较先进的企业管理信息系统是 ERP 系统，因此会计信息系统完全没有存在的必要了。（　）

10．企业安装用友 ERP 管理系统后，应及时设置系统管理员的密码，以保障系统的安全性。（　）

11．如果在角色管理或用户管理中已将“用户”归属于“账套主管”角色，则该操作员即已定义为系统内所有账套的账套主管。（　）

12．账套主管可以对所有账套的操作员进行权限指定。（　）

13．一个账套只能设置一个账套主管。（　）

14．实行会计电算化后的电算化岗位设置也应该注意满足内部牵制原则的要求。（　）

15．王宏是财务主管，她具有凭证的审核权，因此她可以审核自己录入的凭证。（ ）
16．对所管辖的账套来说，系统管理员是级别最高的，拥有所有模块的操作权限。（ ）
17．建立年度账的权限属于系统管理员和账套主管。（ ）
18．只有建立了上年度的账套后，才能建立下一年的年度账。（ ）
19．年度结转工作之前，需要进行必要的数据备份工作。（ ）
20．账套是用于存放核算单位会计数据的实体，一个账套代表一个核算单位。（ ）

项目四

企业基础档案设置

学习目标

单位在使用账套进行财务业务处理前，需要根据企业的实际核算与管理需要，结合系统编码方案规则，做好基础信息设置工作，为各个子系统的日常操作运行准备基础数据。

本项目共分6个任务，主要完成机构、人员、客商、存货、会计科目、收付结算等基础信息的设置。通过任务的实际操作掌握各项基础档案设置方法与要求，理解基础档案的含义及基础档案设置工作在系统运行中的作用与意义。本项目的任务由账套主管在企业应用平台中完成。

任务1　机构与人员档案设置

学习任务

部门档案如表4-1所示，人员类别如表4-2所示，人员档案如表4-3所示。

表4-1　部门档案

部 门 编 码	部 门 名 称
01	总经理办公室
02	财务部
03	市场部
04	物流部
05	人力资源部

表4-2　人员类别

人员类别编码	人员类别名称
1011	行政管理
1012	财务管理
1013	营销管理
1014	物流管理
1015	人事管理

表4-3　人员档案

人员编码	人员姓名	性别	部门	人员类别	银行代发账号（后11位）前8位均是62120048	银行名称	雇用状态	是否操作员	是否业务员
1001	刘恒	男	总经理办公室	行政管理	11002211001	中国工商银行	在职	否	否
1002	张晓萌	女	总经理办公室	行政管理	11002211002		在职	否	否
2001	王成	男	财务部	财务管理	11002211003		在职	是	否
2002	周晓	女	财务部	财务管理	11002211004		在职	是	否
2003	刘媛	女	财务部	财务管理	11002211005		在职	是	是
3001	李梅	女	市场部	营销管理	11002211006		在职	是	是
3002	王迪	男	市场部	营销管理	11002211007		在职	否	是
3003	李小平	男	市场部	营销管理	11002211008		在职	否	是
3004	李军	男	市场部	营销管理	11002211009		在职	否	否
3005	陈莉	女	市场部	营销管理	11002211010		在职	否	否

续表

人员编码	人员姓名	性别	部门	人员类别	银行代发账号（后11位）前8位均是62120048	银行名称	雇用状态	是否操作员	是否业务员
4001	孙志	男	物流部	物流管理	11002211011	中国工商银行	在职	是	是
4002	王伟	男	物流部	物流管理	11002211012		在职	否	是
4003	赵京	男	物流部	物流管理	11002211013		在职	否	否
5001	子恩	男	人力资源部	人事管理	11002211014		在职	否	否
5002	文卓	女	人力资源部	人事管理	11002211015		在职	否	否
5003	张子江	男	人力资源部	人事管理	11002211016		在职	否	否

任务分析

为了使系统在进行日常业务处理时有可供参考的基础数据，需要按照软件系统要求对部门与职员资料信息进行规范化整理，并将其录入系统备用。本任务由账套主管在企业应用平台的基础设置功能下完成。

知识准备

一、部门档案

部门档案主要用于设置企业各个职能部门的信息，部门指具有分别进行财务核算或业务管理要求的职能管理单位，但不一定与公司设置的日常管理部门有一一对应关系，它可以是真实的部门机构，也可以是虚拟的核算单元。

设置部门档案的目的在于按部门进行相关数据的汇总统计和分析。部门档案必须依据已定义好的部门编码级次规则设置，其内容包括部门编码、部门名称、负责人等项目。其中部门编码和部门名称为必录项。

二、人员类别

用友ERP-U8V10.1软件已经预置正式工、合同工和实习生三类顶级类别，用户可以自定义扩充人员子类别。人员类别设置的主要项目包括人员类别编码和人员类别名称信息。人员类别编码和人员类别名称既不能为空，也不能重复。

已设置的人员类别在未使用前可以修改与删除。

三、人员档案

人员档案主要用于设置企业各职能部门中需要进行核算和业务管理的职员信息。单位职员一般分布在各个部门，因此必须先设置好部门档案才能在这些部门下设置相应的人员档案。除了固定资产和成本管理产品，其他产品均需使用人员档案。

人员档案中包含的基本信息有：人员编码、人员姓名、部门、雇用状态、人员类别等内容。下面对人员档案信息的主要项目进行分解。

（1）人员编号：必须录入，必须唯一。

（2）人员姓名：必须录入，可以重复。

（3）性别：必须录入。

（4）部门：该职员所属行政部门，必须录入，可参照部门档案设置。

（5）雇用状态：有在职、离职、离退三种状态可以选择。

（6）人员类别：必须录入，可参照人员类别。

（7）银行名称：人员工资等账户所属银行，参照银行档案。

（8）账号：人员工资等的账号。

（9）是否业务员：此人是否可操作 ERP-U8V10.1 的其他业务产品，如总账、库存等。

（10）是否操作员：此人是否可操作 ERP-U8V10.1 产品，可以将本人作为操作员，也可与已有的操作员做对应关系。

提示：如果本人作为操作员，则同时保存到操作员表中；同时将操作员表中的操作员密码默认为操作员编码。

（11）信用信息：包括信用额度、信用等级、信用天数，指该职员对所负责的客户的信用额度和最大信用天数，可以为空。如果在“基础设置－业务参数－供应链－销售管理”功能的“销售选项－信用控制”选项卡中选择信用控制对象为“控制业务员信用”（要求进行业务员信用控制），则需要在这里对销售部门从事业务的人员，或者是需要进行信用管理的人员输入信用权限。

（12）生效日期：作为业务员时可操作业务产品的日期。

（13）业务及费用归属部门：此人员作为业务员时，业务及费用归属其所属的业务部门；当其不是业务员，费用需要归集所设置的业务部门。

任务实施

一、建立部门档案

（1）2019 年 6 月 1 日王成登录用友企业应用平台，双击执行“基础设置－基础档案－机构人员－部门档案”命令。

（2）在打开的“部门档案”窗口，单击“增加”按钮，根据表 4-1 依次输入部门编码“01”、名称“总经理办公室”等信息，单击“保存”按钮。

（3）重复上述步骤，依次录入表 4-1 中其他信息，完成后单击“退出”按钮返回。

二、建立人员类别

（1）执行“基础设置－基础档案－机构人员－人员类别”命令，打开“人员类别”窗口，可以看到系统预置好的三类人员。

（2）单击“正式工”类别，再单击“增加”按钮，打开“增加档案项”对话框，录入第一个正式人员子类别：档案编码——1011，档案名称——行政管理。同理参照表 4-2 依次录入其他人员类别信息，如图 4-1 所示。单击“退出”按钮返回。

图 4-1　正式工人员类别

三、建立人员档案

（1）执行“基础设置－基础档案－机构人员－人员档案”命令，打开“人员列表”窗口。在该窗口可以看到已经设置的部门档案信息。

（2）单击“01 总经理办公室”部门，再单击“增加”按钮，打开“人员档案”对话框，录入总经理刘恒的信息。

（3）依据表 4-3，在“人员档案”对话框相应栏目依次录入其他人员信息。

任务 2　地区和客商档案设置

学习任务

文景公司已经按照编码方案整理好地区分类、客户与供应商的分类与档案资料，为方便系统日常业务处理，需要将整理好的信息资料录入软件系统。

本公司地区分类、客户分类与供应商分类如表 4-4、表 4-5 和表 4-6 所示，客户档案和供应商档案如表 4-7 和表 4-8 所示。

表 4-4　地区分类

分 类 编 码	分 类 名 称
01	东北地区
02	华北地区
03	华东地区
04	中南部地区
05	西部地区
06	境外

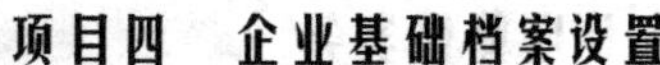

表 4-5　客户分类

分类编码	分类名称
01	A 类客户
02	B 类客户
03	C 类客户

表 4-6　供应商分类

分类编码	分类名称	分类编码	分类名称
01	战略供应商	03	普通供应商
02	优选供应商	04	其他供应商

表 4-7　客户档案

客户编码	客户名称及账户名称	客户简称	所属地区	所属分类	统一信用代码（代税号）	开户银行及账号（均为默认值）
0001	北京成思公司	成思公司	02	01	901104015277586663	工行北京朝阳支行 6222020134827518302
0002	北京芙蓉服装厂	芙蓉服装	02	01	901102217052384522	工行北京朝阳支行 6222785633219903815
0003	天津成达加工厂	成达加工	02	01	901201547382011071	工行天津大港支行 6212020151067830254
0004	河北大洋公司	河北大洋	02	02	921352930099872153	建行河北石家庄支行 6227000528337250185
0005	山东天韵服装厂	山东天韵	03	02	933705746112208481	建行山东济南支行 6227002354318923167
0006	上海佳华公司	上海佳华	03	02	953100084321928567	建行上海浦东支行 6222607874562332820
0007	西安雅丽公司	西安雅丽	05	03	986105232800981326	建行陕西西安支行 6227004122873299831
0008	郑州装饰公司	郑州装饰	02	03	941305837202048418	建行河南郑州支行 6227002434865172053
0009	零散客户	零散客户		03		

表 4-8　供应商档案

供应商编码	供应商名称	供应商简称	所属地区	所属分类	统一信用代码（代税号）	开户银行及账号（均为默认值）
0001	北京丽质纺织厂	北京丽质	02	01	902104441277580986	工行北京西城支行 6222785622520081942
0002	北京顺成毛纺厂	北京顺成	02	01	904352211282384478	工行北京密云支行 6221234821736510908

续表

供应商编　码	供应商名　称	供应商简　称	所属地区	所属分类	统一信用代码（代税号）	开户银行及账号（均为默认值）
0003	天津永信棉纺厂	天津永信	02	02	901201342385531046	建行天津和平支行 622202005483212401
0004	天宇银梭纺织厂	天宇银梭	02	02	965200011231928772	农业银行京州天宇支行 6228481271930651838
0005	京州市供电局	市供电局	02	04	901101059060926831	工行京州和平支行 6222001734520058611
0006	京州市自来水厂	自来水厂	02	04	901101058832910384	工行京州大运支行 6220158117732003452

任务分析

企业的发展离不开产业链上下游产业的配合。上游供应商直接向零售商提供商品及相应服务，下游客户通过购买你的产品或服务满足其某种需求。做好客户与供应商管理对企业的生存与发展有着重大意义。为了更好地实现企业管理效益，首先需要将相关的客户和供应商信息进行收集与规范化整理，并将其录入系统备用。本任务由账套主管在企业应用平台的基础设置功能下完成。

知识准备

一、地区分类

企业可以根据其管理需要对供应商和客户的所属地区进行分类管理，这样有利于对相关数据进行统计、分析和利用。用友 ERP-U8V10.1 软件中客户和供应商管理都会用到地区分类信息。

二、客户分类

客户是企业生存和发展的直接源泉，是企业最重要的资源之一，为实现企业效益最大化，企业应对客户进行科学有效的管理。企业可以根据自身管理的需要对客户进行分类管理，建立客户分类体系。设置客户分类后，根据不同的分类建立客户档案。如果企业的客户较少，没有对客户进行分类管理需求，也可以不设置分类。

客户分类必须依据已定义好的编码级次规则设置。

三、供应商分类

供应商分类主要是为了针对不同类型的供应商制定不同的管理方法，在进行汇总统计与数据分析的基础上，实现有效管理。

供应商分类必须依据已定义好的编码级次规则设置。供应商分类编码级次、编码总级长

和内容与客户分类的设置相同。如果企业供应商不多，也可以不进行分类管理。

四、客户和供应商档案

客户和供应商档案是关于企业往来客户与供应商的档案信息，设置这些信息既可以促进采购信息管理规范化，也是为企业的采购管理、销售管理、库存管理、应收/应付管理和总账系统辅助核算服务。当然，在进行数据录入时还能减少差错，也便于统计管理与数据分析。

如果企业在建立账套时选择了客户或供应商分类，则必须先设置完成相应的客户和供应商分类档案，之后才能编辑客户和供应商档案。

（一）客户档案

客户档案管理是企业营销管理的重要内容，也是企业信用管理的基础性工作。为了更好地为企业销售管理、应收管理服务，方便对客户资料管理和业务数据的录入、统计和分析，需要在基础信息中设置往来客户档案。在输入单据时，如果单据上的客户单位不在客户档案中，则必须先在基础设置中建立该客户档案。

（二）供应商档案

供应商档案主要是为企业的采购管理、库存管理、应付账管理服务的。在填制采购入库单、采购发票和进行采购结算、应付款结算和有关供货单位统计时都会用到供应商档案，因此必须先在基础设置中设立供应商档案，以便录入时提供参照，减少误差。在输入单据时，如果单据上的供货单位不在供应商档案中，则必须先在基础设置中建立该供应商的档案。

任务实施

一、设置地区分类

（1）登录用友企业应用平台，执行“基础设置－基础档案－客商信息－地区分类”命令，打开“地区分类”窗口。

（2）单击“增加”按钮，依据表 4-4 所示内容依次录入地区分类信息，保存后退出。

二、设置客户分类

（1）登录用友企业应用平台，执行“基础设置－基础档案－客商信息－客户分类”命令，打开“客户分类”窗口。

（2）单击“增加”按钮，依据表 4-5 所示内容依次录入客户分类信息，保存后退出。

三、设置供应商分类

（1）执行“基础设置－基础档案－客商信息－供应商分类”命令，打开“供应商分类”窗口。

（2）单击“增加”按钮，依据表 4-6 所示内容依次录入供应商分类信息，保存后退出。

四、设置客户档案

（1）执行“基础设置—基础档案—客商信息—客户档案”命令，打开“客户档案”窗口。

（2）单击“增加”按钮，打开“增加客户档案”对话框，依据表 4-7 所示内容依次录入客户档案基本信息。

提示：所有客户的结算币种均是“人民币”，属性均为“国内”。

（3）编辑客户的信用信息等其他信息在“联系”“信用”“其他”选项卡中完成。

（4）编辑客户的银行信息。在“增加客户档案”或“修改客户档案”对话框中，单击工具栏的“银行”按钮，弹出“客户银行档案”对话框，单击“增加”按钮，依据表 4-7 所示内容输入相关信息，保存后退出。

（5）完成客户信息编辑后，单击工具栏的“保存并新增”按钮，保存该客户信息并新增一张客户档案单据供编辑。

提示：

◆ 表 4-7 中所有客户的开户银行均是默认的结算银行。

◆ 录入或编辑开户银行信息，在“增加客户档案”或“修改客户档案”对话框中单击工具栏的“银行”按钮，在打开的“客户银行档案”对话框中完成。

五、设置供应商档案

（1）执行“基础设置—基础档案—客商信息—供应商档案”命令，打开“供应商档案”窗口。

（2）单击“增加”按钮，打开“增加供应商档案”对话框，依据表 4-8 所示内容录入供应商档案基本信息。

提示：

◆ 所有供应商的结算币种均是“人民币”。

◆ 供应商属性（采购、委外、服务、国外）均为“采购”。

（3）录入完供应商档案信息后单击“保存并新增”按钮，系统保存该供应商信息并增加一张空白供应商档案供编辑。

任务 3　存货基础信息设置

学习任务

文景公司仓库档案、存货分类、存货计量单位组、存货计量单位、存货档案信息如表 4-9 至表 4-13 所示。

表 4-9　仓库档案

仓库编码	仓库名称	部　门	计价方式	仓库属性	参与 MRP 运算 参与 ROP 计算	记入成本	货位管理
001	1 号仓库	物流部	全月平均法	普通仓	否、否	是	否
002	2 号仓库	物流部	全月平均法	普通仓	否、否	是	否

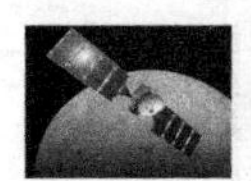

表 4-10　存货分类

存货编码	存货名称	存货编码	存货名称
01	服装面料	04	劳务
02	家纺面料	05	其他
03	周转材料		

表 4-11　存货计量单位组

计量单位组编码	计量单位组名称	计量单位组类别	是否默认值
01	长度组	固定换算率	是
02	体积组	固定换算率	否
03	质量组	固定换算率	否
04	其他组	无换算率	否

表 4-12　存货计量单位

计量单位编码	计量单位名称	计量单位组	是否主计量单位	换　算　率
01	米	01	是	1
02	码	01	否	0.9144
03	匹	01	否	33.33
04	丈	01	否	3.33
05	升	02	是	1
06	立方米	02	否	1000
07	千克	03	是	1
08	吨	03	否	1000
09	次	04	—	—
10	千瓦时	04	—	—
11	元	04	—	—

表 4-13　存货档案

存货编码	存货名称	主计量组/单位	税率（%）	存货分类	计价方法	默认仓库	存货属性
0001	原色棉布	01/米	13（进/销）	服装面料	全月平均法	1 号仓库	外购、内销
0002	亚麻布	01/米	13（进/销）	服装面料	全月平均法	1 号仓库	外购、内销
0003	精纺毛料	01/米	13（进/销）	服装面料	全月平均法	1 号仓库	外购、内销
0004	TR 混纺布	01/米	13（进/销）	服装面料	全月平均法	1 号仓库	外购、内销
0005	双皱真丝	01/米	13（进/销）	服装面料	全月平均法	1 号仓库	外购、内销
0006	纯棉印花	01/米	13（进/销）	家纺面料	全月平均法	2 号仓库	外购、内销
0007	梭织涤棉提花	01/米	13（进/销）	家纺面料	全月平均法	2 号仓库	外购、内销
0008	宽幅磨毛印花	01/米	13（进/销）	家纺面料	全月平均法	2 号仓库	外购、内销

续表

存货编码	存货名称	主计量组/单位	税率（%）	存货分类	计价方法	默认仓库	存货属性
0009	宽幅全棉贡缎	01/米	13（进/销）	家纺面料	全月平均法	2 号仓库	外购、内销
0010	运输费	04/元	9（进）	劳务	—	—	应税劳务
0011	水费	03/吨	9（进）	其他	—	—	外购
0012	电费	04/千瓦时	13（进）	其他	—	—	外购

任务分析

文景公司存货相关信息需要由账套主管在企业应用平台的基础设置功能下完成设置。

知识准备

一、仓库档案

存货一般是用仓库来保管的，对存货进行核算管理，首先应对仓库进行设置管理。第一次使用该系统时，应先将本单位使用的仓库预先输入系统中，即进行“仓库档案设置”。该功能可实现对仓库档案的增加、修改和删除的管理要求。

二、存货分类

企业可以根据对存货的管理要求对存货进行分类管理，以便于对业务数据的统计和分析。存货分类用于设置存货分类编码、名称等信息。

三、存货计量单位组

计量单位组分无换算、浮动换算、固定换算三种类别，每个计量单位组中有一个主计量单位、多个辅助计量单位，可以设置主、辅计量单位之间的换算率，还可以设置采购、销售、库存和成本系统所默认的计量单位。先增加计量单位组，再增加组下的具体计量单位内容。

（1）无换算计量单位组：该组下的所有计量单位都以单独形式存在，各计量单位之间不需要输入换算率，系统默认为主计量单位。

（2）浮动换算计量单位组：设置为浮动换算率时，可以选择的计量单位组中只能包含两个计量单位。此时需要将该计量单位组中的主计量单位、辅计量单位显示在存货卡片界面上。

（3）固定换算计量单位组：设置为固定换算率时，可以选择的计量单位组中可以包含两个（不含）以上的计量单位，且每一个辅计量单位对主计量单位的换算率不为空。其中“换算率”是辅计量单位和主计量单位之间的换算比，如 1 匹等于 33.33 米，则 33.33 就是辅计量单位“匹”和主计量单位“米”之间的换算率。主计量单位的换算率系统自动设置为 1。

四、存货计量单位

存货计量单位信息包括计量单位编码、计量单位名称、计量单位组等内容。未使用的计量单位可以修改，但已经有数据的存货不允许修改其计量单位组，已经使用过的计量单位组不能修改其已经存在的计量单位信息。

五、存货档案

存货档案信息包括基本页、成本页、控制页和其他页信息。

下面对基本页的存货属性进行重点解释。

（1）内销：具有该属性的存货可用于销售。

（2）外销：具有该属性的存货可用于销售。

（3）外购：具有该属性的存货可用于采购。

（4）生产耗用：具有该属性的存货可用于生产耗用，如生产产品耗用的原材料。

（5）委外：具有该属性的存货主要用于委外管理。

（6）自制：具有该属性的存货可由企业生产自制。

（7）计划品：具有该属性的存货主要用于生产制造中的业务单据参照使用，以及对存货的参照过滤。与“存货”所有属性互斥。

（8）计件：表示该产品或加工件需要核算计件工资，可批量修改。

（9）应税劳务：开具在采购发票上的运费、包装费等采购费用或开具在销售发票或发货单上的应税劳务。应税劳务属性应与“自制”“在制”“生产耗用”属性互斥。

（10）保税品：进口的被免除关税的产品。

任务实施

一、建立仓库档案

（1）登录用友企业应用平台，执行“基础设置－基础档案－业务－仓库档案”命令，打开“仓库档案”窗口，在该窗口单击“增加”按钮，打开“增加仓库档案”对话框。根据表4-9依次输入“001号仓库”相关信息，其他信息采用系统默认值，单击“保存”按钮。

（2）重复上述步骤，输入“002号仓库”相关信息，单击“保存”按钮保存仓库档案信息。

二、设置存货分类

（1）执行“基础设置－基础档案－存货－存货分类”命令，打开“存货分类”窗口。

（2）单击“增加”按钮，依据表4-10依次录入存货分类信息，保存后退出。

三、设置存货计量单位组

（1）执行“基础设置－基础档案－存货－计量单位”命令，打开“计量单位－计量单位

组”窗口。

（2）单击“分组”按钮，打开“计量单位组”对话框。

（3）单击“增加”按钮，依据表 4-11 依次录入计量单位组信息，保存后退出。

四、设置存货计量单位

（1）在“计量单位－计量单位组”窗口将光标移至要增加的计量单位组“（01）长度组”，单击“单位”按钮，打开“计量单位”对话框。

（2）单击“增加”按钮，依据表 4-12 依次录入计量单位信息，保存后退出。

五、设置存货档案

（1）执行“基础设置－基础档案－存货－存货档案”命令，打开“存货档案”窗口。

（2）单击“增加”按钮，打开“增加存货档案”对话框。

（3）单击“基本”选项卡，依据表 4-13 依次录入存货档案信息，包括存货编码、存货名称、存货分类、主计量组/单位等内容，其他信息使用系统默认值。

（4）单击“成本”选项卡，在该选项卡中设置默认仓库等信息。

（5）单击“保存并新增”按钮，系统保存该存货信息，并新增一个存货表单页供编辑。

（6）完成所有存货档案编辑后，单击“关闭”按钮，退出该窗口。

任务 4　财务核算基础信息设置

学习任务

（1）文景公司有外销业务，因此需要设置外币汇率，有关信息如下：

币符—USA$；币名—美元；固定汇率—1∶6.625。

（2）文景公司采用系统预设的会计科目，但还有些明细核算和辅助核算要求，如表 4-14 所示。要求：增加表中所列的明细科目，有辅助核算要求的还需要进行相应的辅助核算设置。

表 4-14　文景公司会计科目表

类　型	科目编码	科目名称	辅助核算	方　向	备　注
资产	1001	库存现金		借	
资产	1002	银行存款		借	
资产	100201	工行存款	银行账、日记账	借	
资产	100202	中行存款	银行账、日记账	借	账页格式：外币金额式
资产	1012	其他货币资金		借	
资产	101201	银行汇票		借	
资产	101202	银行本票		借	
资产	1121	应收票据		借	

续表

类 型	科目编码	科目名称	辅助核算	方 向	备 注
资产	112101	银行承兑汇票	客户往来	借	受控应收系统
资产	112102	商业承兑汇票	客户往来	借	受控应收系统
资产	1122	应收账款	客户往来	借	受控应收系统
资产	1123	预付账款	供应商往来	借	受控应付系统
资产	1221	其他应收款		借	
资产	122101	应收赔款		借	
资产	122102	应收罚款		借	
资产	122103	存出保证金		借	
资产	122104	备用金		借	
资产	122105	应收垫付款		借	
资产	122106	应收租金		借	
资产	122107	其他		借	
资产	1231	坏账准备		贷	
资产	1321	受托代销商品		借	修改科目名称
资产	1402	在途物资	项目核算	借	
资产	1405	库存商品	项目核算	借	
资产	1411	周转材料		借	
资产	1511	长期股权投资		借	
资产	1531	长期应收款		借	
资产	1601	固定资产		借	
资产	1602	累计折旧		贷	
资产	1603	固定资产减值准备		贷	
资产	1604	在建工程		借	
资产	1606	固定资产清理		借	
资产	1701	无形资产		借	
资产	1702	累计摊销		贷	
资产	1703	无形资产减值准备		贷	
资产	1801	长期待摊费用		借	
资产	1901	待处理财产损溢		借	
资产	190101	待处理流动资产损溢		借	
资产	190102	待处理固定资产损溢		借	
负债	2001	短期借款		贷	
负债	2201	应付票据		贷	
负债	220101	银行承兑汇票	供应商往来	贷	受控应付系统

续表

类　型	科目编码	科目名称	辅助核算	方　向	备　注
负债	220102	商业承兑汇票	供应商往来	贷	受控应付系统
负债	2202	应付账款		贷	
负债	220201	暂估应付款	供应商往来	贷	不受控应付系统
负债	220202	一般应付款	供应商往来	贷	受控应付系统
负债	2203	预收账款	客户往来	贷	受控应收系统
负债	2211	应付职工薪酬		贷	
负债	221101	工资		贷	
负债	221102	福利费		贷	
负债	221103	社会保险费		贷	
负债	221104	住房公积金		贷	
负债	221105	工会经费		贷	
负债	221106	职工教育经费		贷	
负债	221107	辞退福利		贷	
负债	221108	其他		贷	
负债	2221	应交税费		贷	
负债	222101	应交增值税		贷	
负债	22210101	进项税额		贷	
负债	22210102	进项税额转出		贷	
负债	22210103	销项税额		贷	
负债	22210104	已交税金		贷	
负债	22210105	出口退税		贷	
负债	22210106	销项税额抵减		贷	
负债	22210107	转出未交增值税		贷	
负债	22210108	转出多交增值税		贷	
负债	222102	未交增值税		贷	
负债	222103	应交企业所得税		贷	
负债	222104	应交个人所得税		贷	
负债	222105	应交城市维护建设税		贷	
负债	222106	应交教育费附加		贷	
负债	222107	应交地方教育费附加		贷	
负债	2231	应付利息		贷	
负债	2241	其他应付款		贷	
负债	224101	应付社会保险费		贷	
负债	224102	应付住房公积金		贷	

续表

类　型	科目编码	科目名称	辅助核算	方　向	备　注
负债	224103	其他		贷	
负债	2314	受托代销商品款	供应商往来	贷	不受控应付系统
负债	2501	长期借款		贷	
负债	2701	长期应付款		贷	
权益	4001	实收资本		贷	
权益	4002	资本公积		贷	
权益	4101	盈余公积		贷	
权益	410101	法定盈余公积		贷	
权益	410102	任意盈余公积		贷	
权益	4103	本年利润		贷	
权益	4104	利润分配		贷	
权益	410401	提取法定盈余公积		贷	
权益	410402	提取任意盈余公积		贷	
权益	410403	应付股利或利润		贷	
权益	410404	转作股本的股利		贷	
权益	410405	盈余公积补亏		贷	
权益	410406	未分配利润		贷	
损益	6001	主营业务收入	项目核算	贷	
损益	6051	其他业务收入		贷	
损益	6301	营业外收入		贷	
损益	6401	主营业务成本	项目核算	借	
损益	6402	其他业务成本		借	
损益	6403	税金及附加		借	修改科目名称
损益	6601	销售费用		借	
损益	660101	工资		借	
损益	660102	福利费		借	
损益	660103	包装费		借	
损益	660104	运杂费		借	
损益	660105	广告费		借	
损益	660106	装卸费		借	
损益	660107	折旧费		借	
损益	660108	业务招待费		借	
损益	660109	差旅费		借	
损益	660110	手续费		借	

续表

类　型	科目编码	科目名称	辅助核算	方　向	备　注
损益	6602	管理费用		借	
损益	660201	工资		借	
损益	660202	福利费		借	
损益	660203	办公费		借	
损益	660204	差旅费		借	
损益	660205	业务招待费		借	
损益	660206	水电费		借	
损益	660207	折旧费		借	
损益	660208	工会经费		借	
损益	660209	职工教育经费		借	
损益	660210	保险费		借	
损益	660211	住房公积金		借	
损益	660212	税金		借	
损益	660213	修理费		借	
损益	660214	其他		借	
损益	6603	财务费用		借	
损益	660301	利息支出		借	
损益	660302	现金折扣		借	
损益	660303	汇兑损益		借	
损益	6701	资产减值损失		借	
损益	6711	营业外支出		借	
损益	6801	所得税费用		借	
损益	6901	以前年度损益调整		借	

（3）凭证类别设置如表 4-15 所示。

表 4-15　凭证类别设置

类 别 字	类别名称	限制类型	限制科目
收	收款凭证	借方必有	1001，100201，100202
付	付款凭证	贷方必有	1001，100201，100202
转	转账凭证	凭证必无	1001，100201，100202

（4）该公司在途物资、库存商品、主营业务收入、主营业务成本需要进行项目核算，需要建立相应的项目档案。相关科目的项目核算资料如表 4-16 所示。

表 4-16　相关科目的项目核算资料

<table>
<tr><td>项 目 大 类</td><td colspan="4">商 品 项 目</td></tr>
<tr><td>核算科目</td><td colspan="4">在途物资、库存商品、主营业务收入、主营业务成本</td></tr>
<tr><td rowspan="2">项目分类</td><td>分类编码</td><td>01</td><td colspan="2">02</td></tr>
<tr><td>分类名称</td><td>服装面料</td><td colspan="2">家纺面料</td></tr>
<tr><td rowspan="10">项目目录</td><td>项目编号</td><td>项目名称</td><td>是否结算</td><td>所属分类码</td></tr>
<tr><td>101</td><td>棉布</td><td>否</td><td>01</td></tr>
<tr><td>102</td><td>亚麻布</td><td>否</td><td>01</td></tr>
<tr><td>103</td><td>毛料</td><td>否</td><td>01</td></tr>
<tr><td>104</td><td>混纺布</td><td>否</td><td>01</td></tr>
<tr><td>105</td><td>真丝</td><td>否</td><td>01</td></tr>
<tr><td>201</td><td>活性印花面料</td><td>否</td><td>02</td></tr>
<tr><td>202</td><td>磨毛印花面料</td><td>否</td><td>02</td></tr>
<tr><td>203</td><td>贡缎家纺面料</td><td>否</td><td>02</td></tr>
<tr><td>204</td><td>提花家纺面料</td><td>否</td><td>02</td></tr>
</table>

任务分析

在会计信息系统中要开展日常业务核算处理，需要设置会计科目体系，如果有外币业务，还需要进行外币汇率设置；有项目核算要求时，必须进行项目目录设置。本公司这些基础设置工作需要由账套主管在企业应用平台的基础设置功能下完成。

知识准备

一、外币汇率

外币及其汇率设置主要包括汇率方式选择、折算方式选择、币符与币名设置、汇率小数位设置、最大折算误差设置、记账汇率与调整汇率设置等内容。

二、会计科目

会计科目设置要求系统、完整与协调，因为科目体系的设置直接影响会计核算的详细与准确程度。在进行会计科目设置时，操作员可以根据需要进行科目的增加、修改、删除、指定、查询和打印等操作。

（一）增加会计科目

如果在建立账套时选择了“按行业性质预置会计科目”选项，则减少了一级会计科目的设置工作，在会计科目初始设置时只需增加明细科目和对需要进行辅助核算的科目

进行设置修改。否则，用户必须增加会计核算与编制报表所需要的所有科目，其工作量是比较大的。

新增会计科目时主要设置科目编码、科目名称、科目类型、账页格式、科目性质等内容，如果有辅助核算要求，还需要设置辅助核算信息和受控系统。

增加会计科目时，应先建立上级科目，再建立下级科目。科目名称可以用汉字、英文字母、数字等符号表示，但不能为空。科目编码是会计信息系统使用的科目代码，而科目名称则是在账、证、表上显示和打印的内容。

不同会计制度下科目类型有一定的区别，如新《企业会计准则》规定科目一共有资产、负债、共同、权益、成本和损益 6 类，而小企业会计制度只有资产、负债、所有者权益、成本和损益 5 类。会计科目类型一般只在一级科目设置，下级科目类型与其上级科目一致。

辅助核算一般要求在最末级科目进行设置，有时为了查询方便，也可以在非末级科目进行设置。辅助核算一旦设定，不得随意修改，避免造成数据丢失或出现混乱。常用的辅助核算主要有部门核算、个人往来、客户往来、供应商往来、项目核算等，另外还有外币核算、数量核算、银行账和日记账辅助核算。

会计科目如设置某一模块为受控系统，则涉及该科目的凭证只能由受控系统生成，而不能直接在总账系统中直接应用于填制记账凭证。例如，在启用应收、应付模块时，设置应收、应付科目为受控科目，则在总账模块填制凭证时就不能直接使用这两个科目，只能通过应收、应付模块生成后传递回总账系统，以保证总账与应收、应付系统数据的一致性。

（二）修改会计科目

如果科目尚未使用，则可以通过“会计科目”窗口的“修改”功能进行修改。但在修改时需要注意以下几点：

（1）非末级科目编码不能被修改，只有删除其所有明细科目后才能修改本级科目编码。

（2）已经录入期初余额或已在记账凭证中使用的会计科目，将不能被修改。只能删除涉及该科目的凭证，并将该科目及其明细科目余额清零后才能修改。

（3）只有在“修改”状态，才可以进行“封存”和“汇总打印”设置。只有末级科目才能设置汇总打印，且只能汇总到该科目本身或其上级科目。被封的科目制单时不可使用。

（三）指定会计科目

指定会计科目是指定出纳专管科目，一般包括库存现金科目和银行存款科目。只有在会计科目功能下指定会计科目后，才能执行出纳签字，实现对现金和银行存款的专人管理，才能查看现金、银行存款日记账，实行银行对账，以及制单时进行支票控制和资金赤字控制。

对于指定的现金流量项目科目，是供 UFO 编制现金流量表取数时使用，所以在录入凭证时，对指定的现金流量科目系统自动弹出窗口要求指定当前录入分录的现金流量项目。

如果在指定会计科目时，该科目被制单或已录入期初余额，则不能再被指定。如果一定要指定，则必须先删除使用该科目填制的凭证，并将该科目余额清零以后再进行指定设置。

（四）删除会计科目

如果不需要使用该会计科目，可以通过删除功能来删除。但在删除时需要注意以下几点：

（1）科目删除后不能被自动恢复，只能通过增加功能来增加。

（2）非末级科目不能被删除。如果要删除已设置明细核算科目，应先删除明细科目，再删除一级科目。

（3）删除已有数的会计科目时，应先将该科目及其下级科目余额清零后再进行删除。

（4）被指定的会计科目不能被删除。如果确要删除，必须先取消指定。

三、凭证类别

为了对记账凭证进行分类编制，核算单位第一次使用总账系统之前，应根据单位核算和管理要求设置需要使用的凭证类别。会计软件系统一般提供了常用的分类方式供选择，如果这些分类均不适应企业要求，还可以自行定义分类。

在选定了某一凭证类别后，还可根据凭证特点对凭证类别设置类型限制和科目限制，系统通过这两类条件进行凭证类别标准校验，供系统录入记账凭证时进行输入校验。会计软件系统通常提供的类型限制条件包括借方必有、贷方必有、凭证必有、凭证必无、无限制等。

四、项目核算

项目核算是科目的一种辅助核算，是科目明细核算的替代。通过项目核算可以直接利用设置好的客户档案，填制凭证时直接参照输入公司名称即可，不用找寻二级明细。而且，往来单位可在项目目录中任意增加、修改，而不会受到科目编码规则的限制。

项目核算的设置包括定义项目大类、指定核算科目、定义项目分类、定义项目目录几个步骤。

1．项目大类

即某类项目的总称，而不是会计科目名称，如对外投资项目、工程项目、商品项目、往来单位项目、成本项目等。在项目大类定义中，项目级次的定义与科目级次相同。

2．核算科目

即在会计科目设置中指定了使用项目辅助核算的科目，如对库存商品科目设置辅助核算，则应在项目科目中加入库存商品科目。

一个项目大类可指定多个科目，但一个科目只能指定一个项目大类。

3．项目分类

为方便统计，可对同一项目大类下的项目进行进一步划分，即定义项目分类。如文景公司将商品项目大类分为服装面料和家纺面料。若不分类，则必须定义为“无分类”。

4．项目目录

即所设项目大类下的所有项目具体档案，需要指出其归属的分类。例如，文景公司库存商品有棉布、亚麻布、毛料、混纺布、真丝、活性印花面料、磨毛印花面料、贡缎家纺面料、提花家纺面料 9 个具体商品项目，其中棉布、亚麻布、毛料、混纺布、真丝属于服装面料，活性印花面料、磨毛印花面料、贡缎家纺面料、提花家纺面料则属于家纺面料。

任务实施

一、设置外币汇率

（1）登录用友企业应用平台，执行“基础设置－基础档案－财务－外币设置”命令，打开“外币设置”窗口。

（2）单击“增加”按钮，输入：“币符”为“USA$”，“币名”为“美元”，“汇率小数位”为“4”，单击“确认”按钮，在2019年6月“记账汇率”栏输入“6.62500”，按回车键确认，如图4-2所示。

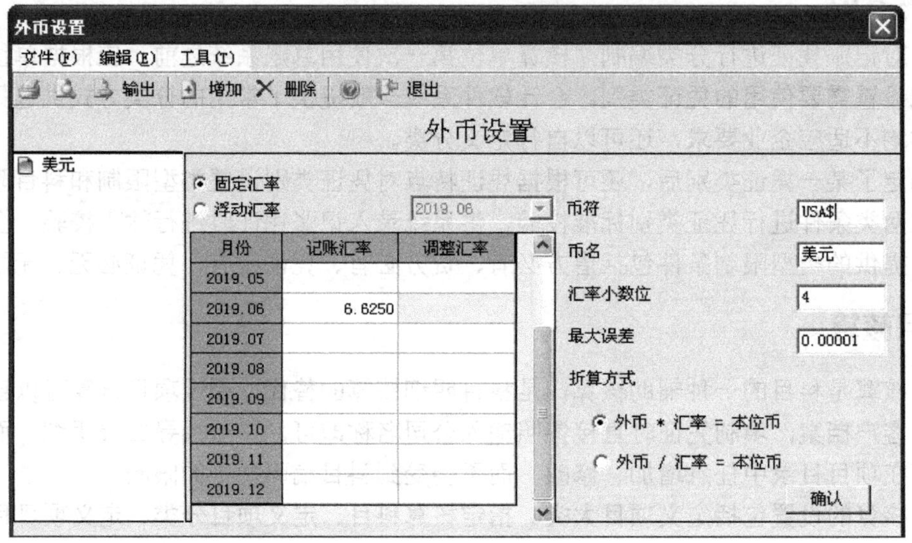

图4-2　外币汇率设置

（3）其他选项按默认设置，单击“退出”按钮。

二、设置会计科目

（一）增加明细科目

所有一级科目已由系统预设，但需要增加二级以下明细科目，同时需要进行科目的辅助核算设置。

1. 增加银行存款两个明细科目

（1）王成执行“基础设置－基础档案－财务－会计科目”命令，打开“会计科目”窗口。

（2）单击“增加”按钮或执行“编辑”菜单项下的“增加”命令，打开“新增会计科目”对话框，依次录入“科目编码”为“100201”，“科目名称”为“工行存款”，“科目类型”“科目性质（余额方向）”“账页格式”为默认设置，因“银行存款”需要登记日记账和进行银行对账，因此选择“日记账”和“银行账”辅助项目，如图4-3所示。

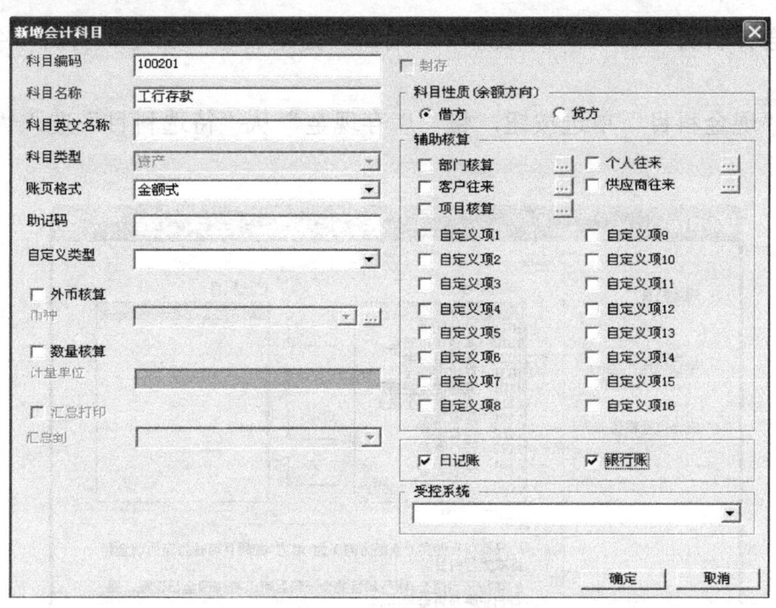

图 4-3　增加“工行存款”二级科目

（3）单击“确定”按钮，再单击“增加”按钮，依次录入“科目编码”为“100202”，“科目名称”为“中行存款”，“科目类型”“科目性质（余额方向）”为默认设置，“账页格式”选择“外币金额式”，选择“外币核算”，币种选择“美元 USA$”，同时选择“日记账”和“银行账”辅助项目。

（4）单击“确定”按钮完成中行存款科目设置。

2. 增加其他科目

同理，增加表 4-14 中所有明细科目。新增科目时注意科目的辅助核算设置要求。

（二）修改会计科目

（1）修改“应收票据”科目：设置其“客户往来”辅助核算项目。

① 单击“应收票据”科目所在行任意位置，再单击“修改”按钮，或者直接双击“应收票据”科目，打开“会计科目一修改”对话框。

② 单击“修改”按钮，选择“客户往来”复选框，单击“确定”按钮。

③ 同理，依据表 4-14 修改“应收账款”“预付账款”“在途物资”“库存商品”“应付账款”“应付票据”“预收账款”“主营业务收入”“主营业务成本”等科目及其明细科目辅助核算属性。

（2）修改“1321”科目的名称为“受托代销商品”。修改“2314”科目的名称为“受托代销商品款”，辅助核算为“供应商往来”，但不受控应付系统。

（3）修改“营业税金及附加”科目名称为“税金及附加”。

（三）指定会计科目

指定出纳专管科目：库存现金和银行存款科目。

（1）在“会计科目”窗口，执行菜单“编辑—指定科目”命令，打开“指定科目”对话框。

（2）选择“现金科目”单选按钮，将“库存现金”从“待选科目”选入“已选科目”，如图 4-4 所示。

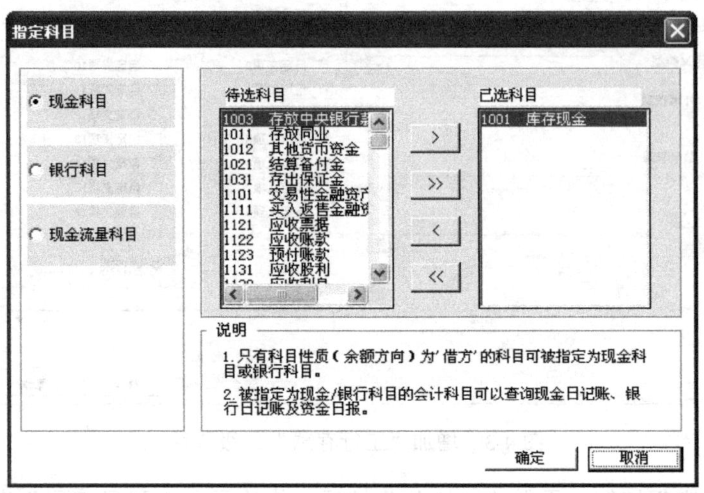

图 4-4　指定现金科目

（3）同理，选择“银行科目”单选按钮，将“1002 银行存款”从“待选科目”选入“已选科目”。

（4）单击“确定”按钮返回。

（四）删除会计科目

删除本公司不需要使用的“1003 存放中央银行款项”科目。

（1）在“会计科目”窗口，单击“1003 存放中央银行款项”所在行任意位置，再单击“删除”按钮，或者执行菜单“编辑—删除”命令。

（2）系统弹出“删除记录”提示框，提示“记录删除后不能修复！真的删除此记录吗？”，单击“确定”按钮，该科目即被删除。

三、设置凭证类别

依据表 4-15 设置本公司凭证类别。

（1）王成执行“基础设置—基础档案—财务—凭证类别”命令，打开“凭证类别预置”对话框。在该对话框中选择第 2 种“收款凭证 付款凭证 转账凭证”分类方式，然后单击“确定”按钮，打开“凭证类别”对话框。

（2）单击“修改”按钮，再双击“收款凭证”栏的“限制类型”单元格，将显示下拉按钮▼，单击打开下拉框，选择“借方必有”选项。

（3）再双击“收款凭证”栏的“限制科目”单元格，输入或参照输入（单击右侧参照输入按钮...）限制科目编码，科目之间以英文逗号隔开。

（4）同理，设置“付款凭证”和“转账凭证”的限制类型与限制科目。

四、设置项目档案

依据表 4-16 设置本公司项目档案资料。

（1）王成执行“基础设置－基础档案－财务－项目目录”命令，打开“项目档案”对话框。在该对话框待选科目中已经存在“在途物资”“库存商品”“主营业务收入”“主营业务成本”4 个会计科目，这是因为在会计科目功能中已经给这些科目设置了“项目核算”辅助核算。

（2）定义项目大类。

① 单击“增加”按钮，打开“项目大类定义—增加”对话框，在“新项目大类名称”栏输入“商品项目”。

② 定义项目级次为一级 2 位，其他为 0，单击“下一步”按钮。

③ 定义项目栏目均为默认，单击“完成”按钮，完成项目大类定义。

（3）设置项目核算科目。

① 在“项目档案”对话框单击“核算科目”选项卡，在“项目大类”栏内选择“商品项目”大类。

② 将 4 个科目从“待选科目”栏选入“已选科目”栏，单击“确定”按钮确认。

（4）项目结构定义。项目结构用来描述项目大类中所出现的具体项目信息，使用默认值，不做修改。

（5）项目分类定义。

① 在“项目档案”对话框单击“项目分类定义”选项卡，单击右下方的“增加”按钮，在“分类编码”栏输入“01”，在“分类名称”栏输入“服装面料”，单击“确定”按钮。

② 继续增加“02—家纺面料”分类项目。

（6）项目目录定义。

① 在“项目档案”对话框单击“项目目录”选项卡，然后单击右下方“维护”按钮，打开“项目目录维护”对话框。

② 单击“增加”按钮，根据表 4-16 依次录入项目编号、名称及所属分类码等信息。

③ 完成所有项目档案后，单击“退出”按钮返回，再单击“退出”按钮退出“项目档案”对话框。

任务 5　收付结算信息设置

学习任务

文景公司已经按照编码方案整理好收付结算相关信息资料，为方便系统日常业务处理，需要将整理好的信息资料录入软件系统。

（1）文景公司在日常业务中使用多种结算方式，如表 4-17 所示。

表 4-17　结算方式

结算方式编码	结算方式名称	票据管理
1	现金	否
2	支票	否
201	现金支票	是
202	转账支票	是
3	商业汇票	否
301	银行承兑汇票	否
302	商业承兑汇票	否
4	银行汇票	否
5	电汇	否
6	委托收款	否
7	其他	否

（2）文景公司付款条件如表 4-18 所示。

表 4-18　文景公司付款条件

编码	名称	信用天数	优惠天数 1	优惠率 1	优惠天数 2	优惠率 2
01	2/10，*n*/30	30	10	2	30	0

（3）文景公司开户银行如表 4-19 所示。

表 4-19　文景公司开户银行

编码	银行账号	账户名称	币种	银行名称	所属银行编码	是否暂封
01	6202001097586328791	文景纺织品贸易有限责任公司	人民币	中国工商银行京州和平支行	01 中国工商银行	否

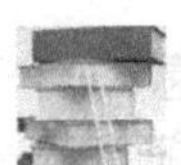

任务分析

本公司这些基础设置工作仍然需要由账套主管在企业应用平台的基础设置功能下完成。

知识准备

一、结算方式

结算方式内容包括结算方式编码、结算方式名称、票据管理标志等。结算方式功能可以实现结算方式的增加、修改和删除等操作。

二、付款条件

付款条件也叫现金折扣，是指企业为了鼓励客户偿还贷款而允诺在一定期限内给予的规定的折扣优待。付款条件设置包括编码、信用天数、优惠天数、优惠率等信息。

付款条件通常可表示为2/10、1/20、*n*/30，它的意思是客户在10天内偿还贷款，可得到2%的折扣；在20天内偿还贷款，可得到1%的折扣；在30天内偿还贷款，则须按照全额支付货款；在 30 天以后偿还贷款，则不仅要按全额支付贷款，还可能要支付延期付款利息或违约金。

三、开户银行

银行账户信息即企业在收付结算中对应的各个开户银行具体情况。一般来说，会计软件支持多个开户行及账号的设置。单位开户银行设置功能可用于录入、维护和查询其开户银行信息。设置开户银行包括指明开户银行的编码、银行名称、账号、是否暂封等信息。

任务实施

一、设置结算方式

（1）王成登录用友企业应用平台，执行“基础设置－基础档案－收付结算－结算方式”命令，打开“结算方式”窗口。

（2）单击“增加”按钮，输入结算方式编码“1”，名称“现金”，单击“保存”按钮。

（3）重复以上步骤，根据表4-17依次设置其他结算方式，单击“退出”按钮返回。

二、设置付款条件

（1）王成执行“收付结算－付款条件”命令，打开“付款条件”窗口。单击“增加”按钮，窗口下方出现一行空白栏，单击“付款条件编码”单元格，输入付款条件编码“01”，跳过“付款条件名称”单元格，根据表4-18依次录入其他内容。

（2）单击“保存”按钮，窗口下方出现新一行空白栏，此时系统会自动生成“付款条件名称”栏信息“2/10，*n*/30”，单击“退出”按钮返回。

三、设置开户银行

（一）银行档案设置

（1）王成执行“收付结算－银行档案”命令，打开“银行档案”窗口。在该窗口双击“中国工商银行”所在行，再单击工具栏中的“修改”按钮，进入“修改银行档案”对话框。

（2）选中“个人账户规则”区域的“定长”复选框，并修改“账号长度”为“19”、“自动带出账号长度”为“17”。

（3）选中“企业账户规则”区域的“定长”复选框，并修改“账号长度”为“19”。单

击“保存”按钮，再单击“退出”按钮返回。

（二）单位开户银行档案设置

（1）王成执行“基础设置—基础档案—收付结算—本单位开户银行”命令，打开“本单位开户银行”窗口。

（2）单击“增加”按钮，打开“增加本单位开户银行”对话框，根据表4-19依次录入开户银行相关信息，录入完毕，单击“保存”按钮，再单击“退出”按钮返回。

任务6　其他基础信息设置

学习任务

文景公司启用总账系统的同时也启用了供销链（购销存）管理系统进行存货业务核算。该公司已经按照编码方案整理好收发类别、采购类型、销售类型等相关信息资料，为方便系统日常业务处理，需要将整理好的信息资料录入软件系统。

（1）收发类别信息如表4-20所示。

表4-20　收发类别信息

收发类别编码	类别名称	收发标志	收发类别编码	类别名称	收发标志
1	入库类别	收（适用零售）	2	出库类别	发（适用零售）
11	采购入库		21	销售出库	
12	采购退货		22	销售退货	
13	受托代销入库		23	调拨出库	
14	调拨入库		24	盘亏出库	
15	盘盈入库		25	赠品出库	
16	其他入库		26	其他出库	

（2）采购类型信息如表4-21所示。

表4-21　采购类型信息

编码	名称	入库类别	是否默认值	是否委外默认值	是否列入MPS/MRP计划
01	商品采购	采购入库	是	否	否
02	受托代销	受托代销入库	否	否	否
03	采购退回	采购退货	否	否	否
04	直运采购	采购入库	否	否	否

（3）销售类型信息如表4-22所示。

表 4-22　销售类型信息

编　码	名　称	出 库 类 别	是否默认值	是否列入 MPS/MRP 计划
01	批发销售	销售出库	是	否
02	门市零售	销售出库	否	否
03	销售退回	销售退货	否	否
04	委托代销	销售出库	否	否
05	直运销售	销售出库	否	否
06	受托代销	销售出库	否	否

（4）费用项目分类信息如表 4-23 所示。

表 4-23　费用项目分类信息

分 类 编 码	分 类 名 称
1	管理费用
2	销售费用
3	其他费用

（5）费用项目信息如表 4-24 所示。

表 4-24　费用项目信息

费用项目编码	费用项目名称	费用项目分类
01	运输费	销售费用
02	包装费	销售费用
03	装卸费	销售费用
04	业务招待费	管理费用

（6）发运方式信息如表 4-25 所示。

表 4-25　发运方式信息

发运方式编码	发运方式名称
01	自提
02	公路
03	铁路
04	航空
05	水运
06	快递
07	其他

（7）文景公司对“采购订单”“销售订单”“销售专用发票”“销售普通发票”的单据编号设置为“手工改动，重号时自动重取”方式，对“采购专用发票”“采购普通发票”“采购运费发票”的单据编号设置为“完全手工编号”方式。

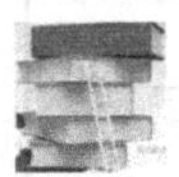

任务分析

为更好地运用供销链管理系统进行业务核算，首先需要录入相关基础档案信息和期初数据，相关的基础档案包括收发类别、采购类型、销售类型、费用项目等。

这些基础设置工作仍然需要由账套主管在企业应用平台的基础设置功能下完成。

知识准备

一、收发类别

收发类别是为了用户对材料的出入库情况进行分类汇总统计而设置的，表示材料的出入库类型，用户可根据各单位的实际需要自由灵活地进行设置，包括增加、修改和删除相应收发类别。收发类别主要内容包括收发标志、收发类别编码及类别名称。

二、采购类型

采购类型是系统提供的可由单位根据需要自行设定的项目，在使用用友采购管理系统填制采购入库单等单据时，会涉及采购类型栏目。如果单位需要按采购类型进行统计，那就应该建立采购类型项目。

三、销售类型

企业在处理销售业务时，可以根据自身的实际情况自定义销售类型，以便于按销售类型对销售业务数据进行统计和分析。销售类型设置主要包括以下内容：

（1）编码：不能为空，且必须唯一。

（2）名称：不能为空，也不能重复。

（3）出库类别：输入销售类型所对应的出库类别，以便销售业务数据传递到库存管理系统和存货核算系统时进行出库统计和财务制单处理。

四、费用项目分类

如果需要对费用进行分类核算，用户应先将本公司所用到的费用进行划分，在编码方案中设置费用编码方案，然后设置相应的费用项目分类，之后再进行费用项目档案的设置。

五、费用项目

用户在处理销售业务中的代垫费用、其他销售费用时，应先设定具体费用项目。该功能完成对费用项目的设置和管理。费用项目需要设置编码、名称、分类等信息。

六、发运方式

本功能完成对运输方式的设置和管理，用户可以根据业务的需要方便地增加、修改、删除、查询、打印运输方式。

七、单据编号设置

单据编号设置主要是设置系统涉及的各种单据编号的编码规则。如果单位启用了应收款管理、应付款管理、销售管理、采购管理、库存管理、存货核算等系统，则这些系统均必须使用单据、档案编码方案。

系统对各类单据均预先设定了默认的编码规则，如果预设的编码规则不能满足需要时，可以在“基础设置－单据设置”功能中设定各种单据的编码生成规则。

（一）单据编号设置

1. 单据类型

系统内置有单据类型目录，提供所有允许设置单据编码方案的单据类型，不可修改。

2. 编号原则

（1）完全手工编号：用户新增单据时，不自动带入用户设置的单据流水号，单据号为空，用户可以直接输入单据号，此方式主要应用于企业的某种单据号之间无关联或不连续的情况，如采购发票等。

（2）手工修改，重号时自动重取：用户在选择“完全手工编号”时，生成单据的单据号都为空，如果批量生单和自动生单不能显示生成的单据并填入单据号，则无法保存单据，此种情况下最好不使用“完全手工编号”，而采用“手工修改，重号时自动重取”功能。

（3）按收发标志流水编号：对于入库、出库单按照流水方式编号。

（二）对照表

对照表标签页显示编码方案中可用单据编号前缀的详细信息。若需要将单据、档案中的基础信息作为编码中的前缀内容，则必须设置相应的对照表。

（三）查看流水号

在流水号标签页中可查看单据的流水号，包括收发标志、流水依据、编码、级次等信息。这里的流水号是指该种单据的最大编号。

任务实施

一、设置收发类别

（1）王成执行“基础设置－基础档案－业务－收发类别”命令，打开“收发类别”窗口。

（2）单击“增加”按钮，录入收发类别编码“1”、名称“入库类别”，收发标志选择“收”，

单击“保存”按钮。

（3）重复上述步骤，根据表4-20依次录入其他收发类别信息，单击“退出”按钮返回。

二、设置采购类型

（1）王成执行“基础档案—业务—采购类型”命令，打开“采购类型”窗口。

（2）单击“增加”按钮，根据表4-21依次录入采购类型编码、名称、入库类别等信息，录入完毕，单击“保存”按钮。单击“退出”按钮返回。

三、设置销售类型

（1）王成执行“基础档案—业务—销售类型”命令，打开“销售类型”窗口。

（2）单击“增加”按钮，根据表4-22依次录入销售类型编码、名称、出库类别等信息，录入完毕，单击“保存”按钮。单击“退出”按钮返回。

四、设置费用项目分类

（1）王成执行“基础档案—业务—费用项目分类”命令，打开“费用项目分类”窗口。

（2）单击“增加”按钮，根据表4-23依次录入费用项目分类编码、分类名称等信息，录入完毕，单击“保存”按钮。单击“退出”按钮返回。

五、设置费用项目

（1）王成执行“基础档案—业务—费用项目”命令，打开“费用项目档案”窗口。

（2）单击“增加”按钮，根据表4-24依次录入费用项目编码、名称等信息，录入完毕，单击“保存”按钮。单击“退出”按钮返回。

六、设置发运方式

（1）王成执行“基础设置—基础档案—业务—发运方式”命令，打开“发运方式”窗口。

（2）单击“增加”按钮，根据表4-25依次录入发运方式编码、名称等信息，录入完毕，单击“保存”按钮。单击“退出”按钮返回。

七、设置单据编号

（1）王成执行“基础设置—单据设置—单据编号设置”命令，打开“单据编号设置”窗口。

（2）在“编号设置”选项卡的左侧选择“单据类型—采购管理—采购专用发票”，单击“修改”按钮，选中“完全手工编号”复选框，其他选项使用默认值，如图4-5所示。

（3）单击“保存”按钮。重复以上步骤，设置“采购订单”“采购普通发票”“采购运费发票”“销售订单”“销售专用发票”“销售普通发票”的编号规则。单击“退出”按钮返回。

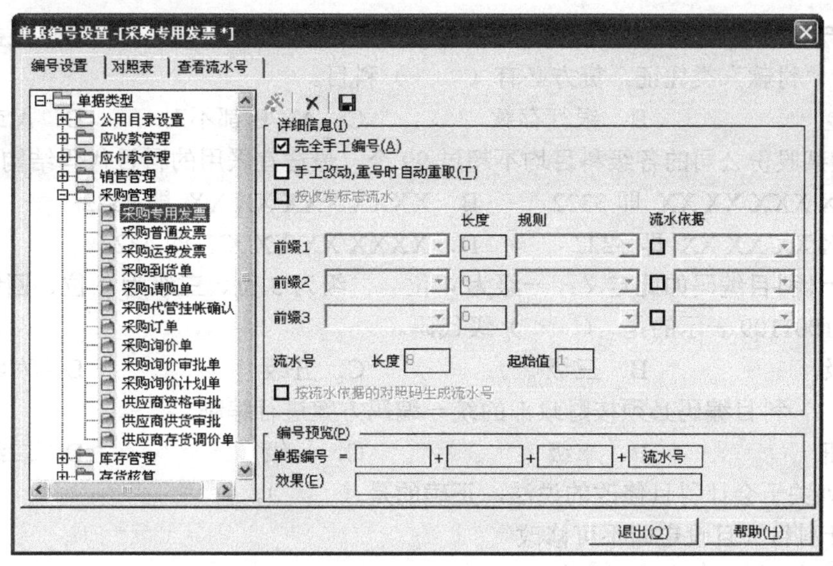

图 4-5　采购专用发票编号方式设置

思考与练习

一、单选题（请将备选答案中唯一正确答案的字母填在括号内）

1．关于基础档案设置说法错误的是（　　）。

A．有编码规则的必须遵守，先设一级编码，再设下级编码

B．部门编码设定后不可更改

C．部门档案中部门负责人是必录项目

D．人员档案设置时，所属部门是必录数据项

2．以下关于档案设置的说法中，正确的是（　　）。

A．人员档案中的人员名称不可以重复

B．人员档案中的人员编号可以使用汉字

C．总账系统若需要使用某人员档案，则在档案设置时“是否业务员”为必选项目

D．删除部门档案，则对包含其中的人员档案一并删除

3．基础档案设置中关于客商信息描述错误的是（　　）。

A．客户和供应商设置时，必须先建立分类然后才能建立相关档案信息

B．既是客户又是供应商的单位，在系统内必须分别建立档案

C．如果已设置客户分类，则在建立客户档案时必须选择客户所属分类

D．客户档案中优惠天数应小于信用天数

4．下列关于凭证类别设置的说法，正确的是（　　）。

A．多种凭证类别的设置是必需的　　B．多种凭证类别的设置会影响会计核算最终结果

C．凭证类别一旦设定即不可更改　　D．可以只设置一种凭证类别

5．会计科目“其他货币资金（1012）”的科目类型是（　　）。

A．资产类　　B．负债类　　C．成本类　　D．权益类

6．对于“付款”类凭证，贷方必有（　　）科目。

A．现金　　B．银行存款　　C．A、B 都不对　　D．A 或 B

7．假设某股份公司的各级科目均不超过 99 个，最适宜采用的科目代码结构是（　　）。

A．XXX XXX XX XX 即 3322　　B．XXXX XXX XX XX 即 4322

C．XXX XX XX XX 即 3222　　D．XXXX XX XX XX 即 4222

8．有会计科目编码如此定义：一级为 4 位、二级为 3 位、三级为 2 位、四级为 2 位，请问编码 521001109 表示的是（　　）级代码。

A．四级　　B．三级　　C．五级　　D．六级

9．（　　）科目编码必须按财政部的统一编码方案进行编制。

A．明细　　B．末级　　C．一级　　D．二级

10．下列关于会计科目修改的说法，正确的是（　　）。

A．会计科目一旦设定即不可修改

B．会计科目一旦使用即不可修改

C．会计科目一旦输入期初数据即不可修改

D．非末级科目的科目编码只有在删除其所有明细科目后，才能被修改

11．下列关于项目核算的说法，错误的是（　　）。

A．项目核算是会计科目的一种辅助核算

B．项目核算与明细核算的作用完全相同

C．标识已结算的项目不能再继续使用

D．一个项目大类可以指定多个核算科目，一个核算科目只能对应一个项目大类

12．部门档案用于设置部门相关信息，一般不包括（　　）。

A．部门属性　　B．部门位置　　C．部门编码　　D．部门名称

13．会计科目设置的内容不包括（　　）。

A．助记码　　B．凭证类别　　C．科目名称　　D．科目编码

14．辅助核算不包括（　　）。

A．项目核算　　B．部门核算　　C．明细账核算　　D．往来核算

15．客户档案中客户的付款条件是在（　　）选项卡下输入的。

A．基本　　B．联系　　C．信用　　D．其他

二、多选题（每个小题有两个或两个以上正确答案，请将所选答案的字母填在括号内）

1．部门档案中的部门编号可以是（　　）。

A．数字　　B．字母　　C．汉字　　D．其他符号

2．进行部门档案设置时，以下属于必录数据项的是（　　）。

A．部门名称　　B．部门属性　　C．部门编码　　D．负责人

3．关于删除科目的说法，错误的是（　　）。

A．被删除的科目不必为末级科目

B．被删除的科目一定是本年度未被使用过的

C．被删除科目可以有余额

D．被删除科目可以通过恢复功能进行复原

4．对结算方式的设置包括（　　）。

A．结算方式编码　　B．结算方式名称

C．是否票据管理　　D．使用结算方式权限

5．用友 ERP-U8V10.1 产品所包含的辅助核算是（　　）。

A．部门和个人往来　　B．供应商和客户往来

C．项目核算　　D．自定义项核算

6．系统提供的凭证限制类型包括（　　）。

A．借方必有　　B．凭证必无　　C．贷方必有　　D．无限制

7．进行项目设置时，包括（　　）。

A．指定核算科目　　B．定义项目目录

C．定义项目分类　　D．定义项目大类

8．基础信息设置中包含的分类信息有（　　）。

A．客户分类　　B．人员分类　　C．存货分类　　D．地区分类

9．往来辅助核算包括（　　）。

A．部门往来　　B．个人往来　　C．供应商往来　　D．客户往来

10．在会计核算软件中，建账后增加科目时应遵循（　　）。

A．增加的会计科目编码长度及每段位数要符合编码规则

B．科目一经使用，就不能增加同级科目

C．增加明细科目的性质属性等继承上级，不能修改

D．已经使用过的科目，也可以再增设下级科目，系统自动将上级科目的数据结转至新增的第一个明细科目

11．某账套的科目编码规则是 3222，下列科目编码中正确的是（　　）。

A．521　　B．52112　　C．52112321　　D．5212426

12．下列关于会计科目设置的说法中，正确的有（　　）。

A．科目编码可以不唯一

B．科目编码必须按其级次的先后次序建立

C．科目编码可以用数字表示

D．科目编码可以用&表示

13．会计科目体系的设置要满足（　　）的要求。

A. 管理　　B. 会计制度　　C. 会计核算　　D. 报表

14．总账系统提供的常用凭证分类方式有（　　）。

A．现金、银行、转账凭证

B．收款、付款、转账凭证

C．记账凭证

D．现金收款、现金付款、银行收款、银行付款、转账凭证

15．设置会计科目时，其账页格式一般有（　　）。

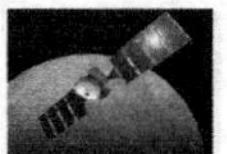

A．金额式　　B．外币金额式　　C．数量金额式　　D．数量外币式

三、判断题（正确的在题后的括号内打“√”，错误的在题后的括号内打“×”）

1．所有明细科目的科目类型都可从上级科目中继承。（　　）

2．只要是末级科目就可以删除。（　　）

3．一个科目只能在一个项目大类中使用。（　　）

4．可以对项目大类进行分级设置项目分类。（　　）

5．科目一经使用后不得修改名称和编码。（　　）

6．建立科目编码时，应先建立下级科目，再建立上级科目。（　　）

7．企业基础信息设置既可以在公共管理模块中进行，也可以在进入各个子系统后进行设置，其结果都是由各个模块共享。（　　）

8．已使用的会计科目本年度内不可以删除。（　　）

9．在进行科目编码设置时，必须输入科目的助记码。（　　）

10．在总账系统中，只有在“会计科目”功能下通过“指定科目”预先指定的现金类科目，才可以通过“现金日记账”功能查询其日记账。（　　）

11．设置科目编码时，各级科目编码必须唯一。（　　）

12．在设置凭证类别时，若将某类凭证的限制科目设为非末级科目，则在制单时，其所有下级科目都将受到同样的限制。（　　）

13．基础档案设置必须遵循分类编码方案中级次和各级编码长度的设定。（　　）

14．存货档案中每一存货只能选择一个计量单位组。（　　）

15．只有先增加计量单位，才能设置计量单位组。（　　）

16．运输费的存货属性为外购或内销。（　　）

17．编辑存货档案时，存货必须设置记价方法。（　　）

18．设置部门档案时，部门属性不能为空。（　　）

19．客户档案信息中“信用期限”的度量单位为“年”。（　　）

20．在输入单据时，如果单据上的客户单位不在客户档案中，可以直接在单据中录入该客户，而不必先在基础设置中建立该客户档案。（　　）

项目五

各子系统初始设置

学习目标

用友 ERP-U8V10.1 系统包括若干子系统，如总账、应收款管理、应付款管理、固定资产管理、薪资管理等财务子系统和采购管理、销售管理、库存管理、核算管理等业务子系统。子系统初始化是指设置各子系统运行过程中所需要的参数、数据和本模块的基础信息，以保证模块按照企业的要求正常运行。

子系统初始化内容主要包括设置系统控制参数、设置基础信息、录入初始数据和期初记账等操作。本项目共有 8 个任务，由账套主管在企业应用平台上完成。

任务1　总账系统初始设置

学习任务

文景公司相关人员已经整理出公司日常业务核算规则要求和期初会计科目余额与相关辅助账类数据，这些内容的设置属于总账系统初始化工作任务。

（1）文景公司于2019年6月1日起启用总账系统进行会计核算，除系统默认选项外，还需进行如表5-1所示的参数设置。

表5-1　总账系统控制参数

选项卡	参数设置
凭证	支票控制 主管签字以后不可以取消审核和出纳签字 自动填补凭证断号
权限	出纳凭证必须经出纳签字 凭证必须经由主管会计签字 凭证审核控制到操作员 不允许修改、作废他人填制的凭证
会计日历	数量、单价小数位为两位
其他	部门、个人、项目按编码方式排序

（2）文景公司相关科目期初余额数据分别如表5-2至表5-10所示。

表5-2　文景公司会计科目期初余额表

科目编码	科目名称	方向	年初余额	累计借方	累计贷方	期初余额
1001	库存现金	借	14 475.82	25 780.00	26 940.00	13 315.82
100201	工行存款	借	476 364.62	207 297.83	315 888.52	367 773.93
1122	应收账款	借	43 417.00	34 786.00	65 321.00	12 882.00 参考表5-3、表5-4
1231	坏账准备	贷	132.24	—	—	132.24
1402	在途物资	借	—	40 248.00	—	40 248.00 参考表5-5
1405	库存商品	借	349 097.00	310 498.00	352 770.00	306 825.00 参考表5-6
1601	固定资产	借	1 593 900.00	300 000.00	—	1 893 900.00
1602	累计折旧	贷	325 990.28	—	112 975.00	438965.28
220201	暂估应付款	贷	—	—	40 248.00	40 248.00 参考表5-7
220202	一般应付款	贷	25 875.00	120 147.00	98 340.00	4 068.00 参考表5-8、表5-9
221101	工资	贷	160 385.26	792 886.95	790 325.34	157 823.65

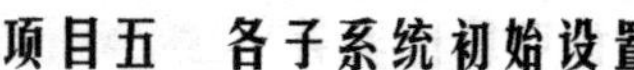

续表

科目编码	科目名称	方向	年初余额	累计借方	累计贷方	期初余额
221103	社会保险费	贷	20 336.00	101 680.00	101 680.00	20 336.00
221104	住房公积金	贷	7 440.00	37 200.00	37 200.00	7 440.00
221105	工会经费	贷	1 240.00	6 200.00	6 200.00	1 240.00
221106	职工教育经费	贷	1 550 00	7 750.00	7 750.00	1 550.00
22210101	进项税额	贷	0	161 624.00	0	-161 624.00
22210103	销项税额	贷	0	0	210 024.00	210 024.00
22210107	转出未交增值税	贷	0	48 400.00	0	-48 400.00
222102	未交增值税	贷	3 838.00	45 160.00	48 400.00	7 078.00
222103	应交所得税	贷	15 381.00	44 196.00	38 125.00	9 310.00
222104	应交个人所得税	贷	2 872.00	23 165.00	22 865.00	2 572.00
222105	应交城市维护建设税	贷	268.66	3 161.20	3 388.00	495.46
222106	应交教育费附加	贷	394.47	1 325.88	1 143.75	212.34
222107	应交地方教育费附加	贷	147.56	463.30	457.30	141.56
224101	应付社会保险费	贷	6 324.00	31 620.00	31 620.00	6 324.00
224102	应付住房公积金	贷	7 440.00	37 200.00	37 200.00	7 440.00
4001	实收资本	贷	1 800 000.00	—	—	1 800 000.00
410101	法定盈余公积	贷	33 156.00	—	—	33 156.00
4103	本年利润	贷	—	83 357.00	155 533.25	72 176.25
410406	未分配利润	贷	24 235.97	—	—	24 235.97
6001	主营业务收入	贷		614 310.00	614 310.00	参考表 5-10
6401	主营业务成本	借		352 770.00	352 770.00	参考表 5-10
6403	税金及附加	借		4 128.5	4 128.5	
660101	工资	借		243 890.00	243 890.00	
660102	福利费	借		35 378.00	35 378.00	
660103	包装费	借		1 536.00	1 536.00	
660104	运杂费	借		2 173.00	2 173.00	
660105	广告费	借		20 000.00	20 000.00	
660107	折旧费	借		17 094.00	17 094.00	
660109	差旅费	借		6 320.00	6 320.00	
660201	工资	借		538 287.00	538 287.00	
660202	福利费	借		12 780.00	12 780.00	
660203	办公费	借		5 615.00	5 615.00	
660204	差旅费	借		13 456.00	13 456.00	
660205	业务招待费	借		3 215.00	3 215.00	
660206	水电费	借		6 533.7	6 533.7	
660207	折旧费	借		79 690.8	79 690.8	
660208	工会经费	借		15 806.51	15 806.51	
660209	职工教育经费	借		19 758.13	19 758.13	

续表

科目编码	科目名称	方向	年初余额	累计借方	累计贷方	期初余额
660210	保险费	借		259 226.71	259 226.71	
660211	住房公积金	借		94 839.04	94 839.04	
660212	税金	借		128.00	128.00	

表 5-3　应收账款期初往来明细表

日　期	凭证号	客户	摘要	方向	金额	业务员	票号	票据日期
2019-05-8	转-16	成思公司	销售亚麻布	借	2 712.00	王迪	10053201	2019-05-8
2019-05-12	转-35	成达加工	销售贡缎家纺面料	借	10 170.00	王迪	10053221	2019-05-12

表 5-4　应收账款累计借贷发生额

客户	累计借方金额	累计贷方金额	客户	累计借方金额	累计贷方金额
成思公司	24 346.00	21 562.00	山东天韵	—	43 759.00

表 5-5　在途物资期初余额及累计发生额

项　　目	方向	累计借方金额	累计贷方金额	金额
成思公司	借	40 248.00	—	40 248.00

表 5-6　库存商品期初余额

项　　目	方向	累计借方金额	累计贷方金额	期初余额
101 棉布	借	19 680.00	36 900.00	34 440.00
102 亚麻布	借	75 000.00	60 000.00	18 360.00
103 毛料	借	63 000.00	99 000.00	67 500.00
104 混纺布	借	26 400.00	22 000.00	19 800.00
105 真丝	借	43 750.00	31 500.00	28 000.00
201 活性印花面料	借	20 168.00	18 720.00	8 000.00
202 磨毛印花面料	借	8 700.00	17 400.00	23 200.00
203 贡缎家纺面料	借	25 000.00	31 250.00	33 125.00
204 提花家纺面料	借	28 800.00	36 000.00	74 400.00
合计		310 498.00	352 770.00	306 825.00

表 5-7　应付账款—暂估应付款期初往来明细表

日　期	凭证号	供应商	摘　要	方向	金额	业务员	票据日期
2019-05-20	转－38	北京丽质	购精纺毛料 152 暂估入库	贷	40 248.00	王伟	2019-05-20

表 5-8　应付账款—一般应付款期初往来明细表

日　期	凭证号	供应商	摘　要	方向	金额	业务员	票号	票据日期
2019-05-10	转－28	天津永信	购宽幅全棉贡缎面料	贷	4 068.00	王伟	30602012	2019-05-10

表 5-9　应付账款累计借贷发生额

客户	累计借方金额	累计贷方金额	客户	累计借方金额	累计贷方金额
北京顺成	120 147.00	94 164.00	天津永信		4 068.00

表 5-10　主营业务收入/成本累计借贷发生额

项　目	主营业务收入累计借/贷方金额	主营业务成本累计借/贷方金额
101 棉布	65 250.00	36 900.00
102 亚麻布	110 000.00	60 000.00
103 毛料	176 000.00	99 000.00
104 混纺布	38 500.00	22 000.00
105 真丝	55 800.00	31 500.00
201 活性印花面料	32 760.00	18 720.00
202 磨毛印花面料	28 500.00	17 400.00
203 贡缎家纺面料	55 000.00	31 250.00
204 提花家纺面料	52 500.00	36 000.00
合计	614 310.00	352 770.00

任务分析

为使总账系统适合本单位的具体核算要求，需要将会计业务核算过程中的处理规则、内部控制与管理制度等要求，通过总账系统参数设置功能来实现。同时，为实现手工会计业务与会计信息化处理的顺利对接，必须将手工阶段账本中的科目余额输入软件系统，以便为日常业务处理奠定基础。总账系统初始化设置工作需要由账套主管在企业应用平台的“业务工作—财务会计”功能下完成。

知识准备

一、总账系统参数设置

第一次启动总账系统时，需要确定反映核算单位核算要求的各种参数，包括凭证、账簿、会计日历、操作权限、预算控制等内容，这些控制参数将决定系统的输入控制、业务处理方式、数据流向及数据显示输出格式等处理方法，一经设定不可随意更改。

（一）凭证选项

1. 制单控制

其主要设置在填制凭证时，系统应对哪些操作进行控制。

（1）制单序时控制：设置该选项则制单时凭证编号必须按日期顺序排列。

（2）支票控制：设置该选项则在制单时使用银行科目编制凭证时，系统针对票据管理的结算方式进行登记，如果录入支票号在支票登记簿中已保存，系统提供登记支票报销的功能；

否则，系统提供登记支票登记簿的功能。

（3）赤字控制：若选择了此项，在制单时，当“资金及往来科目”或“全部科目”的最新余额出现负数时，系统将予以提示，可根据需要选择具体方式。

（4）可以使用应收受控科目：若科目为应收款管理系统的受控科目，为了防止重复制单，只允许应收系统使用此科目进行制单，总账系统不能使用此科目制单。如果希望在总账系统中也能使用这些科目填制凭证，则应选择此项。

（5）可以使用应付受控科目：原理同“可以使用应收受控科目”。

（6）可以使用存货受控科目：若科目为存货核算系统的受控科目，为了防止重复制单，只允许存货核算系统使用此科目进行制单，总账系统不能使用此科目制单。如果希望在总账系统中也能使用这些科目填制凭证，则应选择此项。

2. 凭证控制

（1）现金流量科目必录现金流量项目：选择此项后，在录入凭证时如果使用现金流量科目则必须输入现金流量项目及金额。

（2）管理流程设置：若要求现金、银行科目凭证必须由出纳人员核对签字后才能记账，则选择“出纳凭证必须经由出纳签字”；若要求所有凭证必须由主管签字后才能记账，则选择“凭证必须经主管签字”。

（3）批量审核凭证进行合法性校验：批量审核凭证时针对凭证进行二次审核，提高凭证输入的正确率，合法性校验与保存凭证时的合法性校验相同。

（4）银行科目结算方式必录：选中该选项，填制凭证时结算方式必须录入，否则结算方式和票据号都不控制必录。

（5）往来科目票据号必录：选中该选项，填制凭证时往来科目必须录入票据号。

（6）同步删除外部系统凭证：选中该选项，外部系统删除凭证时相应地将总账的凭证同步删除。否则，将总账凭证作废，不予删除。

3. 凭证编号方式

系统在“填制凭证”功能中一般按照凭证类别按月自动编制凭证编号，即“系统编号”；如果有的企业需要系统允许在制单时手工录入凭证编号，即“手工编号”。

4. 现金流量参照科目

此科目用来设置现金流量录入界面的参照内容和方式。选中“现金流量科目”选项时，系统只参照凭证中的现金流量科目；选中“对方科目”选项时，系统只显示凭证中的非现金流量科目；选中“自动显示”选项时，系统依据前两个选项将现金流量科目或对方科目自动显示在指定现金流量项目界面中，否则需要手工参照选择。

（二）权限控制选项

（1）制单权限控制到科目：需要在系统管理的“功能权限”中设置科目权限，再选择此项，权限设置有效。选择此项，表示在制单时操作员只能使用具有相应制单权限的科目制单。

（2）制单权限控制到凭证类别：需要在系统管理的“功能权限”中设置凭证类别权限，再选择此项，权限设置有效。选择此项，则表示在制单时只显示此操作员有权限的凭证类别，同时在凭证类别参照中按人员的权限过滤出有权限的凭证类别。

（3）操作员进行金额权限控制：选择此项，可以对不同级别的人员进行金额大小的控制。结转凭证不受金额权限控制。在调用常用凭证时，如果不修改直接保存凭证，此时由被调用的常用凭证生成的凭证不受任何权限的控制。外部系统凭证是已生成的凭证，得到系统的认可，所以除非进行更改，否则不做金额等权限控制。

（4）凭证审核控制到操作员：选择此项，表示允许对审核凭证权限进行进一步细化。如果选择了此项，则还必须在“明细权限”菜单中设置明细账科目查询权限。

（5）制单、辅助账查询控制到辅助核算：设置此项权限，制单时才能使用有辅助核算属性的科目录入分录，辅助账查询时只能查询有权限的辅助项内容。

（6）明细账查询权限控制到科目：此项是权限控制的开关，在系统管理中设置明细账查询权限，必须在总账系统的选项中打开，才能起到控制作用。

（三）会计日历参数

在该选项下可查看各会计期间的起始日期与结束日期，以及启用会计年度和启用日期，但不能修改这些项目，如要修改，需要在“系统管理”功能中进行操作。

二、会计科目初始余额录入

为了使财务软件与手工账簿数据衔接，保证会计业务处理的连续与完整，第一次使用总账系统处理业务时，需要将总账系统启用日期前一个月的科目余额数据录入财务系统，以此为起点进行本月的业务处理。

（一）科目期初数据录入

在数据录入过程中，只需输入明细科目数据，其上级科目的余额和发生额由系统自动进行汇总。如果某科目设置了辅助核算属性，还应录入辅助核算类别的有关初始余额。

在进行数据录入时需要注意以下几点：

（1）有外币、数量核算的科目，必须先输入本币余额，才能输入外币和数量余额。

（2）录入红字余额时，先输入“－”号。

（3）凭证一经记账，则不能再输入或修改期初余额。

（4）修改科目余额方向，需先将科目余额置为零，再单击工具栏上的“方向”按钮进行修改。但不能直接修改明细科目的余额方向。

由于账套启用时间的不同，在录入初始余额时有以下区别：

（1）如果年中启用账套，则系统需要的期初数据包括各科目的年初余额、本年年初至建账月份的借贷方累计发生额和期末余额几项数据。由于这几项数据之间存在数据联系，只需录入借贷方累计发生额和期末余额，系统会自动计算出年初余额。

（2）如果系统启用账套是在年初，则系统初始数据只需要录入期初余额。

（二）试算平衡

期初余额录入完，还需要进行期初数据试算平衡检验。如果试算结果平衡，表示可以进入下一环节的操作；如果系统显示期初余额试算不平衡，表示余额录入有误，需要继续修改

调整期初数据，直到试算平衡为止。期初余额试算不平衡，不能记账，但可以填制凭证。

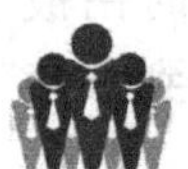

任务实施

一、设置总账系统参数

（1）王成于 2019 年 6 月 1 日登录用友企业应用平台，打开“业务工作”选项卡，执行“财务会计－总账－设置－选项”命令，打开“选项”对话框，在“凭证”选项卡单击“编辑”按钮，选中“支票控制”“自动填补凭证断号”“主管签字以后不可以取消审核和出纳签字”复选框，其他为系统默认。

（2）选择“权限”选项卡，选中“出纳凭证必须经由出纳签字”“凭证必须经由主管会计签字”复选框，取消“允许修改、作废他人填制的凭证”复选框，其他为系统默认。

（3）选择“会计日历”选项卡，将数量小数位和单价小数设置为“2”，其他系统默认。

二、设置会计科目期初余额

（1）王成执行“总账－设置－期初余额”命令，打开“期初余额录入”窗口。

（2）双击“库存现金”期初余额栏，直接录入期初余额 13 081.92，然后依据表 5-2 录入累计借方金额与累计贷方金额，系统自动计算年初余额。

（3）同理，录入“银行存款/工行存款”科目余额，系统自动计算总账科目余额。

（4）双击“应收账款”科目“期初余额”栏，打开“辅助期初余额”对话框，单击“往来明细”按钮，打开“期初往来明细” 对话框，单击“增行”按钮，按表 5-3 录入期初往来明细。

（5）单击“汇总”按钮，系统弹出提示框“完成了往来明细到辅助期初表的汇总！”，单击“确定”按钮返回“辅助期初余额”对话框，继续在该对话框按表 5-4 录入累计借方金额和累计贷方金额。录入完毕单击“退出”按钮返回，可以看到“应收账款”科目的“期初余额”栏显示由系统自动汇总计算的余额为“13 224.00”及相关累计金额与年初余额。

（6）根据表 5-5 至表 5-9 录入“库存商品”“应付账款”“主营业务收入”“主营业务成本”各辅助核算科目期初余额和累计借方金额与累计贷方金额。

（7）直接录入表 5-2 中其他科目期初余额和累计借（贷）方金额。录入完毕，单击“试算”按钮，打开“期初试算平衡表”对话框，显示“试算结果平衡”，如图 5-1 所示。

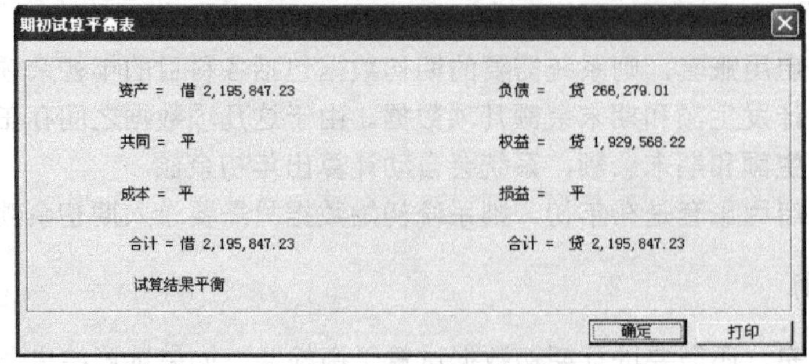

图 5-1 “期初试算平衡表”对话框

任务 2　固定资产管理系统初始设置

学习任务

（1）文景公司于 2019 年 6 月 1 日起启用固定资产管理系统进行固定资产管理与核算，除系统默认选项外，还需进行如表 5-11 所示参数设置。

表 5-11　固定资产账套设置参数

选　　项	控 制 参 数
启用月份	2019.06
折旧信息	本账套计提折旧 主要折旧方法：平均年限法（一） 折旧汇总分配周期：1 个月 当“月初已计提月份=可使用月份-1”时，将剩余折旧全部提足
编码方式	资产类别编码方式：2 1 1 2 固定资产编码方式：　　自动编码：按“类别编码+序号” 卡片序号长度为 5
财务接口	与账务系统进行对账 对账科目： 固定资产对账科目：1601 固定资产 累计折旧对账科目：1602 累计折旧 在对账不平情况下允许固定资产月末结账
补充参数	业务发生后立即制单 月末结账前一定要完成制单登账业务 固定资产缺省入账科目：1601 累计折旧缺省入账科目：1602 减值准备缺省入账科目：1603 增值税进项税额缺省入账科目：22210101 固定资产清理缺省入账科目：1606

（2）固定资产所属部门对应折旧科目如表 5-12 所示。

表 5-12　固定资产所属部门对应折旧科目

部 门 编 码	部 门 名 称	对应折旧科目
01	总经理办公室	660207 管理费用/折旧费
02	财务部	660207 管理费用/折旧费
03	市场部	660107 销售费用/折旧费
04	物流部	660207 管理费用/折旧费
05	人力资源部	660207 管理费用/折旧费

（3）固定资产类别与折旧方法如表 5-13 所示。

表 5-13　固定资产类别与折旧方法

编码	类别名称	使用年限	净残值率	卡片样式	折旧方法	计提属性
01	房屋及建筑物	20	5%	通用样式	平均年限法（一）	正常计提
02	交通运输设备	4	5%	通用样式		
03	电子设备	3	5%	含税卡片样式		
04	机器设备	10	5%	通用样式		
05	其他设备	5	5%	通用样式		

（4）固定资产增减方式与对应入账科目如表 5-14 所示。

表 5-14　固定资产增减方式与对应入账科目

增 加 方 式	对应入账科目	减 少 方 式	对应入账科目
直接购入	100201	出售	1606
投资者投入	4001	盘亏	190102
捐赠	6301	投资转出	1511
盘盈	190102	捐赠转出	1606
在建工程转入	1604	报废	1606
融资租入	2701	毁损	1606
		融资租出	1531
		拆分减少	1606

（5）固定资产原始卡片信息如表 5-15 所示。

注意：所有固定资产的使用状况均为“在用”，增加方式均为“直接购入”。

表 5-15　固定资产原始卡片信息

序号	名　称	类别	使用部门	开始使用日期	原　值	使用年限	净残值率	累计折旧	净　值
1	奥迪轿车	02	总经理办公室	2017-9-8	450 000.00	4 年	5%	178 200.00	271 800.00
2	联想计算机 01	03		2017-03-8	18 000.00	3 年	5%	12 355.20	5 644.80
3	海尔空调 01	03		2017-11-9	8 200.00	3 年	5%	3 896.64	4 303.36
4	同方计算机 01	03	财务部	2017-05-5	16 000.00	3 年	5%	10 137.60	5 862.40
5	同方计算机 02	03		2017-05-5	16 000.00	3 年	5%	10 137.60	5 862.40
6	海尔空调 02	03		2017-11-9	8 200.00	3 年	5%	3 896.64	4 303.36
7	福田汽车	02	市场部	2017-03-2	120 000.00	4 年	5%	61 776.00	58 224.00
8	联想计算机 02	03		2017-05-5	18 000.00	3 年	5%	11 404.80	6 595.20
9	LF 电子收款机	03		2017-03-1	3 500.00	3 年	5%	2 402.40	1 097.60
10	格力柜机	03		2017-11-11	18 000.00	3 年	5%	8 553.60	9 446.40
11	联想计算机 03	03	物流部	2017-05-5	18 000.00	3 年	5%	11 404.80	6 595.20
12	库房	01		2017-03-1	1 200 000.00	20 年	5%	124 800.00	1 075 200.00
合计					1 893 900.00			438 965.28	1454934.72

任务分析

在使用固定资产管理系统进行固定资产日常管理之前，首先要进行必要的系统初始设置工作，使通用的系统变成本单位专用的管理系统。这些工作主要包括：系统参数设置、部门设置、固定资产使用状况定义、增减方式定义、折旧方法定义、卡片项目定义、输入期初固定资产卡片信息等。本任务需要由账套主管在企业应用平台的“业务工作－财务会计－固定资产—设置”功能下完成。

知识准备

一、固定资产管理系统参数设置

进行固定资产管理系统初始设置，首先要建立固定资产子账套，即进行该账套相应的参数设置。固定资产子账套是在会计核算账套的基础上建立的。固定资产管理系统账套选项包括在账套初始化中设置的参数和其他一些在账套运行中使用的参数或判断，如资产编码方式、与账务系统接口设置、折旧信息等内容。

（一）基本信息

该选项卡中所有内容在系统初始化设置后不能修改。

（二）折旧设置

（1）本账套主要折旧方法：设置该选项的目的主要是为了系统其他操作的简便性，只是一个默认的内容，所以可随时修改，修改后默认的内容随之变化。

（2）折旧汇总分配周期：该选项可修改，但有限制。

如果该账套还没有进行过一次月末结账，该分配周期可选择 1、2、3、4、6 或 12 个月。

如果该账套已进行过月末结账，则改变后的周期必须既能被 12 整除，又能被该会计年度还未结账的会计期间数整除，还不能小于尚未分配已计提折旧的期间数。设置后系统自动显示下次折旧分配月份。

（3）变动单生效原则。

① 原值增减变动当期生效：若选中，且变动单上的“当期生效”选项也被选中时，资产原值增减变动在当期折旧计提时生效，否则下月计提折旧时生效。

② 净残值（率）调整当期生效：若选中，则在计提当期折旧时，折旧公式里的净残值（率）按变动后的净残值（率）计算。

③ 累计折旧调整当期生效：若选中，则在计提当期折旧时，折旧公式里的累计折旧按变动后的累计折旧计算。

（4）新增资产当月计提折旧：选择此项，则新增资产当月就开始计提折旧，减少当月则不再计提折旧。

（5）当（月初已计提月份=可使用月份-1）时将剩余折旧全部提足（工作量法除外）：选择此项，当资产还差一个月就提足使用年限时，当月会将未计提折旧的应计折旧额一次性提足。否则即使已计提月份已经超过使用年限，也将按折旧公式逐月计提。

（三）与账务系统接口

（1）是否与账务系统进行对账：打勾选择，该选项可修改。选择该选项，则可进一步设置对账科目，包括固定资产对账科目和累计折旧对账科目，可以从总账系统科目表中选择输入。

（2）业务发生后是否立即制单：该参数用来确定固定资产业务的制单时间。如果选择“是”，则发生的固定资产相关业务系统提示凭证的填制，否则系统将没有制单的原始单据资料收集到批量制单部分，用户可以在批量制单部分统一完成所有固定资产业务的记账凭证的填制。

（3）月末结账前一定要完成制单登账业务：如果想保证系统的严谨性，则在此判断框内打钩，表示一定要完成应制作的凭证，如有没有制作的凭证，本期间不允许结账。

（四）编码方式

编码方式设定以后，一旦某一级设置了类别，则该级的长度不能修改。若某一级未设置类别，则该级的长度可修改。每一个账套中资产的自动编码方式只能有一种，一经设定，不得修改。

二、固定资产部门对应折旧科目设置

固定资产计提折旧就是根据固定资产的具体使用情况按部门或按类别进行成本费用的归集。当按部门归集折旧费用时，某一部门所属的固定资产折旧费用将归集到一个比较固定的科目。在使用本功能前，应先设置部门档案。部门档案既可在基础设置中建立，也可在本系统的“部门档案”功能中设置。

三、资产类别设置

对固定资产进行类别设置，主要是为种类繁多的固定资产进行规范管理，为进行相关核算与统计管理提供依据。一般企业单位大概分为：土地、房屋及构筑物、交通运输设备、电气设备、电子产品及通信设备、仪器仪表、计量工具、文体设备、家具用具等类型。特殊行业因其固定资产的独特性可进行特定分类。

四、资产组

资产组是企业可以认定的最小资产组合，区分的依据是可以产生独立的现金流入。例如，我们可以把同一个生产线中的资产划分为一个资产组。资产组与固定资产类别不同，同一资产组中的资产可以分属不同的固定资产类别。

五、增减方式

固定资产增减方式包括增加方式和减少方式两类。增加的方式主要有：直接购入、投资者投入、捐赠、盘盈、在建工程转入、融资租入。减少的方式主要有：出售、盘亏、投资转出、捐赠转出、报废、毁损、融资租出、拆分减少等。

六、使用状况

用友固定资产管理系统提供了基本的使用状况，分为使用中、未使用和不需用 3 类，其中“使用中”状况又包括在用、季节性停用、经营性出租、大修理停用 4 种情况。

系统预置的使用状况不能删除。系统只能有 3 种一级使用状况，不能增加、删除。可以在一级使用状况下增加二级使用状况。“使用中”状况不能修改，“未使用”“不需用”两种使用状况可以修改。

七、折旧方法

折旧方法设置是系统自动计算折旧的基础。系统给出了常用的 5 种方法，只能选用，不能删除和修改。另外，由于各种原因，这几种方法如不能满足需要，系统提供了折旧方法的自定义功能，用户可以定义适应单位实际情况与管理要求的折旧方法名称和计算公式。

八、条码信息设置

企业进行资产的条码管理时，要根据自身情况对条码信息进行设置，内容包括条码扫描设备的选择、条码模版的选择、条码生成依据的选择。

九、卡片项目设置

卡片项目是固定资产卡片上显示的用来记录资产资料的栏目，如原值、资产名称、使用年限、折旧方法等卡片最基本的项目。固定资产管理系统提供了一些常用卡片必需的项目，称为系统项目，如果这些项目不能满足单位资产管理的需要，核算单位可以通过卡片项目定义来设置所需项目，即自定义项目，系统项目和自定义项目构成了卡片项目目录。

十、卡片样式定义

卡片样式指卡片的整个外观，包括其格式（是否有表格线、对齐形式、字体大小、字型等）、所包含的项目和项目的位置。系统缺省的卡片样式有：通用样式、标签样式、通用样式（二）、含税卡片样式。操作员可以修改缺省的样式，也可以定义新的卡片样式。

十一、原始卡片录入

原始卡片是指卡片记录的资产开始使用日期的月份先于其录入系统的月份，即已使用过并已计提折旧的固定资产卡片。原始卡片的录入可以不必在第一个使用期结账前，其他任何时候都可以录入。

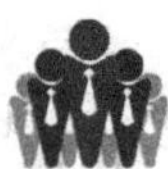

任务实施

一、设置固定资产管理系统参数

（一）账套初始化设置

（1）王成登录用友企业应用平台，执行“业务工作－财务会计－固定资产”命令，系统弹出“固定资产”提示框。单击“是”按钮，打开“初始化账套向导”对话框，系统显示“1.约定及说明”界面，内容是有关固定资产账套的基本信息与资产管理的基本原则，选中“我同意”单选按钮。

（2）单击“下一步”按钮，进入“2.启用月份”界面，显示“账套启用月份”为“2019-06-01”。该项目不能修改，这是在“系统管理”模块中的“系统启用”中确定的。（参见任务 1）

（3）单击“下一步”按钮，进入“3.折旧信息”界面，“主要折旧方法”选择“平均年限法（一）”，其他为系统默认。

（4）单击“下一步”按钮，进入“4.编码方式”界面，“固定资产编码方式”选择“自动编码”组的“类别编码+序号”，其他为系统默认。

（5）单击“下一步”按钮，进入“5.账务接口”界面，“固定资产对账科目”录入或选择“1601”，“累计折旧对账科目”录入或选择“1602”，其他为系统默认。

（6）单击“下一步”按钮，打开“6.完成”界面，系统显示相关设置内容，并提示大部分信息在单击“完成”按钮后将不允许再修改，如图 5-2 所示。

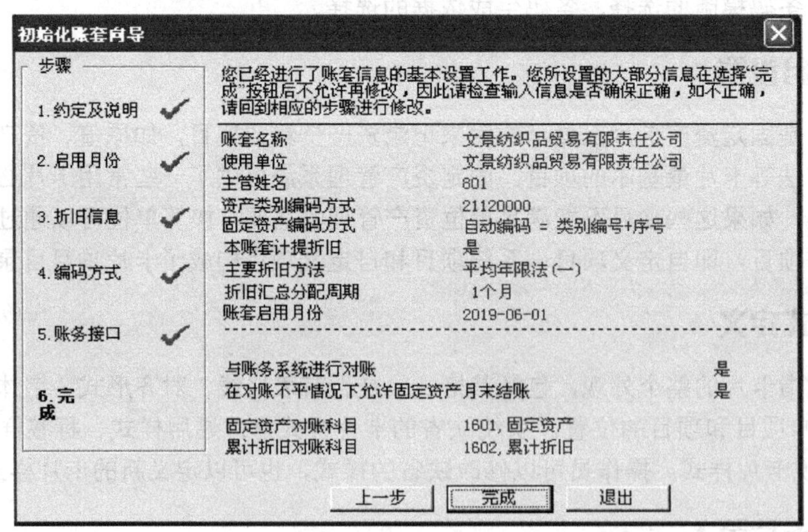

图 5-2　初始化账套向导—完成

（7）确认无误后单击“完成”按钮，系统弹出“已经完成了新账套所有设置工作，是否确定所设置的信息完全正确并保存对新账套的所有设置？”提示框，单击“是”按钮，系统接着弹出“已成功初始化本固定资产账套”提示信息，单击“确定”按钮后完成固定资产账套参数设置。

（二）补充参数设置

文景公司补充参数设置要求参见表 5-11。

（1）王成执行“业务工作－财务会计－固定资产－设置－选项”命令，打开“选项”窗口。单击“与账务系统接口”选项卡，再单击左下角的“编辑”按钮，选择“业务发生后立即制单”和“月末结账前一定要完成制单登账业务”两个复选框。

（2）再分别录入固定资产缺省入账科目、累计折旧缺省入账科目、减值准备缺省入账科目、增值税进项税额缺省入账科目和固定资产清理缺省入账科目，其他为系统默认。

（3）单击“确定”按钮完成固定资产账套补充参数设置。

二、设置部门对应折旧科目

（1）王成执行“固定资产－设置－部门对应折旧科目”命令，打开“部门对应折旧科目－列表视图”窗口。

（2）单击“01 总经理办公室”所在行的“折旧科目”单元格，再单击“修改”按钮，在折旧科目栏录入或选择“660207”，单击“保存”按钮。

（3）重复以上步骤，根据表 5-12 依次录入其他部门对应折旧科目。

三、设置资产类别

（1）王成执行“固定资产－设置－资产类别”命令，打开“资产类别－列表视图”窗口。

（2）单击“增加”按钮，打开“资产类别－单张视图”对话框，默认类别编码 01，依据表 5-13 设置类别名称为“房屋及建筑物”的类别信息。

（3）同理，录入其他类别资产信息。关闭当前窗口退出。

四、设置增减方式及对应入账科目

（1）王成执行“固定资产－设置－增减方式”命令，打开“增减方式－列表视图”窗口。

（2）在左侧列表框，单击“增加方式”中的“直接购入”，然后单击工具栏中的“修改”按钮。在右侧“单张视图”选项卡的“对应入账科目”栏输入“100201 工行存款，再单击“保存”按钮。

（3）重复以上步骤，根据表 5-14 依次录入其他增减方式及对应入账科目。

五、录入固定资产原始卡片

（1）王成执行“卡片－录入原始卡片”命令，打开“固定资产类别档案”窗口。

（2）选中“02 交通运输设备”类别，单击“确定”按钮，打开“固定资产卡片”对话框，卡片编号默认为“00001”，在“固定资产名称”项目栏录入“奥迪轿车”，单击“使用部门”项目，打开“固定资产—本部门使用方式”对话框，选择“单部门使用”单选按钮，再单击“确定”按钮。系统打开“部门基本参照”对话框，单击“总经理办公室”所在行复选框，再单击“确定”按钮返回“固定资产卡片”对话框。

提示：可以为一项固定资产选择多个使用部门，此时需要录入各部门使用比例，累计折旧采用与使用比例相同的比例在多部门之间进行分摊。

（3）单击“增加方式”项目栏，在该项目参照中双击“直接购入”方式选入。

（4）单击“使用状况”项目栏，在该项目参照中双击“在用”使用状况选入。

（5）开始使用日期、原值和累计折旧均参照表 5-11 相关信息录入，其他信息由系统自动计算并显示。单击“保存”按钮，系统提示“数据成功保存！”，单击“确定”按钮。

（6）重复前述步骤，录入表 5-11 中其他固定资产原始卡片信息。

提示：录入系统的原始卡片在“固定资产—卡片—卡片管理”功能下查看和修改。

六、固定资产模块与总账模块期初对账

王成执行“固定资产－处理－对账”命令，打开“与账务对账结果”对话框，系统显示对账结果“平衡”，完成固定资产模块与总账模块期初对账。

任务 3　采购管理系统初始设置

学习任务

文景公司相关人员已经整理出采购业务处理规则和期初暂估业务及在途业务相关资料，这些内容的设置属于采购管理系统初始化工作任务。

（1）文景公司于 2019 年 6 月 1 日起启用采购管理系统进行采购业务核算与管理，除系统默认选项外，还需进行如下参数设置。

① 业务及权限控制：订单、到货单和发票单价录入方式选择“手工录入”选项，启用受托代销业务。

② 公共及参照控制：单据默认税率为 13%。

（2）采购系统有期初采购入库单和期初采购专用发票待录入。

① 2019 年 5 月 10 日，物流部王伟购买天津永信公司全棉贡缎面料 400 米，单价 9 元，增值税税率为 13%，价税合计 4 068 元，已收到专用发票，票号 30602012，开票日期为当天。

② 2019 年 5 月 20 日，物流部王伟购入北京丽质公司精纺毛料 900 米，暂估单价 44.72 元，已验收入 1 号库，发票未收到。

（3）所有期初单据录入完毕，执行采购期初记账，完成采购管理系统初始化设置任务。

任务分析

采购管理系统初始化工作任务包括采购管理子系统参数设置、相关科目设置、期初余额录入及期初记账工作。采购管理系统初始化设置工作任务需要由账套主管在企业应用平台的“业务工作—供应链—采购管理”功能下完成。

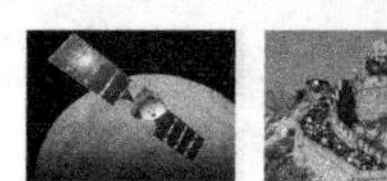

知识准备

一、供应链管理系统初始化设置顺序

用友 ERP-U8V10.1 供应链管理系统主要由销售管理、采购管理、库存管理、存货管理 4 个最常用模块组成。供应链管理系统各模块集成使用时，模块的启动一般要求先启动采购和销售管理模块，后启动库存和存货管理模块。另外，在期初余额录入时，要求先录入采购管理系统暂估入库和在途存货期初数据，然后再录入库存和存货管理系统期初余额。

二、采购管理系统参数设置

采购管理系统控制参数包括业务及权限控制、公共及参照控制、其他业务控制和预算控制等内容。这些控制参数的设置将直接影响今后日常业务的处理，而且有些选项在日常业务开始后不能随意更改，因此在业务开始前应该进行全盘考虑，尤其一些对其他系统有影响的选项设置更要考虑清楚。该系统参数较多，下面对业务选项参数含义进行重点解读。如要了解其他参数含义，可参考相关帮助文件。

在业务及权限控制选项卡，可以进行业务选项、权限控制、订单等单据单价录入方式、历史交易价参照、结算选项等参数设置。

（1）普通采购业务是否必有订单：选择该选项，除请购单、采购订单外，到货单、入库单、采购发票（普通、专用）不可手工新增，只能参照来源单据生成。

（2）直运业务必有订单：显示“销售管理”选项，不可修改。

（3）受托代销业务必有订单：可随时修改。

只有在建立账套时选择企业类型为“商业”或“医药流通”的账套，而且在“设置－采购选项－业务及权限控制－启用受托代销”设置有受托代销业务时，才能选择此项。

（4）启用受托代销：选择该选项，表示企业有受托代销业务，采购系统菜单中会出现有关受托代销的单据、受托代销结算、受托代销统计账表。只有在建立账套时选择企业类型为“商业”或“医药流通”的账套，该选项才可选。

该参数用户既可以在“采购管理”功能下设置，也可以在“库存管理”功能下设置，在其中一个系统的设置，同时改变在另一个系统的选项。

三、采购管理系统期初数据录入

为保证账簿的连贯性和完整性，初次使用供应链管理系统时必须录入当前月份的期初余额数据和上期未处理完的单据，以便使单位核算管理工作井然有序地开展。采购管理系统可能存在期初暂估入库业务、期初在途存货业务、期初受托代销业务等。

四、采购管理系统期初记账

期初记账是将期初暂估入库和期初在途等数据记到采购账中，用于标明完成期初录入工作。期初记账后输入的入库单、发票都是启用月份及以后月份的单据，在“月末结账”功能

中记入有关采购账簿。

期初数据录入和期初记账完毕，才能进行相关业务处理。如果核算单位没有期初数据，也要执行期初记账功能，否则不能进行日常业务处理。如果期初录入出现错误，则只能取消记账再进行修改。但出现采购管理系统已经进行了月末结账和采购结算或存货核算系统已进行期初记账等情况时不能取消记账。

任务实施

一、设置采购管理系统控制参数

（1）王成登录用友企业应用平台，打开“业务工作”选项卡，执行“供应链—采购管理—设置—采购选项”命令，打开“采购选项设置”对话框。

（2）在该对话框选择“业务及权限控制”选项卡，在“订单/到货单/发票单价录入方式”项下选择“手工录入”单选按钮，选择“启用受托代销”复选框，其他为系统默认。

（3）选择“公共及参照控制”选项卡，修改“单据默认税率”为“13”，其他为系统默认。关闭该对话框退出。

二、录入采购管理系统期初数据

（一）期初采购专用发票录入

（1）王成执行“采购发票—专用采购发票”命令，系统显示一张空白期初专用发票。

（2）单击“增加”按钮，修改发票号为“30602012”，开票日期为“2019-05-10”，供应商为“天津永信”，采购类型为“商品采购”，部门为“物流部”，业务员为“王伟”，税率为“13%”。表体中存货编码为“0009”，数量为“400”，原币单价为“9.00”，系统自动计算原币价税合计为“4 068.00”。单击“保存”按钮完成录入。

（二）期初采购入库单录入

（1）王成执行“采购入库—采购入库单”命令，系统显示一张空白期初采购入库单。

（2）单击“增加”按钮，修改表头信息中入库日期为“2019-05-20”，仓库为“1 号仓库”，0003 供应商选择“北京丽质”，部门为“物流部”，业务员为“孙志”，入库类别为“采购入库”。表体部分的存货编码为“0003”，数量为“900”，本币单价为“44.72”，其他为系统默认，单击“保存”按钮，完成暂估入库单的录入。

三、采购管理系统期初记账

（1）王成执行“采购管理—设置—采购期初记账”命令，打开“期初记账”对话框。

（2）单击“记账”按钮，系统弹出“期初记账完毕”提示信息框，单击“确定”按钮完成采购管理系统期初记账操作。

任务 4　应付款管理系统初始设置

学习任务

文景公司相关人员已经整理出应付款业务处理规则要求和期初应付业务单据，这些内容的设置属于应付款管理系统初始化工作任务。

（1）文景公司于 2019 年 6 月 1 日起启用应付款管理系统进行会计核算，除系统默认选项外，还需进行如表 5-16 所示参数设置。

表 5-16　应付款管理系统控制参数

选项卡	参数设置
常规	单据审核日期依据：单据日期
凭证	受控科目制单方式：明细到单据 采购科目依据：按存货分类

（2）应付款管理系统科目设置如表 5-17 所示。

表 5-17　应付款管理系统科目设置

科目类别	科目设置	
基本科目	应付科目（本币）	220202（应付账款—一般应付账款）
	预付科目（本币）	1123（预付账款）
	采购科目（本币）	1402（在途物资）
	税金科目	22210101（应交税费—应交增值税—进项税额）
产品科目	01（服装面料）	采购科目：1402，税金科目：22210101
	02（家纺面料）	采购科目：1402，税金科目：22210101
结算方式科目	结算方式	科目设置
	现金	1001 库存现金
	现金支票	100201 银行存款—工行存款
	转账支票	100201 银行存款—工行存款
	银行汇票	101201 其他货币资金—银行汇票
	银行承兑汇票	220101 应付票据—银行承兑汇票
	商业承兑汇票	220102 应付票据—商业承兑汇票
	电汇	100201 银行存款—工行存款
	委托收款	100201 银行存款—工行存款
	其他	100201 银行存款—工行存款

（3）为更好地进行应付账款管理，企业对账龄区间进行了规划，如表 5-18 所示。

表 5-18　账龄区间与逾期账龄区间设置

序　号	起止天数	总天数
01	0～30	30
02	31～60	60
03	61～90	90
04	91～120	120
05	121 以上	

（4）应付账款期初余额如表 5-19 所示。

表 5-19　应付账款期初余额

单据名称	方向	开票日期	票号	供应商	采购部门	科目	货物	数量	无税单价
采购专用发票	正向	2019-05-10	30602012	天津永信	物流部	220202	全棉贡缎	400	9.00

任务分析

应付款管理系统初始化工作任务包括应付款管理子系统参数设置、相关科目设置、账龄区间设置、报警级别设置及期初余额录入，最后进行与总账系统的对账工作。本任务由账套主管在企业应用平台的“业务工作－财务会计－应付款管理”功能下完成。

知识准备

一、应付款管理系统参数设置

应付款管理系统控制参数包括常规、凭证、权限与报警、核销及收付款控制等内容。这些参数的设置将直接影响今后日常业务的处理，而且有些选项在日常业务开始后不能随意更改，因此在业务开始前应该进行全盘考虑，尤其一些对其他系统有影响的选项设置更要考虑清楚。这里介绍常用的参数选项。

（一）常规选项

在该选项卡可以进行应付款核销方式、单据审核日期依据、汇兑损益方式、应付账款核算模型、是否自动计算现金折扣、是否进行远程应用等参数设置。

在“应付款核算”模型设置中，系统提供“简单核算”和“详细核算”两种应用模型。其中，“简单核算”模型只是完成将采购传递过来的发票生成凭证传递给总账的模式；而在“详细核算”模型下，系统可以对往来业务详细地进行核算、控制、查询、分析。

（二）收付款控制

1．启用付款申请单

该选项默认为“否”，可随时修改。只有启用付款申请业务，才可使用付款申请单，否则相关菜单不可见。启用付款申请单后，付款单必须参照付款申请单生成，系统自动生成的付款单和红字的付款单不受此限制。采购管理、进口管理等系统中付款申请的操作受此选项控制。

2．付款申请单审批后自动生成付款单

该选项默认为“是”。当启用付款申请业务选择为“否”，此选项不可选，当启用付款申请业务选择为“是”，则可选择付款申请单审批后是否可自动生成付款单。

3．预算控制

此选项和预算管理共用，在应付款管理系统中只显示该选项，不可编辑，可在预算管理系统中进行设置。

只有启用付款申请时，该选项才起作用。默认预算控制在单据保存时，可修改为单据审核时进行预算控制。

二、应付款管理系统科目设置

由于该系统业务类型较固定，生成的凭证类型也较固定，因此为了简化凭证生成操作，可以在此处将各业务类型凭证中的常用科目预先设置好，制单时系统将依据制单业务规则将已设置的科目自动带出。系统提供基本科目设置、控制科目设置、产品科目设置及结算方式科目设置。

1．基本科目设置

用户可以在此定义应付款管理系统凭证制单所需要的基本科目，包括应付科目、预付科目、采购科目、税金科目等。若用户未在单据中指定科目，且控制科目设置与产品科目设置中没有明细科目的设置，则系统制单时将依据制单规则取基本科目设置中的科目进行设置。

2．控制科目设置

该项进行应付科目、预付科目的设置。

应付科目指所有带有供应商往来辅助核算并受控于应付款管理系统的科目。在基础设置功能项下的“会计科目”中进行设置。

3．产品科目设置

该项进行采购科目、应交增值税科目的设置。

本系统提供按存货分类和按存货设置存货采购科目两种设置。

4．结算方式科目设置

可以为每种结算方式设置一个默认的科目。系统依据制单业务规则将设置的科目自动带出。结算方式科目必须是最明细科目，所核算的币种必须与所输入的币种一致，而且不能是已经在科目档案中指定为应收款管理系统或者应付款管理系统的受控科目。

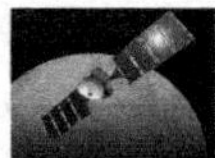

三、账龄区间设置

为了对应付账款进行账龄分析，首先需要设置账龄区间。

账龄区间设置指用户定义账期内应付账款或付款时间间隔的功能，它的作用是便于用户根据自己定义的账款时间间隔，进行应付账款或付款的账龄查询和账龄分析，清楚地了解在一定期间内所发生的应付款、付款情况。

账龄区间包括账期内账龄区间设置和逾期账龄区间设置两种。

账龄区间设置主要包括序号、总天数和起始天数。

四、报警级别设置

用户可以通过对报警级别的设置，将供应商按照供应商欠款余额与其授信额度的比例分为不同的类型，以便于掌握各个供应商的信用情况。

五、单据类型设置

单据类型设置指用户将自己的往来业务与单据类型建立对应关系，达到快速处理业务及进行分类汇总、查询、分析的效果。应付款系统提供了发票和应付单两大类型的单据。

如果同时使用采购管理系统，则发票的类型包括采购专用发票、普通发票、运费发票和废旧物资收购凭证等。如果单独使用应付款管理系统，则发票类型只包括前两种。发票是系统默认类型，不能修改、删除。应付单中的“其他应付单”为系统默认类型，不能删除、修改，只能增加应付单的类型。发票的类型是固定的，不能修改、删除。已经使用过的单据类型不能删除。

六、应付款管理系统期初余额录入

当用户初次使用本系统时，要将上期未处理完全的单据都录入到本系统，以便于以后的处理。应付款管理系统期初数据必须是账套启用会计期间前的数据，包括未结算完的发票和应付单、预付款单据、未结算完的应付票据及未结算完的合同金额。

应付款管理系统期初余额录入完毕，可以进行与总账系统的对账操作，对账时根据受控科目进行一一对账，如果差额为零，表示账目核对成功。

任务实施

一、设置应付款管理系统参数

（1）王成登录用友企业应用平台，打开“业务工作”选项卡，执行“财务会计—应付款管理—设置—选项”命令，打开“账套参数设置”对话框。

（2）单击“编辑”按钮，选择“常规”选项卡，单据审核日期依据选择“单据日期”，其他使用系统默认设置。

（3）选择“凭证”选项卡，受控科目制单方式选择“明细到单据”，采购科目依据选择

“按存货分类”，其他使用系统默认设置。

（4）单击“确定”按钮返回。

二、设置应付款管理系统科目

（1）王成执行“应付款管理－设置－初始设置”命令，打开“初始设置”窗口。

（2）单击窗口左侧的“设置科目”选项中的“基本科目设置”，依据表 5-17 相关内容进行该系统基本科目的设置。

（3）单击“设置科目”选项中的“产品科目设置”，依据表 5-17 相关内容进行该系统产品科目的设置。

（4）单击“设置科目”选项中的“结算方式科目设置”，依据表 5-17 相关内容进行该系统结算方式科目的设置。

提示：在进行“银行承兑汇票”“商业承兑汇票”结算科目设置时，需要先修改“220101”和“220102”两个科目的受控系统，即取消其受控设置，才能设置为结算方式科目。

三、设置账龄区间与逾期账龄区间

（1）王成执行“应付款管理－设置－初始设置”命令，打开“初始设置”窗口。

（2）单击窗口左侧的“账期内账龄区间”选项，依据表 5-18 相关内容在窗口右侧序号为“01”行的“总天数”栏录入“30”，按回车键，继续录入其他相应天数，完成应付款管理系统账期内账龄区间设置。

（3）单击窗口左侧“逾期账龄区间”选项，同样依据表 5-18 相关内容在窗口右侧“总天数”栏录入相应天数，完成应付款管理系统逾期账龄区间设置。

四、录入应付款管理系统期初余额

（1）王成执行“应付款管理－设置－期初余额”命令，打开“期初余额－查询”对话框。单击“确定”按钮，打开“期初余额明细表”窗口。

（2）单击“增加”按钮，打开“单据类型”对话框，选择“采购专用发票”，单击“确定”按钮返回。单击“增加”按钮，依据表 5-19 相关内容录入发票相关项目，单击“保存”按钮，完成期初采购专用发票信息的录入。

提示：在采购管理系统中录入的期初采购发票，在应付款管理系统中不能被直接调用，仍然需要在应付款管理系统中再次录入。但由于在采购管理系统和应付款管理系统中录入的采购发票存储在同一个数据表中，其发票号既不允许重复也不能为空，所以在应付款管理系统中录入期初采购发票时不再录入发票号，而使用系统默认的编号即可。

（3）关闭“采购专用发票”窗口，返回“期初余额明细表”窗口，单击“对账”按钮，打开“期初对账”窗口，系统自动显示与总账管理系统的对账结果，差额为零，表明对账成功。

任务 5 销售管理系统初始设置

学习任务

（1）文景公司于 2019 年 6 月 1 日起启用销售管理系统进行会计核算，除系统默认选项外，还需进行如表 5-20 所示的参数设置。

表 5-20 销售管理系统控制参数

选 项 卡	参 数 设 置
业务控制	有委托代销业务、有直运销售业务、有零售日报业务、有分期收款业务 报价不含税、委托代销必有订单、分期收款必有订单 销售生成出库单 允许超发货量开票、允许超订量发货、销售必填批号
其他控制	新增发票默认：参照发货
可用量控制	发货单/发票非追踪型存货预计库存量查询公式：做预计库存量查询 预计入库：勾选所有项目 预计出库：勾选所有项目

（2）销售管理系统期初有销售发货单需要录入系统。

2019 年 5 月 21 日，根据订单，市场部李小平向上海佳华公司出售一批亚麻布，数量为 300 米，报价为 30 元，增值税税率为 13%，价税合计 10 170 元。货已从 1 号仓库发出，发票未开，货款尚未收到。

任务分析

销售管理系统初始化设置包括销售管理子系统参数设置与期初数据录入工作。本任务需要由账套主管在企业应用平台的“业务工作－供应链－销售管理”功能下完成。

知识准备

一、销售管理系统参数设置

销售管理系统主要处理有关销售环节的经济业务，销售管理系统控制参数包括业务控制、其他控制、信用控制、可用量控制和价格管理等内容。下面主要对业务控制相关参数进行解释说明。

在“业务控制”选项卡可进行以下参数设置。

1. 业务类型设置

（1）有零售日报业务：本系统通过零售日报的方式接收用户的零售业务原始数据。零售

日报不是原始的销售单据，是零售业务数据的日汇总。此功能可以作为与前台销售收款系统的接口。

（2）有销售调拨业务：销售调拨一般是处理集团企业内部有销售结算关系的销售部门或分公司之间的销售业务。与销售开票相比，销售调拨业务不涉及销售税金。销售调拨业务必须在当地税务机关许可的前提下方可使用，否则处理内部销售调拨业务必须开具发票。选择该选项，系统将增加“销售调拨”菜单项，相关报表如销售收入明细账中包含销售调拨单的数据，否则系统不能处理内部销售调拨业务。

2. 业务控制设置

（1）销售生成出库单：选择该项，则由销售管理系统生成出库单。销售管理系统的发货单、销售发票、零售日报、销售调拨单在审核/复核时，自动生成销售出库单，并传到库存管理系统和存货核算系统，库存管理系统不可修改出库数量，即一次发货一次全部出库。

未选择该项，销售出库单由库存管理系统参照销售发货单生成。在参照时，可以修改本次出库数量，即可实现一次发货多次出库。

（2）报价含税：报价指单据上“报价”栏目的价格。报价可根据“取价方式”规则取报价，用户可修改，也可手工录入。货物的最低售价、委托代销的结算单价、委托代销调整单金额是否含税也取决于该选项。

二、销售管理系统期初数据录入

销售管理系统期初数据主要来自已经发货、出库但尚未开发票的业务和已经发生但未完全结算的委托代销发货业务。如果销售模块没有期初数据，可以不设置。

三、期初单据的审核

审核类似期初记账，表明完成期初录入工作。有些单据必须经过审核后才是有效单据，才能进入下一个流程，被其他单据参照或被其他功能、其他系统使用。

任务实施

一、设置销售管理系统参数

（1）王成执行“供应链－销售管理－设置－销售选项”命令，打开“销售选项”对话框。选择“业务控制”选项卡，依据表 5-20 所示内容进行设置，如图 5-3 所示。

（2）选择“其他控制”选项卡，“新增发票默认”选择“参照发货”，其他使用系统默认设置。

（3）选择“可用量控制”选项卡，在“发货单/发票非追踪型存货预计库存量查询公式”栏，勾选“做预计库存量查询”选项，并勾选“预计入库”和“预计出库”选择区的所有选项。其他选项使用系统默认设置，如图 5-4 所示。

（4）单击“确定”按钮保存所有参数的设置并退出“销售选项”对话框。

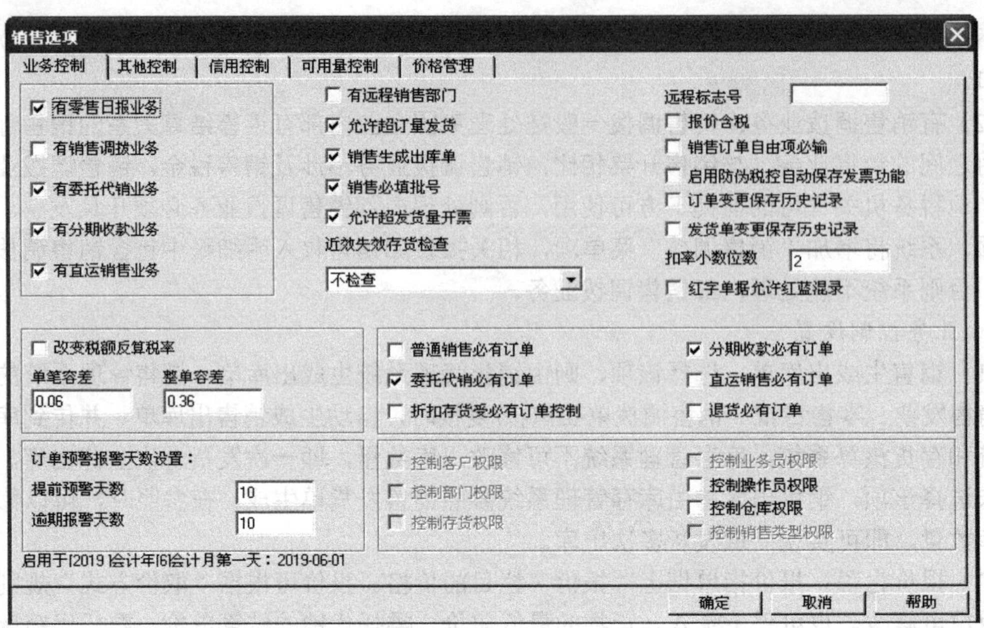

图 5-3　销售管理模块“业务控制”参数设置

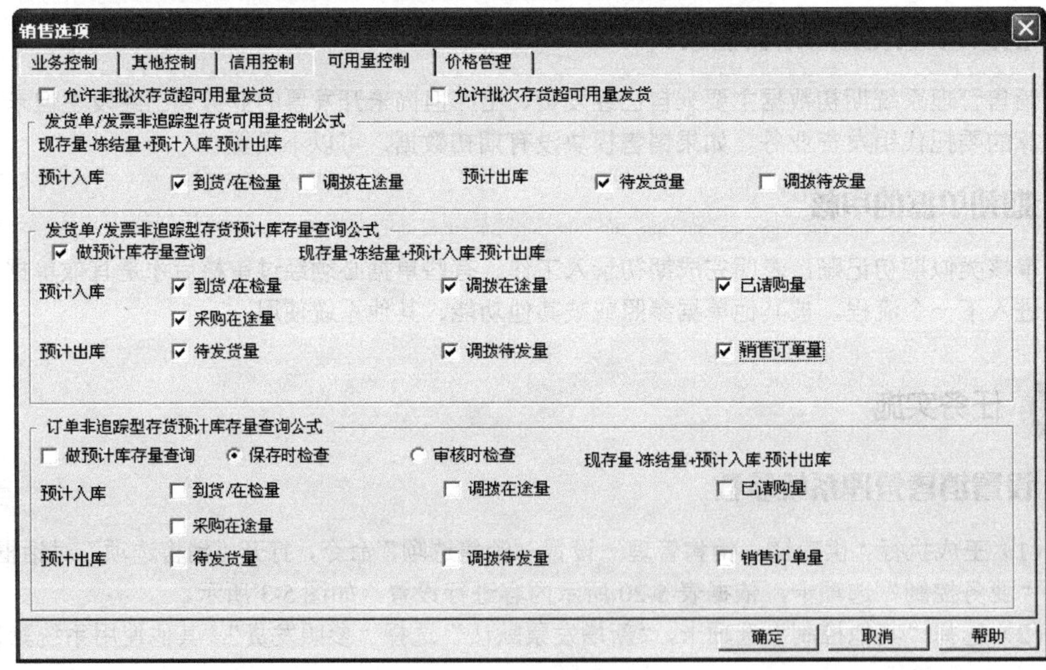

图 5-4　“可用量控制”选项卡

二、录入并审核销售管理系统期初数据

（1）王成执行“供应链－销售管理－设置－期初录入－期初发货单”命令，打开“期初发货单”窗口。

（2）单击“增加”按钮，在新增“期初发货单”窗口依次输入“发货日期”为“2019年5月21日”，“客户简称”为“上海佳华”，“税率”为“13”，“仓库名称”为“1号仓库”，“存货编码”选择“0002”，“数量”为“300”，“无税单价”为“30.00”，系统自动填充其他数据。

（3）单击“保存”按钮，再单击“审核”按钮，在窗口下方系统自动显示审核人信息，完成期初发货单的录入，如图5-5所示。

期初发货单

打印模版 发货单打印模版

表体排序

合并显示 □

发货单号 0000000001　发货日期 2019-05-21　业务类型 普通销售
销售类型 批发销售　订单号　发票号
客户简称 上海佳华　销售部门 市场部　业务员 李梅
发货地址　发运方式　付款条件
税率 13.00　币种 人民币　汇率 1
备注

	存货编码	存货名称	规格	主计量	数量	报价	含税单价	无税单价	无税金额	税额	价税合计	税率（%）
1	0002	亚麻布		米	300.00	30.00	33.90	30.00	9000.00	1170.00	10170.00	13.00
2												
3												
4												
5												
6												
7												
8												
9												
10												
11												
12												
合计					300.00				9000.00	1170.00	10170.00	

制单人 王成　审核人 王成　关闭人

图5-5　销售管理系统期初发货单

任务6　应收款管理系统初始设置

学习任务

在使用应收款管理系统之前，要为应收业务处理制定一定的处理规则，如坏账处理方式、单据处理审核方式等。文景公司相关人员已经整理出应收款业务处理规则和期初应收业务单据，这些内容的设置属于应收款管理系统初始化工作任务。

（1）文景公司于2019年6月1日起启用应收款管理系统进行会计核算，除系统默认选项外，还需进行如表5-21所示的参数设置。

表 5-21　应收款管理系统控制参数

选项卡	参数设置
常规	单据审核日期依据：单据日期 坏账处理方式：应收余额百分比法 选择：自动计算现金折扣
凭证	受控科目制单方式：明细到单据 选择：核销生成凭证

（2）应收款管理系统科目设置如表 5-22 所示。

表 5-22　应收款管理系统科目设置

科目类别	科目设置	
基本科目（本币）	应收科目（本币）	1122（应收账款）
	预收科目（本币）	2203（预收账款）
	销售收入科目（本币）	6001（主营业务收入）
	销售退回科目（本币）	6001（主营业务收入）
	代垫费用科目	1001（库存现金）
	现金折扣科目	660302（财务费用—现金折扣）
	税金科目	22210103（应交税费—应交增值税—销项税额）
结算方式科目（人民币）	现金	1001 库存现金
	现金支票	100201 银行存款—工行存款
	转账支票	100201 银行存款—工行存款
	银行承兑汇票	112101 应收票据—银行承兑汇票
	商业承兑汇票	112102 应收票据—商业承兑汇票
	电汇	100201 银行存款—工行存款
	委托收款	100201 银行存款—工行存款
	其他	100201 银行存款—工行存款

（3）坏账准备参数设置如表 5-23 所示。

表 5-23　坏账准备参数设置

参数名称	参数设置
提取比例	1%
坏账准备期初余额	132.24
坏账准备科目	1231（坏账准备）
对方科目	6701（资产减值损失）

（4）为更好地进行应收账款管理，企业对账龄区间进行了规划，如表 5-24 所示。

表 5-24　账期内账龄区间与逾期账龄区间设置

序　号	起 止 天 数	总 天 数
01	1—30	30
02	31—60	60
03	61—90	90
04	91—120	120
05	121 以上	

（5）应收账款期初余额如表 5-25 所示。

表 5-25　应收账款期初余额

单据名称	方向	开票日期	票号	客户	科目	货物	数量	无税单价	税率（%）
销售专用发票	正向	2019-05-8	10053201	成思公司	1122	亚麻布	60	40.00	13
销售专用发票	正向	2019-05-12	10053221	成达加工	1122	宽幅全棉贡缎	500	18.00	13

任务分析

应收款管理系统初始化工作任务包括应收款管理子系统参数设置、相关科目设置、账龄区间设置、报警级别设置、单据类型设置及期初余额录入，最后进行与总账系统的对账工作。本任务需要由账套主管在企业应用平台的“业务工作—财务会计—应收款管理”功能下完成。

知识准备

一、应收款管理系统参数设置

应收款管理系统控制参数包括常规、凭证、权限与报警及核销设置 4 项内容。

相关参数选项的含义可参阅“应付款管理系统初始设置”任务中“常规”选项卡相关内容，也可参考系统提供的帮助信息。

二、应收款管理系统科目设置

系统提供基本科目设置、控制科目设置、产品科目设置及结算方式科目设置。

三、坏账准备设置

坏账初始设置是指用户定义本系统内计提坏账准备比例和设置坏账准备期初余额的功能，它的作用是系统根据用户的应收账款进行计提坏账准备。

企业应于期末针对不包含应收票据的应收款项计提坏账准备，其基本方法有销售收入百

分比法、应收余额百分比法、账龄分析法等。用户可以设置计提坏账准备的方法和计提的有关参数。在账套使用过程中，如果当年已经计提过坏账准备，则此参数不可以修改，只能下一年度修改。

坏账初始设置根据应收款管理系统选项中所设置的坏账处理方式的不同而不同。

四、单据类型设置

应收款管理系统提供了发票和应收单两大类型的单据。发票是系统默认类型，不能修改、删除。应收单中的“其他应收单”为系统默认类型，不能删除、修改。只能增加应收单的类型；发票的类型是固定的，不能修改、删除。已经使用过的单据类型不能删除。

五、应收款管理系统期初余额录入

应收款管理系统期初数据包括未结算完的发票和应收、预收单据及合同金额。期初数据录入后，可与总账系统对账。对账时如果差额为零，表示账目核对成功。

任务实施

一、设置应收款管理系统参数

（1）王成登录用友企业应用平台，打开“业务工作”选项卡，执行“财务会计－应收款管理－设置－选项”命令，打开“账套参数设置”对话框。单击“编辑”按钮，选择“常规”选项卡，依据表 5-21 相关内容进行相应设置，其他使用系统默认设置。

（2）选择“凭证”选项卡，依据表 5-21 相关内容进行相应设置，其他使用系统默认设置。

二、设置应收款管理系统核算科目

（1）王成执行“应收款管理－设置－初始设置”命令，打开“初始设置”窗口。

（2）单击“初始设置”窗口左侧“设置科目”选项中的“基本科目设置”，依据表 5-22 相关内容进行该系统基本科目设置。

（3）单击“设置科目”选项中的“结算方式科目设置”，依据表 5-22 相关内容进行该系统结算方式科目设置。

三、设置坏账准备参数

（1）王成继续单击窗口左侧“坏账准备设置”选项，依据表 5-23 相关内容依次录入提取比例、坏账准备期初余额、坏账准备科目和对方科目。

（2）单击“确定”按钮保存坏账准备相关参数的设置。

四、设置账期内账龄区间与逾期账龄区间

（1）王成继续单击窗口左侧“账期内账龄区间”选项，依据表 5-24 相关内容依次录入“总天数”栏相应天数，完成应收款管理系统账期内账龄区间设置。

（2）单击窗口左侧“逾期账龄区间”选项，同样依据表 5-24 相关内容在窗口右侧“总天数”栏录入相应天数，完成应收款管理系统逾期账龄区间设置。单击“关闭”按钮返回。

五、录入应收款管理系统期初余额

（1）王成执行“财务会计－应收款管理－设置－期初余额”命令，打开“期初余额－查询”对话框。单击“确定”按钮，打开“期初余额明细表”窗口。

（2）单击“增加”按钮，打开“单据类型”对话框，选择“销售专用发票”，单击“确定”按钮进入“销售专用发票”窗口。单击“增加”按钮，依据表 5-25 相关内容依次录入表头信息和表体信息，录入完毕单击“保存”按钮，完成第 1 张销售专用发票的录入。

（3）单击“增加”按钮，依据表 5-25 相关内容完成第 2 张销售专用发票的录入。

（4）单击“关闭”按钮返回“期初余额明细表”窗口。在该窗口单击“刷新”按钮，即显示刚刚录入的两张专用发票。单击“对账”按钮，打开“期初对账”窗口，系统自动显示与总账管理系统的对账结果，差额为零，表明对账成功。单击“关闭”按钮返回。

任务 7　库存与存货核算管理系统初始设置

学习任务

（1）文景公司于 2019 年 6 月 1 日起启用库存管理系统进行会计核算，除系统默认选项外，还需进行如表 5-26 所示参数设置。

表 5-26　库存管理系统控制参数

选项卡	参数设置	
通用设置	业务设置	有委托代销业务
	修改现存量时点	采购入库审核时改现存量 销售出库审核时改现存量 其他出入库审核时改现存量
	业务校验	不选择：审核时检查货位（不检查） 选择：库存生成销售出库单
专用设置	业务开关	选择：允许超发货单出库
	自动带出单价的单据	采购入库单、采购入库取价按采购管理选项 销售出库单、其他入库单、其他出库单、调拨申请单、调拨单
预计可用量控制	普通存货可用量控制	预计入库量和预计出库量均不设置 允许超预计可用量出库
预计可用量检查	预计可用量检查公式	选择：出入库检查预计可用量

（2）本公司于 2019 年 6 月 1 日起启用存货核算管理系统进行会计核算，除系统默认选项外，还需进行如表 5-27 所示参数设置。

表 5-27　存货核算管理系统控制参数

选　项　卡	参 数 设 置
核算方式	零成本出库选择：参考成本；暂估方式：单到回冲 委托代销成本核算方式：按发出商品核算 销售成本核算方式：销售出库单
控制方式	勾选：结算单价与暂估单价不一致是否调整出库成本（即调整出库成本） 勾选：凭证允许修改存货科目的金额/数量

（3）本公司存货核算管理系统使用的存货科目和存货对方科目分别如表 5-28 和表 5-29 所示。

表 5-28　存货科目

仓库编码	仓库名称	存货分类编码	存货分类名称	科目编码	科目名称
001	1 号仓库	01	服装面料	1405	库存商品
002	2 号仓库	02	家纺面料	1405	库存商品

表 5-29　存货对方科目

收发类别编码	收发类别名称	对方科目编码	对方科目名称	暂估科目编码名称
11	采购入库	1402	在途物资	220201 暂估应付款
13	受托代销入库	2314	受托代销商品款	
15	盘盈入库	190101	待处理流动资产损溢	
21	销售出库	6401	主营业务成本	
24	盘亏出库	190101	待处理流动资产损溢	
26	手续费方式 受托代销出库	2314	受托代销商品款	
27	买断方式受托代销出库	6401	主营业务成本	

（4）库存管理系统期初存货如表 5-30 所示。

表 5-30　库存管理系统期初存货

仓库名称	存货编码	存货名称	数　量	单　价	金　额	入 库 类 别
1 号仓库	0001	原色棉布	4200	8.2	34 440.00	采购入库
	0002	亚麻布	612	30	18 360.00	采购入库
	0003	精纺毛料	1500	45	67 500.00	采购入库
	0004	TR 混纺布	900	22	19 800.00	采购入库
	0005	双皱真丝	800	35	28 000.00	采购入库
2 号仓库	0006	纯棉印花	1000	8	8 000.00	采购入库
	0007	梭织涤棉提花	3100	24	74 400.00	采购入库
	0008	宽幅磨毛印花	4000	5.8	23 200.00	采购入库
	0009	宽幅全棉贡缎	2650	12.5	33 125.00	采购入库

任务分析

本任务需要由账套主管在企业应用平台的“业务工作—供应链—库存管理”和“业务工作—供应链—存货核算”功能下完成。

知识准备

一、库存管理系统参数设置

库存管理系统控制参数包括通用设置、专用设置、预计可用量控制与预计可用量检查 4 项内容。下面对“通用设置”选项卡相关参数进行分解。

在该选项卡，可以进行业务设置、修改现存量时点、业务校验等参数设置。

1. 业务设置

（1）有委托代销业务：只有“库存管理”与“销售管理”系统集成使用时，才能在“库存管理”系统中应用委托代销业务。有委托代销业务时，销售出库单的业务类型会出现“委托代销”类型。

（2）有受托代销业务：只有在建立账套时选择企业类型为“商业”的账套，才可启用受托代销业务。有受托代销业务时，才可在“存货档案”功能中设置受托代销存货类型，同时采购入库单的业务类型会出现“受托代销”类型。

2. 业务校验

库存生成销售出库单：默认为否，可随时修改，该选项主要影响“库存管理”与“销售管理”集成使用的情况。

如果设置“销售管理生成销售出库单”，则销售管理系统的发货单、销售发票、零售日报、销售调拨单在审核/复核时，自动生成销售出库单。库存管理系统不可修改出库存货、出库数量，即一次发货一次全部出库。如果设置“库存管理生成销售出库单”，销售出库单由库存管理系统参照发货单、销售发票、零售日报、销售调拨单等单据生成，不可手工填制。在参照时，可以修改本次出库数量，即可以一次发货多次出库，但生成销售出库单后不可修改出库存货、出库数量。

二、存货核算管理系统参数设置

存货核算管理系统控制参数包括核算方式、控制方式和最高最低控制等内容。下面对核算方式相关参数进行分解。

1. 核算方式

初建账套时，用户可以选择按仓库、按部门或按存货核算。如果是按仓库核算，则按仓库在仓库档案中设置计价方式，并且每个仓库单独核算出库成本；如果是按部门核算，则在仓库档案中的按部门设计价方式，并且相同所属部门的各仓库统一核算出库成本；如果按存货核算，则按用户在存货档案中设置的计价方式进行核算。

2. 暂估方式

月初回冲是指月初时系统自动生成红字回冲单，报销处理时，系统自动根据报销金额生成采购报销入库单；单到回冲是指报销处理时，系统自动生成红字回冲单，并生成采购报销入库单；单到补差是指报销处理时，系统自动生成一笔调整单，调整金额为实际金额与暂估金额的差额。与采购系统集成使用时，如果明细账中有暂估业务未报销或本期未进行期末处理，此时暂估方式将不允许修改。

3. 销售成本核算方式

当普通销售系统启动而出口管理系统没有启动，用户可选择用销售发票或销售出库单记账，默认为销售发票。

4. 委托代销成本核算方式

委托代销记账单据选择是按发出商品业务类型核算，还是按照普通销售方式核算。

三、科目设置

该功能用于设置本系统中生成凭证所需要的各种存货科目、差异科目、分期收款发出商品科目、委托代销科目、运费科目、税金科目、结算科目、对方科目等，因此用户在制单之前应先在本系统中将存货科目设置正确、完整，否则无法生成科目完整的凭证。

四、库存与存货核算期初数据录入

在使用库存管理系统前需要录入各仓库、各存货的期初结存情况。如果系统中已有上年的数据，在使用“结转上年”功能后，上年度各存货结存自动结转本年。

存货核算系统的期初余额可以从库存系统取数，并与其对账。

五、存货核算期初记账

期初数据录入后，需要在存货核算管理系统执行期初记账，系统把期初差异分配到期初单据上，并把期初单据的数据记入存货总账、存货明细账、差异账、委托代销/分期收款发出商品明细账，然后用户才能进行日常业务、账簿查询、统计分析等操作。

期初数据录入完毕，必须期初记账后才能开始日常业务核算，未记账时，允许进行单据录入、账表查询。没有期初数据的用户，可以不录入期初数据，但也必须执行期初记账操作。如果期初数据是运行“结转上年”功能得来的，并未记账，需要执行记账功能。

任务实施

一、设置库存管理系统参数

（1）王成执行“供应链－库存管理－初始设置－选项”命令，打开“库存选项设置”对话框。单击“通用设置”选项卡，依据表 5-26 相关内容进行相关设置，其他选项使用系统默认值。

（2）单击“专用设置”选项卡，依据表 5-26 相关内容进行相关设置，其他选项使用系统

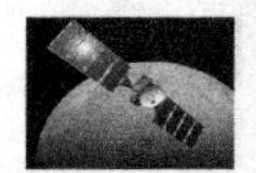

默认值。单击“预计可用量控制”选项卡，依据表 5-26 相关内容进行相关设置，其他选项使用系统默认值。单击“确定”按钮保存后返回。

二、设置存货核算管理系统参数

（1）王成执行“存货核算－初始设置－选项－选项录入”命令，打开“选项录入”对话框。单击“核算方式”选项卡，依据表 5-27 相关内容进行相关设置，其他选项使用系统默认设置。

（2）单击“控制方式”选项卡，依据表 5-27 相关内容进行相关设置。

（3）单击“确定”按钮，保存系统参数设置后返回。

三、设置存货科目

（1）王成执行“存货核算－初始设置－科目设置—存货科目”命令，打开“存货科目”窗口。单击“增加”按钮，依据表 5-28 相关内容录入存货科目信息。

（2）单击“退出”按钮返回。

四、设置存货对方科目

（1）王成执行“存货核算－初始设置－科目设置—对方科目”命令，打开“对方科目”窗口。单击“增加”按钮，依据表 5-29 相关内容录入存货对方科目信息，如图 5-6 所示。

对方科目

输出 增加 插行 删除 栏目 定位 退出

对方科目

收发类别编码	收发类别名称	对方科目编码	对方科目名称	暂估科目编码	暂估科目名称
11	采购入库	1402	在途物资	220201	暂估应付款
13	受托代销入库	2314	受托代销商品款	2314	受托代销商品款
15	盘盈入库	190101	待处理流动资...		
21	销售出库	6401	主营业务成本		
24	盘亏出库	190101	待处理流动资...		
26	手续费方式受托代销出库	2314	受托代销商品款		
27	买断方式受托代销出库	6401	主营业务成本		

图 5-6 存货核算管理系统存货对方科目设置

（2）单击“保存”按钮保存参数设置，再单击“退出”按钮返回。

五、录入库存管理系统期初数据

（1）王成执行“库存管理－初始设置－期初结存”命令，打开“库存期初数据录入”窗口。在该窗口选择“1 号仓库”，单击“修改”按钮，使当前窗口处于可编辑状态。

（2）依据表 5-30 相关内容录入该仓库库存期初存货信息，单击“保存”按钮。

（3）单击“审核”按钮，系统提示“批量审核完成”，单击“确定”按钮返回。

（4）同理录入 2 号仓库期初存货，完成库存管理系统期初数据录入、保存和审核操作。

（5）单击“关闭”按钮，退出“库存期初数据录入”窗口。

六、存货核算系统期初数据生成与记账

（1）王成执行“存货核算－初始设置－期初数据—期初余额”命令，打开“期初余额”窗口。在“仓库”下拉列表框中选择“1 号仓库”，单击“取数”按钮，系统自动读取仓库存货信息并显示在“期初余额”窗口。

（2）同理，选择“2 号仓库”，单击“取数” 按钮，完成 2 号仓库期初取数操作，同时也完成存货核算系统期初数据的生成。

（3）单击“对账”按钮，系统弹出“库存与存货期初对账查询条件”对话框，系统默认选择所有仓库，单击“确定”按钮，系统弹出“对账成功”提示信息框，单击“确定”按钮返回，完成库存与存货期初对账。

（4）单击“记账”按钮，系统弹出“期初记账成功”提示信息框，单击“确定”按钮完成存货期初记账，此时“记账”按钮变成了“恢复”按钮状态。

（5）单击“汇总”按钮，系统弹出“期初汇总条件选择”对话框，系统已默认选择所有仓库，选择存货级次为“1”到“明细”，单击“确定”按钮，打开“期初数据汇总”窗口，在“期初数据汇总表”中列出了所有存货期初结存明细数据和汇总数据。

提示：

◆ 存货核算管理系统的期初数据一般与库存管理系统的期初数据相对应，可以直接录入，也可以在库存管理系统已经录入期初数据的前提下通过“取数”功能从库存模块取数。

◆ 期初数据录入后，通过执行“记账”功能，将期初单据数据记入存货总账、明细账、差异账等账簿中。期初记账后才能进行日常业务、账簿查询、统计分析等操作。

任务 8　新资管理系统初始设置

学习任务

（1）文景公司于 2019 年 6 月 1 日起启用薪资管理系统进行工资业务日常管理与核算，除系统默认选项外，还需进行以下参数设置。

工资类别：单个；核算币种：人民币 RMB；要求自动代扣个人所得税；不进行扣零处理；人员编码长度：3 位。

（2）职员档案表如表 5-31 所示。

表 5-31　职员档案表

职工编号	姓　名	性　别	部门编码	人员类别	账　号
1001	刘恒	男	总经理办公室	行政管理	6212004811002211001
1002	张晓萌	女	总经理办公室	行政管理	6212004811002211002
2001	王成	男	财务部	财务管理	6212004811002211003

续表

职工编号	姓　名	性　别	部门编码	人员类别	账　号
2002	周晓	女	财务部	财务管理	6212004811002211004
2003	刘媛	女	财务部	财务管理	6212004811002211005
3001	李梅	女	市场部	营销管理	6212004811002211006
3002	王迪	男	市场部	营销管理	6212004811002211007
3003	李小平	男	市场部	营销管理	6212004811002211008
3004	李军	男	市场部	营销管理	6212004811002211009
3005	陈莉	女	市场部	营销管理	6212004811002211010
4001	孙志	男	物流部	物流管理	6212004811002211011
4002	王伟	男	物流部	物流管理	6212004811002211012
4003	赵京	男	物流部	物流管理	6212004811002211013
5001	子恩	男	人力资源部	人事管理	6212004811002211014
5002	文卓	女	人力资源部	人事管理	6212004811002211015
5003	张子江	男	人力资源部	人事管理	6212004811002211016

（3）工资项目如表 5-32 所示。

表 5-32　工资项目

工资项目名称	类　型	长　度	小　数　位	增　减　项
基本工资	数字	8	2	增项
岗位工资	数字	8	2	增项
绩效工资	数字	8	2	增项
交　补	数字	8	2	增项
住房公积金	数字	8	2	减项
社会保险	数字	8	2	减项
应税所得	数字	10	2	其他
缺勤扣款	数字	8	2	减项
缺勤天数	数字	8	2	其他
其他扣款	数字	8	2	减项

（4）工资计算公式如表 5-33 所示。

表 5-33　工资计算公式

工资项目	定义公式
交补	iff（人员类别=“营销管理”,2000,1500）
缺勤扣款	缺勤天数*100
应税所得	基本工资+岗位工资+绩效工资+交补-住房公积金-社会保险

续表

工资项目	定义公式
社会保险	（基本工资+岗位工资+绩效工资+交补）*0.102
住房公积金	（基本工资+岗位工资+绩效工资+交补）*0.12

（5）代扣个人所得税设置。本公司计税基数为 5 000 元，无附加费用。

（6）期初工资数据如表 5-34 所示。

表 5-34　期初工资数据

编　码	人员姓名	基本工资	岗位工资	绩效工资
1001	刘恒	3 500.00	2 400.00	2 600.00
1002	张晓萌	2 800.00	1 800.00	1 800.00
2001	王成	3 000.00	2 300.00	2 500.00
2002	周晓	2 800.00	1 600.00	2 200.00
2003	刘媛	2 500.00	1 600.00	1 500.00
3001	李梅	3 500.00	2 200.00	2 600.00
3002	王迪	2 600.00	1 600.00	1 800.00
3003	李小平	2 500.00	1 600.00	1 600.00
3004	李军	2 600.00	1 600.00	1 600.00
3005	陈莉	2 500.00	1 500.00	1 500.00
4001	孙志	3 400.00	2 200.00	2 500.00
4002	王伟	2 200.00	1 600.00	1 800.00
4003	赵京	2400.00	1 500.00	1 500.00
5001	子恩	3 400.00	2 200.00	2 600.00
5002	文卓	2 500.00	1 600.00	1 600.00
5003	张子江	2 600.00	1 600.00	1 600.00

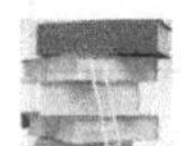

任务分析

薪资管理系统初始设置包括建立工资账套和基础档案设置。本任务需要由账套主管在企业应用平台的“业务工作－人力资源－薪资管理—设置”功能下完成。

知识准备

一、建立工资账套

建账工作是整个薪资管理系统正确运行的基础。系统提供多工资类别核算、工资核算币种、扣税设置、扣零设置、职工编码设置等账套参数设置。

二、工资项目和计算公式设置

1. 工资项目设置

工资项目设置就是定义薪资管理系统所涉及的项目名称、类型、字符宽度等内容，核算单位可根据管理需要自行设置。工资项目一经使用，数据类型不允许修改。进行工资项目设置时，项目名称必须唯一，增项直接计入应发合计，减项直接计入扣款合计。若工资项目类型为其他型，则小数位不可用，该项目不参与工资计算。薪资管理系统提供的固定工资项目如应发合计、扣款合计、代扣税、实发合计等不能删除且只能修改数据长度。

2. 计算公式设置

工资计算公式设置是指设置工资项目之间的计算等式或运算关系，系统可根据所设计算公式进行数据处理。

任务实施

一、建立工资账套并进行参数设置

（1）王成执行“业务工作一人力资源—薪资管理”命令，系统弹出“建立工资套”对话框，在“1.参数设置”界面，系统提示选择本工资账套工资类别个数。

（2）选择“单个”工资类别，单击“下一步”按钮，进入“2．扣税设置”界面，勾选“是否从工资中代扣个人所得税”复选框。

（3）单击“下一步”按钮，进入“3．扣零设置”界面，本账套不进行扣零处理，所以不选择“扣零”复选框，直接单击“下一步”按钮，进入“4．人员编码”界面。系统提示“本系统要求您对员工进行统一编码，人员编码同公共平台的人员编码保持一致”，单击“完成”按钮完成薪资管理系统的参数设置。

二、设置人员档案

（1）王成执行“人力资源—薪资管理—设置—人员档案”命令，打开“人员档案”窗口，单击“批增”按钮，打开“人员批量增加”对话框。单击选中左侧公司各部门，再单击右侧“查询”按钮，系统在右下框显示所有部门人员信息。

（2）单击“全选”按钮，再单击“确定”按钮，返回“人员档案”窗口，该窗口显示在基础档案中设置的所有人员信息。

三、设置薪资管理系统数据权限

（1）王成执行“系统服务—权限—数据权限分配”命令，进入“权限浏览”窗口，在该窗口左侧用户中选择“周晓”，单击“授权”按钮，打开“记录权限设置”对话框。

（2）在“业务对象”的列表选项中选择“工资权限”，勾选“工资类别主管”复选框，单击“保存”按钮，系统提示保存成功，单击“确定”按钮。

四、设置工资项目与计算公式

（一）工资项目设置

（1）王成执行“薪资管理—设置—工资项目设置”命令，打开“工资项目设置”对话框。在该对话框“工资项目设置”选项卡的“工资项目”中已存在“应发合计”“扣款合计”等系统预设的工资项目。

（2）单击“增加”按钮，从右侧“名称参照”下拉列表框中选择“基本工资”项目，其默认“类型”为“数字”、“小数”位为“2”，“增减项”为“增项”。

（3）单击右侧“上移”按钮，将“基本工资”项目移至第一项。

（4）同样步骤，增加表 5-32 中所有项目内容，如图 5-7 所示。

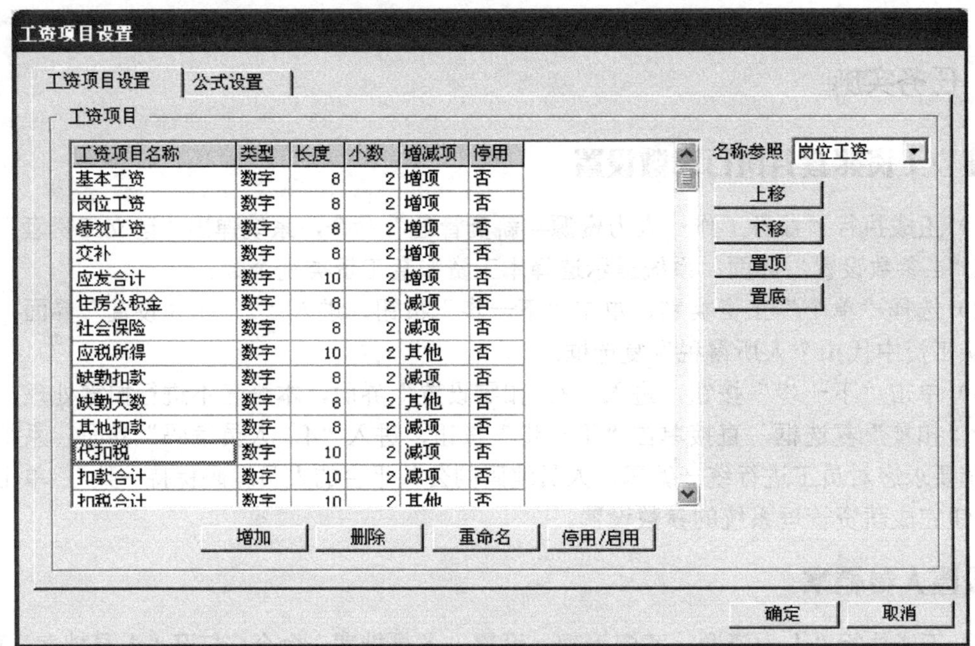

图 5-7 工资项目设置

（二）计算公式设置

（1）在“工资项目设置”对话框，单击“公式设置”选项卡，在“工资项目”栏已存在“应发合计”“扣款合计”“实发合计”3 个系统预设公式。

（2）单击“增加”按钮，在下拉列表框中选择“交补”项目，单击“函数公式向导输入”按钮，打开“函数向导—步骤之 1”对话框，在函数名中选择“iff”函数。

（3）单击“下一步”按钮，打开“函数向导—步骤之 2”对话框，单击“逻辑表达式”右侧按钮，打开“参照”信息框，选择“人员类别”中的“营销管理”，单击“确定”按钮。在算术表达式 1 中输入 2000，在表达式 2 中输入 1500。单击“完成”按钮，在“交补公式定义”框中显示刚设置完成的公式，单击“公式确认”按钮保存该公式，如图 5-8 所示。

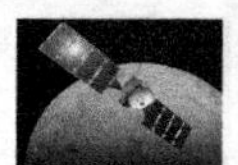  

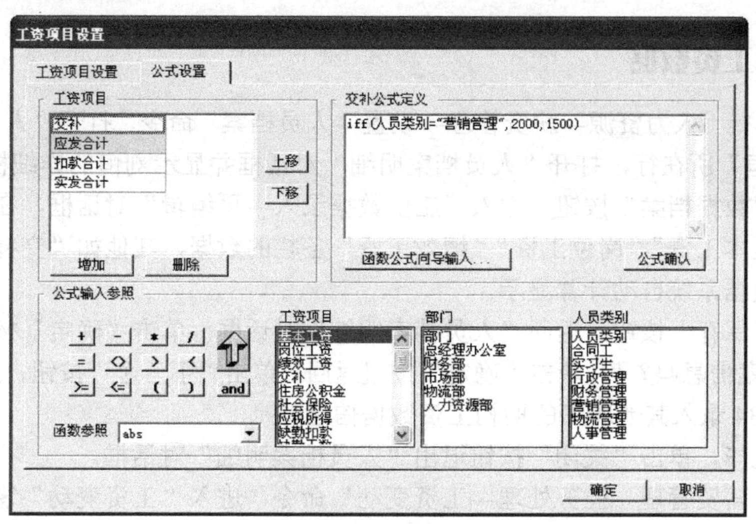

图 5-8　交补公式设置结果

（4）单击“增加”按钮，在下拉列表框中选择“缺勤扣款”项目，在“公式输入参照”栏的“工资项目”内选择“缺勤天数”，在左侧符号中单击乘号 * 按钮，输入数字“100”，再单击“公式确认”按钮保存该公式设置。

（5）参考以上步骤和表 5-33 内容，完成“应税所得”“社会保险”“住房公积金”等工资项目的公式设置。

五、设置个人所得税计税基数和税率表

（1）王成执行“薪资管理—设置—选项”命令，打开“选项”对话框。在该对话框单击“扣税设置”选项卡。单击“编辑”按钮，将“应税所得”工资项目设置为个人所得税申报表中“收入额合计”项对应工资项目，单击“确定”按钮返回。

（2）再单击“税率设置”按钮，打开“个人所得税申报表—税率表”对话框，修改并确认税率表中的“基数”“附加费用”和税率表相关信息，如图 5-9 所示。单击“确定”按钮完成税率设置，再单击“确定”按钮返回。

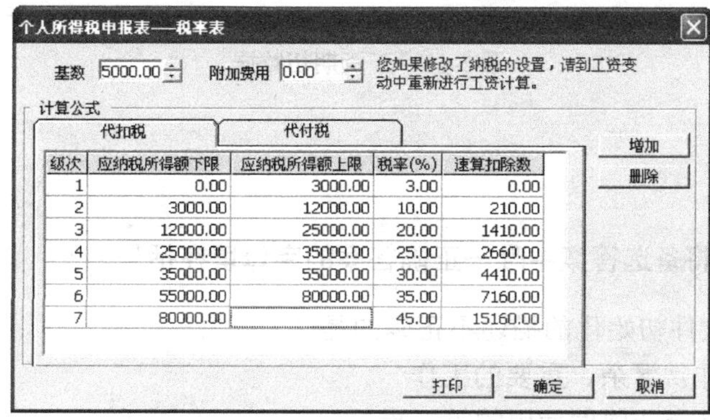

级次	应纳税所得额下限	应纳税所得额上限	税率(%)	速算扣除数
1	0.00	3000.00	3.00	0.00
2	3000.00	12000.00	10.00	210.00
3	12000.00	25000.00	20.00	1410.00
4	25000.00	35000.00	25.00	2660.00
5	35000.00	55000.00	30.00	4410.00
6	55000.00	80000.00	35.00	7160.00
7	80000.00		45.00	15160.00

图 5-9　个人所得税税率表设置

六、录入期初工资数据

（1）王成执行“人力资源—薪资管理—设置—人员档案”命令，打开“人员档案”窗口。双击“1001 刘恒”所在行，打开“人员档案明细”对话框并显示刘恒的详细档案信息。

（2）单击“数据档案”按钮，进入“工资数据录入—页编辑”对话框，在右侧相应工资项目栏录入“基本工资”“岗位工资”“绩效工资”各栏的数据，其他如“交补”等设置了公式的相关栏目数据系统自动计算显示。

（3）单击“保存”按钮，返回“人员档案明细”对话框，单击“确定”按钮，系统提示“写入该人员档案信息吗？”，单击“确定”按钮返回。单击“下一个”按钮，重复步骤（2）、（3），依据表 5-34 录入其他职工的期初工资数据信息。

（4）录入完毕，单击“关闭”按钮退出“人员档案明细”对话框。

（5）执行“薪资管理—业务处理—工资变动”命令，进入“工资变动”窗口，系统显示所有人员工资数据统计信息，如图 5-10 所示。

简易桌面　工资变动 ×

工资变动

过滤器　所有项目　　□ 定位器

选择	员编号	姓名	部门	人员类别	基本工资	岗位工资	绩效工资	交补	应发合计	住房公积金	社会保险	应税所得
	1001	刘恒	总经理办公室	行政管理	3,500.00	2,400.00	2,600.00	1,500.00	10,000.00	1,200.00	1,020.00	7,780.00
	1002	张晓萌	总经理办公室	行政管理	2,800.00	1,800.00	1,800.00	1,500.00	7,900.00	948.00	805.80	6,146.20
	2001	王成	财务部	财务管理	3,000.00	2,300.00	2,500.00	1,500.00	9,300.00	1,116.00	948.60	7,235.40
	2002	周晓	财务部	财务管理	2,800.00	1,600.00	2,200.00	1,500.00	8,100.00	972.00	826.20	6,301.80
	2003	刘媛	财务部	财务管理	2,500.00	1,600.00	1,500.00	1,500.00	7,100.00	852.00	724.20	5,523.80
	3001	李梅	市场部	营销管理	3,500.00	2,200.00	2,600.00	2,000.00	10,300.00	1,236.00	1,050.60	8,013.40
	3002	王迪	市场部	营销管理	2,600.00	1,600.00	1,800.00	2,000.00	8,000.00	960.00	816.00	6,224.00
	3003	李小平	市场部	营销管理	2,500.00	1,600.00	1,600.00	2,000.00	7,700.00	924.00	785.40	5,990.60
	3004	李军	市场部	营销管理	2,600.00	1,600.00	1,600.00	2,000.00	7,800.00	936.00	795.60	6,068.40
	3005	陈莉	市场部	营销管理	2,500.00	1,500.00	1,500.00	2,000.00	7,500.00	900.00	765.00	5,835.00
	4001	孙志	物流部	物流管理	3,400.00	2,200.00	2,500.00	1,500.00	9,600.00	1,152.00	979.20	7,468.80
	4002	王伟	物流部	物流管理	2,200.00	1,600.00	1,800.00	1,500.00	7,100.00	852.00	724.20	5,523.80
	4003	赵京	物流部	物流管理	2,400.00	1,500.00	1,500.00	1,500.00	6,900.00	828.00	703.80	5,368.20
	5001	子恩	人力资源部	人事管理	3,400.00	2,200.00	2,600.00	1,500.00	9,700.00	1,164.00	989.40	7,546.60
	5002	文卓	人力资源部	人事管理	2,500.00	1,600.00	1,600.00	1,500.00	7,200.00	864.00	734.40	5,601.60
	5003	张子江	人力资源部	人事管理	2,600.00	1,600.00	1,600.00	1,500.00	7,300.00	876.00	744.60	5,679.40
合计					44,800.00	28,900.00	31,300.00	26,500.00	131,500.00	15,780.00	13,413.00	102,307.00

图 5-10　工资期初数据

思考与练习

一、单选题（请将备选答案中唯一正确答案的字母填在括号内）

1．以下对会计软件初始化的描述不正确的是（　　）。

A．初始化是项非常繁杂、重要的工作

B．初始化工作是会计软件使用的第一步

C．初始化每月只使用一次

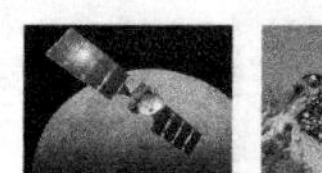

D．初始化包括创建账套并设置操作员等工作

2．对所管辖的账套来说，（　　）是级别最高的，拥有所有模块的操作权限。

A．系统主管　　B．账套主管　　C．操作人员　　D．单位领导

3．下列说法错误的是（　　）。

A．系统初始化包括系统级初始化和模块级初始化

B．系统级初始化是设置会计软件所公用的数据、参数和系统公用基础信息

C．系统初始化工作必须完整且尽量满足企业的需求

D．创建账套并设置相关信息是模块级初始化的内容

4．操作员初始密码由（　　）指定。

A．系统管理员　　B．企业老总　　C．操作员本人　　D．账套主管

5．将备份的数据使用会计软件恢复到计算机硬盘上的过程称为（　　）。

A．数据处理　　B．数据分析　　C．数据备份　　D．数据还原

6．启用账套后，操作员不能再修改（　　）。

A．科目类型　　B．操作员口令　　C．初始余额　　D．结算方式

7．录入期初余额时，如果会计科目设置了辅助核算，用户应该从（　　）录入期初余额明细数据，系统会自动汇总并生成会计科目的期初余额。

A．明细账　　B．明细科目　　C．辅助账　　D．辅助账科目

8．在固定资产卡片录入中，下列（　　）项目是自动给出的，不能修改。

A．存放地点　　B．录入人　　C．固定资产名称　　D．对应折旧科目

9．在应付款管理系统中，不需准备的数据资料是（　　）。

A．存货档案　　B．部门档案　　C．供应商档案　　D．客户档案

10．在应收款管理系统中，可以将"单据审核日期依据"设置为（　　）。

A．账套启用日期　　B．审核日期

C．单据日期　　D．应收款管理系统启用会计期

11．应收款管理系统期初数据主要包括（　　）。

A．未处理完的所有供应商应付账款　　B．预收账款

C．已经预付的款项　　D．以上全不对

12．下列不属于科目设置的内容的是（　　）。

A．数量核算　　B．外币核算　　C．三栏式账户　　D．多栏式账户

二、多选题（每个小题有两个或两个以上正确答案，请将所选答案的字母填在括号内）

1．设置系统公用基础信息包括设置基础档案、会计科目、（　　）等。

A．企业性质　　B．编码方案　　C．外币设置　　D．凭证类别

2．系统级初始化内容主要包括（　　）。

A．创建账套并设置相关设置　　B．增加操作员并设置权限

C．设置系统公用基础信息　　D．录入初始数据

3．收款凭证中借方必须有（　　）。

A．现金　　B．其他货币资金　　C．应收账款　　D．银行存款

4．关于删除账套，正确的说法有（　　）。

A．系统不提供删除账套的功能　　B．删除账套前系统会进行强制备份

C．正在使用的账套不允许删除　　D．只有账套主管才能删除账套

5．账务处理系统主要由初始设置和（　　）模块组成。

A．凭证处理　　B．月末处理　　C．账簿输出　　D．编制报表

6．如果以“账套主管”身份登录，则（　　）。

A．不能进行指定新的账套主管操作　　B．能输入记账凭证

C．能设置操作人员权限　　D．能建立账套

7．如果账套的启用日期是 2015 年 4 月，则初始余额录入时需录入（　　）。

A．1—3 月累计借方发生额　　B．期初余额

C．1—3 月累计贷方发生额　　D．摘要信息

8．下列说法正确的有（　　）。

A．如果在建账时没有选择客户、供应商分类，则在设置客户、供应商档案时就不能进行分类

B．在设置客户、供应商档案时，如果定义了分类，应先分类，再添加档案

C．在添加客户、供应商档案时，可以不使用编码

D．在进行机构设置时，应先进行部门设置，后进行职员档案设置

9．在固定资产管理系统初始化时，发现主要折旧方法选择有误时，可采用（　　）方法进行更改。

A．以后在各具体固定资产类别时再定义

B．初始化完成前，使用“上一步”按钮到折旧信息中修改

C．初始化完成后，在“设置”选项中重新设置

D．初始化完成后，使用“上一步”按钮到折旧信息中修改

10．在应付款管理系统中，应付款的核销方式主要包括（　　）。

A．按单据日期　　B．按存货　　C．按单据　　D．按供应商

三、判断题（正确在题后的括号内打“√”，错误的在题后的括号内打“×”）

1．录入期初余额时，发现某总账科目的余额方向设置有误，可以回到科目设置的界面修改科目的余额方向后再行录入正确数据。（　　）

2．录入期初科目余额时，红字余额应输入负号。（　　）

3．如果期初余额试算不平衡，既不能记账，也不能填制凭证。（　　）

4．当会计科目的余额或发生额不为零时，则不能删除该科目。（　　）

5．账套一旦建立并使用，其所有核算参数将不能进行修改。（　　）

6．上级科目的初始数据不用录入，系统自动将其下级明细科目自动生成。（　　）

7．在会计软件中，初始化的作用是设置具体核算规则和输入有关的基础数据。（　　）

8．固定资产子系统中初始设置的内容之一是计提折旧。（　　）

9．如果采购管理系统没有期初数据，可以不必执行期初记账功能也可以进行日常业务处理。（　　）

10．如果要实现一次发货多次出库，则需要在销售管理选项中设置“销售生成出库单”。(　　)

11．所有工资项目及其设置的计算公式在不需要时都可删除。(　　)

12．在薪资管理系统中工资项目的类型、长度、小数位数、增减项等可以随时修改。(　　)

13．在应收款管理系统中，系统默认的代垫费用类型为“其他应收单”。(　　)

14．有权启动应付款管理系统的操作员是系统管理员和会计主管。(　　)

15．应付款管理系统提供了发票和应付单两大类型的单据。(　　)

项目六

总账月初业务处理

学习目标

本项目主要学习如何应用 ERP－U8V10.1 系统平台完成总账系统日常业务处理，包括缴纳相关税费、支付社会保险费和住房公积金、员工预借差旅费等业务。

企业基础档案设置和各子系统初始设置工作的完成为企业会计信息系统的运作提供了基础和前提，这两项工作完成后，就可以进行日常业务处理了。本项目包括 4 项主要任务。

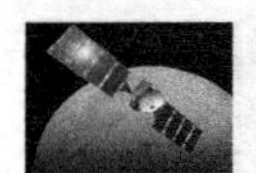

任务 1　缴纳相关税费

学习任务

2019 年 6 月 2 日，出纳刘媛通过同城特约委托收款方式支付相关税费 19 809.36 元，包括上月企业所得税 9 310.00 元、上月增值税 7 078.00 元、个人所得税 2 572.00 元、城市维护建设税 495.46 元、教育费附加 212.34 及地方教育费附加 141.56 元。电子缴税付款回单如图 6-1 和图 6-2 所示。

中国工商银行电子缴税付款凭证

ICBC 中国工商银行

缴付日期：2019年6月2日　　凭证字号：201906020000801

纳税人全称及纳税人识别号：文景纺织品贸易有限责任公司91210258MA123375X6

付款人名称：文景纺织品贸易有限责任公司

付款人账号：6202001097586328791　　征收机关名称：京州市和平区地方税务局

付款人开户银行：中国工商银行京州和平支行　　收款国库（银行）名称：国家金库京州市中心支库

小写（合计）金额：¥3 421.36　　缴款书交易流水号：01023485

大写（合计）金额：叁仟肆佰贰拾壹元叁角陆分　　税票号码：0034886172952621823

税（费）名称	所属日期	实缴金额
城市维护建设税	20190501-20190531	¥495.46
教育费附加	20190501-20190531	¥212.34
地方教育费附加	20190501-20190531	¥141.56
个人所得税	20190501-20190531	¥2 572.00

第1次打印　　打印日期：2019年6月2日11时15分23秒

第二联：作付款回单（无银行收讫章无效）　　复核（略）　　记账（略）

图 6-1　电子缴税付款回单 1

中国工商银行电子缴税付款凭证

ICBC 中国工商银行

缴付日期：2019年6月2日　　凭证字号：201906020000802

纳税人全称及纳税人识别号：文景纺织品贸易有限责任公司91210258MA123375X6

付款人名称：文景纺织品贸易有限责任公司

付款人账号：6202001097586328791　　征收机关名称：京州市和平区地方税务局

付款人开户银行：中国工商银行京州和平支行　　收款国库（银行）名称：国家金库京州市中心支库

小写（合计）金额：¥16 388.00　　缴款书交易流水号：01023485

大写（合计）金额：壹万陆仟叁佰捌拾捌元整　　税票号码：0034886172952621823

税（费）名称	所属日期	实缴金额
增值税	20190501-20190531	¥7 078.00
企业所得税	20190501-20190531	¥9 310.00

第1次打印　　打印日期：2019年6月2日11时15分26秒

第二联：作付款回单（无银行收讫章无效）　　复核（略）　　记账（略）

图 6-2　电子缴税付款回单 2

任务分析

系统初始化工作完成后，在日常业务核算中最基本的就是会计凭证的处理，一般业务在总账系统处理。如果总账与其他子系统联合使用，除了总账系统生成一般业务凭证，还有从其他子系统传来的特殊业务凭证。

本任务是通过银行转账缴纳相关税费业务，该业务在总账系统操作完成，由会计周晓填制付款凭证1张，出纳刘媛负责出纳签字，账套主管王成负责主管签字和凭证审核。

知识准备

一、总账系统基本功能

总账系统（有时又被称为账务处理系统）是ERP系统中完成核算单位一般业务处理的子系统，包括从记账凭证填制、记账、账簿输出到结账的全过程。该系统是各类财务软件的核心子系统，它既可以独立运行，也可以和其他子系统之间共享数据，协同运行。

总账系统主要提供初始设置、凭证管理、出纳管理、账表（包括辅助账）查询和期末业务处理等功能。总账系统主要功能模块结构如图6-3所示。

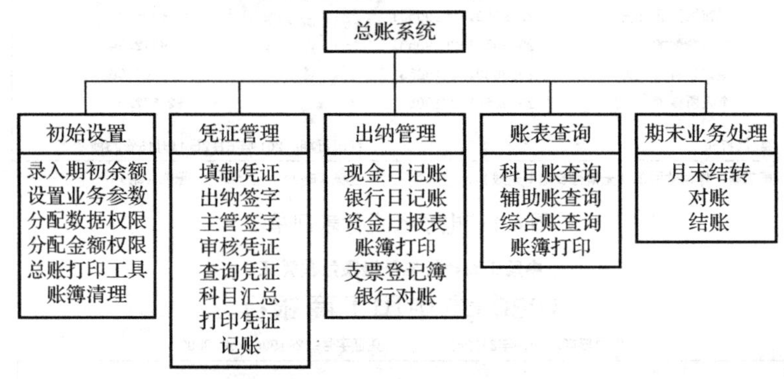

图6-3　总账系统主要功能模块结构

（一）初始设置

初始设置的主要内容是根据核算单位的具体需要建立总账业务应用环境，为进行总账系统的日常业务处理准备数据和业务处理规则，将通用的系统变成适合本单位实际账务处理需要的专用系统。总账系统初始设置包括设置业务参数、分配数据（金额）权限、总账打印工具、账簿清理及录入期初余额等内容。当初始设置完成，就可以进行日常业务处理了。

总账系统初始设置工作一般由账套主管完成。

（二）凭证管理

凭证管理是总账系统日常业务处理的重要任务之一，是会计信息系统数据入口，是保证系统数据准备与完整的关键环节。凭证管理主要包括填制凭证、审核凭证、查询凭证、科目

汇总、打印凭证及记账等工作过程，如果在总账参数选项设置中选择了“出纳凭证必须经由出纳签字”和“凭证必须经主管签字”项，则出纳签字和主管签字也成为凭证管理的必要程序。以下对凭证管理中的主要功能进行介绍。

1. 填制凭证

由于使用财务软件处理会计业务后，电子账簿的准确与否完全取决于记账凭证填制的准确性与完整性，因此凭证填制工作至关重要，记账凭证是总账处理的起点，也是所有查询数据的一个主要来源。一般来说，日常业务处理的第一步就是从填制凭证开始，该功能下可完成增加凭证、修改凭证、删除凭证、冲销凭证等操作。

（1）记账凭证的内容。记账凭证的内容包括凭证头、凭证正文和凭证尾三部分。

凭证头包括凭证类别、凭证编号、制单日期、附单据数等项。凭证类别可录入或选择已在基础设置中定义好的凭证类别编号或名称。凭证编号一般由系统自动生成，并进行连续性控制。如果在总账系统参数设置中选择“系统编号”则由系统按时间顺序自动编号，否则需要手工编号。系统设定每页凭证可以有 5 笔分录，当某张凭证包括 5 笔以上分录时，系统自动将在凭证编号后标上几分之一。例如，收-0001 号 0001/0002 表示为收款凭证第 0001 号凭证共有两张分单，当前光标所在分录在第一张分单上。制单日期即填制当前凭证的日期，可进行有条件修改。附单据数表示当前记账凭证所附的原始凭证张数。

凭证正文包括摘要、会计科目和金额及辅助项等项。凭证每行必须有摘要，不同行的摘要内容可以不同。会计科目栏可直接录入科目编码、助记码或进行参照输入，系统将根据科目编码或助记码自动显示为对应的科目中文名称。需要注意的是，此处录入的科目编码必须是在基础设置中已建立好的科目，同时必须是最末级明细科目。如果输入的科目设置了辅助核算属性，则还要输入辅助信息，如部门、客户、供应商等。录入的辅助信息将在凭证下方的备注中显示。科目的金额不能为“零”，负数金额以负数形式输入，系统显示为红字。如果需要将金额进行借贷方调整，可按空格键完成。凭证借贷方金额相等才能保存。

凭证尾主要标识当前凭证的制单人、审核人、记账人信息，这些信息由系统根据登录操作员的操作内容自动记录。

（2）修改凭证。总账系统虽然在凭证填制过程中设置了多种确保凭证输入正确的控制措施，但仍然避免不了错误的发生，因此系统提供了凭证修改功能。传统手工操作中的划线更正法已不适用会计信息化处理要求，系统允许对凭证进行有痕迹修改和无痕迹修改。

无痕迹修改是在凭证尚未审核、未经出纳签字的凭证进行的修改，是在填制凭证状态下找到需要修改的凭证，直接修改后保存即可。无痕迹修改可以修改的内容包括制单日期、单据数、摘要、科目名称、辅助项、金额及方向、增加或删除会计分录等，但凭证类别不能修改。有痕迹修改是在凭证已记账情况下发现错误时进行的修改，包括红字冲销法或补充登记法，是一种保留修改痕迹即审计线索的修改方法。冲销凭证在“填制凭证”窗口的“冲销凭证”功能下进行。通过红字冲销法增加的凭证，系统视同正常凭证进行保存管理。

如果在总账系统参数选项中设置了不允许“修改、作废他人填制的凭证”项，凭证修改只能由填制凭证本人进行，其他人无权修改。另外，其他子系统如存货核算系统传过来的凭证不能在总账系统中修改，只能由生成该凭证的系统修改。

（3）作废、恢复和整理凭证（删除凭证）。当发现记账凭证重复录入或凭证上有不方便

修改的错误，可以利用系统提供的“作废/恢复”功能将有关凭证作废，加上作废标志。作废凭证虽然保留原有凭证内容和凭证号，但不能修改，也不能审核。

凭证作废后还可以利用“作废/恢复”功能进行恢复，即取消作废标志，恢复为有效凭证。如果不想保留作废凭证，可以利用系统提供的“整理凭证”功能将已作废凭证彻底删除，并可对未记账凭证进行重新编号，保持凭证编号的连续性。

凭证作废和恢复只能由填制人自己进行操作，不能作废和恢复非本人填制的凭证。另外，凭证整理只能针对未记账凭证进行。

2. 出纳签字

记账凭证填制完成后，如果在总账系统选项中设置了“出纳凭证必须经由出纳签字”项，且在会计科目设置中指定了现金总账科目和银行总账科目，则应由出纳对出纳凭证进行审核签字。出纳凭证就是涉及库存现金和银行存款收付的凭证，出纳人员通过“出纳签字”功能对制单员填制的收付凭证进行检查核对，核实无误后予以签字确认。如果发现错误或问题，应交由制单人员修改后再进行出纳签字操作。

3. 审核凭证

审核凭证是指由具有审核权限的操作员按照会计准则、制度与法规规定，对其他操作员填制的记账凭证进行合法性审核与检查。审核中如果发现凭证有误，系统提供了“标错”功能可以对错误凭证进行标注，便于制单人查找和修改。待凭证修改后再由审核人进行重新审核。作废凭证不能被审核，也不能被标错。

根据会计法规制度规定，审核人和制单人不能是同一个人。凭证一经审核，就不能被修改和作废。对已审核凭证如果发现错误，可以由审核人本人取消审核，再由制单人进行修改，待修改后再进行审核。系统提供了单张审核和成批审核两种审核方式。审核通过并经主管签字的凭证才可以作为正式凭证进行记账处理。审核凭证和出纳签字无先后顺序限制。

4. 主管签字

在许多企业中为加强对会计人员制单的管理，常采用经主管会计签字后的凭证才有效的管理模式。因此系统提供“主管签字”的核算方式，即其他会计人员制作的凭证必须经主管签字才能记账。该功能生效的条件是在总账系统的参数选项中设置了“凭证必须经主管签字”选项。签字人不能与制单人相同。只有在凭证审核和出纳签字之后才可以进行主管签字。

5. 查询凭证

凭证填制后如果想要查看凭证，可以通过总账系统提供的查询功能来实现。

6. 记账

记账是将已审核签字的凭证信息登记到账簿的操作，又称为登账。凭证经出纳签字、主管签字和审核签字后，就可以通过“记账”功能登记总账、明细账、日记账、往来账等各类账簿。在用友 ERP-U8V10.1 总账系统中，记账工作采用向导方式，只需选择操作步骤，系统即可按照预先设定的程序自动进行。

记账前要检查期初余额是否平衡，期初余额不平衡，则不能记账。上月未记账或结账，则本月不能记账。未审核凭证不能记账，作废凭证不需要审核可直接记账。

记账过程被中断或因其他原因发生记账错误，可调用“恢复记账前状态”功能，将数据恢复到记账前状态，待调整完再重新记账。“恢复记账前状态”功能又称为取消记账，虽然

系统提供了该功能，但因平时处于隐藏状态而不可见，需要时必须要先激活才能进行该操作。激活该功能首先要执行总账模块的“期末－对账”功能，在“对账”对话框按“Ctrl+H”组合键，激活“凭证”菜单项下的“恢复记账前状态”功能，再执行“凭证－恢复记账前状态”命令即可。“恢复记账前状态”（取消记账）操作只能由账套主管进行。

7. 科目汇总

科目汇总是指按汇总条件对记账凭证进行汇总统计并生成一张科目汇总表。进行汇总的凭证可以是已记账凭证，也可以是未记账凭证。

（三）出纳管理

出纳管理的内容包括查询和打印输出现金日记账、银行日记账、资金日报表，登记支票领用情况，进行银行对账。

在本功能下能够查询到日记账的前提是首先在“会计科目”设置中将“库存现金”和“银行存款”科目属性设置为“日记账”，其次在“会计科目”设置时将“库存现金”和“银行存款”科目分别指定为“现金总账科目”和“银行存款总账科目”，否则将无法完成查询工作。

当需要使用支票登记簿功能时，应首先在“基础档案”设置的“结算方式”功能中对需使用支票登记簿的结算方式在“是否票据管理”前打钩。当应收、应付系统或资金系统有支票领用时，系统自动填写。只有在“会计科目”中设置银行账的科目才能使用支票登记簿。

银行对账工作分 3 个步骤：首先是录入本单位的银行对账期初数据，其次是录入银行交来的银行对账单，最后是进行银行对账。对账成功即可输出正确的余额调节表，并进行核销银行账操作。

（四）账表查询

总账系统提供了强大的账表查询功能，可以实现总账、明细账、序时账、多栏账、日记账和日报表等科目账的查询，也可以查询客户往来、供应商往来、个人往来、部门、项目等辅助账。除了查询各类账簿，系统还提供了正式账簿的打印功能。

（五）期末业务处理

期末业务处理主要包括月末结转、对账、结账操作。系统提供方便灵活的自定义转账与自动生成凭证功能，在月末自动完成费用分摊、计提、对应转账、成本结转、汇兑损益、期间损益结转等业务的处理。在此基础上进行对账、结账与生成月末工作报告。

二、总账系统与其他系统数据传递关系

总账系统是会计信息系统的核心子系统，它既可以独立运行，也可以接受其他子系统（如固定资产、存货核算等）生成的凭证，还可以向 UFO 报表等系统提供财务数据，生成财务报表和其他财务分析表等。总账系统与其他系统数据传递关系详见项目二任务 2 的“知识准备”内容。

三、总账系统业务处理流程

总账系统的操作一般按照初始设置、日常处理和期末处理几个步骤进行，如图 6-4 所示。

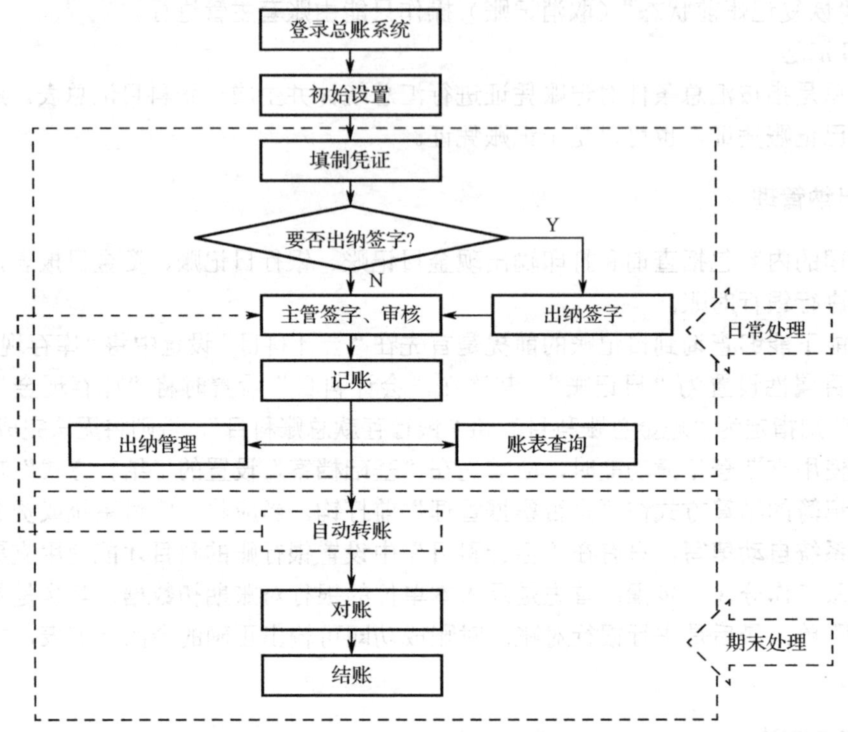

图 6-4　总账系统的业务处理流程

任务实施

一、填制记账凭证

（1）2019 年 6 月 2 日，会计周晓（802）登录企业应用平台，执行“业务工作—财务会计—总账—凭证—填制凭证”命令，打开“填制凭证”窗口，单击“增加”按钮，显示空白记账凭证。

（2）在“凭证类别”中选择“付款凭证”，凭证号系统自动生成，日期默认，附单据数 1 张。“摘要”栏录入“缴纳相关税费（地税）”，“科目名称”为“222105”（应交税费/应交城市维护建设税），“借方金额”为“495.46”，按回车键进入第 2 行。此时“摘要”栏自动带入第 1 笔分录摘要，然后录入“科目名称”为“222106”（应交税费/应交教育费附加），“借方金额”为“212.34”。

（3）同理，第 3 笔分录“科目名称”为“222107”（应交税费/应交地方教育费附加），“借方金额”为“141.56”，第 4 笔分录“科目名称”为“222104”（应交税费/应交个人所得税），“借方金额”为“2 572.00”，第 5 笔分录“科目名称”为“100201”（银行存款/工行存款），由于该科目设置了辅助核算，此时系统弹出“辅助项”对话框，要求录入相关辅助项。此处

业务是银行转账业务，银行结算方式为“其他”，在“贷方金额”栏直接按“=”键，系统自动填充金额“3 421.36”。

（4）单击“保存”按钮生成凭证，如图 6-5 所示。单击“确定”按钮返回。

付 款 凭 证

付　字 0001　　制单日期：2019.06.02　　审核日期：　　附单据数：1

摘 要	科目名称	借方金额	贷方金额
缴纳相关税费（地税）	应交税费/应交城市维护建设税	49546	
缴纳相关税费（地税）	应交税费/应交教育费附加	21234	
缴纳相关税费（地税）	应交税费/应交地方教育费附加	14156	
缴纳相关税费（地税）	应交税费/应交个人所得税	257200	
缴纳相关税费（地税）	银行存款/工行存款		342136
票号 7 - 日期 2019.06.02	数量 单价	合 计 342136	342136

备注　项 目　　部 门

个 人　　客 户

业务员

记账　　审核　　出纳　　制单　周晓

图 6-5　缴纳地税记账凭证

（5）再次单击“增加”按钮，增加付款凭证 1 张，附单据数 1 张。摘要为“缴纳相关税费（国税）”，第 1 笔分录的“科目名称”为“222102”（应交税费/未交增值税），“借方金额”为“7 078.00”，第 2 笔分录“科目名称”为“222103”（应交税费/应交企业所得税），“借方金额”为“9 310.00”，第 3 笔分录“科目名称”为“100201”（银行存款/工行存款），银行结算方式为“其他”，“贷方金额”为“16 388.00”。保存后生成凭证，如图 6-6 所示。单击“填制凭证”窗口的“关闭”按钮退出。

付 款 凭 证

付　字 0002　　制单日期：2019.06.02　　审核日期：　　附单据数：1

摘 要	科目名称	借方金额	贷方金额
缴纳相关税费（国税）	应交税费/未交增值税	707800	000
缴纳相关税费（国税）	应交税费/应交企业所得税	931000	
缴纳相关税费（国税）	银行存款/工行存款		1638800
票号 - 日期	数量 单价	合 计 1638800	1638800

备注　项 目　　部 门

个 人　　客 户

业务员

记账　　审核　　出纳　　制单　周晓

图 6-6　缴纳国税记账凭证

提示：

◆ 录入金额时，可以使用空格键在借、贷方金额栏之间切换。

◆ 使用等号键录入金额，使凭证借、贷方发生额自动取平，即取当前凭证借、贷方金额的差额到当前光标位置。

二、出纳签字

（1）2019 年 6 月 2 日，出纳刘媛（803）执行“业务工作—财务会计—总账—凭证—出纳签字”命令，打开“出纳签字”过滤条件窗口。单击“确定”按钮，进入“出纳签字列表”窗口，系统显示刚刚填制的两张付款凭证。

（2）双击需要进行出纳签字的凭证，进入“出纳签字”窗口，单击“签字”按钮，凭证下方“出纳”右侧即显示出“刘媛”的名字，表示出纳签字成功。

（3）同理，完成“付字 0002”号凭证的出纳签字操作。

三、审核凭证

（1）主管王成（801）登录企业应用平台，执行“业务工作—财务会计—总账—凭证—审核凭证”命令，打开“凭证审核”过滤条件窗口。单击“确定”按钮，进入“凭证审核列表”窗口，在该窗口列出了所有待审核凭证信息。

（2）双击需要进行审核的记账凭证，打开“审核凭证”窗口，确认无误后单击“审核”按钮，凭证下方“审核”右侧显示“王成”的名字，表示审核成功。

（3）同理，完成“付字 0002”号凭证的凭证审核操作。

提示：

◆ 如果操作员在执行“出纳签字”操作时却打开“账务处理”窗口，则是由于此前启用了出纳管理模块。解决办法是在系统启用功能下将出纳管理模块停用。

◆ “出纳签字”窗口“批处理”菜单项下的“成批出纳签字”和“成批取消签字”功能，可实现所有待签字凭证的成批签字和成批取消签字操作。

◆ “审核凭证”窗口“批处理”功能与“出纳签字”窗口相同。

四、主管签字

（1）主管王成（801）登录企业应用平台，执行“业务工作—财务会计—总账—凭证—主管签字”命令，打开“主管签字”过滤条件窗口。单击“确定”按钮，进入“主管签字列表”窗口，在该窗口列出了所有待签字凭证信息。

（2）双击需要进行主管签字的记账凭证，打开“主管签字”窗口，确认无误后单击“签字”按钮，凭证右上方显示“王成”的红字印章，表示主管签字成功。

五、凭证记账

（1）会计周晓（802）执行“总账—凭证—记账”命令，打开“记账”对话框。单击“全选”按钮，选中所有已审核签字凭证。

（2）单击“记账”按钮，弹出“期初试算平衡表”对话框，单击“确定”按钮，系统开始自动记账，接着系统提示“记账完毕！”，单击“确定”按钮返回。单击“退出”按钮退出。

提示：

◆ 未审核、签字凭证不能记账，作废凭证不需要审核可直接记账。

技能训练

（1）建立新文件夹，备份 008 账套至该文件夹。

（2）进行凭证填制、修改、删除的练习。

2019 年 6 月 2 日，总经理办公室报销购买的办公用品费 240 元，以现金支付。

要求：

（1）根据业务资料填制记账凭证。

（2）进行凭证审核。主管审核时发现办公用品发票注明的金额为 245 元，于是给凭证标注了错误。

（3）进行凭证的无痕迹修改。

（4）进行出纳签字、凭证审核和主管签字。

（5）删除该凭证。

提示：

◆ 删除凭证必须由制单人本人操作，除非在选项中设置了“允许修改、作废他人填制的凭证”选项。

◆ 删除凭证分两步完成，即先作废然后进行凭证整理操作。作废后凭证既不能审核也不能修改，但仍会参与记账，但不进行数据处理，只是相当于一张空白凭证。要彻底删除已作废凭证，则需要在“填制凭证”窗口执行“整理凭证”操作，选择相关已作废凭证后进行凭证整理。此时系统会提示“是否整理凭证断号”。

任务 2　支付广告费

学习任务

2019 年 6 月 3 日，出纳刘媛签发转账支票（票号：00257801）给市场部王迪，用于支付北京晚报报业集团广告费 19 080.00 元。相关原始单据参见图 6-7 和图 6-8。

任务分析

本任务是签发转账支票支付广告费业务，该业务在总账系统操作完成，由会计周晓填制付款凭证 1 张。

1200058110

京州增值税专用发票
发票联

No：00865201

开票日期：2019年6月3日

购货单位	名称：文景纺织品贸易有限责任公司 纳税人识别号：91210258MA123375X6 地址、电话：京州市和平区胜利路7号，电话022-66010000 开户行及账号：工行京州和平支行6202001097586328791				密码区	（略）	
货物或应税劳务名称	规格型号	单位	数量	单价	金额	税率	税额
广告费					18 000.00	6%	1 080.00
合计					¥18 000.00		¥1 080.00
价税合计（大写）	⊗壹万玖仟零捌拾元整					¥19 080.00	
销货单位	名称：北京晚报报业集团 纳税人识别号：110825410035801 地址、电话：北京市大兴区文华路8号 开户行及账号：工行北京大兴支行11020023837121				备注：		

收款人：略　　复核：略　　开票人：略　　销货单位：（章）

第二联：发票联购货方记账凭证

图 6-7　广告费发票

中国工商银行
转账支票存根
10023471
00257801

附加信息

出票日期：2019年6月3日

收款人：北京晚报报业集团
金额：¥19 080.00
用途：广告费

单位主管：　　会计：

图 6-8　支票存根

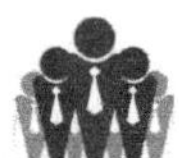

任务实施

（1）2019 年 6 月 3 日，会计周晓（802）新增“付款凭证”，附单据数 2 张，“摘要”为“支付广告费”，第 1 笔分录“科目名称”为“660105”（销售费用/广告费），“借方金额”为“18 000.00”；第 2 笔分录“科目名称”为“22210101”（应交税费/应交增值税/进项税额），“借方金额”为“1 080.00”；第 3 笔分录“科目名称”为“100201”（银行存款/工行存款），该科目辅助项“结算方式”选择“2021 转账支票”，票号为“00257801”，发生日期为默认。单击“确定”按钮返回，将光标移至“贷方金额”栏，按“=”键系统自动填入“贷方金额”为“19 080.00”。

（2）确认无误后单击“保存”按钮，系统弹出“此支票尚未登记，是否登记？”信息提示，单击“是”按钮进行支票登记。登记完成，单击“确定”按钮，系统提示“凭证已成功保存”，单击“确定”按钮返回，生成并保存凭证，如图 6-9 所示。

提示：在填制凭证过程中，若某科目设置了辅助核算如“银行科目”“客户往来”等辅助项，录入此类科目时，系统自动提示输入该科目的辅助核算信息。

付款凭证

付 字 0003　制单日期：2019.06.03　审核日期：　附单据数：2

摘要	科目名称	借方金额	贷方金额
支付广告费	销售费用/广告费	1800000	
支付广告费	应交税费/应交增值税/进项税额	108000	
支付广告费	银行存款/工行存款		1908000
票号 202 - 00257801 日期 2019.06.03　数量 单价	合计	1908000	1908000
备注　项目 个人 业务员	部门 客户		

记账　审核　出纳　制单　周晓

图 6-9　支付广告费记账凭证

任务 3　缴纳社保基金和住房公积金

学习任务

2019 年 6 月 4 日，出纳刘媛开出转账支票缴纳上月社会保险费 26 660.00 元（单位 20 336.00 元、员工 6 324.00 元）和住房公积金 14 880.00 元（单位和员工各负担 7 440.00 元）。相关原始单据参见图 6-10 至图 6-13。本笔业务不进行支票登记。

社会保险基金汇缴书

2019年6月4日监制　流水号：20190104001227

附变更清册　张

单位全称		文景纺织品贸易有限责任公司			
单位登记号		15200123	资金来源 单位自筹	汇缴	2019年6月4日
汇缴金额（大写）		贰万陆仟陆佰陆拾元整			¥26 660.00
项目		上月汇缴（32人）	本月增加（0人）	本月减少（0人）	本月汇缴（32人）
养老保险	单位				
	个人				
医疗保险	单位				
	个人		（略）		
失业保险	单位				
	个人				
生育保险	单位				
工伤保险	单位				
合计					¥26 660.00
支票号码：	00257802		基金管理中心盖章： 收款人：肖滴　2019年6月4日		

京州市和平区社会保险基金管理中心 2019.06.04 转账收讫

图 6-10　社保基金汇缴书

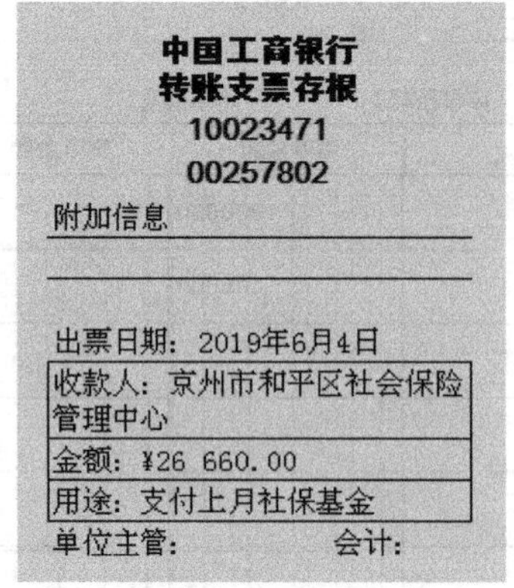
中国工商银行
转账支票存根
10023471
00257802
附加信息

出票日期：2019年6月4日
收款人：京州市和平区社会保险管理中心
金额：¥26 660.00
用途：支付上月社保基金
单位主管：　　　会计：

图 6-11　支付社保基金支票存根

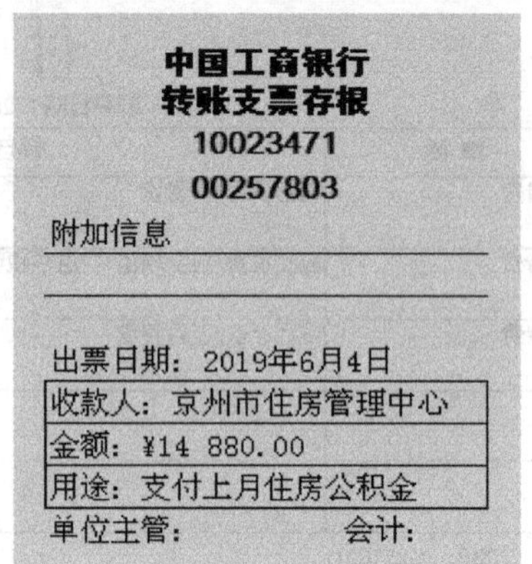
中国工商银行
转账支票存根
10023471
00257803
附加信息

出票日期：2019年6月4日
收款人：京州市住房管理中心
金额：¥14 880.00
用途：支付上月住房公积金
单位主管：　　　会计：

图 6-12　支付住房公积金支票存根

住房公积金汇缴书

2019年6月4日

流水号：2019010024312

附变更清册　　张

单位全称	文景纺织品贸易有限责任公司						
单位登记号	210238		资金来源	单位自筹	汇缴	2019年6月4日	
汇缴金额（大写）		壹万肆仟捌佰捌拾元整				¥14 880.00	
上月汇缴		本月增加		本月减少		本月汇缴	
人数：	32	人数	0	人数	0	人数	32
金额	14 880.00	金额	0	金额	0	金额	14 880.00
支票号码：	00257803			管理部盖章：	京州市住房管理中心 2019.06.04 和平管理部		
				接柜：	张强	2019年6月4日	

图 6-13　住房公积金汇缴书

任务分析

本任务在总账系统操作完成，由会计周晓填制付款凭证两张。

任务实施

一、填制缴纳公司和个人承担社会保险费记账凭证

（1）2019 年 6 月 4 日，会计周晓（802）增加 1 张“付款凭证”，附单据 2 张。

（2）“摘要”为“缴纳上月社会保险费”，第 1 笔分录“科目名称”为“221103”（应付职工薪酬/社会保险费），“借方金额”为“20 336.00”；第 2 笔分录“科目名称”为“224101”（其他应付款/应付社会保险费），“借方金额”为“6 324.00”；第 3 笔分录“科目名称”为“100201”（银行存款/工行存款），结算方式为“转账支票”，票号为“00257802”，“贷方金额”为“26 660.00”，生成凭证，如图 6-14 所示。

付 款 凭 证

付　字 0004　　制单日期：2019.06.04　　审核日期：　　附单据数：2

摘要	科目名称	借方金额	贷方金额
缴纳上月社会保险费	应付职工薪酬/社会保险费	2033600	000
缴纳上月社会保险费	其他应付款/应付社会保险费	632400	
缴纳上月社会保险费	银行存款/工行存款		2666000
票号 202-00257802 日期 2019.06.04	数量 单价　　合 计	2666000	2666000

备注　项　目　　部　门
个　人　　客　户
业务员

记账　审核　出纳　制单　周晓

图 6-14　缴纳社会保险费记账凭证

二、填制缴纳住房公积金记账凭证

（1）2019 年 6 月 4 日，会计周晓（802）继续增加 1 张“付款凭证”，附单据 2 张。

（2）“摘要”为“缴纳上月住房公积金”，第 1 笔分录“科目名称”为“221104”（应付职工薪酬/住房公积金），“借方金额”为“7 440.00”；第 2 笔分录“科目名称”为“224102”（其他应付款/应付住房公积金），“借方金额”为“7 440.00”；第 3 笔分录“科目名称”为“100201”（银行存款/工行存款），结算方式为“转账支票”，票号为“00257803”，“贷方金额”为“14 880.00”，生成凭证，如图 6-15 所示。

付 款 凭 证

付　字 0005　　制单日期：2019.06.04　　审核日期：　　附单据数：2

摘要	科目名称	借方金额	贷方金额
缴纳上月住房公积金	应付职工薪酬/住房公积金	744000	
缴纳上月住房公积金	其他应付款/应付住房公积金	744000	
缴纳上月住房公积金	银行存款/工行存款		1488000
票号 202 - 00257803 日期 2019.06.04	数量 单价　　合 计	1488000	1488000

备注　项　目　　部　门
个　人　　客　户
业务员

记账　审核　出纳　制单　周晓

图 6-15　缴纳住房公积金记账凭证

任务4 员工预借差旅费

学习任务

2019年6月5日，物流部王伟出差借款3 000.00元，出纳以现金付讫。借款单如图6-16所示。

借　款　单

2019年6月5日

借款单位：物流部

借款理由：出差洽谈

借款数额：人民币（大写）叁仟元整　　¥3 000.00

本单位负责人意见：同意

审批：略　借款人：略　出纳：略

图6-16　借款单

任务分析

本任务由会计周晓在总账系统填制付款凭证1张。

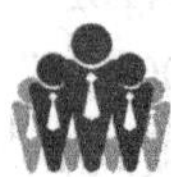

任务实施

（1）2019年6月5日，周晓登录企业应用平台，增加1张"付款凭证"，附单据1张。

（2）"摘要"为"王伟出差预借差旅费"，第1笔分录"科目名称"为"122104"（其他应收款/备用金），"借方金额"为"3 000.00"；第2笔分录"科目名称"为"1001"（库存现金），"贷方金额"为"3 000.00"。保存后生成凭证，如图6-17所示。

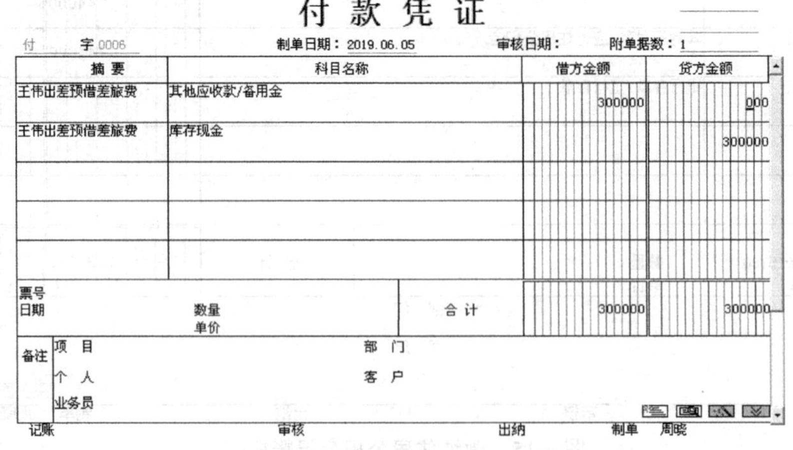

付 款 凭 证

付　字 0006　　制单日期：2019.06.05　　审核日期：　　附单据数：1

摘要	科目名称	借方金额	贷方金额
王伟出差预借差旅费	其他应收款/备用金	300000	000
王伟出差预借差旅费	库存现金		300000
票号 日期	数量 单价 合计	300000	300000

备注　项目　部门　个人　客户　业务员

记账　审核　出纳　制单　周晓

图6-17　员工预借差旅费记账凭证

任务 5　支付上月职工工资

学习任务

2019 年 6 月 5 日，出纳开出转账支票支付上月职工工资，如图 6-18 所示。

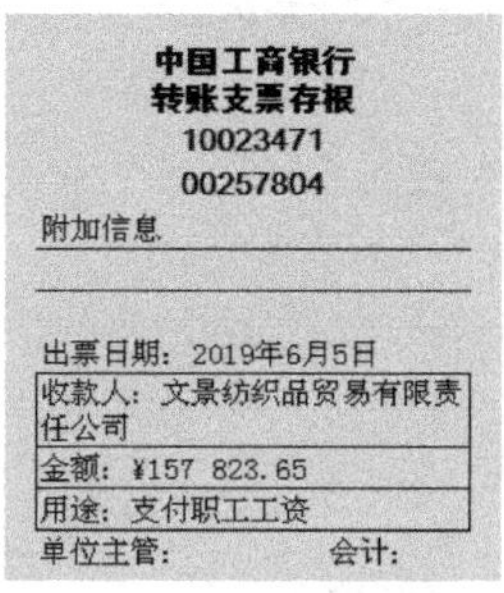

中国工商银行
转账支票存根
10023471
00257804

附加信息

出票日期：2019年6月5日

收款人：文景纺织品贸易有限责任公司
金额：¥157 823.65
用途：支付职工工资

单位主管：　　会计：

图 6-18　发放工资支票存根

任务分析

本任务由会计周晓在总账系统填制付款凭证 1 张。

任务实施

（1）2019 年 6 月 5 日，周晓登录企业应用平台，增加 1 张“付款凭证”，附单据 1 张。

（2）“摘要”为“支付职工工资”，第 1 笔分录“科目名称”为“221101”（应付职工薪酬/工资），“借方金额”为“157 823.65.00”；第 2 笔分录“科目名称”为“100201”（银行存款/工行存款），结算方式为“转账支票”，票号为“00257804”，“贷方金额”与“借方金额”相同。保存后生成凭证，如图 6-19 所示。

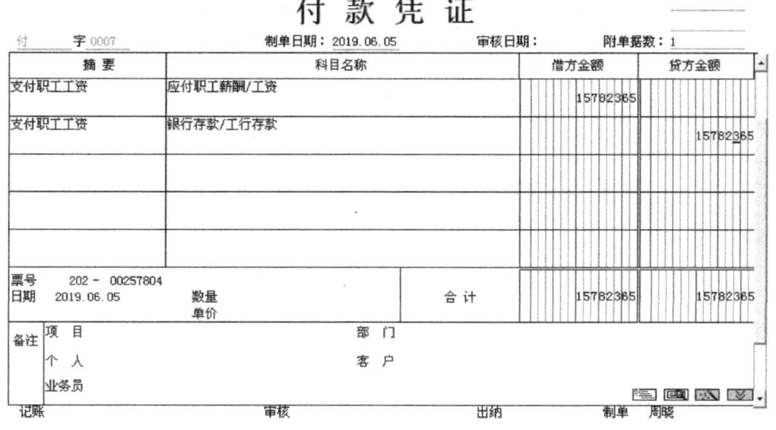

付 款 凭 证

付　字 0007　　制单日期：2019.06.05　　审核日期：　　附单据数：1

摘要	科目名称	借方金额	贷方金额
支付职工工资	应付职工薪酬/工资	15782365	
支付职工工资	银行存款/工行存款		15782365
票号 202 - 00257804 日期 2019.06.05　数量 单价	合 计	15782365	15782365

备注　项　目　　部　门
　　　个　人　　客　户
　　　业务员

记账　　审核　　出纳　　制单　周晓

图 6-19　支付上月职工工资记账凭证

思考与练习

要求：

（1）完成出纳签字、审核、主管签字和记账操作。

（2）查询所有已记账凭证并输出科目汇总表。

项目七

采购与应付日常业务处理

学习目标

本项目主要学习如何应用 ERP-U8V10.1 系统平台完成采购、应付和付款业务的处理。采购管理系统是用友 ERP-U8V10.1 软件供应链的重要组成部分，它与库存、应付和核算系统共同完成采购请购、采购订货、采购到货、采购入库、采购结算等环节的处理。应付款管理系统通过对发票、应付单、付款单等单据的处理，完成企业日常的应付、付款业务的处理。

本项目设计了采购订货、采购到货、采购入库、暂估入库单到回冲、采购退货等业务处理任务。

任务 1　采购订货业务

学习任务

2019 年 6 月 5 日，物流部孙志与北京丽质纺织厂（简称北京丽质）签订采购合同（合同编号：CG0001），订购亚麻布 1 200 米。合同约定 6 月 7 日到货。相关原始单据参见图 7-1 和图 7-2。

请购单

项目	品名	单位	数量	单价	总金额（不含税）
1	亚麻布	米	1200	28.5	34 200.00
2					
3					
合计	¥34 200.00				
供应商名称及联系电话					报价（不含税）
1	北京丽质纺织厂，010-81102001				28.5
2					
3					
到货时间及付款条件					
2019年6月7日到货					
备注					
审批（所有申请）（部门经理）			审批（¥5 000.00以下）（总监）		
审批（所有申请）（财务经理）			审批（¥5 000.01以上）（总经理）		
最终审批（¥150 000.00以上）（总裁）					

图 7-1　亚麻布采购请购单

购销合同

卖方：北京丽质纺织厂　　合同编号：CG0001

买方：文景纺织品贸易有限责任公司

为维护买卖双方的合法权益，买卖双方根据《中华人民共和国合同法》相关规定，经充分协商，一致同意签订本合同。

一、货物名称、数量及价格

货物名称	规格	计量单位	数量	单价（不含税）	金额（不含税）	税率（%）	价税合计
亚麻布		米	1 200	28.5	34 200.00	13	38 646.00
合计					¥34 200.00		¥38 646.00

二、交货日期及地址：2019年6月7日交货，地点为文景纺织品贸易有限责任公司。

三、合同总金额：人民币叁万捌仟陆佰肆拾陆元整（¥38 646.00）。

四、付款时间及付款方式：自签订合同之日起7日内，买方向卖方支付全部价税款。

付款方式：转账支票

五、货物发运方式与运费承担方式：由卖方负责发货并承担运费。

本合同式两份，买卖双方各执一份，经双方签字盖章后生效。

卖方：北京丽质纺织厂　　买方：文景纺织品贸易有限责任公司

卖方代表：张子安　　买方代表：孙志

日期：2019年6月5日　　日期：2019年6月5日

合同专用章　　合同专用章

图 7-2　购销合同

任务分析

本任务是采购订货业务，需要进行请购单和采购订单的录入与审核操作。由周晓（802）录入并审核采购请购单，再参照生成并审核采购订单，如图 7-3 所示。

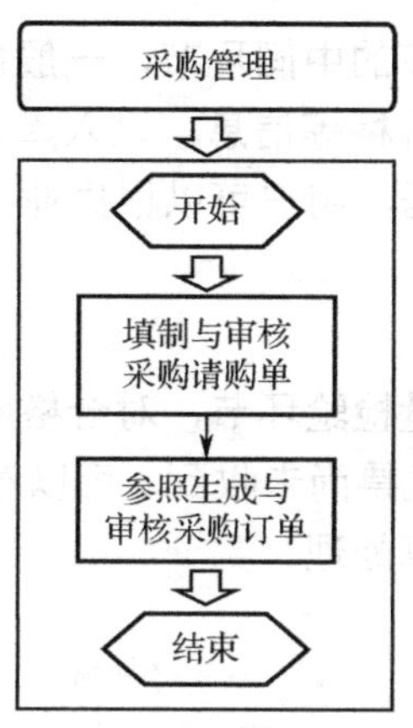

图 7-3　采购订货业务操作流程

知识准备

一、采购管理系统功能

采购管理系统是用友 ERP-U8V10.1 管理软件的一个子系统，主要处理包括订货、入库、采购发票、采购结算等环节的业务。采购管理系统处理的日常业务主要有以下几个。

（一）供应商管理

供应商管理包括供应商资格审批、供应商供货审批、供应商存货对照表、供应商存货价格表及相关供应商业务的查询和分析。

（二）采购请购

采购请购是指企业内部向采购部门提出采购申请，或者采购部门汇总企业内部采购需求提出采购清单。采购请购单是可选单据，用户可以根据业务需要选用。

（三）采购询价

采购询价主要用于帮助企业采购询价业务人员处理采购询价、议价、比价、核价的完整业务过程，处理紧急采购的询价流程，对即将到期的供应商存货价格进行预警提示等。采购询价操作主要通过填制与审核采购询价计划单和采购询价审批单完成。采购询价完成后，一般需要更新供应商存货价格表，作为后期采购下单的选择。

（四）采购订货

采购订货业务主要通过采购订单来处理。采购订单是企业与供应商之间签订的一种协议。采购订单管理功能主要完成订单的填制、审核、关闭等任务。

（五）采购到货

采购到货是采购订货和采购入库的中间环节，一般由采购业务员根据供方通知或送货单填写，确认对方所送货物、数量、价格等信息，以入库通知单的形式传递到仓库作为保管员收货的依据。采购到货单是可选单据，用户可以根据业务需要选用。

（六）采购入库

采购入库是通过采购到货、质量检验环节，对合格到货的存货进行入库验收。

当本月存货已经入库，但采购发票尚未收到，可以对货物进行暂估入库，待发票到达后，再根据该入库单与发票进行采购结算处理。

（七）采购发票

采购发票是供应商开出的销售货物的凭证，系统将根据采购发票确认采购成本，并据以登记应付账款。企业在收到供货单位发票后，如果没收到供货单位货物，可以对发票压单处理，待货物到达后再输入系统做报账结算处理；也可以先将发票输入系统，以便实时统计在途货物。采购发票按业务性质分为蓝字发票和红字发票，按发票类型分为增值税专用发票和普通发票。

（八）采购结算

采购结算也称采购报账，是指采购核算人员根据采购发票、采购入库单核算采购入库成本。采购结算的结果是采购结算单，它是记载采购入库单记录与采购发票记录对应关系的结算对照表。采购结算从操作处理上分为自动结算、手工结算两种方式，运费发票可以单独进行费用折扣结算。

自动结算是由系统自动将符合结算条件的采购入库单记录和采购发票记录进行结算。系统按照 3 种结算模式进行自动结算，即入库单和发票、红蓝入库单、红蓝发票。手工结算除进行入库单与发票结算、蓝字入库单与红字入库单结算、蓝字发票与红字发票结算，还可进行溢余短缺处理和费用折扣分摊。采购结算成功生成结算单，为进行结算成本处理提供单据。可以在“采购结算－结算单列表”功能下查看已生成的结算单。

（九）报表查询

用户可以在此进行采购管理系统各种采购统计表、采购账簿等的查询。采购统计表如到货明细表、采购明细表、入库明细表、结算明细表、未完成业务明细表、费用明细表等，采购账簿主要有在途货物余额表、暂估入库余额表、采购结算余额表等。

二、采购管理系统业务类型

采购管理系统的采购业务分为普通采购、代管采购、受托代销、直运业务 4 种业务类型。

三、采购系统与其他系统数据关系

采购管理系统与其他系统之间的数据关系如图 7-4 所示。

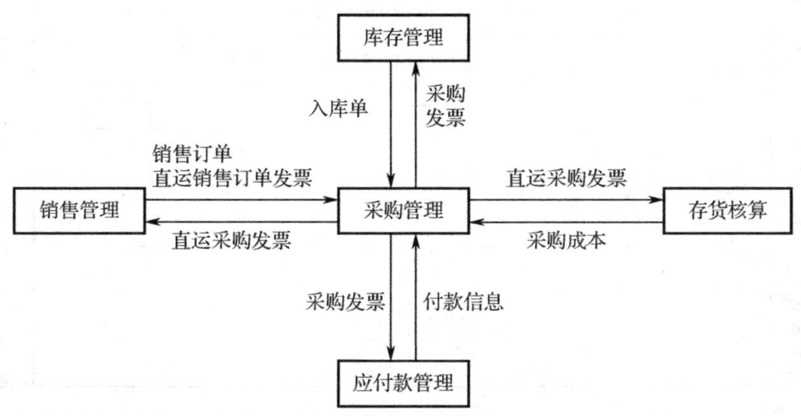

图 7-4　采购管理系统与其他系统之间的数据关系

任务实施

一、填制与审核采购请购单

（1）物流部孙志（805）执行“业务工作—供应链—采购管理—请购—请购单”命令，打开“采购请购单”窗口。单击“增加”按钮，系统新增一张空白请购单。

（2）在表头部分录入“请购部门”为“物流部”，“请购人员”为“孙志”，“采购类型”为“商品采购”，其他使用系统默认值。

（3）在表体部分录入“存货编码”为“0002”，“数量”为“1 200.00”，“本币单价”为“28.50”，“需求日期”为“2019-06-07”，“供应商”选择“北京丽质”，其他由系统自动填入，单击“保存”按钮，再单击“审核”按钮，在请购单下方的“审核人”处显示“孙志”姓名，如图 7-5 所示。

二、填制与审核采购订单

（1）物流部孙志（805）继续执行“业务工作—供应链—采购管理—采购订货—采购订单”命令，打开“采购订单”窗口。

（2）单击“增加”按钮，再单击工具栏中的“生单—请购单”选项，系统打开“查询条件选择—采购请购单列表过滤”对话框，单击“确定”按钮，打开“拷贝并执行”窗口。在该窗口双击选中 0000000001 号请购单所在的选择栏，该栏显示“Y”字样，再单击工具栏中的“OK”（确定）按钮，返回“采购订单”窗口，系统自动将请购单相关信息带入。

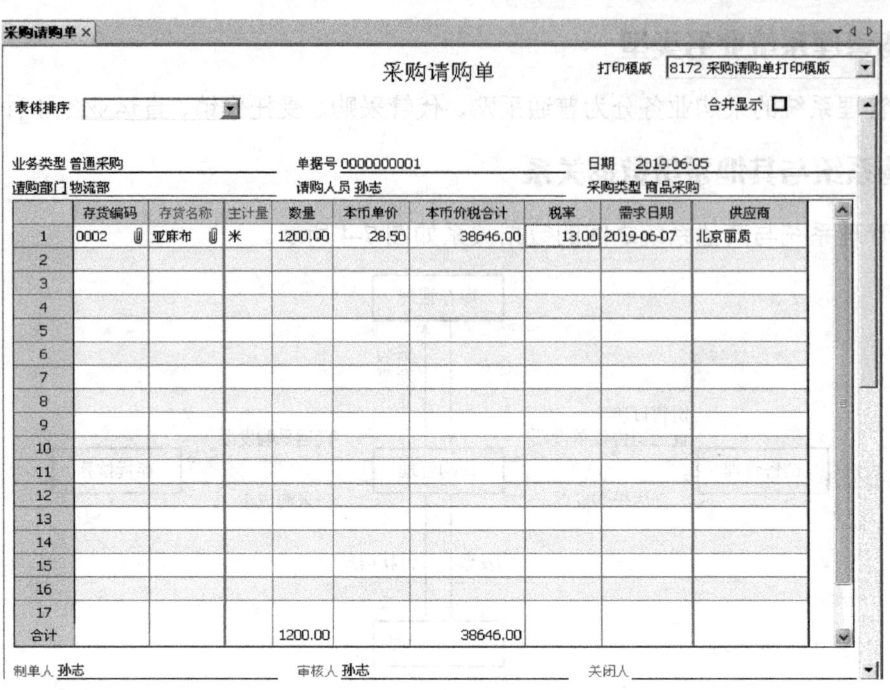

采购请购单 ×

采购请购单　　打印模版 8172 采购请购单打印模版

表体排序　　合并显示 □

业务类型 普通采购　　单据号 0000000001　　日期 2019-06-05

请购部门 物流部　　请购人员 孙志　　采购类型 商品采购

	存货编码	存货名称	主计量	数量	本币单价	本币价税合计	税率	需求日期	供应商
1	0002	亚麻布	米	1200.00	28.50	38646.00	13.00	2019-06-07	北京丽质
2									
3									
4									
5									
6									
7									
8									
9									
10									
11									
12									
13									
14									
15									
16									
17									
合计				1200.00		38646.00			

制单人 孙志　　审核人 孙志　　关闭人

图 7-5　采购请购单

（3）修改“订单编号”为“CG0001”（即购销合同编号），“部门”为“物流部”，“业务员”为“孙志”，“税率”为“13.00”，其他为默认。

（4）单击“保存”按钮，再单击“审核”按钮，如图 7-6 所示。

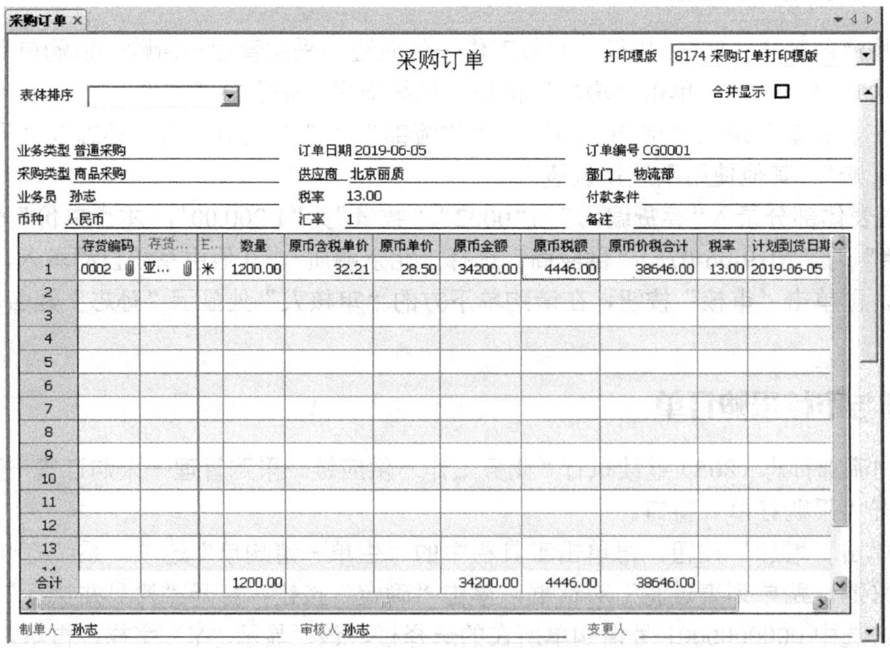

采购订单 ×

采购订单　　打印模版 8174 采购订单打印模版

表体排序　　合并显示 □

业务类型 普通采购　　订单日期 2019-06-05　　订单编号 CG0001

采购类型 商品采购　　供应商 北京丽质　　部门 物流部

业务员 孙志　　税率 13.00　　付款条件

币种 人民币　　汇率 1　　备注

	存货编码	存货...	E...	数量	原币含税单价	原币单价	原币金额	原币税额	原币价税合计	税率	计划到货日期
1	0002	亚...	米	1200.00	32.21	28.50	34200.00	4446.00	38646.00	13.00	2019-06-05
2											
3											
4											
5											
6											
7											
8											
9											
10											
11											
12											
13											
合计				1200.00			34200.00	4446.00	38646.00		

制单人 孙志　　审核人 孙志　　变更人

图 7-6　采购订单

任务 2　暂估入库单到回冲业务

学习任务

2019 年 6 月 5 日，收到 5 月 20 日购买北京丽质纺织厂已入库 900 米精纺毛料的专用发票。财务部出纳当日开出转账支票支付全部价税款。相关原始单据参见图 7-7 和图 7-8。

1100143305　　北京增值税专用发票　发 票 联　　No：01323301

开票日期：2019年6月5 日

购货单位	名称：文景纺织品贸易有限责任公司 纳税人识别号：91210258MA123375X6 地址、电话：京州市和平区胜利路7号，电话022-66010000 开户行及账号：工行京州和平支行6202001097586328791				密码区	（略）		
货物或应税劳务名称	规格型号	单位	数量	单价	金额	税率	税额	
精纺毛料		米	900	44.72	40 248.00	13%	5 232.24	
合计					¥40 248.00		¥5 232.24	
价税合计（大写）	⊗肆万伍仟肆佰捌拾元零贰角肆分				（小写）¥45 480.24			
销货单位	名称：北京丽质纺织厂 纳税人识别号：902104441277580986 地址、电话：北京市昌平区雨花路6号 开户行及账号：工行北京西城支行6222785622520081942				备注			

收款人：略　　复核：略　　开票人：略　　销货单位：（章）

第二联：发票联　购货方记账凭证

图 7-7　采购发票

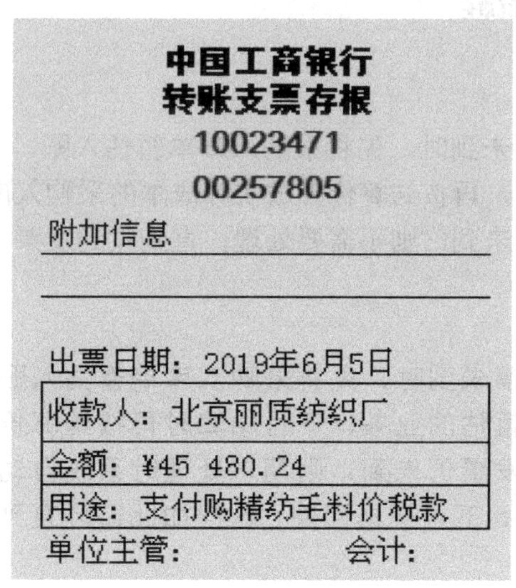

中国工商银行
转账支票存根
10023471
00257805
附加信息

出票日期：2019年6月5日
收款人：北京丽质纺织厂
金额：¥45 480.24
用途：支付购精纺毛料价税款
单位主管：　　会计：

图 7-8　支票存根

任务分析

本任务是对上月暂估入库业务进行后续处理，包括采购专用发票的录入与现付、采购成本结算与制单、应付单据审核与制单等操作，如图 7-9 所示。

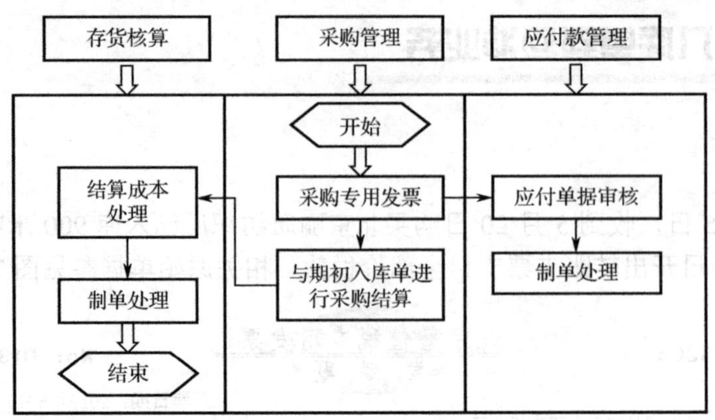

图 7-9　暂估入库单到回冲业务操作流程

知识准备

一、暂估入库业务介绍

暂估入库业务是指外购货物已入库但采购发票未到，由于不知道准确单价，在当期期末暂时按估计价格入账，后期用红字予以冲回后再进行正常采购入库与结算处理的业务。

暂估入库业务一共有 3 种处理方式：单到回冲、月初回冲、单到补差。

二、暂估入库业务处理流程

（一）单到回冲

单到回冲指当月货到票未到时，先将采购入库单暂估入账，下月或以后月份结算时先将原来的暂估入库单全部回冲，再按结算价形成实际成本的采购入库单（报销的蓝字回冲单）。该种处理方式下，只要发票未到，则不需要处理；直到收到发票，再进行报销处理。

（二）月初回冲

月初回冲指当月货到票未到时，先将采购入库单暂估入账，在下月初时立即回冲形成红字回冲单，冲回上月暂估的业务，下月结算时再按结算价形成最终的反映实际成本的采购入库单。如果下月发票仍未到，则期末处理时系统自动按原来的暂估价重新暂估入账（暂估的蓝字回冲单），下月初再回冲，这样如此循环直到结算生成报销的蓝字回冲单为止。

（三）单到补差

单到补差方式下没有回冲单的处理，暂估处理后，下月或以后月份收到发票并进行报销处理时，先按实际金额进行结算处理，然后根据系统自动生成的调整单（调整金额为实际金额与暂估金额的差额），填制一张冲销或补充凭证。

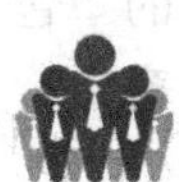

任务实施

一、填制采购专用发票并进行现付处理

（1）物流部孙志（805）执行“业务工作—供应链—采购管理—采购发票—专用采购发票”命令，打开“专用发票”窗口。

（2）单击“增加”按钮，单击“生单—入库单”选项，打开“查询条件选择—采购入库单列表过滤”对话框，修改日期条件为“2019-05-01”到“2019-06-05”，单击“确定”按钮，打开“拷贝并执行”窗口，在该窗口入库单表头列表中双击入库日期为“2019-05-20”的入库单选择栏，选中该入库单，下窗格显示表体内容，也处于选中状态。

（3）单击“OK”（确定）按钮返回专用发票窗口，系统自动将上月暂估入库信息带入该专用发票。录入“发票号”为“01323301”，“开票日期”为“2019-06-05”，“税率”为“13.00”，“备注”栏录入“支付上月购精纺毛料货款”，单击“保存”按钮保存采购专用发票。

（4）单击“现付”按钮，打开“采购现付”对话框，录入结算方式“转账支票”，原币金额“45 480.24”，票据号“00257805”，商品大类编码选择“商品项目”，项目名称“精纺毛料”。单击“确定”按钮返回，该窗口左上角显示“已现付”字样，如图 7-10 所示。

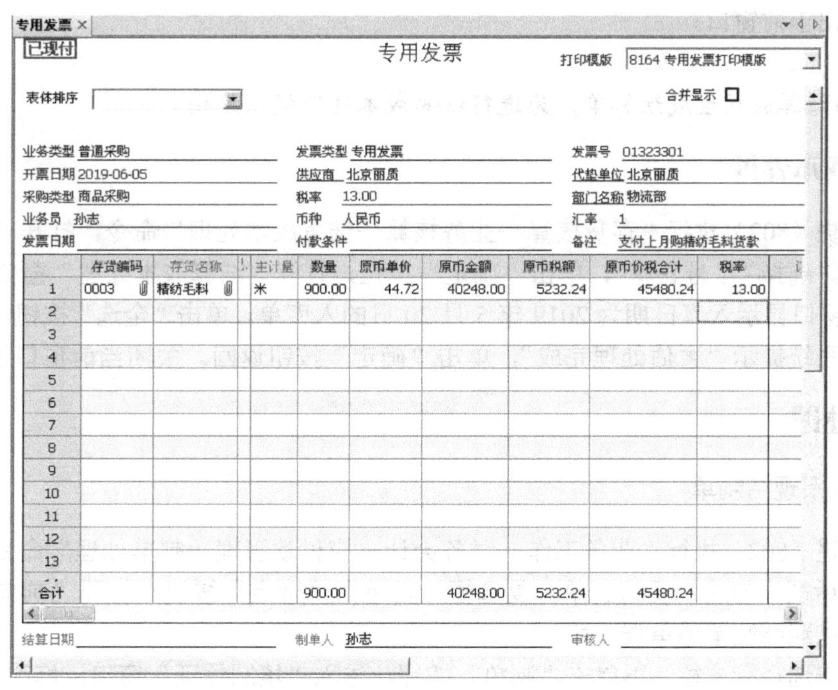
已现付　专用发票　打印模版 8164 专用发票打印模版

表体排序　合并显示

业务类型 普通采购　发票类型 专用发票　发票号 01323301
开票日期 2019-06-05　供应商 北京丽质　代垫单位 北京丽质
采购类型 商品采购　税率 13.00　部门名称 物流部
业务员 孙志　币种 人民币　汇率 1
发票日期　付款条件　备注 支付上月购精纺毛料货款

	存货编码	存货名称	主计量	数量	原币单价	原币金额	原币税额	原币价税合计	税率
1	0003	精纺毛料	米	900.00	44.72	40248.00	5232.24	45480.24	13.00
2									
3									
4									
5									
6									
7									
8									
9									
10									
11									
12									
13									
合计				900.00		40248.00	5232.24	45480.24	

结算日期　制单人 孙志　审核人

图 7-10　采购专用发票

二、应付单据审核

（1）王成（801）执行“财务会计—应付款管理—应付单据处理—应付单据审核”命令，

打开“应付单查询条件”对话框，单据日期改为“2019-06-05”，同时勾选对话框下方的“包括已现结发票”和“未完全报销”复选框，再单击“确定”按钮，打开“单据”处理窗口，该窗口显示刚填制的采购专用发票。

（2）双击该单据选择栏，单击“审核”按钮，系统提示审核成功单据 1 张，单击“确定”按钮返回，“审核人”栏出现“王成”。单击关闭按钮退出当前窗口。

三、采购结算

（1）周晓（802）执行“业务工作—供应链—采购管理—采购结算—手工结算”命令，打开“手工结算”窗口。

（2）单击“选单”按钮，打开“结算选单”窗口，单击“查询－入库单”选项，打开“查询条件选择—入库单选单过滤”选项，单击“确定”按钮，返回“结算选单”窗口，并带入期初入库单信息。再单击“查询－发票”选项，打开“查询条件选择—发票结算选单过滤”对话框，单击“确定”按钮，返回“结算选单”窗口，并带入所有未结算发票信息。

（3）双击选择供应商为“北京丽质”的结算发票（发票号为 01323301）和 1 号入库单。

（4）单击工具栏中的“匹配”按钮，系统提示“匹配成功 1 条数据”。单击“OK”（确定）按钮返回“手工结算”窗口，系统显示待结算的发票和入库单信息。单击“结算”按钮，系统提示“完成结算”信息，单击“确定”按钮返回“手工结算”窗口，再单击窗口右上角的关闭按钮退出当前窗口。

提示：

◆ 采购结算成功生成结算单，为进行结算成本处理提供单据。

四、结算成本处理

（1）周晓（802）执行“存货核算—业务核算—结算成本处理”命令，打开“暂估处理查询”对话框。选择“1 号仓库”，单击“确定”按钮，打开“结算成本处理”窗口。

（2）该窗口显示入库日期为 2019 年 5 月 20 日的入库单，单击“全选”按钮，再单击“暂估”按钮，系统提示“暂估处理完成”，单击“确定”按钮返回。关闭当前窗口退出。

五、制单处理

（一）发票现结制单

（1）周晓（802）执行“业务工作—财务会计—应付款管理—制单处理”命令，打开“制单查询”对话框，勾选“现结制单”复选框，再单击“确定”按钮，打开“制单”窗口，该窗口显示可供现结制单的单据 1 张。

（2）双击选择标志栏，再单击“制单”按钮，进入“填制凭证”窗口。修改“在途物资”辅助项为“精纺毛料”项目，凭证类型为“付款凭证”，保存后生成凭证，如图 7-11 所示。关闭“填制凭证”和“制单”窗口后退出。

已生成　**付款凭证**

付　字 0008　制单日期：2019.06.05　审核日期：　附单据数：1

摘要	科目名称	借方金额	贷方金额
支付上月购精纺毛料货款	在途物资	4024800	
支付上月购精纺毛料货款	应交税费/应交增值税/进项税额	523224	
支付上月购精纺毛料货款	银行存款/工行存款		4548024
票号 日期　数量 单价	合计	4548024	4548024
备注	项目　精纺毛料 个人 业务员	部门 客户	

记账　审核　出纳　制单　周晓

图 7-11　采购现结制单

（二）红字回冲单和蓝字回冲单制单

（1）周晓（802）继续执行“存货核算—财务核算—生成凭证”命令，打开“生成凭证”窗口。单击“选择”按钮，在打开的“查询条件”对话框单击“全消”按钮后再勾选“（24）红字回冲单”和“（30）蓝字回冲单（报销）”复选框，单击“确定”按钮，进入“选择单据”窗口，系统显示“未生成凭证单据一览表”。单击“全选”按钮选中红字和蓝字回冲单。

（2）单击“确定”按钮返回“生成凭证”窗口，修改凭证类别为“转账凭证”，单击“生成”按钮，进入“填制凭证”窗口，修改“库存商品”科目的辅助项为“精纺毛料”项目，单击“保存”按钮，生成红字凭证，如图 7-12 所示。

已生成　**转账凭证**

转　字 0001　制单日期：2019.06.05　审核日期：　附单据数：1

摘要	科目名称	借方金额	贷方金额
红字回冲单	库存商品	4024800	
红字回冲单	应付账款/暂估应付款		4024800
票号 日期　数量 单价	合计	4024800	4024800
备注	项目　精纺毛料 个人 业务员	部门 客户	

记账　审核　出纳　制单　周晓

图 7-12　红字回冲单制单

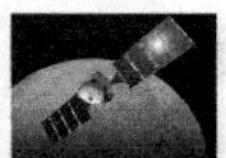

（3）单击下一张箭头按钮，系统显示蓝字回冲单制单凭证，修改“库存商品”和“在途物资”的项目均为“精纺毛料”，单击“保存”按钮，生成凭证，如图 7-13 所示。

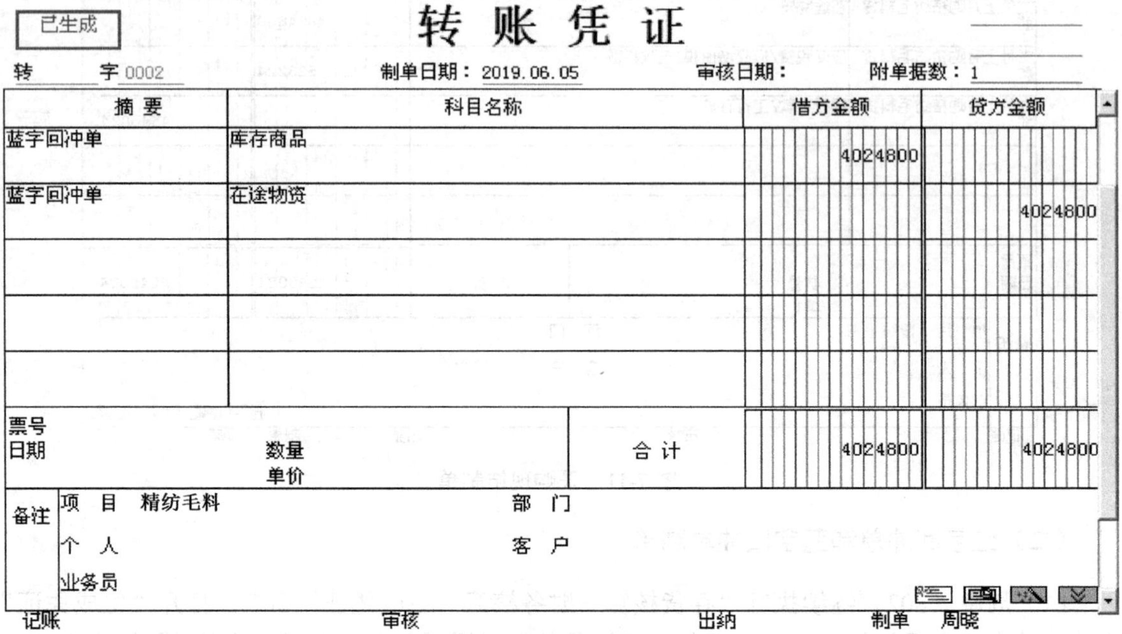

已生成

转 账 凭 证

转 字 0002　　制单日期：2019.06.05　　审核日期：　　附单据数：1

摘 要	科目名称	借方金额	贷方金额
蓝字回冲单	库存商品	4024800	
蓝字回冲单	在途物资		4024800
票号 日期	数量 单价	合 计 4024800	4024800

备注　项 目 精纺毛料　　部 门

个 人　　客 户

业务员

记账　　审核　　出纳　　制单 周晓

图 7-13　蓝字回冲单制单

提示：

◆ 如果在应付款管理系统的“单据查询”功能下查询不到所生成的凭证，则需要取消应付款管理选项设置中“权限与预警”选项卡的“控制操作员权限”选项。

◆ 如果现结制单功能下查询不到应付单据，则需要在“系统服务—权限—数据权限分配”功能下对周晓（802）进行数据权限设置，即设置周晓（802）拥有对物流部孙志（805）所制单据的查询权限。

任务 3　采购退货业务

学习任务

2019 年 6 月 6 日，市场部从 1 号仓库领货时发现上月从北京丽质纺织厂购买的精纺毛料有 200 米有瑕疵，物流部孙志与对方协商后作退货处理，对方自行提货。对方以转账支票方式退还货物价税款，出纳已取回进账单，同时收到红字专用发票一张。相关原始单据参见图 7-14 和图 7-15。

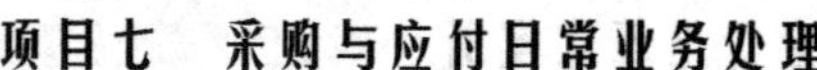

1100143305　　北京增值税专用发票　　No：01323307

发票联

开票日期：2019年6月6日

购货单位	名称：文景纺织品贸易有限责任公司 纳税人识别号：91210258MA123375X6 地址、电话：京州市和平区胜利路7号，电话022-66010000 开户行及账号：工行京州和平支行6202001097586328791			密码区	（略）		
货物或应税劳务名称	规格型号	单位	数量	单价	金额	税率	税额
精纺毛料		米	200	44.72	8 944.00	13%	1 162.72
合计					¥8 944.00		¥1 162.72
价税合计（大写）	⊗壹万零壹佰零陆元柒角贰分				（小写）¥10 106.72		
销货单位	名称：北京丽质纺织厂 纳税人识别号：902104441277580986 地址、电话：北京市昌平区雨花路6号 开户行及账号：工行北京西城支行6222785622520081942			备注			

收款人：略　　复核：略　　开票人：略　　销货单位：（章）

第二联：发票联 购货方记账凭证

图 7-14　红字专用发票

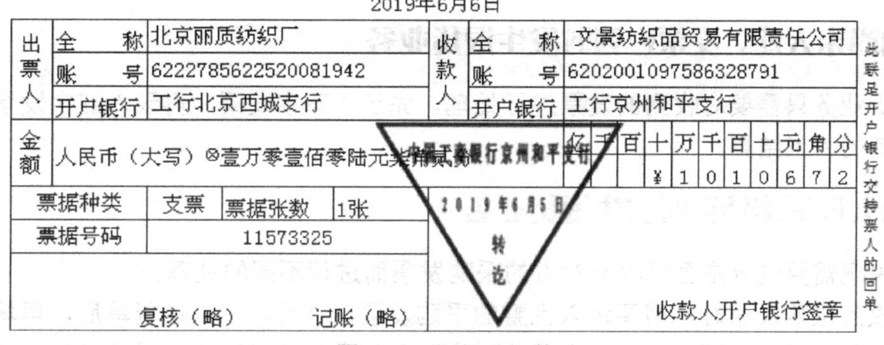

中国工商银行进账单（回单）　1

2019年6月6日

出票人	全称	北京丽质纺织厂	收款人	全称	文景纺织品贸易有限责任公司
	账号	6222785622520081942		账号	6202001097586328791
	开户银行	工行北京西城支行		开户银行	工行京州和平支行
金额	人民币（大写）⊗壹万零壹佰零陆元柒角贰分			亿千百十万千百十元角分	¥1010672
票据种类	支票	票据张数	1张		
票据号码	11573325				
	复核（略）	记账（略）		收款人开户银行签章	

此联是开户银行交持票人的回单

图 7-15　银行进账单

任务分析

本任务是采购部分退货退款业务，完成该业务需要进行采购退货单、红字入库单和红字采购发票的填制与审核，应付单据的审核与制单，如图 7-16 所示。

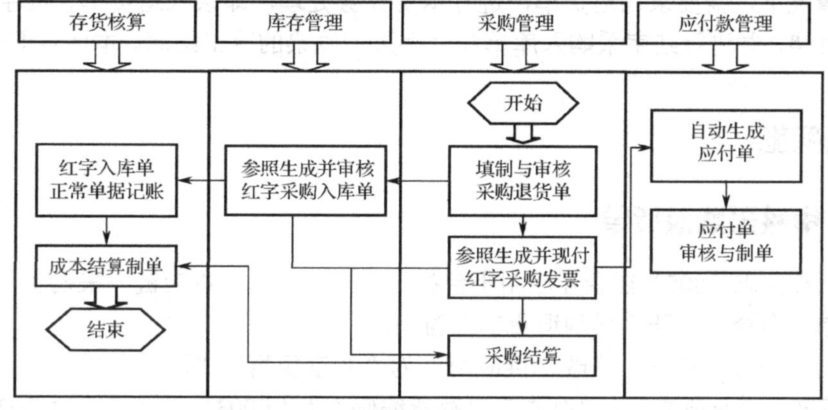

图 7-16　现结采购退货业务操作流程

知识准备

采购退货业务是当由于质量不合格、价格不正确等因素，或者与采购订单合同的相关条款不符等原因需要把物料退回供货方时需要处理的业务。采购退货分两种情况：一种情况是还没有入库，经质检部门检验不合格直接退回给供货方；另一种情况是已经入库的退货，这种情况需要填写退货通知单，提交库管员填制红字外购入库单进行退货处理，并对有关付款与应付单据进行处理。

针对不同的退货情况，系统提供了不同的处理方式。

一、货物尚未入库、发票未到时发生退货业务

虽然货物已运到，但尚未进行入库处理，即系统未录入采购入库单，此时需要区分全部或部分退货而分别处理。全部退货时，只需将货物退还给供货商即可，系统无须做任何处理。部分退货时，需要分别录入采购到货单和退货单，根据退货单录入红字入库单。

二、货物尚未入库、发票已到时发生退货业务

该退货业务只需要对收到的发票进行处理，先录入蓝字发票，再录入红字发票，经审核后进行二者的手工结算。

三、货物入库后未结算时发生退货业务

该种情况需要区分是否已收到对方的采购发票而进行不同的处理。

在已收到采购发票时，需要录入完整的采购发票，然后在录入退货单后，再填制红字采购入库单和红字采购发票，并对红字采购入库单和红字采购发票进行采购结算处理。未收到采购发票时，则只需要根据退货数量录入红字采购入库单，对红字和蓝字采购入库单进行自动结算即可。

四、货物入库并已结算时发生退货业务

在该种情况下，需要录入退货单，进行退货业务处理，即录入退货单、红字采购入库单和红字采购发票，并进行红字采购入库单和红字采购发票的手工结算。本任务即是此种情况。

任务实施

一、填制并审核采购退货单

（1）物流部孙志（805）在企业应用平台执行“业务工作—供应链—采购管理—采购到货—采购退货单”命令，打开“采购退货单”窗口。

（2）单击“增加”按钮，修改“供应商”为“北京丽质”，“运输方式”为“自提”，“部门”为“物流部”，“业务员”为“孙志”，“存货编码”为“0003”，“数量”为“-200.00”，“原

币单价”为“44.72”，单击“保存”按钮，生成采购退货单。

（3）单击“审核”按钮，完成对采购退货单的审核，如图 7-17 所示。关闭当前窗口退出。

采购退货单×

采购退货单　　打印模版 8170 到货单打印模版

表体排序　　合并显示 □

业务类型 普通采购　单据号 0000000001　日期 2019-06-06
采购类型 商品采购　供应商 北京丽质　部门 物流部
业务员 孙志　币种 人民币　汇率 1
运输方式 自提　税率 13.00　备注

	存货编码	存货名称	主…	数量	原币含税单价	原币单价	原币金额	原币税额	原币价税合计	税率
1	0003	精纺…	米	-200.00	50.53	44.72	-8944.00	-1162.72	-10106.72	13.00
2										
3										
4										
5										
6										
7										
8										
9										
10										
11										
12										
13										
14										
合计				-200.00			-8944.00	-1162.72	-10106.72	

制单人 孙志　现存量 1500.00

图 7-17　采购退货单

二、填制并审核红字采购入库单

（1）物流部孙志（805）执行“业务工作—供应链—库存管理—入库业务—采购入库单”命令，打开“采购入库单”窗口。

（2）单击“生单—采购到货单（红字）”选项，打开“查询条件选择—采购到货单列表”对话框。单击“查询”按钮，打开“到货单生单列表”窗口，双击选中日期为“2019-06-05”的单据所在行，单击“OK”（确定）按钮返回，系统自动生成红字采购入库单。修改“入库类别”为“采购退货”，单击“保存”按钮，生成采购入库单。

（3）单击“审核”按钮，系统提示审核成功信息，单击“确定”按钮返回，如图 7-18 所示，关闭当前窗口退出。

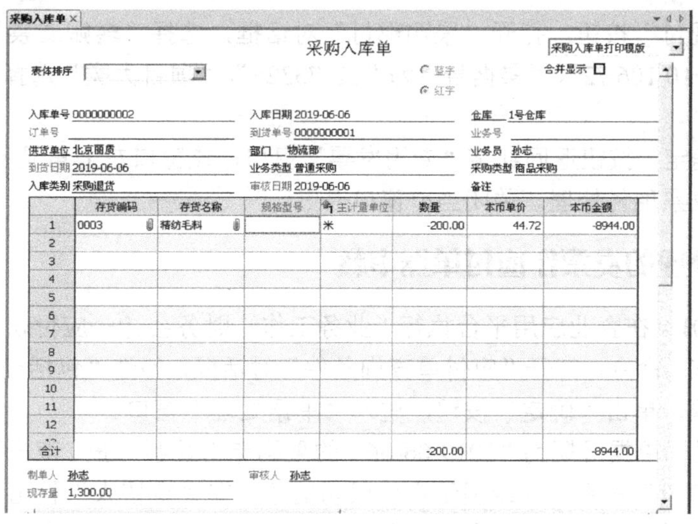

采购入库单×

采购入库单　　采购入库单打印模版

表体排序　　○ 蓝字　◉ 红字　　合并显示 □

入库单号 0000000002　入库日期 2019-06-06　仓库 1号仓库
订单号　到货单号 0000000001　业务号
供货单位 北京丽质　部门 物流部　业务员 孙志
到货日期 2019-06-06　业务类型 普通采购　采购类型 商品采购
入库类别 采购退货　审核日期 2019-06-06　备注

	存货编码	存货名称	规格型号	主计量单位	数量	本币单价	本币金额
1	0003	精纺毛料		米	-200.00	44.72	-8944.00
2							
3							
4							
5							
6							
7							
8							
9							
10							
11							
12							
合计					-200.00		-8944.00

制单人 孙志　审核人 孙志
现存量 1,300.00

图 7-18　红字采购入库单

三、填制红字采购专用发票，并进行现付处理

（1）物流部孙志（805）执行“业务工作—供应链—采购管理—采购发票—红字专用采购发票”命令，打开红字“专用发票”窗口。

（2）单击“增加”按钮，单击“生单—入库单”选项，打开“查询条件选择—采购入库单列表过滤”对话框，单据日期修改为“2019-06-06”，单击“确定”按钮，打开“拷贝并执行”窗口，在“发票拷贝入库单表头列表”中双击选中北京丽质入库日期为“2019-06-06”的2号入库单。

（3）单击“OK”（确定）按钮返回“专用发票”窗口，系统自动将入库单信息带入该红字专用发票。修改“发票号”为“01323307”，“税率”为“13.00”，“备注”输入“采购退货”，单击“保存”按钮保存该发票，如图7-19所示。

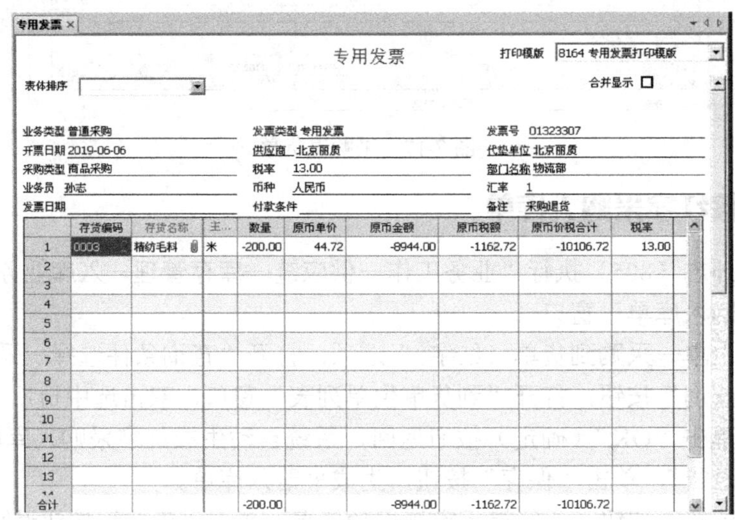

	存货编码	存货名称	主...	数量	原币单价	原币金额	原币税额	原币价税合计	税率
1	0003	精纺毛料	米	-200.00	44.72	-8944.00	-1162.72	-10106.72	13.00
2									
3									
4									
5									
6									
7									
8									
9									
10									
11									
12									
13									
合计				-200.00		-8944.00	-1162.72	-10106.72	

图7-19　红字专用发票

（4）单击“现付”按钮，打开“采购现付”对话框，选择“转账支票”结算方式，录入“原币金额”为“-10 106.72”，“票据号”为“11573325”，“项目大类”选择“商品项目”，“项目编码”为“103”。

（5）单击“确定”按钮返回红字“专用发票”窗口，该窗口左上角显示“已现付”字样，完成该红字专用发票现付处理。关闭当前窗口退出。

四、对已现付处理的发票作应付单据审核

（1）王成（801）在企业应用平台执行“业务工作—财务会计—应付款管理—应付单据处理—应付单据审核”命令，打开“应付单查询条件”对话框，勾选“包括已现结发票”和“未完全报销”复选框，单击“确定”按钮，进入“单据处理”窗口。

（2）该窗口显示单据日期为“2019-06-06”的采购专用发票一张，双击该单据选择栏选中该单据，单击“审核”按钮，系统提示审核成功信息，在“审核人”栏出现“王成”字样，单击“确定”按钮返回。关闭当前窗口退出。

五、采购结算

（1）物流部孙志（805）在企业应用平台执行“业务工作—供应链—采购管理—采购结算—手工结算”命令，打开“手工结算”窗口。

（2）单击“选单”按钮，系统打开“结算选单”窗口，单击“查询—入库单”选项，打开“查询条件选择—入库单结算选单过滤”对话框，单击“确定”按钮，返回“结算选单”窗口，并带入入库单信息。再单击“查询—发票”选项，打开“查询条件选择—发票结算选单过滤”对话框，单击“确定”按钮，返回“结算选单”窗口，并带入相应结算发票信息，双击选择结算发票和结算入库单。

（3）单击“匹配”按钮，系统提示“匹配成功 1 条数据”，单击“OK”（确定）按钮返回“手工结算”窗口，该窗口显示采购发票和采购入库单结算信息。单击“结算”按钮，系统提示完成结算信息，单击“确定”按钮完成结算。关闭当前窗口退出。

六、红字入库单记账与结算成本处理并制单

（1）周晓（802）执行“存货核算—业务核算—正常单据记账”命令，打开“查询条件选择”对话框。单击“确定”按钮，进入“正常单据记账列表”窗口，双击选中日期为“2019-06-06”的红字采购入库单，单击“记账”按钮，系统提示记账成功信息，单击“确定”按钮返回。

（2）周晓（802）执行“存货核算—财务核算—生成凭证”命令，打开“生成凭证”窗口。单击“选择”按钮，在打开的“查询条件”对话框只勾选“（01）采购入库单（报销记账）”复选框，单击“确定”按钮，打开“选择单据”窗口。在“未生成凭证单据一览表”中选中记账日期为“2019 年 6 月 6 日”的采购入库单，单击“确定”按钮返回“生成凭证”窗口。

（3）在“生成凭证”窗口修改“凭证类别”为“转账凭证”，贷方“科目名称”修改为“1402（在途物资）”，再单击“生成”按钮，进入“填制凭证”窗口。修改“库存商品”科目和“在途物资”科目的辅助项为“精纺毛料”，单击“保存”按钮生成凭证，如图 7-20 所示。

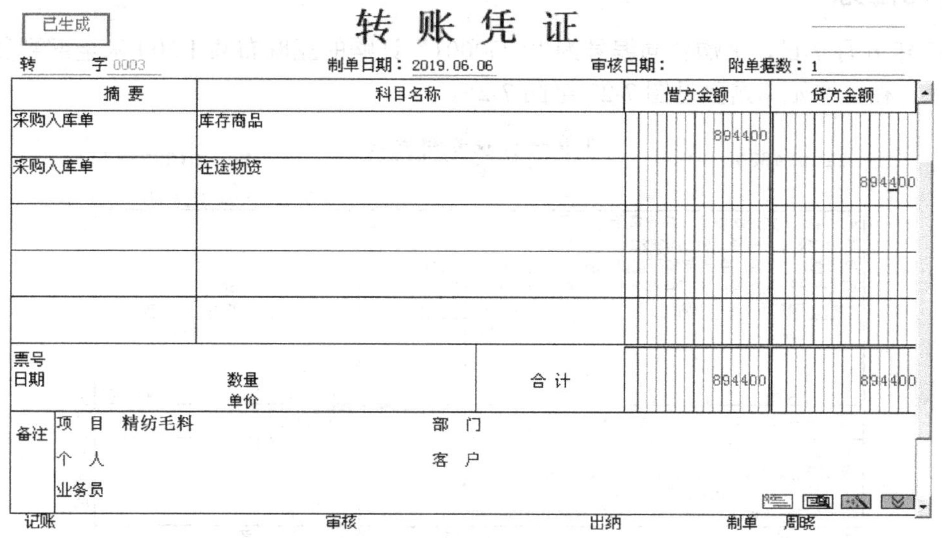

已生成

转账凭证

转 字 0003　　制单日期：2019.06.06　　审核日期：　　附单据数：1

摘要	科目名称	借方金额	贷方金额
采购入库单	库存商品	894400	
采购入库单	在途物资		894400
票号 日期	数量 单价 　合计	894400	894400

备注　项　目　精纺毛料　　部　门
　　　个　人　　　　　　　客　户
　　　业务员

记账　　审核　　出纳　　制单　周晓

图 7-20　红字入库单

七、对已现结红字采购专用发票进行现结制单

（1）周晓（802）执行“业务工作—财务会计—应付款管理—制单处理”命令，打开“制单查询”对话框，勾选“现结制单”复选框，再单击“确定”按钮，打开“制单”窗口，在该窗口显示一张可供现结制单的单据。

（2）双击“选择标志”栏选中该单据，再单击“制单”按钮，进入“填制凭证”窗口。修改会计科目“在途物资”的辅助项为“精纺毛料”，将“银行存款/工行存款”科目的贷方红字金额切入借方，并将红字金额改为蓝字金额，单击“保存”按钮生成凭证，如图7-21所示。

已生成

收款凭证

收 字 0001　制单日期：2019.06.06　审核日期：　附单据数：1

摘要	科目名称	借方金额	贷方金额
采购退货	在途物资	894400	
采购退货	应交税费/应交增值税/进项税额	116272	
采购退货	银行存款/工行存款	1010672	
票号 202 - 11573325 日期 2019.06.06	数量 单价　合计		
备注	项目　部门 个人　客户 业务员		

记账　审核　出纳　制单 周晓

图7-21　采购退货现结制单

任务4　货到付款业务

学习任务

2019年6月7日，采购合同编号为“CG0001”订购的亚麻布共1 200米全部到货并全部验收入库。相关原始单据参见图7-22至图7-25。

北京增值税专用发票

发票联

1100143305　　No：01323317

开票日期：2019年6月7日

购货单位	名称：文景纺织品贸易有限责任公司 纳税人识别号：91210258MA123375X6 地址、电话：京州市和平区胜利路7号，电话022-66010000 开户行及账号：工行京州和平支行6202001097586328791	密码区	（略）			
货物或应税劳务名称	规格型号	单位	数量	单价	金额	税率	税额

货物或应税劳务名称	规格型号	单位	数量	单价	金额	税率	税额
亚麻布		米	1 200	28.5	34 200.00	13%	4 446.00
合计					¥34 200.00		¥4 446.00
价税合计（大写）	⊗叁万捌仟陆佰肆拾陆元整				（小写）¥38 646.00		
销货单位	名称：北京丽质纺织厂 纳税人识别号：902104441277580986 地址、电话：北京市昌平区雨花路6号 开户行及账号：工行北京西城支行6222785622520081942				备注		

第二联：发票联　购货方记账凭证

收款人：略　复核：略　开票人：略　销货单位：（章）

图7-22　购亚麻布专用发票

中国工商银行
转账支票存根
10023471
00257806

附加信息

出票日期：2019年6月7日

收款人：北京丽质纺织厂
金额：¥38 646.00
用途：支付购亚麻布价税款

单位主管：　　　　会计：

图 7-23　支票存根

1100143102

北京增值税专用发票
发票联

No：00047851

开票日期：2019年6月7 日

购货单位	名称：文景纺织品贸易有限责任公司 纳税人识别号：91210258MA123375X6 地址、电话：京州市和平区胜利路7号，电话022-66010000 开户行及账号：工行京州和平支行6202001097586328791				密码区	（略）		
货物或应税劳务名称	规格型号	单位	数量	单价	金额	税率	税额	
运输费			1	504.00	504.00	9%	45.36	
合计					¥504.00		¥45.36	
价税合计（大写）	⊗伍佰肆拾玖元叁角陆分				（小写）¥549.36			
销货单位	名称：北京讯达物流公司 纳税人识别号：902101010355170216 地址、电话：北京市大兴区天育路2号 开户行及账号：工行北京大兴支行6222345122520084158				备注：			

第二联：发票联购货方记账凭证

收款人：略　　复核：略　　开票人：略　　销货单位：（章）

图 7-24　亚麻布运费专用发票

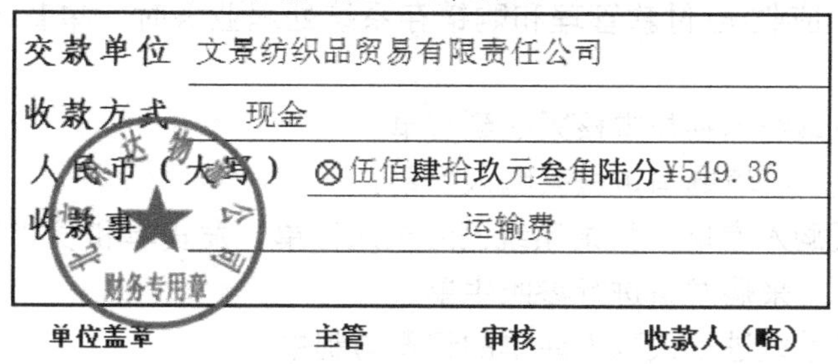

收　　据

NO：001251

入账日期：2019年6月7日

交款单位	文景纺织品贸易有限责任公司
收款方式	现金
人民币（大写）	⊗伍佰肆拾玖元叁角陆分¥549.36
收款事由	运输费

单位盖章　　主管　　审核　　收款人（略）

图 7-25　收款收据

任务分析

本任务是采购到货与付款业务，属于普通采购业务中的单货同行业务，需要进行采购入库、填制专用发票和运输费发票、支付货款和运输费的处理，包括采购入库单的录入与审核、采购专用发票和运输费发票的录入与审核、付款单的录入与审核、应付单据和付款单据的制单等操作，如图 7-26 所示。

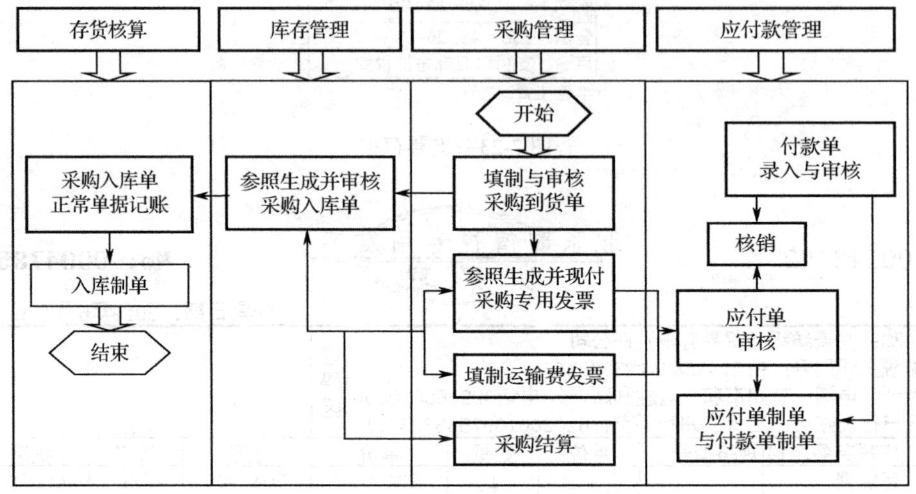

图 7-26　货到付款业务操作流程

知识准备

一、普通采购业务类型与处理流程

按货物和发票到达的先后，普通采购业务可以划分为单货同行、货到票未到（只能暂估入库）、票到货未到（在途业务）3 种，不同类型业务的处理程序略有不同。

（一）单货同行业务

集成使用总账、应收/应付款管理和购销存系统处理业务时，单货同行业务的处理程序如下：

（1）在采购管理系统填制与审核采购到货单。

（2）在库存管理系统填制与审核采购入库单。

除了直接填写采购入库单，如果系统已经录入订单、发货单和发票的前提下，也可以根据采购订单、发货单、采购发票进行参照生单。

（3）在存货核算系统进行采购入库单的记账与制单。

入库单记账也就是将所录入的入库单登记入库单明细账。

（4）在采购管理系统录入并审核采购专用发票与运输费发票。

（5）在采购系统进行采购结算。如果一张采购入库单对应两张以上的发票（如增值税专用发票和运输费发票），则可以在采购管理系统进行手工结算（采购专用发票与入库单）与费用折扣结算（采购运输费发票与入库单）。

（6）在存货核算系统进行采购成本处理与入库制单。

（7）在应付款管理系统进行采购发票与运输费发票结算与制单。

（二）票到货未到业务

集成使用总账、应收/应付款管理和购销存系统处理业务时，单到货未到业务的处理程序如下：

（1）在采购管理系统录入与审核采购发票。

（2）在应付款管理系统进行应付单据审核与制单。

（3）待收到货物后，填制与审核入库单。

（4）在存货核算系统进行采购入库单记账。

（5）在存货核算系统进行采购成本结算与制单。

（三）货到票未到业务

（1）当月可暂不入账。

（2）月末发票仍未到时，进行暂估入库处理。

二、应付款管理系统业务内容

应付款管理系统日常业务主要完成企业日常的应付及付款业务录入、付款业务核销、应付并账、汇兑损益等处理，及时记录应付、付款业务的发生，为查询和分析往来业务提供完整、正确的资料，加强对往来款项的监督管理。

（一）应付单据处理

应付单据处理主要是对应付单据（采购发票、应付单）进行管理，包括应付单据的录入、审核。

（二）付款单据处理

付款单据处理主要是对结算单据（付款单、收款单即红字付款单）进行管理，包括付款单、收款单的录入、审核。付款单用来记录企业所支付的款项，收款单用来记录发生采购退货时企业所收到的供应商退款。

（三）核销处理

单据核销的作用是处理付款核销应付款，建立付款与应付款的核销记录，监督应付款及时核销，加强往来款项的管理。系统提供手工核销和自动核销两种批量核销处理方式。

手工核销是指用户手工确定系统内付款与应付款的对应关系，选择进行核销。自动核销是系统自动确定系统内付款与应付款的对应关系，选择进行核销。

（四）转账处理

应付款管理系统提供应付冲应付、预付冲应付、应付冲应收和红票对冲 4 种并账、转账方法。

（1）应付冲应付是指将一家供应商的应付款转到另一家供应商或把一个部门或业务员的应付款转到另一个部门或业务员中。通过本功能将应付款业务在供应商之间或部门间或业务员间进行转入、转出，实现应付业务的调整，解决应付款业务在不同供应商间或部门间或业务员间入错户或合并户问题。

（2）预付冲应付是指将预付供应商款项和所欠供应商的货款进行转账核销处理。

（3）应付冲应收是指用对某供应商的应付账款，冲抵对某客户的应收账款。

（4）红票对冲是指将同一供应商的红字发票和其蓝字发票进行冲销。

（五）汇兑损益处理

汇兑损益主要用于计算外币单据的汇兑损益并对其进行相应的处理。要使用本功能，用户应首先在系统选项中选择汇兑损益方式，即选择外币余额结清时计算或月末处理。

（六）制单

制单即生成凭证，并将凭证传递至总账系统作记账处理。系统对不同的单据类型或不同的业务处理提供实时制单的功能。此外，系统提供了一个统一制单的平台，用于快速、成批生成凭证，并可依据规则进行合并制单等处理。

此外，应付款管理系统还提供单据查询和账表管理功能。

任务实施

一、填制并审核采购到货单

（1）2019 年 6 月 7 日，物流部孙志（805）执行“业务工作—供应链—采购管理—采购到货—到货单”命令，打开“到货单”窗口。

（2）单击“增加”按钮，单击“生单—采购订单”选项，打开“查询条件选择—采购订单列表过滤”对话框，选择订货日期为“2019-06-05”，单击“确定”按钮，打开“拷贝并执行”窗口。在该窗口到货单拷贝订单表头列表中双击订单日期为“2019-06-05”的单据选择栏，选中该采购订单。

（3）单击“OK”（确定）按钮返回“到货单”窗口，系统自动将采购订单信息带入到货单。单击“保存”按钮，生成到货单，如图 7-27 所示。

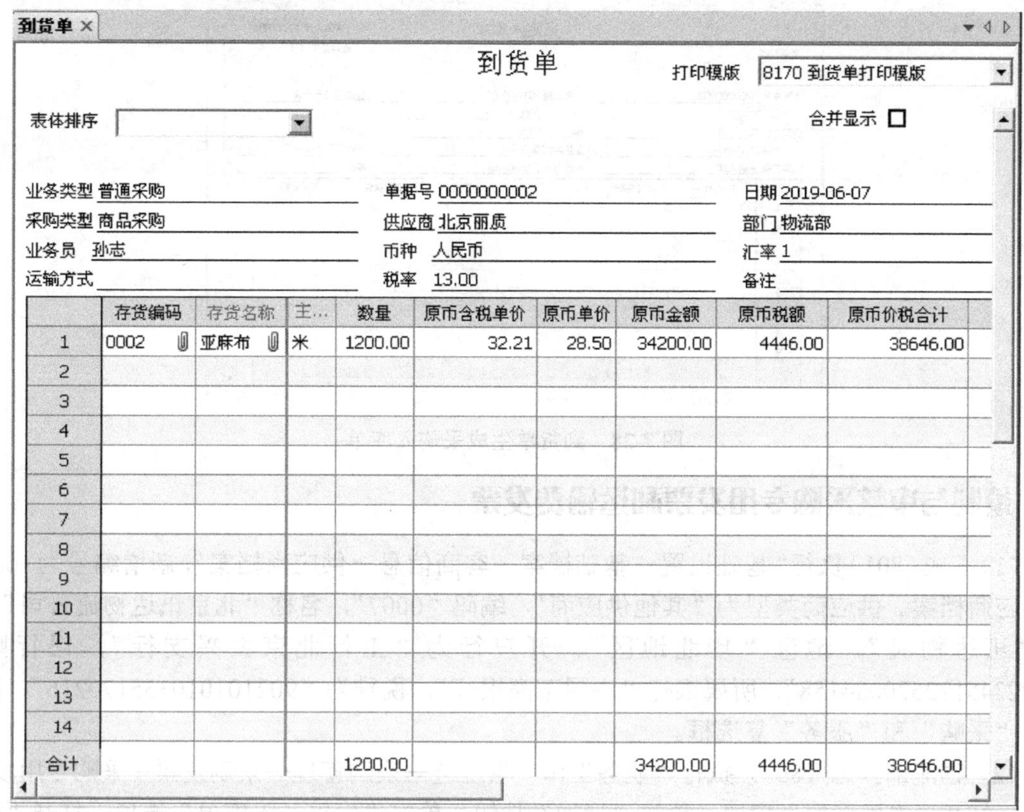

到货单 ×

到货单　打印模版 8170 到货单打印模版

表体排序　合并显示 □

业务类型 普通采购　单据号 0000000002　日期 2019-06-07

采购类型 商品采购　供应商 北京丽质　部门 物流部

业务员 孙志　币种 人民币　汇率 1

运输方式　税率 13.00　备注

	存货编码	存货名称	主...	数量	原币含税单价	原币单价	原币金额	原币税额	原币价税合计
1	0002	亚麻布	米	1200.00	32.21	28.50	34200.00	4446.00	38646.00
2									
3									
4									
5									
6									
7									
8									
9									
10									
11									
12									
13									
14									
合计				1200.00			34200.00	4446.00	38646.00

图 7-27　到货单

（4）单击“审核”按钮，完成对该到货单的审核。

二、填制并审核采购入库单

（1）物流部孙志（805）执行“业务工作—供应链—库存管理—入库业务—采购入库单”命令，打开“采购入库单”窗口。

（2）单击“生单—采购到货单（蓝字）”选项，打开“查询条件选择—采购到货单列表”对话框，单击“确定”按钮，打开“到货单生单列表”窗口，双击选中日期为“2019-06-07”的单据所在行，单击“确定”按钮返回“采购入库单”窗口，系统自动将到货单信息带入到采购入库单。

（3）单击“保存”按钮，生成采购入库单。

（4）单击“审核”按钮，系统提示单据审核成功，单击“确定”按钮返回，如图 7-28 所示。关闭当前窗口退出。

提示：

◆ 录入的采购入库单可在库存管理系统查询，而期初采购入库单只能在采购管理系统查询。

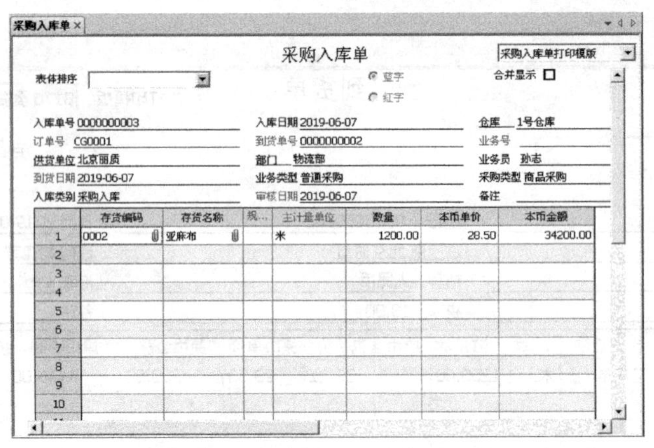
采购入库单

表体排序　　蓝字　红字　　合并显示

入库单号 0000000003　入库日期 2019-06-07　仓库 1号仓库
订单号 CG0001　到货单号 0000000002　业务号
供货单位 北京丽质　部门 物流部　业务员 孙志
到货日期 2019-06-07　业务类型 普通采购　采购类型 商品采购
入库类别 采购入库　审核日期 2019-06-07　备注

	存货编码	存货名称	规...	主计量单位	数量	本币单价	本币金额
1	0002	亚麻布		米	1200.00	28.50	34200.00
2							
3							
4							
5							
6							
7							
8							
9							
10							

图 7-28　到货单生成采购入库单

三、填制与审核采购专用发票和运输费发票

（1）王成（801）执行“基础设置－基础档案－客商信息－供应商档案”，新增编号为“0007”的供应商档案。供应商类型为“其他供应商”，编码“0007”，名称“北京讯达物流公司”，简称“讯达物流”，地区“华北地区”，开户行为“工行北京大兴支行”，银行账号“6222345122520084158”，所属银行“中国工商银行”，税号为“902101010355170216”，同时勾选“采购”和“服务”复选框。

（2）物流部孙志（805）执行“业务工作—供应链—采购管理—采购发票—采购专用发票”命令，打开“专用发票”窗口。单击“增加”按钮，单击“生单—入库单”选项，打开“查询条件选择—采购入库单列表过滤”对话框，单击“确定”按钮，打开“拷贝并执行”窗口，双击选中入库日期为“2019-06-07”的入库单选择栏，单击“OK”（确定）按钮返回“专用发票”窗口，系统自动将入库单信息带入该专用发票。修改“发票号”为“01323317”，“税率”为“13.00”，“备注”录入“购亚麻布”，单击“保存”按钮，生成采购专用发票，如图 7-29 所示。

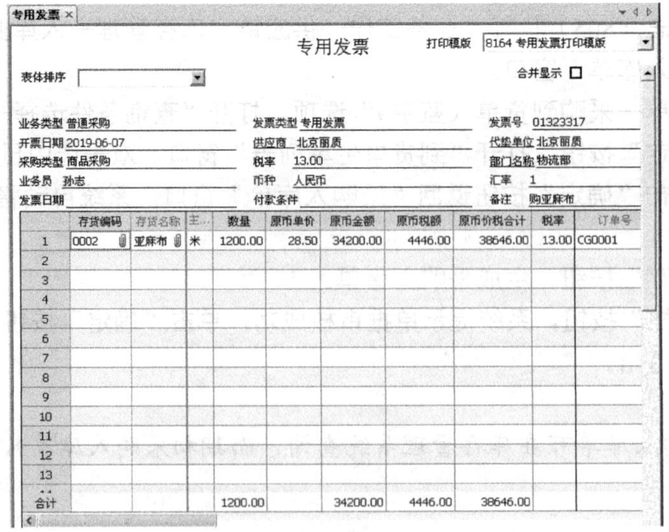
专用发票　　打印模版 8164 专用发票打印模版

表体排序　　合并显示

业务类型 普通采购　发票类型 专用发票　发票号 01323317
开票日期 2019-06-07　供应商 北京丽质　代垫单位 北京丽质
采购类型 商品采购　税率 13.00　部门名称 物流部
业务员 孙志　币种 人民币　汇率 1
发票日期　付款条件　备注 购亚麻布

	存货编码	存货名称	主...	数量	原币单价	原币金额	原币税额	原币价税合计	税率	订单号
1	0002	亚麻布	米	1200.00	28.50	34200.00	4446.00	38646.00	13.00	CG0001
2										
3										
4										
5										
6										
7										
8										
9										
10										
11										
12										
13										
合计				1200.00		34200.00	4446.00	38646.00		

图 7-29　采购亚麻布专用发票

（3）再次单击“增加”按钮，在表头中修改“发票号”为“00047851”，“供应商”选择“讯达物流”，修改“税率”为“9.00”，“存货编码”选择“0010”，“数量”为“1.00”，“原币单价”为“504.00”，其他信息系统自动生成，单击“保存”按钮，如图 7-30 所示。

专用发票 ×

专用发票　　打印模版 8164 专用发票打印模版

表体排序　　　　合并显示 □

业务类型 普通采购　　发票类型 专用发票　　发票号 00047851
开票日期 2019-06-07　　供应商 讯达物流　　代垫单位 讯达物流
采购类型 商品采购　　税率 9.00　　部门名称
业务员　　币种 人民币　　汇率 1
发票日期　　付款条件　　备注

	存货编码	存货名称	E..	数量	原币单价	原币金额	原币税额	原币价税合计	税率
1	0010	运输费	元	1.00	504.00	504.00	45.36	549.36	9.00
2									
3									
4									
5									
6									
7									
8									
9									
10									
11									
12									
13									
合计				1.00		504.00	45.36	549.36	

图 7-30　采购亚麻布运费专用发票

（4）王成（801）执行“业务工作—财务会计—应付款管理—应付单据处理－应付单据审核”命令，打开“应付单查询条件”对话框，勾选“未完全报销”复选框，单击“确定”按钮，打开“单据处理”窗口。在该窗口显示供应商为“北京丽质纺织厂”和“讯达物流”的专用发票 2 张。单击“全选”按钮，再单击“审核”按钮，系统提示“本次成功审核单据两张”信息，单击“确定”按钮，在单据列表的审核人栏显示“王成”的名字。

（5）关闭当前窗口退出。

四、采购成本结算与单据记账

（1）物流部孙志（805）执行“采购管理—采购结算—手工结算”，打开“手工结算”窗口，单击“选单”按钮，进入“结算选单”窗口。单击“查询－入库单”按钮，打开“查询条件选择—入库单选单过滤”对话框，单击“确定”按钮返回并带入 2 号入库单信息。再单击“查询－发票”选项，打开“查询条件选择—发票结算选单过滤”对话框，单击“确定”按钮，返回“结算选单”窗口，并带入所有未结算发票信息。

（2）双击选择供应商为“北京丽质”和“讯达物流”的两张发票，再双击选择供应商为“北京丽质”的一张入库单。单击“OK”（确定）按钮，返回“手工结算”窗口。单击“分摊”按钮，系统提示“选择按金额分摊，是否开始计算？”，单击“是”按钮。系统提示“费用分摊完毕”信息，再次单击“确定”按钮返回。

（3）单击工具栏中的“结算”按钮，系统提示相关信息，单击“是”按钮。系统提示“完成结算”，单击“确定”按钮返回。关闭当前窗口退出。

（4）周晓（802）执行“供应链—存货核算—业务核算—正常单据记账”命令，打开“查询条件选择”对话框。单击“确定”按钮，双击选中日期为“2019-06-07”的采购入库单，单击“记账”按钮，系统提示记账成功信息，单击“确定”按钮返回，关闭当前窗口退出。

五、采购发票与运费发票制单

（1）周晓（802）执行“业务工作—财务会计—应付款管理—制单处理”命令，打开“制单查询”对话框，勾选“应付单制单”复选框，单击“确定”按钮，打开“制单”窗口。单击“全选”按钮选中本业务生成的两张发票，再单击“制单”按钮，进入“填制凭证”窗口，系统显示采购运输费专用发票结算凭证内容。

（2）修改“凭证类别”为“转账凭证”，将第一条分录的会计科目“在途物资”辅助项选择“亚麻布”，单击“保存”按钮生成凭证，如图 7-31 所示。

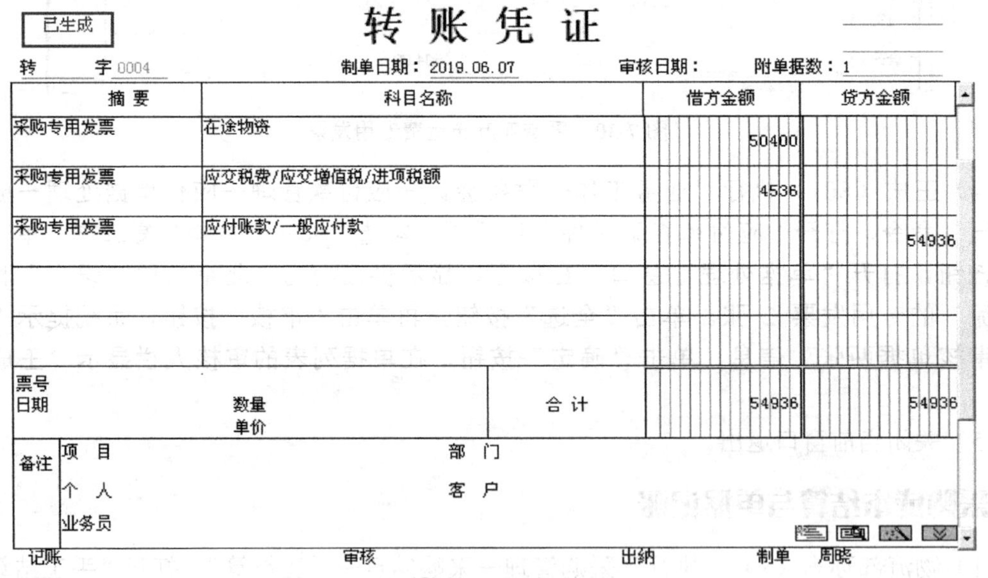

已生成

转账凭证

转 字 0004　　制单日期：2019.06.07　　审核日期：　　附单据数：1

摘要	科目名称	借方金额	贷方金额
采购专用发票	在途物资	50400	
采购专用发票	应交税费/应交增值税/进项税额	4536	
采购专用发票	应付账款/一般应付款		54936
票号 日期	数量 单价　合计	54936	54936

备注　项目　部门　个人　客户　业务员

记账　审核　出纳　制单 周晓

图 7-31　采购运输费发票制单生成凭证

（3）单击下一张指示按钮，修改“凭证类别”为“转账凭证”，将第一条分录“在途物资”辅助项选择“亚麻布”，单击“保存”按钮生成凭证，如图 7-32 所示。关闭当前窗口退出。

已生成

转 账 凭 证

转　字 0005　　制单日期：2019.06.07　　审核日期：　　附单据数：1

摘　要	科目名称	借方金额	贷方金额
购亚麻布	在途物资	3420000	
购亚麻布	应交税费/应交增值税/进项税额	444600	
购亚麻布	应付账款/一般应付款		3864600
票号 日期	数量 单价	合 计 3864600	3864600

备注　项　目　亚麻布　　部　门

个　人　　客　户

业务员

记账　　审核　　出纳　　制单　周晓

图 7-32　采购亚麻布发票制单生成凭证

六、付款单填制、审核与制单

（1）出纳刘媛（803）执行“业务工作—财务会计—应付款管理—付款单据处理－付款单据录入”命令，打开“收付款单录入”窗口。单击“增加”按钮，在表头项目中，选择“供应商”为“讯达物流”，“结算方式”为“现金”，“金额”为“549.36”，“部门”为“物流部”，“业务员”为“孙志”，“摘要”为“支付采购运输费”。单击表体任意单元格，系统自动显示应付款信息，单击“保存”按钮，如图 7-33 所示。

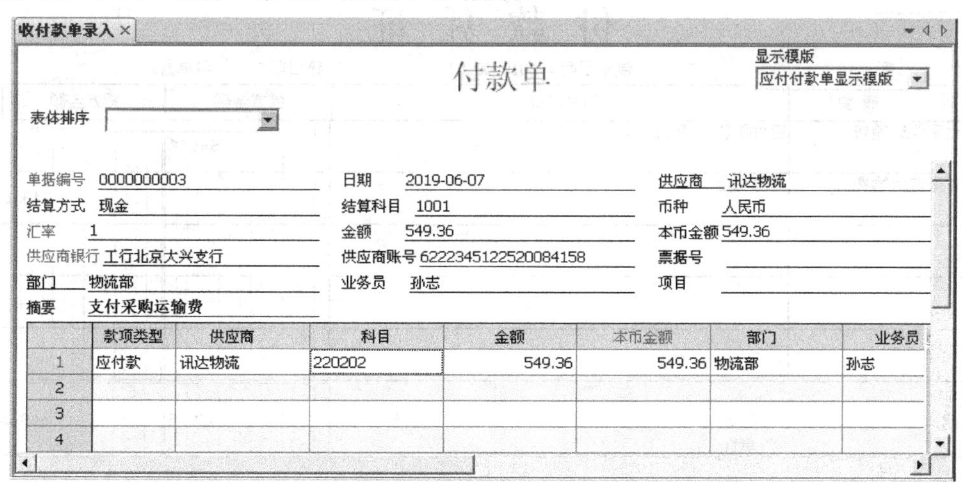

收付款单录入

付款单

显示模版　应付付款单显示模版

表体排序

单据编号 0000000003　　日期 2019-06-07　　供应商 讯达物流

结算方式 现金　　结算科目 1001　　币种 人民币

汇率 1　　金额 549.36　　本币金额 549.36

供应商银行 工行北京大兴支行　　供应商账号 6222345122520084158　　票据号

部门 物流部　　业务员 孙志　　项目

摘要 支付采购运输费

	款项类型	供应商	科目	金额	本币金额	部门	业务员
1	应付款	讯达物流	220202	549.36	549.36	物流部	孙志
2							
3							
4							

图 7-33　支付购亚麻布运输费付款单

（2）继续在　“付款单”窗口单击“增加”按钮，在表头项目中，选择“供应商”为“北京丽质”，“结算方式”为“转账支票”，“票据号”为“00257806”，“金额”为“38 646.00”，“部门”为“物流部”，“业务员”为“孙志”，“摘要”为“支付购亚麻布价税款”。单击表体任意单元格，系统自动显示应付款信息，单击“保存”按钮，如图 7-34 所示。

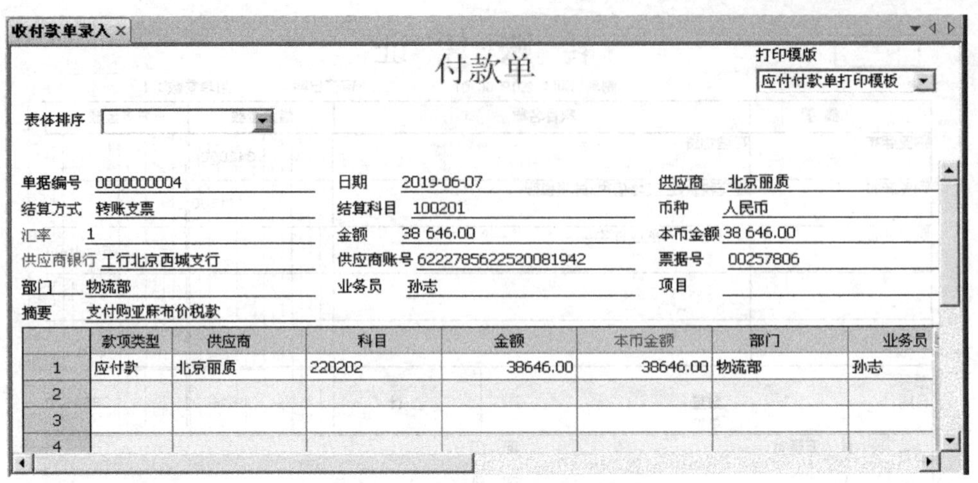

收付款单录入

付款单

打印模版：应付付款单打印模板

表体排序

单据编号 0000000004　日期 2019-06-07　供应商 北京丽质

结算方式 转账支票　结算科目 100201　币种 人民币

汇率 1　金额 38 646.00　本币金额 38 646.00

供应商银行 工行北京西城支行　供应商账号 6222785622520081942　票据号 00257806

部门 物流部　业务员 孙志　项目

摘要 支付购亚麻布价税款

	款项类型	供应商	科目	金额	本币金额	部门	业务员
1	应付款	北京丽质	220202	38646.00	38646.00	物流部	孙志
2							
3							
4							

图 7-34　支付购亚麻布价税款付款单

（3）王成（801）执行“应付款管理—付款单据处理－付款单据审核”命令，打开“付款单查询条件”对话框，“单据日期”修改为“2019-06-07”，单击“确定”按钮，打开“收付款单列表”窗口，单击“全选”按钮选择刚刚生成的两张付款单。

（4）单击“审核”按钮，系统提示审核成功信息，单击“确定”按钮。

（5）周晓（802）执行“应付款管理—制单处理”命令，在“制单查询”对话框勾选“收付款单制单”复选框，单击“确定”按钮，打开“制单”窗口，系统显示两张付款单。单击“全选”按钮，修改“凭证类别”为“付款凭证”。单击“制单”按钮，进入“填制凭证”窗口，单击“保存”按钮生成凭证，如图 7-35 所示。

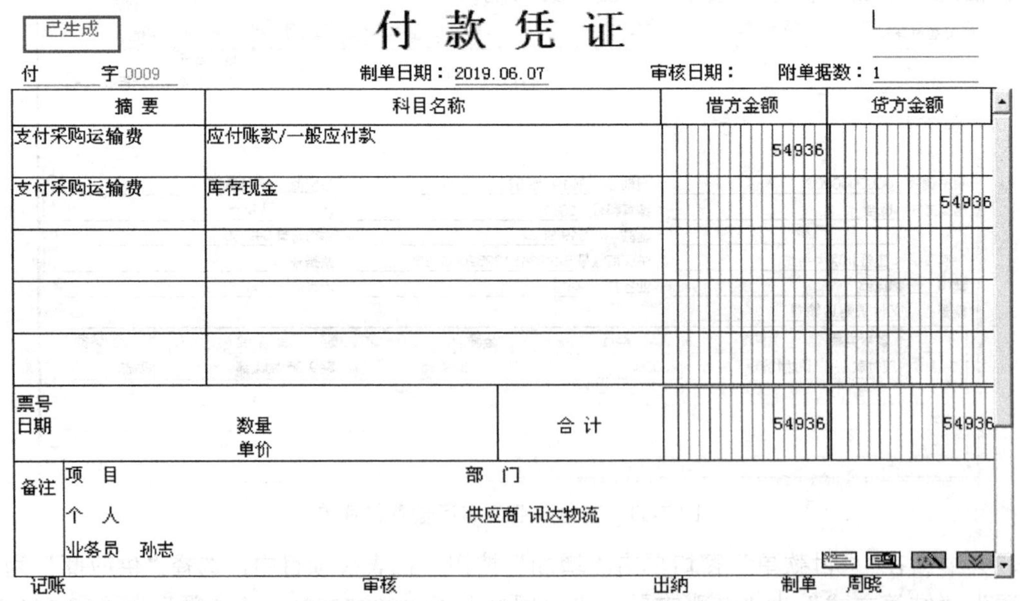

已生成

付款凭证

付 字 0009　制单日期：2019.06.07　审核日期：　附单据数：1

摘 要	科目名称	借方金额	贷方金额
支付采购运输费	应付账款/一般应付款	54936	
支付采购运输费	库存现金		54936
票号 日期	数量 单价 合 计	54936	54936

备注　项 目　部 门

个 人　供应商 讯达物流

业务员 孙志

记账　审核　出纳　制单 周晓

图 7-35　支付采购运输费制单

（6）单击下一张指示按钮，单击“保存”按钮生成凭证，如图 7-36 所示。

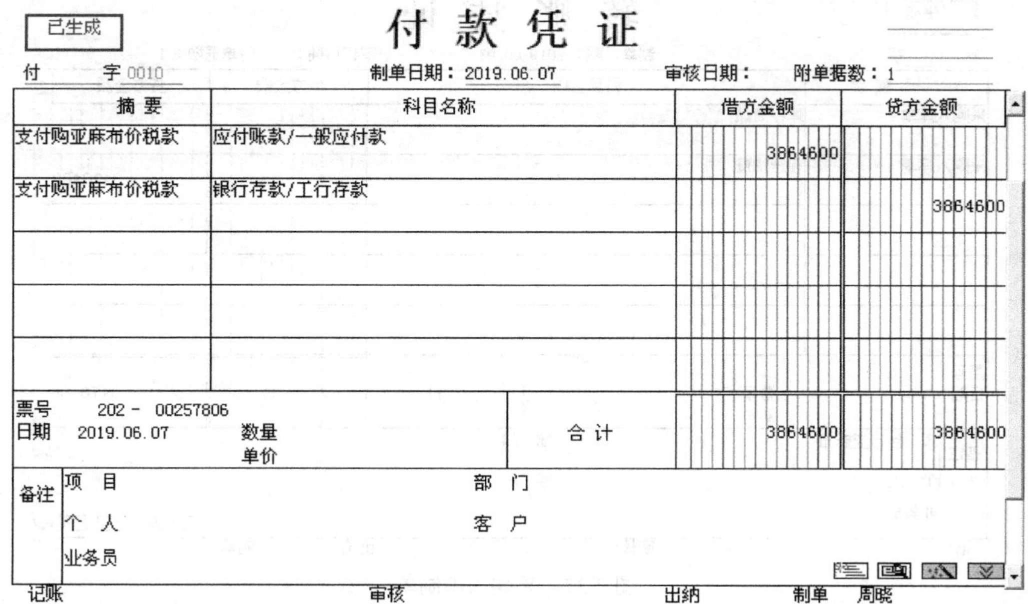

已生成

付款凭证

付　字 0010　　制单日期：2019.06.07　　审核日期：　　附单据数：1

摘要	科目名称	借方金额	贷方金额
支付购亚麻布价税款	应付账款/一般应付款	3864600	
支付购亚麻布价税款	银行存款/工行存款		3864600
票号 202 - 00257806 日期 2019.06.07　数量 单价	合计	3864600	3864600

备注　项　目　　部　门

个　人　　客　户

业务员

记账　　审核　　出纳　　制单　周晓

图 7-36　支付购货款制单

提示：

◆ 如果进行付款单制单时查询不到付款单，则需要在“系统服务—权限”功能下对周晓（802）进行数据权限分配，即允许周晓查看用户出纳刘媛录入的单据。

◆ 该笔业务也可以使用现付方式付款，而不需要再填制付款单。

七、核销处理

（1）周晓（802）执行“应付款管理—核销处理—手工核销”命令，打开“核销条件”对话框。在该对话框选择供应商“北京丽质”，单击“确定”按钮，进入“单据核销”窗口。该窗口显示待核销单据各 1 张。

（2）在下方采购专用发票窗格的“本次结算”栏录入金额“38646.00”，单击工具栏中的“保存”按钮，相关单据消失，表示核销成功。关闭当前窗口退出。

八、入库制单

（1）周晓（802）执行“供应链—存货核算—财务核算—生成凭证”命令，打开“生成凭证”窗口。单击“选择”按钮，打开“查询条件”对话框，单击“确定”按钮，打开“未生成凭证单据一览表”窗口，选中本业务生成的采购入库单，单击“确定”按钮返回。

（2）修改“凭证类别”为“转账凭证”，单击“生成”按钮，打开“填制凭证”窗口，“库存商品”和“在途物资”科目的辅助项均选择“亚麻布”，单击“保存”按钮生成凭证，如图 7-37 所示。关闭当前窗口退出。

已生成

转 账 凭 证

转 字 0006　　制单日期：2019.06.07　　审核日期：　　附单据数：1

摘要	科目名称	借方金额	贷方金额
采购入库单	库存商品	3470400	
采购入库单	在途物资		3470400
票号 日期	数量 单价　　合 计	3470400	3470400
备注	项 目 亚麻布　　部 门 个 人　　客 户 业务员		

记账　　审核　　出纳　　制单 周晓

图 7-37　采购入库制单

任务 5　支付前欠货款业务

学习任务

2019 年 6 月 7 日，出纳刘媛开出转账支票支付前欠天津永信棉纺厂货款 4 068 元。相关原始单据参见图 7-38。

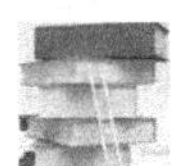

任务分析

本任务是支付前欠货款业务，需要在应付款管理系统填制与审核付款单并进行付款制单，如图 7-39 所示。

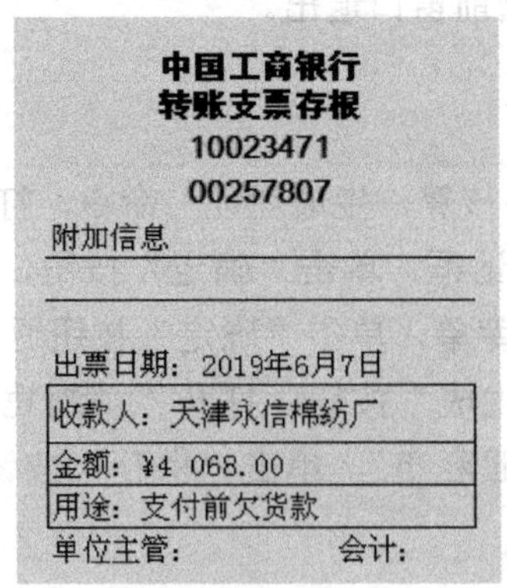

中国工商银行
转账支票存根
10023471
00257807
附加信息

出票日期：2019年6月7日
收款人：天津永信棉纺厂
金额：¥4 068.00
用途：支付前欠货款
单位主管：　　会计：

图 7-38　支票存根

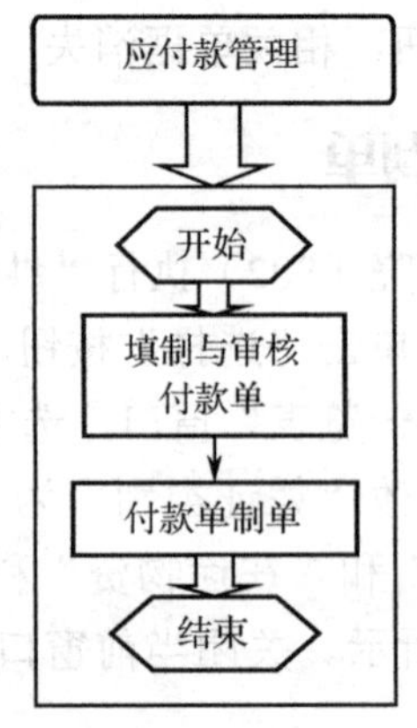

图 7-39　支付前欠货款业务操作流程

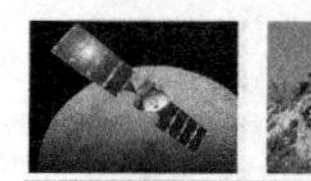

任务实施

一、填制并审核付款单

（1）出纳刘媛（803）执行“业务工作—财务会计—应付款管理—付款单据处理－付款单据录入”命令，打开“收付款单录入”窗口。单击“增加”按钮，在表头项目中，选择“供应商”为“天津永信棉纺厂”，“结算方式”为“转账支票”，“票据号”为“00257807”，“金额”为“4 068.00”，“摘要”为“支付前欠货款”。单击表体任意单元格，系统自动显示应付款信息，单击“保存”按钮，如图 7-40 所示。关闭当前窗口退出。

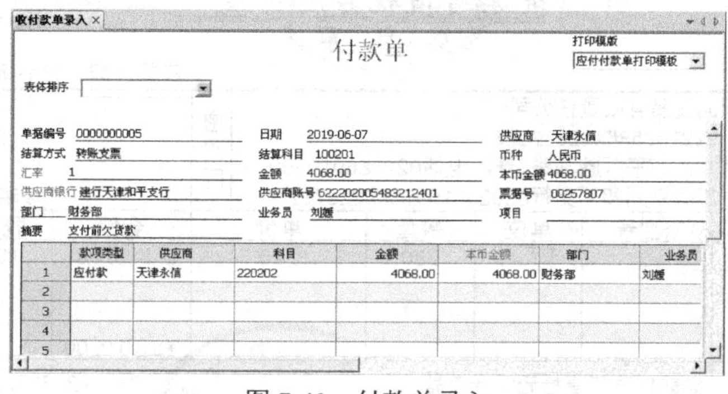

收付款单录入

付款单

打印模版：应付付款单打印模板

表体排序

单据编号 0000000005　日期 2019-06-07　供应商 天津永信
结算方式 转账支票　结算科目 100201　币种 人民币
汇率 1　金额 4068.00　本币金额 4068.00
供应商银行 建行天津和平支行　供应商账号 622202005483212401　票据号 00257807
部门 财务部　业务员 刘媛　项目
摘要 支付前欠货款

	款项类型	供应商	科目	金额	本币金额	部门	业务员
1	应付款	天津永信	220202	4068.00	4068.00	财务部	刘媛
2							
3							
4							
5							

图 7-40　付款单录入

（2）王成（801）执行“业务工作—财务会计—应付款管理—付款单据处理－付款单据审核”命令，对本任务所录入的付款单进行审核处理。

二、付款制单

（1）周晓（802）执行“业务工作—财务会计—应付款管理—制单处理”命令，在“制单查询”对话框勾选“收付款单制单”复选框，单击“确定”按钮，打开“制单”窗口，系统显示一张付款单。

（2）双击选择标志栏选中该单据，修改“凭证类别”为“付款凭证”。单击“制单”按钮进入“填制凭证”窗口，单击“保存”按钮生成凭证，如图 7-41 所示。关闭当前窗口退出。

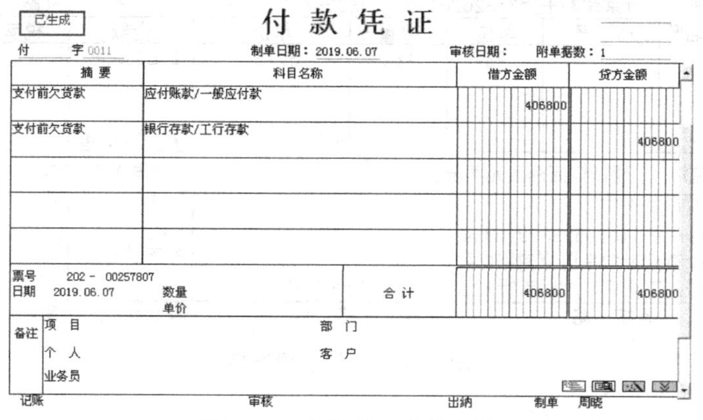

已生成

付 款 凭 证

付　字 0011　制单日期：2019.06.07　审核日期：　附单据数：1

摘 要	科目名称	借方金额	贷方金额
支付前欠货款	应付账款/一般应付款	406800	
支付前欠货款	银行存款/工行存款		406800
票号 202 - 00257807　日期 2019.06.07　数量　单价	合 计	406800	406800

备注　项 目　部 门
个 人　客 户
业务员

记账　审核　出纳　制单 周晓

图 7-41　支付前欠货款制单

任务6　结转与支付水电费业务

学习任务

2019 年 6 月 7 日， 公司财务部分别收到京州市供电局和京州市自来水厂的用电、用水增值税专用发票，出纳刘媛（803）以转账支票支付上月电费和水费。本公司水电费统一计入“管理费用－水电费”科目。相关原始单据参见图 7-42 至图 7-45。

1300145501

北京增值税专用发票

发票联

No：00125871

开票日期：2019年6月7日

购货单位	名称：文景纺织品贸易有限责任公司 纳税人识别号：91210258MA123375X6 地址、电话：京州市和平区胜利路7号，电话022-66010000 开户行及账号：工行京州和平支行6202001097586328791				密码区	（略）		
货物或应税劳务名称	规格型号	单位	数量	单价	金额		税率	税额
电费		千瓦时	280	8.25	2 310.00		13%	300.30
合计					¥2 310.00			¥300.30
价税合计（大写）	⊗贰仟陆佰壹拾元零叁角整				（小写）¥2 610.30			
销货单位	名称：京州市供电局 纳税人识别号：901101059060926831 地址、电话：京州市和平区京密路6号 开户行及账号：工行京州和平支行6222001734520058611				备注：			

第二联：发票联　购货方记账凭证

收款人：略　　复核：略　　开票人：略　　销货单位：（章）

图 7-42　上月电费发票

1300257110

北京增值税专用发票

发票联

No：00255317

开票日期：2019年6月7日

购货单位	名称：文景纺织品贸易有限责任公司 纳税人识别号：91210258MA123375X6 地址、电话：京州市和平区胜利路7号，电话022-66010000 开户行及账号：工行京州和平支行6202001097586328791				密码区	（略）		
货物或应税劳务名称	规格型号	单位	数量	单价	金额		税率	税额
水费		吨	186	8.78	1 633.08		9%	146.98
合计					¥1 633.08			¥1 46.98
价税合计（大写）	⊗壹仟柒佰捌拾元零陆分				（小写）¥1 780.06			
销货单位	名称：京州市自来水厂 纳税人识别号：901101058832910384 地址、电话：京州市和平区京密路8号 开户行及账号：工行京州大运支行62220158117732003452				备注：			

第二联：发票联　购货方记账凭证

收款人：略　　复核：略　　开票人：略　　销货单位：（章）

图 7-43　上月水费发票

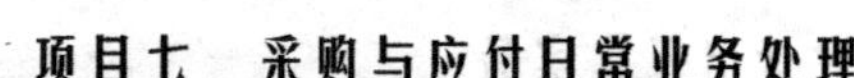

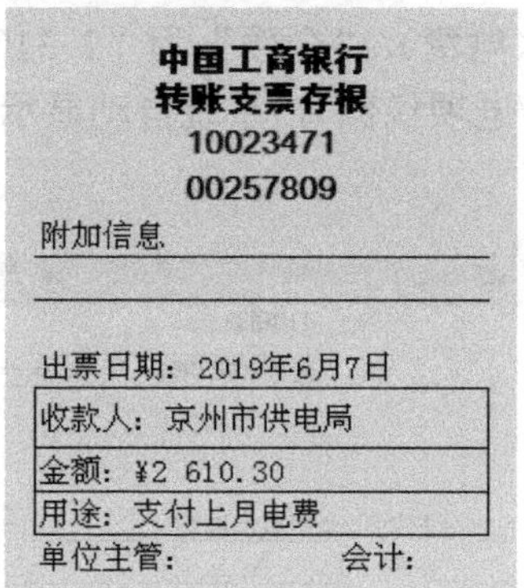

中国工商银行
转账支票存根
10023471
00257809
附加信息

出票日期：2019年6月7日

收款人：京州市供电局
金额：¥2 610.30
用途：支付上月电费

单位主管：　　会计：

图 7-44　支付电费支票存根

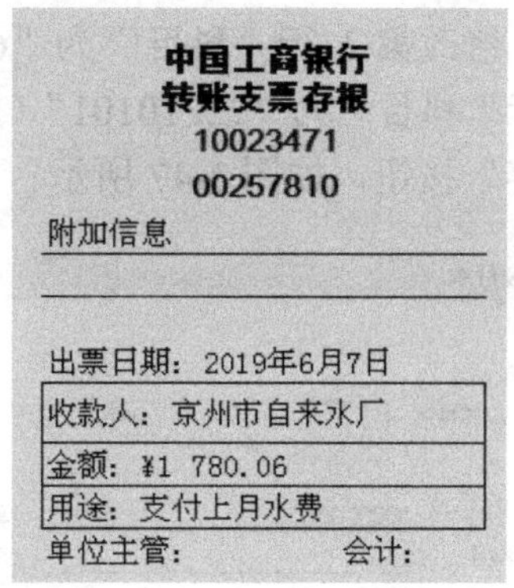

中国工商银行
转账支票存根
10023471
00257810
附加信息

出票日期：2019年6月7日

收款人：京州市自来水厂
金额：¥1 780.06
用途：支付上月水费

单位主管：　　会计：

图 7-45　支付水费支票存根

任务分析

本任务是结转水电费业务，涉及供应商往来款，应当在应付款管理系统进行处理。需要进行应付单据和付款单的录入、审核，再进行制单，如图 7-46 所示。

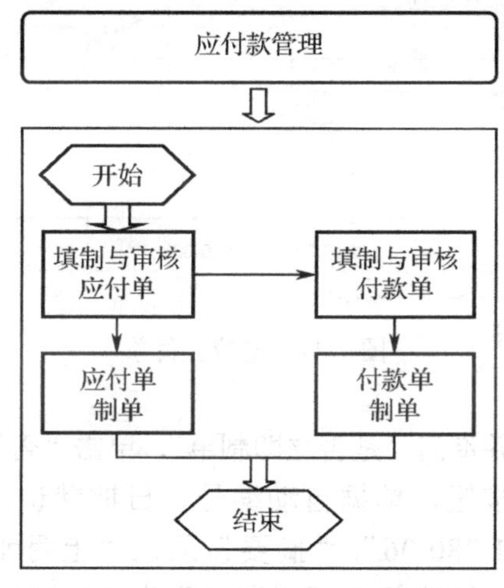

图 7-46　支付水电费业务操作流程

任务实施

一、填制与审核应付单

（1）2019 年 6 月 7 日，周晓（802）执行“业务工作—财务会计—应付款管理—应付单据处理—应付单据录入”命令，打开“单据类别”对话框，单击“确定”按钮，打开“应付单”窗口。单击“增加”按钮，单据自动编号，日期默认，“供应商”选择“京州市供电局”，“本币金额”为“2 610.30”，“摘要”录入“上月电费”，单击表体中任意单元格，系统自动显示相关信息。

（2）修改第 1 行“科目”为“660206”（管理费用/水电费），“金额”为“2 310.00”。修改第 2 行“科目”为“22210101”（应交税费/应交增值税/进项税额），系统自动显示金额，单击“保存”按钮，如图 7-47 所示。

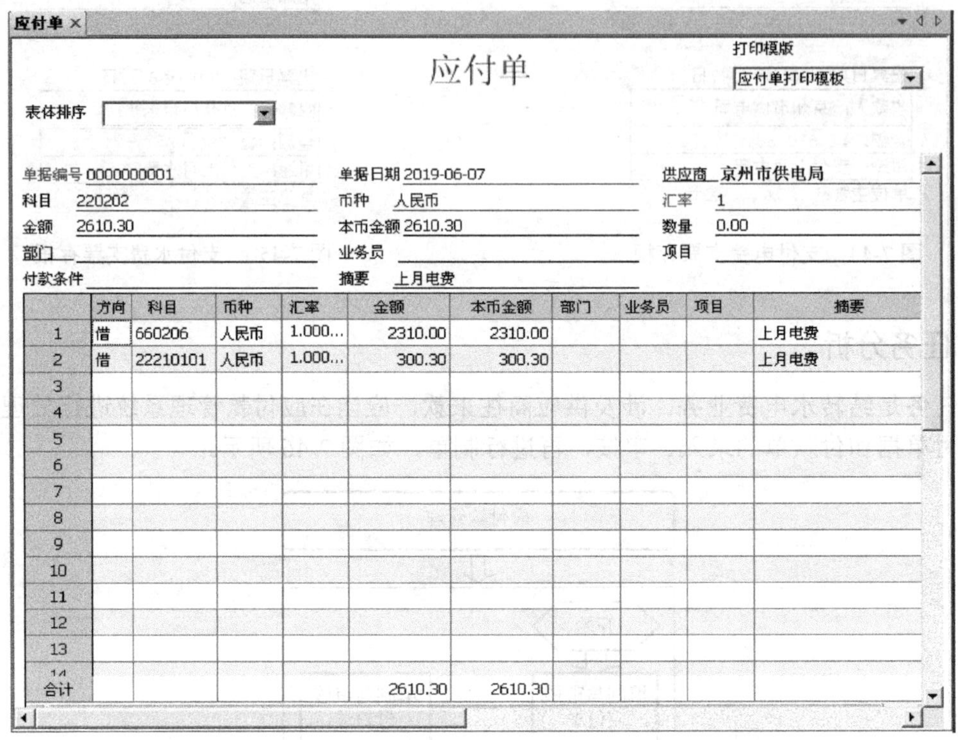

应付单

单据编号 0000000001	单据日期 2019-06-07	供应商 京州市供电局
科目 220202	币种 人民币	汇率 1
金额 2610.30	本币金额 2610.30	数量 0.00
部门	业务员	项目
付款条件	摘要 上月电费	

	方向	科目	币种	汇率	金额	本币金额	部门	业务员	项目	摘要
1	借	660206	人民币	1.000...	2310.00	2310.00				上月电费
2	借	22210101	人民币	1.000...	300.30	300.30				上月电费
3										
4										
5										
6										
7										
8										
9										
10										
11										
12										
13										
合计					2610.30	2610.30				

图 7-47　电费应付单

（3）单击“审核”按钮，并询问“是否立即制单”，单击“否”按钮，返回“应付单”窗口。

（4）再次单击“增加”按钮，单据自动编号，日期默认，“供应商”选择“京州市自来水厂”，“本币金额”为“1 780.06”，“摘要”录入“上月水费”，单击表体中任意单元格，系统自动显示相关信息，修改第 1 行“科目”为“660206”（管理费用/水电费），“金额”为“1 633.08”。修改第 2 行科目为“22210101”（应交税费/应交增值税/进项税额），系统自动显示金额，单击“保存”按钮。单击“审核”按钮，不立即制单，返回后关闭当前窗口。

二、付款单填制与审核

（1）出纳刘媛（803）录入第 1 张付款单，“供应商”选择“京州市供电局”，“结算方式”为“转账支票”，“金额”为“2 610.30”，“票据号”为“00257809”，“摘要”录入“支付上月电费”，单击表体中任意单元格，再单击“保存”按钮，如图 7-48 所示。

收付款单录入 ×

付款单

表体排序

单据编号 0000000006　日期 2019-06-07　供应商 京州市供电局
结算方式 转账支票　结算科目 100201　币种 人民币
汇率 1　金额 2610.30　本币金额 2610.30
供应商银行 工行京州和平支行　供应商账号 6222001734520058611　票据号 00257809
部门　业务员　项目
摘要 支付上月电费

	款项类型	供应商	科目	金额	本币金额	部门	业务员
1	应付款	京州市供电局	220202	2610.30	2610.30		
2							
3							
4							
5							
6							
7							
8							
9							
10							
11							
12							
合计				2610.30	2610.30		

图 7-48　上月电费付款单

（2）继续录入第 2 张付款单，“供应商”选择“京州市自来水厂”，“结算方式”为“转账支票”，“金额”为“1 780.06”，“票据号”为“00257810”，“摘要”录入“支付上月水费”，单击表体中任意单元格，再单击“保存”按钮。关闭当前窗口退出。

（3）周晓（802）在应付款管理系统对刚刚填制的两张付款单进行审核操作。

三、应付单和付款单制单

（1）周晓（802）执行“应付款管理—制单处理”命令，打开“制单查询”对话框，选择“应付单制单”和“收付款单制单”复选框，单击“确定”按钮，打开“制单”窗口，系统显示其他应付单和付款单共 4 张。

（2）单击“全选”按钮，再单击“制单”按钮，进入“填制凭证”窗口。“上月电费”凭证类别选为“转账凭证”，单击“保存”按钮生成凭证，如图 7-49 所示。

已生成

转 账 凭 证

转　字 0007　制单日期：2019.06.07　审核日期：　附单据数：1

摘 要	科目名称	借方金额	贷方金额
上月电费	管理费用/水电费	231000	
上月电费	应交税费/应交增值税/进项税额	30030	
上月电费	应付账款/一般应付款		261030
票号 日期	数量 单价 合 计	261030	261030

备注　项 目　部 门
个 人　客 户
业务员

记账　审核　出纳　制单　周晓

图 7-49　上月电费应付单制单

（3）单击下一张指示按钮，修改“凭证类别”为“转账凭证”，单击“保存”按钮生成凭证，如图 7-50 所示。

已生成

转 账 凭 证

转 字 0008　　制单日期：2019.06.07　　审核日期：　　附单据数：1

摘 要	科目名称	借方金额	贷方金额
上月水费	管理费用/水电费	163308	
上月水费	应交税费/应交增值税/进项税额	14698	
上月水费	应付账款/一般应付款		178006
票号 日期　数量 单价	合 计	178006	178006

备注　项 目　　部 门
个 人　　客 户
业务员

记账　审核　出纳　制单　周晓

图 7-50　上月水费应付单制单

（4）单击下一张指示按钮，修改“凭证类别”为“付款凭证”，单击“保存”按钮生成凭证，如图 7-51 所示。

已生成

付 款 凭 证

付 字 0012　　制单日期：2019.06.07　　审核日期：　　附单据数：1

摘 要	科目名称	借方金额	贷方金额
支付上月电费	应付账款/一般应付款	261030	
支付上月电费	银行存款/工行存款		261030
票号 202 - 00257809 日期 2019.06.07　数量 单价	合 计	261030	261030

备注　项 目　　部 门
个 人　　客 户
业务员

记账　审核　出纳　制单　周晓

图 7-51　上月电费付款单制单

（5）单击下一张指示按钮，修改“凭证类别”为“付款凭证”，单击“保存”按钮生成凭证，如图 7-52 所示。关闭当前窗口退出。

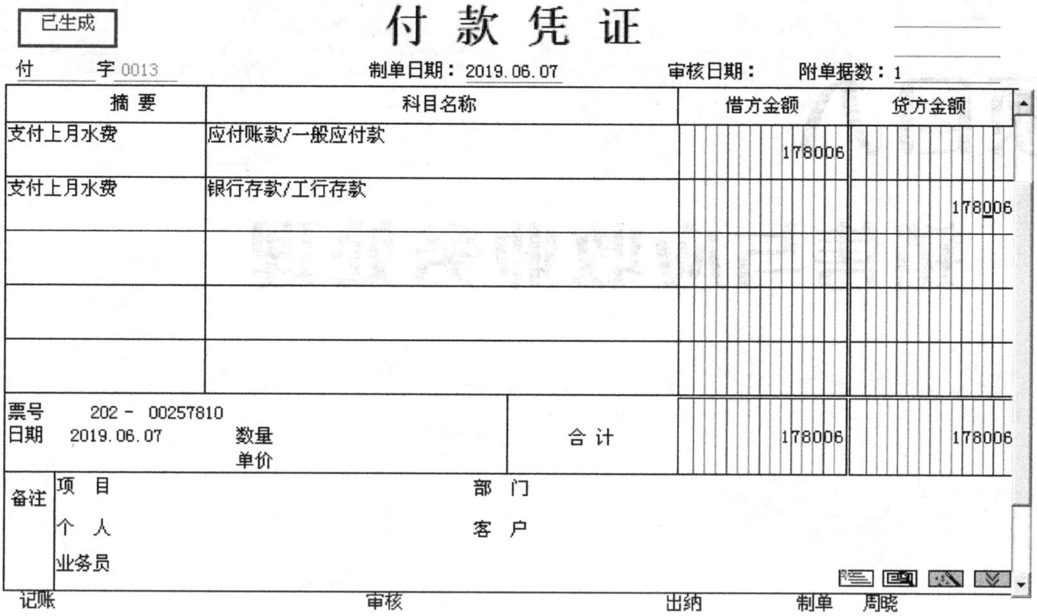

已生成

付 款 凭 证

付　字 0013　　制单日期：2019.06.07　　审核日期：　　附单据数：1

摘要	科目名称	借方金额	贷方金额
支付上月水费	应付账款/一般应付款	178006	
支付上月水费	银行存款/工行存款		178006
票号 202 - 00257810 日期 2019.06.07　数量 单价	合计	178006	178006

备注　项目　　部门

个人　　客户

业务员

记账　　审核　　出纳　　制单 周晓

图 7-52　上月水费付款单制单

（6）单击“填制凭证”和“制单”窗口的“关闭”按钮退出。

思考与练习

1．建立新文件夹，备份 008 账套至该文件夹。

2．完成凭证审核（801）、出纳签字（803）、主管签字（801）和凭证记账（802）。

3．查询现金日记账和银行存款（工行存款）日记账。

4．查询科目余额表。

提示：科目余额表在“总账—账表—科目账—余额表”功能下查询。

5．查询所有（包括期初）采购入库单。

提示：在“采购管理—采购入库—入库单列表”功能下查询。在库存管理系统查询不到期初采购入库单，而只能查询当月录入的入库单。

6．查询所有库存商品的收发存数量和金额。

提示：在“存货核算—账表—汇总表—收发存汇总表”功能下查询。

项目八 销售与应收业务处理

学习目标

本项目主要学习如何应用 ERP-U8V10.1 系统平台完成销售、应收和收款业务的处理。销售管理系统是用友 ERP-U8V10.1 软件供应链的重要组成部分，它与库存、应收和核算系统共同完成普通销售、销售订货、销售代垫、分期收款、折扣销售等环节的处理。应收款管理系统通过对发票、应收单、收款单等单据的处理，完成企业日常的应收、收款业务的处理。

本项目设计了开票直接发货业务、折扣销售和代垫业务、分期收款销售业务、现金折扣业务、销售退货业务的处理任务。

任务 1　开票直接发货业务

学习任务

6 月 8 日，市场部李小平向山东天韵服装厂销售宽幅全棉贡缎 1000 米，不含税单价 22 元；宽幅磨毛印花 800 米，不含税单价 9.5 元。货物已发出，已开具增值税专用发票。山东天韵服装厂以电汇方式支付该项销售价税款。相关原始单据参见图 8-1 至图 8-3。

购销合同

卖方：文景纺织品贸易有限责任公司　　　　合同编号：XS0001

买方：山东天韵服装厂

为维护买卖双方的合法权益，买卖双方根据《中华人民共和国合同法》相关规定，经充分协商，一致同意签订本合同。

一、货物名称、数量及价格

货物名称	规格	计量单位	数量	单价（不含税）	金额（不含税）	税率（%）	价税合计
宽幅全棉贡缎		米	1000	22.00	22 000.00	13	2 860.00
宽幅磨毛印花		米	800	9.50	7 600.00	13	988.00
合计					¥29 600.00		¥3 848.00

二、合同总金额：人民币叁万叁仟肆佰肆拾捌元整（¥33 448.00）。

三、付款时间及付款方式：签订合同之日，买方向卖方支付全部价税款。

付款方式：电汇

四、时间与地点：交货时间为2019年6月8日，交货地点：山东天韵服装厂

五、货物发运方式与运费承担方式：由卖方负责发货，运输费由买方承担。

本合同式两份，买卖双方各执一份，经双方签字盖章后生效。

卖方：文景纺织品贸易有限责任公司　　买方：山东天韵服装厂

卖方代表：李小平　　买方代表：张帝

日期：2019年6月8日　　日期：2019年6月8日

图 8-1　XS0001 号购销合同

1300014321　　**北京增值税专用发票**　　No：02963584

记账联

开票日期：2019年6月8日

购货单位	名称：山东天韵服装厂 纳税人识别号：933705746112208481 地址、电话：山东省济南市北清路8号，电话0531-77235200 开户行及账号：建行山东济南支行6227002354318923167	密码区	（略）				
货物或应税劳务名称	规格型号	单位	数量	单价	金额	税率	税额
宽幅全棉贡缎 宽幅磨毛印花		米 米	1000 800	22.00 9.50	22 000.00 7 600.00	13% 13%	2 860.00 988.00
合计					¥29 600.00		¥3 848.00
价税合计（大写）	⊗叁万叁仟肆佰肆拾捌元整				（小写）¥33 448.00		
销货单位	名称：文景纺织品贸易有限责任公司 纳税人识别号：91210258MA123375X6 地址、电话：京州市和平区胜利路7号，电话022-66010000 开户行及账号：工行京州和平支行6202001097586328791	备注					

第一联：记账联　销货方记账凭证

收款人：略　　复核：略　　开票人：略　　销货单位：（章）

图 8-2　销售专用发票

中国工商银行　电汇凭证（收款通知）　　京00245671

口普通　口加急　　委托日期：2019年6月8日

汇款人	全　称	山东天韵服装厂	收款人	全　称	文景纺织品贸易有限责任公司
	账　号	6227002354318923167		账　号	6202001097586328791
	汇出地点	山东省济南市		汇入地点	京州市
汇出行名称		建行山东济南支行	汇入行名称		工行京州和平支行
金额	人民币（大写）⊗叁万叁仟肆佰肆拾捌元整		亿千百十万千百十元角分		¥33448.00
汇款用途：支付货款			（汇出行盖章）		
上列款项已根据委托办理，如须查询，请持此回单来行面洽。					
单位主管：　会计：　出纳：					2019年6月8日

建行山东济南支行　2019年6月8日　转讫

此联是汇入行交收款人的收款通知

图 8-3　电汇凭证

任务分析

本任务是销售开票直接发货与收款业务，需要进行销售订单、销售发货单、销售专用发票、销售出库单的录入（生成）与审核，并进行制单处理，如图 8-4 所示。

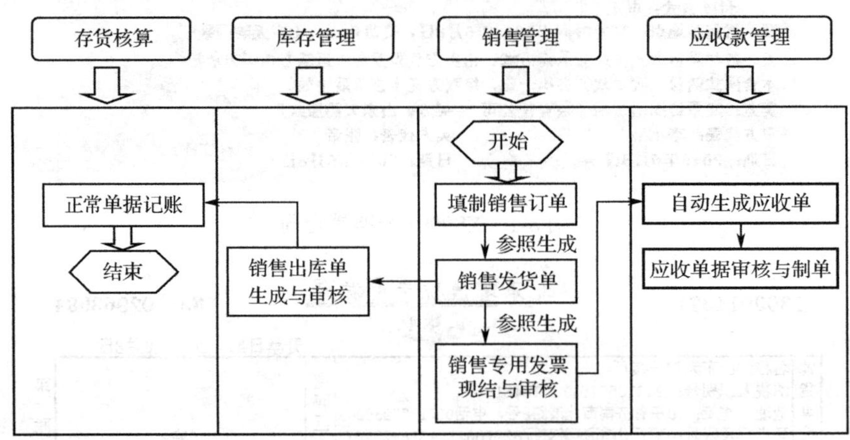

图 8-4　开票直接发货业务操作流程

知识准备

一、销售管理系统日常业务工作内容

销售管理系统主要处理销售订单、销售发票和收款等业务，提供与销售业务有关的报表统计分析。

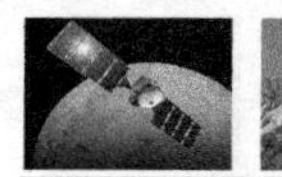

（一）销售订单管理

销售订单是反映由购销双方确认的客户要货需求的单据。在先发货后开票业务模式下，发货单可以根据销售订单开具；在开票直接发货业务模式下，销售发票可以根据销售订单开具。销售订单管理主要完成订单的填制、审核、关闭及订单查询、统计等功能。

销售订单填制并保存后，必须经过审核才能输出到相关的统计表以供参考或查询。在以后填制销售发票和销售发货单时，可参照选入的订单都是经过审核确认的处于非关闭状态的订单。

（二）普通销售业务

根据业务处理模式的不同，普通销售业务可分为“先发货后开票”和“开票直接发货”两种模式。本系统中先发货后开票和开票直接发货两种模式可以同时存在，不同销售模式其业务处理流程也不尽相同。

1. 先发货后开票业务

集成使用总账系统、应收/应付款管理系统和购销存系统处理业务时，先发货后开票业务的处理程序如下：

（1）在销售管理系统直接填制销售订单，然后参照销售订单生成并审核发货单。

（2）在库存管理系统自动生成销售出库单。

（3）在存货核算系统对销售出库单进行正常单据记账。如果存货计价方法不是全月平均法，则可以进行销售出库制单，生成销售成本结转凭证。当计价方法采用全月平均法时，需要在期末处理后才能计算出库成本，从而生成销售成本结转凭证。

（4）在销售管理系统填制并审核销售发票。

销售发票可以由销售部门参照发货单生成，即先发货后开票业务模式；也可以参照销售订单生成或直接填制，即开票直接发货业务模式。参照订单生成或直接填制的销售发票经复核后自动生成发货单，并根据参数设置生成销售出库单，或者由库存管理系统参照已复核的销售发票生成销售出库单。一张订单/发货单可以拆单或拆记录生成多张销售发票，也可以用多张订单/发货单汇总生成一张销售发票。

如果是现结业务，则在销售发票审核前进行现结处理后进行审核处理。如果暂未收到货款，则是应收业务，直接对销售发票进行审核处理即可。

（5）在应收款管理系统审核应收单据并制单，生成销售收入凭证传入总账系统。

（6）应收业务收款时在应收款管理系统录入并审核收款单，再根据已审核收款单生成收款凭证传入总账系统。

2. 开票直接发货业务

开票直接发货模式，即先参照销售订单生成销售发票，销售发票经复核后自动生成发货单，并根据参数设置生成销售出库单及应收单据，将这些单据信息传递到存货管理系统和应收款管理系统。与先发货后开票业务不同的是，开票直接发货业务的发货单根据销售发票生成。

（三）其他业务

销售管理系统还包括直运业务、分期收款业务、受托代销业务、销售退货业务等。

二、库存管理系统日常业务工作内容

库存管理系统是用友 ERP-U8V10.1 系统供应链的重要产品，与采购管理、销售管理、存货核算系统等紧密联系，协同处理各类购销存业务。库存管理系统既可以单独使用，也可以与采购管理、销售管理、存货核算等系统集成使用。

库存管理系统主要处理出入库和库存管理的日常业务。

（一）入库业务

入库业务指仓库收到采购或生产的货物，仓库保管员验收货物的数量、质量、规格型号等，确认验收无误后入库，并登记库存账。入库业务主要通过填制入库单来进行处理，入库单包括采购入库单、产成品入库单和其他入库单 3 种。

1. 采购入库单

采购入库单是根据采购到货签收的实收数量填制的单据。对于工业企业，采购入库单一般指采购原材料验收入库时所填制的入库单据。对于商业企业，采购入库单一般指商品进货入库时所填制的入库单据。

采购入库单按进出仓库方向分为蓝字采购入库单、红字采购入库单，按业务类型分为普通采购入库单、受托代销入库单（商业）、委外加工入库单（工业）、代管采购入库单、一般贸易进口入库单、进料加工入库单。红字采购入库单是采购入库单的逆向单据。

在采购业务活动中，如果发现已入库的货物因质量等因素要求退货，则对采购业务进行退货处理。如果发现已审核的入库单数据有错误（多填数量等），也可以填制退货单（红字采购入库单）原数冲抵原入库单数据。原数冲回是将原错误的入库单以相等的负数量填单。

2. 产成品入库单

对于工业企业，产成品入库单一般指产成品验收入库时所填制的入库单据。只有工业企业才有产成品入库单，商业企业没有此单据。产成品一般在入库时无法确定产品的总成本和单位成本，所以在填制产成品入库单时，一般只有数量，没有单价和金额。

3. 其他入库单

其他入库单是指除采购入库、产成品入库之外的其他入库业务，如调拨入库、盘盈入库、组装拆卸入库、形态转换入库等业务形成的入库单。其他入库单一般由系统根据其他业务单据自动生成，也可手工填制。

（二）出库业务

出库业务包括销售出库、材料出库和其他出库类型，相应的出库单有销售出库单、材料出库单和其他出库单等。

1. 销售出库单

销售出库单是销售出库业务的主要凭据，在库存管理系统用于存货出库数量核算，在存货核算系统用于存货出库成本核算。

对于工业企业，销售出库单一般指产成品销售出库时所填制的出库单据。对于商业企业，销售出库单一般指商品销售出库时所填制的出库单。

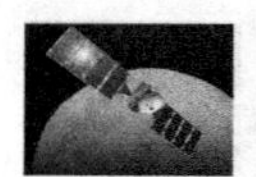  

销售出库单按进出仓库方向分为蓝字销售出库单、红字销售出库单，按业务类型分为普通销售出库单、委托代销出库单、分期收款出库单。

2. 材料出库单

对于工业企业，材料出库单是领用材料时所填制的出库单据，当从仓库中领用材料用于生产或委外加工时，就需要填制材料出库单。只有工业企业才有材料出库单，商业企业没有此单据。

3. 其他出库单

其他出库单指除销售出库、材料出库之外的其他出库业务，如调拨出库、盘亏出库、组装拆卸出库、形态转换出库、不合格品记录、对外捐赠等业务形成的出库单。其他出库单一般由系统根据其他业务单据自动生成，也可手工填制。

（三）调拨业务

调拨业务指单位内仓库之间存货转库业务或部门之间存货调拨，该业务通过相应调拨单的处理完成。调拨单审核后生成其他入库单或其他出库单。

（四）盘点业务

为了保证企业库存资产的安全和完整，做到账实相符，企业必须对存货进行定期或不定期的清查，查明存货盘盈、盘亏、损毁的数量及造成的原因，并据以编制存货盘点报告表，按规定程序，报有关部门审批。经有关部门批准后，应进行相应的账务处理，调整存货账的实存数，使存货的账面记录与库存实物核对相符。

三、存货核算系统日常业务工作内容

存货核算系统是用友 ERP-U8V10.1 管理软件的主要组成部分，存货核算可分为工业版存货核算与商业版存货核算。该系统从资金的角度管理存货的出入库业务，主要用于核算企业的入库成本、出库成本、结余成本，并据以记账和生成凭证，同时提供存货数据的统计分析与账表查询。

在与采购、销售、库存等系统集成使用时，本系统主要完成从系统传过来的不同业务类型下的各种存货的出入库单据、调整单据的查询及单据部分项目的修改、成本计算，其中业务类型有普通采购业务、暂估入库业务、受托代销业务、普通销售业务、分期收款发出商品业务、委托代销发出商品业务、假退料业务、直运销售业务等。

四、销售管理系统与其他系统的主要关系

当销售管理系统与总账、应收款管理、库存管理和存货核算系统集成使用时，与其他系统存在以下关系：

（1）销售管理系统可以直接使用基础设置功能下设置的基础档案信息。

（2）销售管理系统填制或生成的销售发货单，需要在库存管理系统中生成销售出库单并进行审核确认，表示存货已出库。

（3）存货核算系统对经过库存管理系统审核确认的销售出库单进行单据记账。

（4）库存管理系统将统计信息传递至销售管理系统，为其提供存货结存数据。

（5）销售出库存货成本信息由存货核算系统提供。

销售管理系统与其他系统的关系如图 8-5 所示。

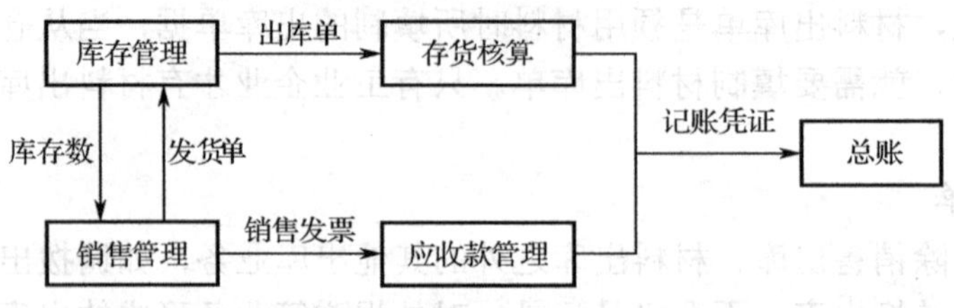

图 8-5　销售管理系统与其他系统的关系

任务实施

一、填制并审核销售订单

（1）市场部李梅（804）于 2019 年 6 月 8 日执行“业务工作—供应链—销售管理—销售订货—销售订单”命令，打开“销售订单”窗口。单击“增加”按钮，新增 1 张销售订单。

（2）修改“订单号”为“XS0001”，参照输入“客户简称”为“山东天韵”，“销售部门”为“市场部”，“业务员”为“李小平”，“税率”为“13.00”（13%），其他为默认值。

（3）在表体部分录入发票相关信息，编辑完成后单击工具栏中的“保存”按钮，再单击“审核”按钮，如图 8-6 所示。

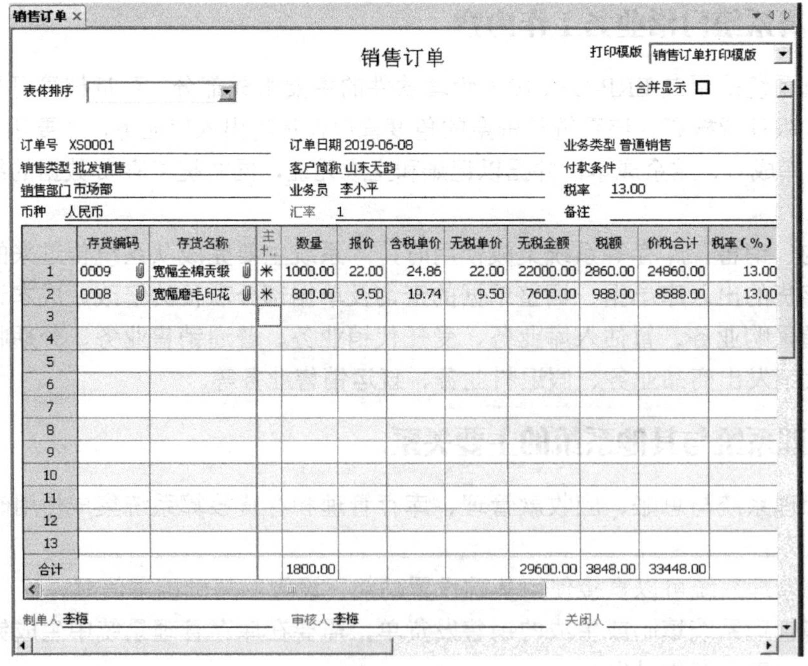

销售订单 ×

销售订单　　打印模版 销售订单打印模版

表体排序　　合并显示 □

订单号 XS0001　订单日期 2019-06-08　业务类型 普通销售

销售类型 批发销售　客户简称 山东天韵　付款条件

销售部门 市场部　业务员 李小平　税率 13.00

币种 人民币　汇率 1　备注

	存货编码	存货名称	主计…	数量	报价	含税单价	无税单价	无税金额	税额	价税合计	税率（%）
1	0009	宽幅全棉贡缎	米	1000.00	22.00	24.86	22.00	22000.00	2860.00	24860.00	13.00
2	0008	宽幅磨毛印花	米	800.00	9.50	10.74	9.50	7600.00	988.00	8588.00	13.00
3											
4											
5											
6											
7											
8											
9											
10											
11											
12											
13											
合计				1800.00				29600.00	3848.00	33448.00	

制单人 李梅　审核人 李梅　关闭人

图 8-6　销售订单

二、参照生成并审核销售发货单

（1）市场部李梅（804）执行“供应链—销售管理—销售发货—发货单”命令，打开“发货单”窗口。单击“增加”按钮，打开“查询条件选择—参照订单”对话框。直接单击该对话框的“确定”按钮，打开“参照生单”窗口。

（2）在“参照生单”窗口的上窗格中，双击订单号为“XS0001”的销售订单所对应的选择栏，该栏即出现“Y”字样，同时下窗格中也有两条记录被选中。单击工具栏中的“OK”（确定）按钮，系统返回“发货单”窗口。单击工具栏中的“保存”按钮，保存该发货单，再单击工具栏中的“审核”按钮，审核该发货单，如图 8-7 所示。

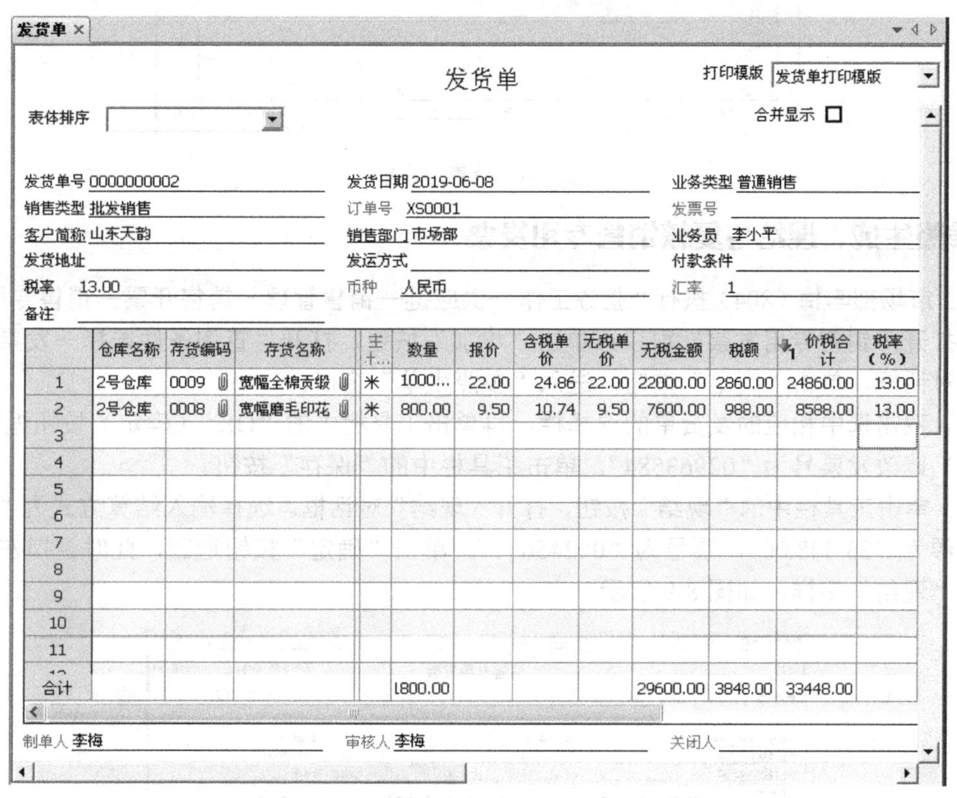

发货单

打印模版 发货单打印模版

表体排序　　合并显示 □

发货单号 0000000002　发货日期 2019-06-08　业务类型 普通销售
销售类型 批发销售　订单号 XS0001　发票号
客户简称 山东天韵　销售部门 市场部　业务员 李小平
发货地址　发运方式　付款条件
税率 13.00　币种 人民币　汇率 1
备注

	仓库名称	存货编码	存货名称	主计…	数量	报价	含税单价	无税单价	无税金额	税额	价税合计	税率（%）
1	2号仓库	0009	宽幅全棉贡缎	米	1000...	22.00	24.86	22.00	22000.00	2860.00	24860.00	13.00
2	2号仓库	0008	宽幅磨毛印花	米	800.00	9.50	10.74	9.50	7600.00	988.00	8588.00	13.00
3												
4												
5												
6												
7												
8												
9												
10												
11												
合计					1800.00				29600.00	3848.00	33448.00	

制单人 李梅　审核人 李梅　关闭人

图 8-7　发货单

三、审核销售出库单

（1）物流部孙志（805）执行“业务工作—供应链—库存管理—出库业务—销售出库单”命令，打开“销售出库单”窗口。单击工具栏中的“末张”按钮，查阅到相应的销售出库单，单击工具栏中的“审核”按钮，系统弹出提示“该单据审核成功”信息，同时表尾的“审核人”栏出现“孙志”的名字。单击“确定”按钮返回“销售出库单”窗口，如图 8-8 所示。

（2）关闭当前窗口退出。

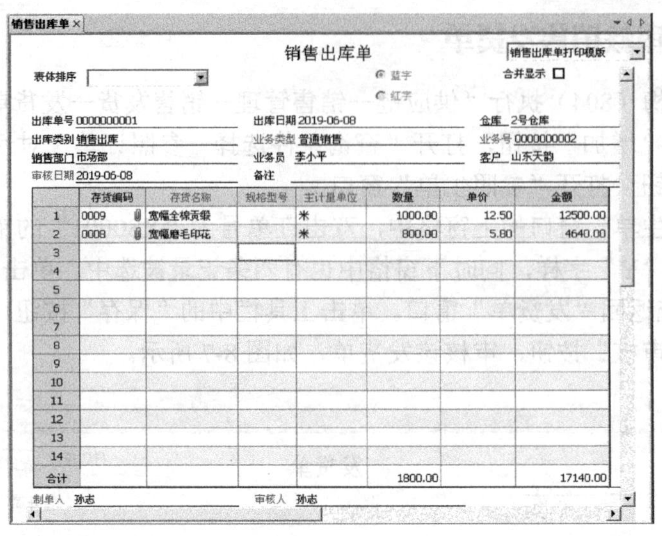

图 8-8　销售出库单

四、参照生成、现结与复核销售专用发票

（1）市场部李梅（804）执行“业务工作—供应链—销售管理—销售开票—销售专用发票”命令，打开“销售专用发票”窗口。单击“增加”按钮，打开“查询条件选择—发票参照发货单”对话框，单击“确定”按钮，进入“参照生单”窗口。

（2）双击选中相应的发货单的选择栏，再单击工具栏中的“OK”（确定）按钮返回。

（3）修改发票号为“02963584”，单击工具栏中的“保存”按钮。

（4）单击工具栏中的“现结”按钮，打开“现结”对话框。选择输入结算方式为“电汇”，原币金额为“33 448.00”，票号为“00245671”，单击“确定”按钮返回，此时窗口左上角出现红色“现结”字样，如图 8-9 所示。

图 8-9　已现结销售专用发票

（5）单击工具栏中的“复核”按钮，再单击“关闭”按钮退出。

五、应收单据审核与制单

（1）会计周晓（802）执行“财务会计—应收款管理—应收单据处理—应收单据审核”命令，打开“应收单查询条件”对话框。在该对话框勾选“包含已现结发票”复选框，单击“确定”按钮，打开“单据处理”窗口。双击单据号为“02963584”的发票，再单击工具栏中的“审核”按钮，系统提示审核成功信息，单击“确定”按钮。单击“关闭”按钮退出窗口。

（2）周晓继续执行“应收款管理—制单处理”命令，打开“制单查询”对话框。选中左侧选项中的“现结制单”复选框，单击“确定”按钮，系统打开“制单”窗口。在该窗口显示待制单的单据 1 张。选中该单据“选择标志”栏，再单击工具栏中的“制单”按钮，系统打开“填制凭证”窗口，在该窗口显示 1 张收款凭证。

（3）插入第 2 笔分录，科目编码为“6001”（主营业务收入），项目选择“宽幅全棉贡缎”，“贷方金额”为“22000.00”；修改原“主营业务收入”分录所在行的项目为“宽幅磨毛印花”，“贷方金额”改为“7 600.00”，然后单击“保存”按钮生成凭证，如图 8-10 所示。单击“填制凭证”和“制单”窗口的“关闭”按钮退出。

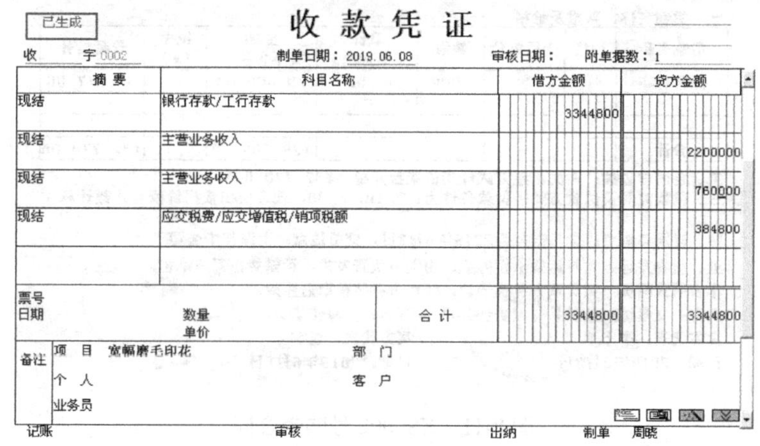

已生成

收款凭证

收　字 0002　　制单日期：2019.06.08　　审核日期：　　附单据数：1

摘要	科目名称	借方金额	贷方金额
现结	银行存款/工行存款	3344800	
现结	主营业务收入		2200000
现结	主营业务收入		760000
现结	应交税费/应交增值税/销项税额		384800
票号 日期	数量 单价　合计	3344800	3344800

备注　项目 宽幅磨毛印花　部门
个人　客户
业务员

记账　审核　出纳　制单 周晓

图 8-10　销售现结制单

六、销售出库单记账

（1）周晓（802）执行“业务工作—供应链—存货核算—业务核算—正常单据记账”命令，打开“查询条件选择”对话框，单击“确定”按钮，打开“未记账单据一览表”窗口。

（2）选中本业务生成的日期为 2019 年 6 月 8 日的销售出库单 2 张，单击“记账”按钮，系统显示“记账成功”，单击“确定”按钮，完成单据记账后退出当前窗口。

提示：

◆ 此处不进行结转销售成本操作，因为该公司仓库存货出库计价方法选择的是全月平均法，需要在存货核算系统进行期末处理后才能计算出销售出库成本。所以销售成本结转处理是供应链的期末业务。

◆ 如果仓库存货计价方法选用的是其他方法（如移动平均、个别计价、先进先出、后进

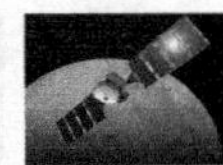

先出等），则正常单据记账后就可以结转成本，生成相应成本结转凭证。

任务 2　折扣销售和代垫业务

学习任务

2019 年 6 月 8 日，市场部李小平与上海佳华公司签订销售合同，销售一批原色棉布，数量 2000 米，不含税单价 14.5 元，增值税税率为 13%，已开具增值税发票，合同约定的付款条件为：2/10，*n*/30，现金折扣依据价税合计数计算。公司物流部当日已全部发货并已办妥运输手续，同时开出现金支票代垫运费 660 元，运费发票开具给上海佳华公司。货物价税款和代垫费用款均未收回，相关原始单据参见图 8-11 至图 8-13。

购销合同

卖方：文景纺织品贸易有限责任公司　　合同编号：XS0002

买方：上海佳华公司

为维护买卖双方的合法权益，买卖双方根据《中华人民共和国合同法》相关规定，经充分协商，一致同意签订本合同。

一、货物名称、数量及价格

货物名称	规格	计量单位	数量	单价（不含税）	金额（不含税）	税率（%）	价税合计
原色棉布		米	2000	14.50	29 000.00	13	32 277.00
合计					¥29 000.00		¥32 770.00

二、合同总金额：人民币叁万贰仟柒佰柒拾元整（¥32 770.00）。

三、付款时间及付款方式：付款条件为：2/10，n/30，现金折扣依据价税合计数计算。

四、时间与地点：交货时间为2019年6月8日，交货地点：上海佳华公司

五、货物发运方式与运费承担方式：由卖方负责发货，运输费由买方承担。

本合同式两份，买卖双方各执一份，经双方签字盖章后生效。

卖方：文景纺织品贸易有限责任公司　　买方：上海佳华公司

卖方代表：李小平　　买方代表：曹宇

日期：2019年6月8日　　日期：2019年6月8日

图 8-11　XS0002 号购销合同

1300014321　　**北京增值税专用发票**　　No：02963585

记账联

开票日期：2019年6 月8 日

购货单位	名称：上海佳华公司 纳税人识别号：95310008432192856７ 地址、电话：上海市浦东区人民路7号，电话021-65653341 开户行及账号：建行上海浦东支行6222607874562332820				密码区	（略）	
货物或应税劳务名称	规格型号	单位	数量	单价	金额	税率	税额
原色棉布		米	2 000	14.50	29 000.00	13%	3 770.00
合计					¥29 000.00		¥3 770.00
价税合计（大写）	⊗叁万贰仟柒佰柒拾元整				（小写）¥32 770.00		
销货单位	名称：文景纺织品贸易有限责任公司 纳税人识别号：91210258MA123375X6 地址、电话：京州市和平区胜利路7号，电话022-66010000 开户行及账号：工行京州和平支行6202001097586328791				备注		

第一联：记账联　销货方记账凭证

收款人：略　　复核：略　　开票人：略　　销货单位：（章）

图 8-12　销售专用发票

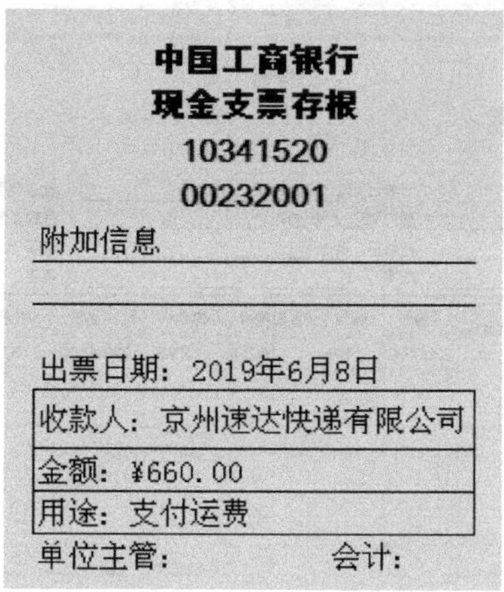
中国工商银行
现金支票存根
10341520
00232001
附加信息

出票日期：2019年6月8日
收款人：京州速达快递有限公司
金额：¥660.00
用途：支付运费
单位主管：　　　　会计：

图 8-13　支票存根

任务分析

本任务是销售开票直接发货与代垫运费业务，需要进行销售订单、销售发货单和销售专用发票的录入与审核，销售出库单的审核与记账，代垫费用处理及应收单据审核与制单处理，如图 8-14 所示。

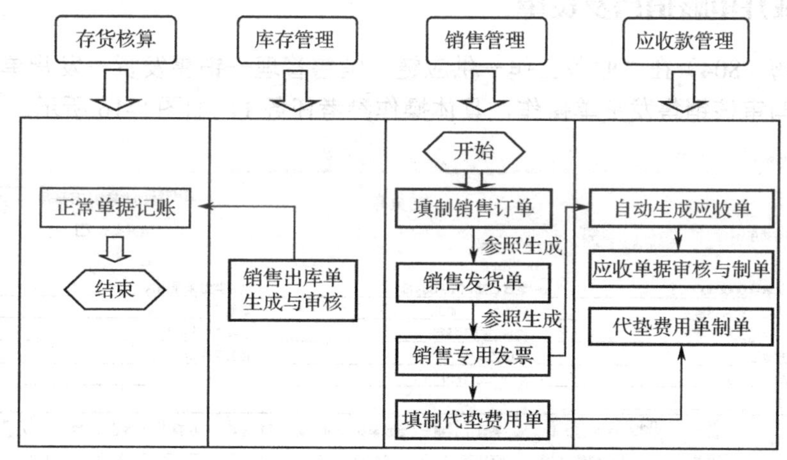

图 8-14　开票直接发货（有代垫）业务操作流程

任务实施

一、填制并审核销售订单

2019 年 6 月 8 日，市场部李梅（804）在“业务工作—供应链—销售管理—销售订货—销售订单”功能下完成填制与审核销售订单操作，具体操作参考任务 1，如图 8-15 所示。

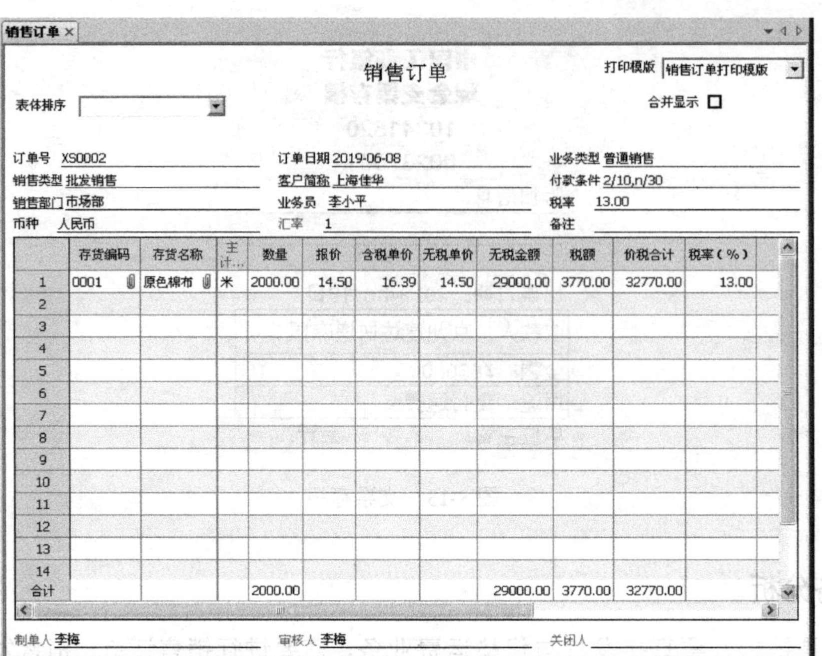

销售订单 ×

销售订单

打印模版 销售订单打印模版

表体排序

合并显示 □

订单号 XS0002　　订单日期 2019-06-08　　业务类型 普通销售

销售类型 批发销售　　客户简称 上海佳华　　付款条件 2/10,n/30

销售部门 市场部　　业务员 李小平　　税率 13.00

币种 人民币　　汇率 1　　备注

	存货编码	存货名称	主计…	数量	报价	含税单价	无税单价	无税金额	税额	价税合计	税率（%）
1	0001	原色棉布	米	2000.00	14.50	16.39	14.50	29000.00	3770.00	32770.00	13.00
2											
3											
4											
5											
6											
7											
8											
9											
10											
11											
12											
13											
14											
合计				2000.00				29000.00	3770.00	32770.00	

制单人 李梅　　审核人 李梅　　关闭人

图 8-15　销售订单

二、参照生成并审核销售发货单

市场部李梅（804）在“业务工作—供应链—销售管理—销售发货—发货单”功能下完成参照订单生成与审核销售发货单操作，具体操作参考任务 1，如图 8-16 所示。

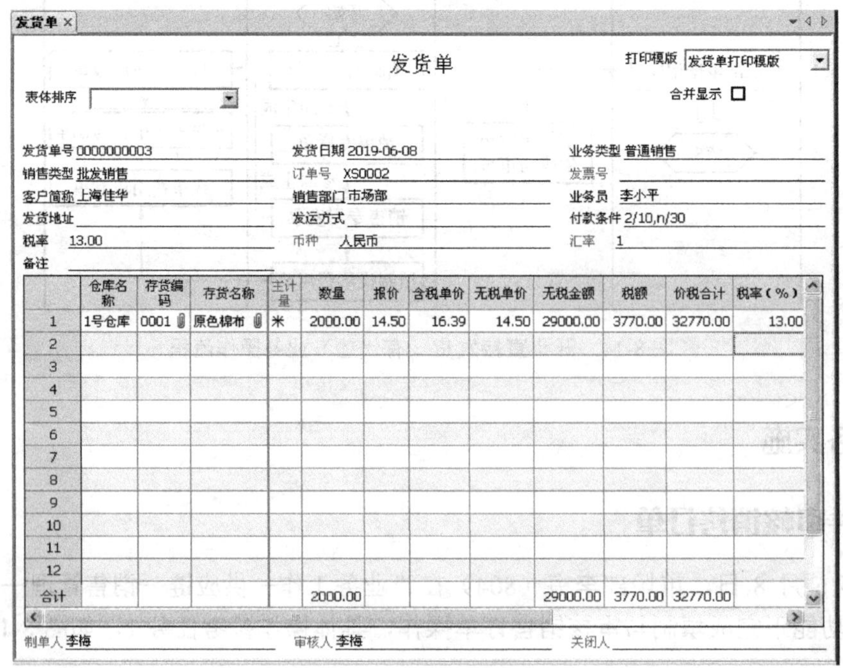

发货单 ×

发货单

打印模版 发货单打印模版

表体排序

合并显示 □

发货单号 0000000003　　发货日期 2019-06-08　　业务类型 普通销售

销售类型 批发销售　　订单号 XS0002　　发票号

客户简称 上海佳华　　销售部门 市场部　　业务员 李小平

发货地址　　发运方式　　付款条件 2/10,n/30

税率 13.00　　币种 人民币　　汇率 1

备注

	仓库名称	存货编码	存货名称	主计量	数量	报价	含税单价	无税单价	无税金额	税额	价税合计	税率（%）
1	1号仓库	0001	原色棉布	米	2000.00	14.50	16.39	14.50	29000.00	3770.00	32770.00	13.00
2												
3												
4												
5												
6												
7												
8												
9												
10												
11												
12												
合计					2000.00				29000.00	3770.00	32770.00	

制单人 李梅　　审核人 李梅　　关闭人

图 8-16　销售发货单

三、审核销售出库单

物流部孙志（805）在“业务工作—供应链—库存管理—出库业务—销售出库单”功能下完成销售出库单查阅与审核操作，具体操作参考任务 1，如图 8-17 所示。

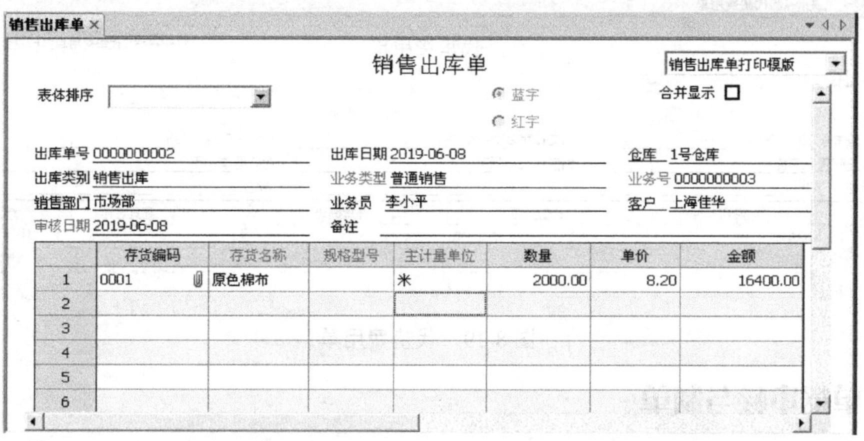

销售出库单 ×

销售出库单　　销售出库单打印模版

表体排序　　◉ 蓝字　○ 红字　　合并显示 □

出库单号 0000000002　出库日期 2019-06-08　仓库 1号仓库
出库类别 销售出库　业务类型 普通销售　业务号 0000000003
销售部门 市场部　业务员 李小平　客户 上海佳华
审核日期 2019-06-08　备注

	存货编码	存货名称	规格型号	主计量单位	数量	单价	金额
1	0001	原色棉布		米	2000.00	8.20	16400.00
2							
3							
4							
5							
6							

图 8-17　销售出库单

四、销售出库单记账

会计周晓（802）在“业务工作—供应链—存货核算—业务核算—正常单据记账”功能下完成正常单据记账操作，具体操作参考任务 1。

五、销售专用发票和代垫费用单的生成与复核

（1）李梅（804）参照发货单生成销售专用发票（票号 02963585），如图 8-18 所示。

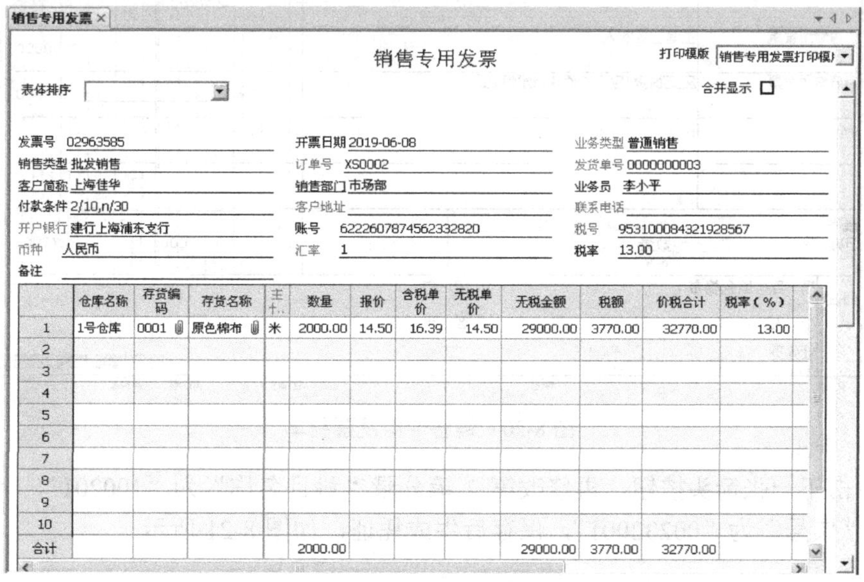

销售专用发票 ×

销售专用发票　　打印模版 销售专用发票打印模版

表体排序　　合并显示 □

发票号 02963585　开票日期 2019-06-08　业务类型 普通销售
销售类型 批发销售　订单号 XS0002　发货单号 0000000003
客户简称 上海佳华　销售部门 市场部　业务员 李小平
付款条件 2/10,n/30　客户地址　联系电话
开户银行 建行上海浦东支行　账号 6222607874562332820　税号 953100084321928567
币种 人民币　汇率 1　税率 13.00
备注

	仓库名称	存货编码	存货名称	主计…	数量	报价	含税单价	无税单价	无税金额	税额	价税合计	税率（%）
1	1号仓库	0001	原色棉布	米	2000.00	14.50	16.39	14.50	29000.00	3770.00	32770.00	13.00
2												
3												
4												
5												
6												
7												
8												
9												
10												
合计					2000.00				29000.00	3770.00	32770.00	

图 8-18　销售专用发票

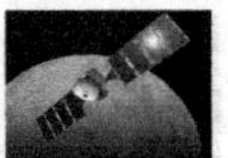

（2）在“销售专用发票”窗口单击“代垫”按钮，打开“代垫费用单”窗口。在表体“费用项目”栏输入“运输费”，“代垫金额”为“660”。单击“保存”按钮，再单击“审核”按钮，如图 8-19 所示。单击“关闭”按钮返回。单击“复核”按钮，完成发票复核处理。

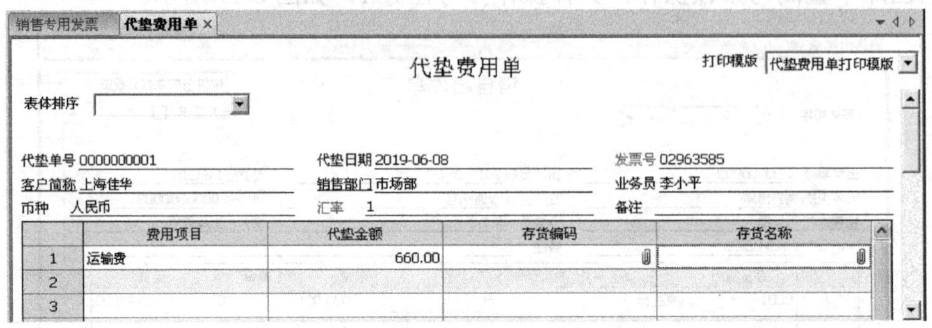

图 8-19　代垫费用单

六、应收单据审核与制单

（1）周晓（802）在应收款应收单据审核功能完成代垫费用单和销售专用发票审核操作。

（2）周晓执行“应收款管理—制单处理”命令，在“制单查询”对话框勾选“发票制单”和“应收单制单”复选框，单击“确定”按钮，系统打开“制单”窗口。在该窗口勾选两张单据，再单击“制单”按钮，系统打开“填制凭证”窗口。修改“凭证类别”为“转账凭证”，“主营业务收入”的项目为“原色棉布”，保存后生成凭证，如图 8-20 所示。

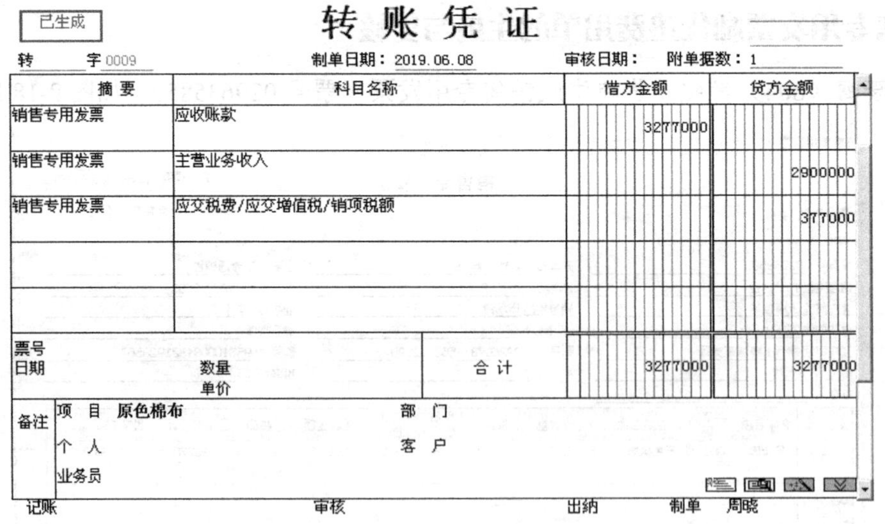

图 8-20　销售专用发票制单

（3）单击下一张箭头按钮，再修改第 2 笔分录“科目名称”为“100201”，“结算方式”为“201”，“票号”为“00232001”，保存后生成凭证，如图 8-21 所示。

已生成

付款凭证

付　字 0014　　制单日期：2019.06.08　　审核日期：　　附单据数：1

摘要	科目名称	借方金额	贷方金额
其他应收单	应收账款	66000	
其他应收单	银行存款/工行存款		66000
票号 201 - 00232001 日期 2019.06.08	数量 单价　　合计	66000	66000

备注　项目　　部门
个人　　客户
业务员

记账　　审核　　出纳　　制单　周晓

图 8-21　代垫费用单制单

任务 3　分期收款销售业务

学习任务

2019 年 6 月 10 日，市场部李梅与天津成达加工厂签订销售合同，销售宽幅磨毛印花面料和梭织涤棉提花面料各 2 000 米。货物于当日发出，款项分别于 10 日和 11 日收到。相关原始单据参见图 8-22 至图 8-26。

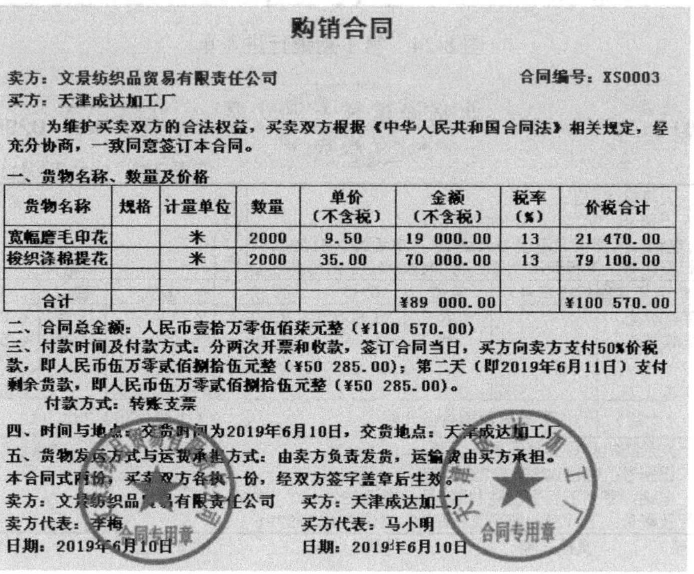

购销合同

卖方：文景纺织品贸易有限责任公司　　合同编号：XS0003
买方：天津成达加工厂

为维护买卖双方的合法权益，买卖双方根据《中华人民共和国合同法》相关规定，经充分协商，一致同意签订本合同。

一、货物名称、数量及价格

货物名称	规格	计量单位	数量	单价（不含税）	金额（不含税）	税率（%）	价税合计
宽幅磨毛印花		米	2000	9.50	19 000.00	13	21 470.00
梭织涤棉提花		米	2000	35.00	70 000.00	13	79 100.00
合计					¥89 000.00		¥100 570.00

二、合同总金额：人民币壹拾万零伍佰柒元整（¥100 570.00）
三、付款时间及付款方式：分两次开票和收款，签订合同当日，买方向卖方支付50%价税款，即人民币伍万零贰佰捌拾伍元整（¥50 285.00）；第二天（即2019年6月11日）支付剩余货款，即人民币伍万零贰佰捌拾伍元整（¥50 285.00）。
付款方式：转账支票
四、时间与地点：交货时间为2019年6月10日，交货地点：天津成达加工厂
五、货物发运方式与运费承担方式：由卖方负责发货，运输费由买方承担。
本合同式两份，买卖双方各执一份，经双方签字盖章后生效。
卖方：文景纺织品贸易有限责任公司　　买方：天津成达加工厂
卖方代表：李梅　　买方代表：马小明
日期：2019年6月10日　　日期：2019年6月10日

合同专用章　合同专用章

图 8-22　XS0003 号购销合同

1300014321　　　北京增值税专用发票　　　No: 02963587

记账联

开票日期：2019年6月10日

购货单位	名称：天津成达加工厂 纳税人识别号：901201547382011071 地址、电话：天津市大港区小原路2号，电话022-61232457 开户行及账号：工行天津大港支行6212020151067830254	密码区	（略）			
货物或应税劳务名称	规格型号	单位	数量	单价	金额	税率	税额
宽幅磨毛印花		米	1000	9.50	9 500.00	13%	1 235.00
梭织涤棉提花		米	1000	35.00	35 000.00	13%	4 550.00
合计					¥44 500.00		¥5 785.00
价税合计（大写）	⊗伍万零贰佰捌拾伍元整				（小写）¥50 285.00		
销货单位	名称：文景纺织品贸易有限责任公司 纳税人识别号：91210258MA123375X6 地址、电话：京州市和平区胜利路7号，电话022-66010000 开户行及账号：工行京州和平支行6202001097586328791				备注：文景纺织品贸易有限责任公司 91210258MA123375X6 发票专用章		

收款人：略　　复核：略　　开票人：略　　销货单位：（章）

第一联：记账联 销货方记账凭证

图 8-23　第 1 期销售专用发票

中国工商银行进账单（回单）　1

2019年6月10日

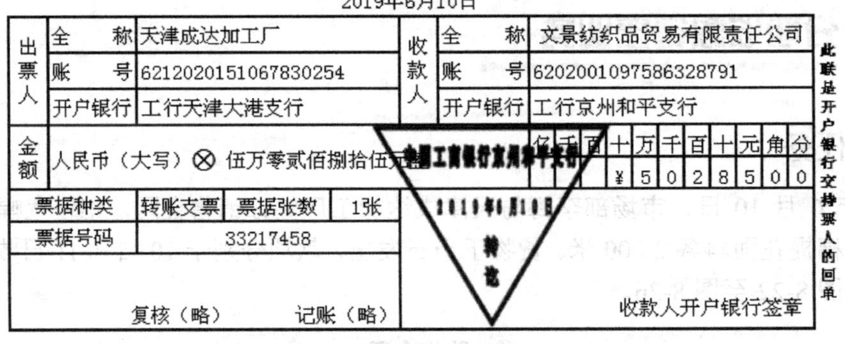

出票人	全称	天津成达加工厂	收款人	全称	文景纺织品贸易有限责任公司
	账号	6212020151067830254		账号	6202001097586328791
	开户银行	工行天津大港支行		开户银行	工行京州和平支行
金额	人民币（大写）⊗伍万零贰佰捌拾伍元整			亿千百十万千百十元角分	¥ 5 0 2 8 5 0 0
票据种类	转账支票	票据张数	1张		
票据号码	33217458				
	复核（略）　记账（略）			收款人开户银行签章	中国工商银行京州和平支行 2019年6月10日 转讫

此联是开户银行交持票人的回单

图 8-24　第 1 期银行进账单

1300014321　　　北京增值税专用发票　　　No: 02963588

记账联

开票日期：2019年6月11日

购货单位	名称：天津成达加工厂 纳税人识别号：901201547382011071 地址、电话：天津市大港区小原路2号，电话022-61232457 开户行及账号：工行天津大港支行6212020151067830254	密码区	（略）			
货物或应税劳务名称	规格型号	单位	数量	单价	金额	税率	税额
宽幅磨毛印花		米	1 000	9.50	9 500.00	13%	1 235.00
梭织涤棉提花		米	1 000	35.00	35 000.00	13%	4 550.00
合计					¥44 500.00		¥5 785.00
价税合计（大写）	⊗伍万零贰佰捌拾伍元整				（小写）¥50 285.00		
销货单位	名称：文景纺织品贸易有限责任公司 纳税人识别号：91210258MA123375X6 地址、电话：京州市和平区胜利路7号，电话022-66010000 开户行及账号：工行京州和平支行6202001097586328791				备注：文景纺织品贸易有限责任公司 91210258MA123375X6 发票专用章		

收款人：略　　复核：略　　开票人：略　　销货单位：（章）

第一联：记账联 销货方记账凭证

图 8-25　第 2 期销售专用发票

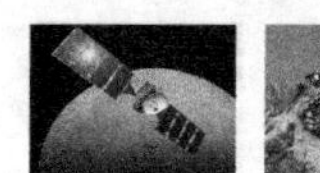

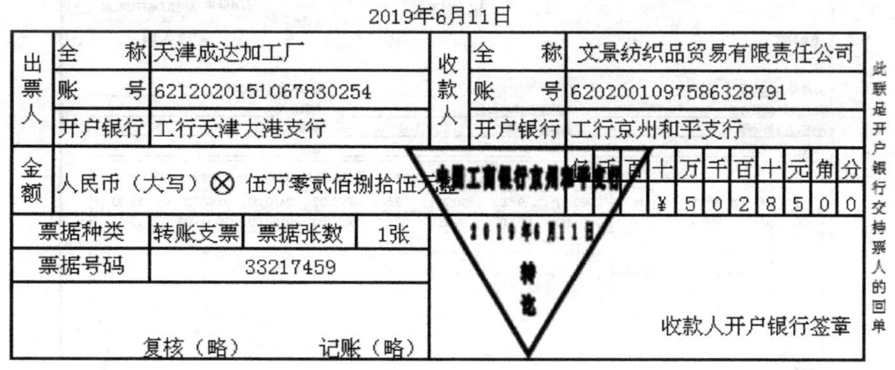

中国工商银行**进账单（回单）**　1

2019年6月11日

出票人	全　称	天津成达加工厂	收款人	全　称	文景纺织品贸易有限责任公司
	账　号	6212020151067830254		账　号	6202001097586328791
	开户银行	工行天津大港支行		开户银行	工行京州和平支行
金额	人民币（大写）⊗ 伍万零贰佰捌拾伍元整				亿千百十万千百十元角分 ¥ 5 0 2 8 5 0 0
票据种类	转账支票	票据张数 1张			
票据号码	33217459				
复核（略）　记账（略）			收款人开户银行签章		

中国工商银行京州和平支行 2019年6月11日 转讫

此联是开户银行交持票人的回单

图 8-26　第 2 期银行进账单

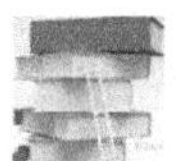

任务分析

本任务属于分期收款销售业务，即先全部发货，再分期开票及确认收入和成本。在业务处理过程中，需要填制并审核销售订单和销售发货单，生成与审核销售出库单并进行出库单记账，填制与复核第 1 期销售发票并进行应收单审核与制单；到第 2 期再填制与复核第 2 期销售发票并进行应收单审核与制单，如图 8-27 所示。

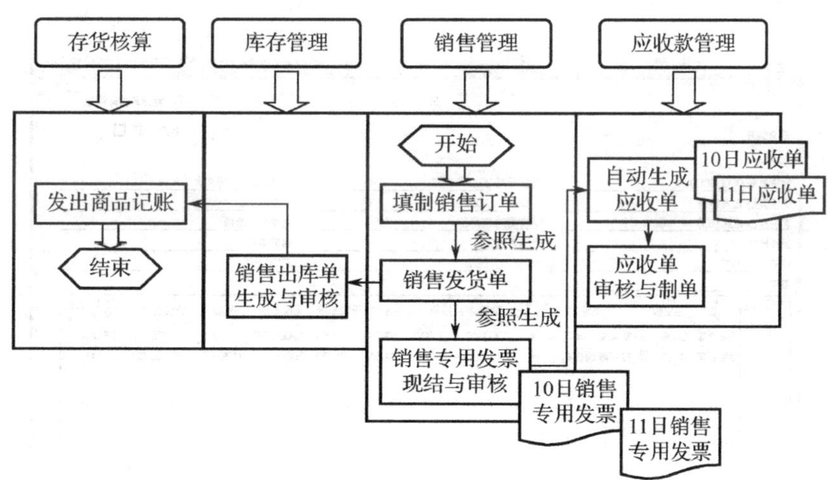

图 8-27　分期收款销售业务操作流程

任务实施

一、填制并审核销售订单

2019 年 6 月 10 日，市场部李梅（804）填制并审核销售订单，如图 8-28 所示。

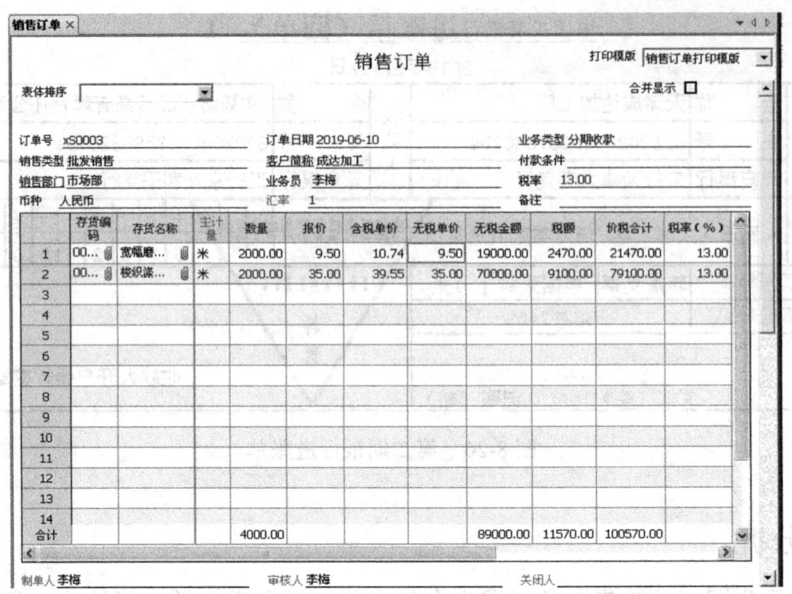

销售订单

打印模版 销售订单打印模版

表体排序　　合并显示 □

订单号 XS0003　订单日期 2019-06-10　业务类型 分期收款

销售类型 批发销售　客户简称 成达加工　付款条件

销售部门 市场部　业务员 李梅　税率 13.00

币种 人民币　汇率 1　备注

	存货编码	存货名称	主计量	数量	报价	含税单价	无税单价	无税金额	税额	价税合计	税率（%）
1	00...	宽幅磨...	米	2000.00	9.50	10.74	9.50	19000.00	2470.00	21470.00	13.00
2	00...	梭织涤...	米	2000.00	35.00	39.55	35.00	70000.00	9100.00	79100.00	13.00
3											
4											
5											
6											
7											
8											
9											
10											
11											
12											
13											
14											
合计				4000.00				89000.00	11570.00	100570.00	

制单人 李梅　审核人 李梅　关闭人

图 8-28　销售订单

二、参照生成并审核销售发货单

2019 年 6 月 10 日，李梅（804）参照 XS0003 销售订单生成并审核销售发货单，如图 8-29 所示。

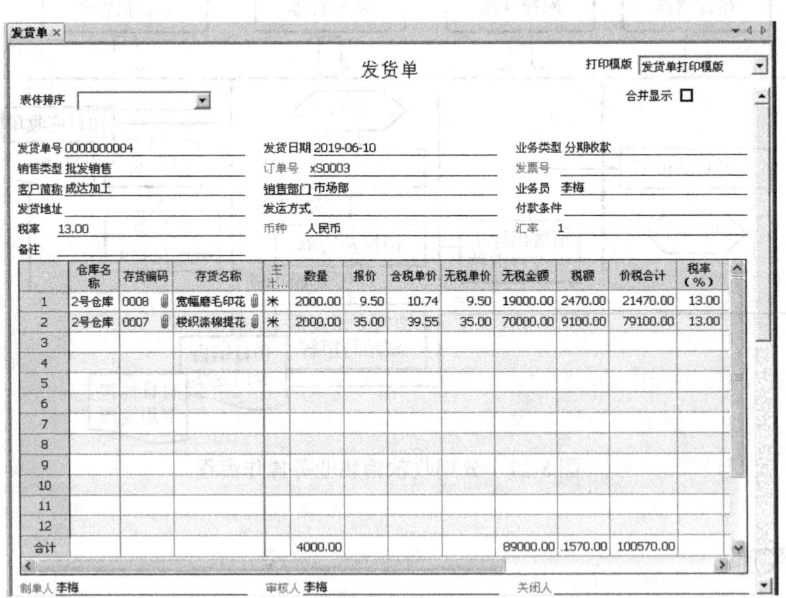

发货单

打印模版 发货单打印模版

表体排序　　合并显示 □

发货单号 0000000004　发货日期 2019-06-10　业务类型 分期收款

销售类型 批发销售　订单号 XS0003　发票号

客户简称 成达加工　销售部门 市场部　业务员 李梅

发货地址　发运方式　付款条件

税率 13.00　币种 人民币　汇率 1

备注

	仓库名称	存货编码	存货名称	主计...	数量	报价	含税单价	无税单价	无税金额	税额	价税合计	税率（%）
1	2号仓库	0008	宽幅磨毛印花	米	2000.00	9.50	10.74	9.50	19000.00	2470.00	21470.00	13.00
2	2号仓库	0007	梭织涤棉提花	米	2000.00	35.00	39.55	35.00	70000.00	9100.00	79100.00	13.00
3												
4												
5												
6												
7												
8												
9												
10												
11												
12												
合计					4000.00				89000.00	1570.00	100570.00	

制单人 李梅　审核人 李梅　关闭人

图 8-29　销售发货单

三、审核销售出库单

物流部孙志（805）审核根据销售发货单自动生成的销售出库单，如图 8-30 所示。

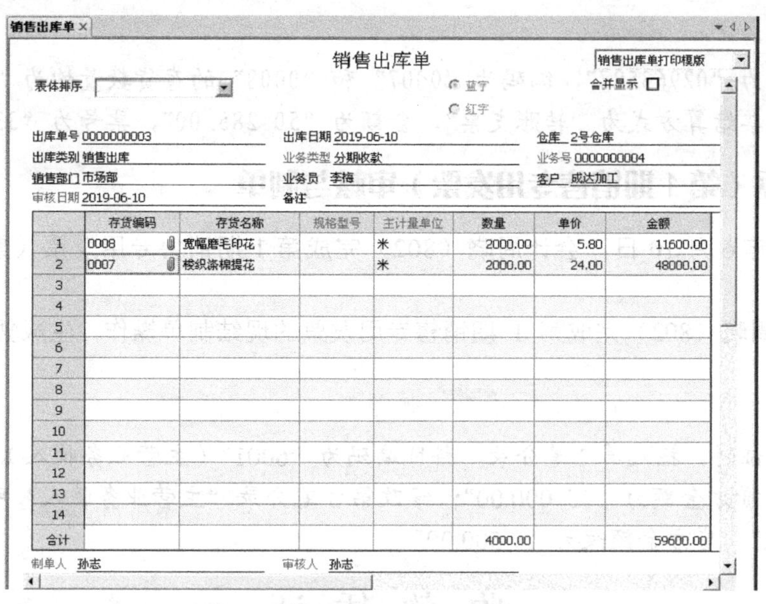
销售出库单

出库单号 0000000003　出库日期 2019-06-10　仓库 2号仓库
出库类别 销售出库　业务类型 分期收款　业务号 0000000004
销售部门 市场部　业务员 李梅　客户 成达加工
审核日期 2019-06-10　备注

	存货编码	存货名称	规格型号	主计量单位	数量	单价	金额
1	0008	宽幅磨毛印花		米	2000.00	5.80	11600.00
2	0007	梭织涤棉提花		米	2000.00	24.00	48000.00
合计					4000.00		59600.00

制单人 孙志　审核人 孙志

图 8-30　销售出库单

四、参照生成、现结与复核第 1 期销售专用发票

2019 年 6 月 10 日，李梅（804）参照本任务已审核发货单生成第 1 期销售专用发票，并进行现结与复核处理，如图 8-31 所示。

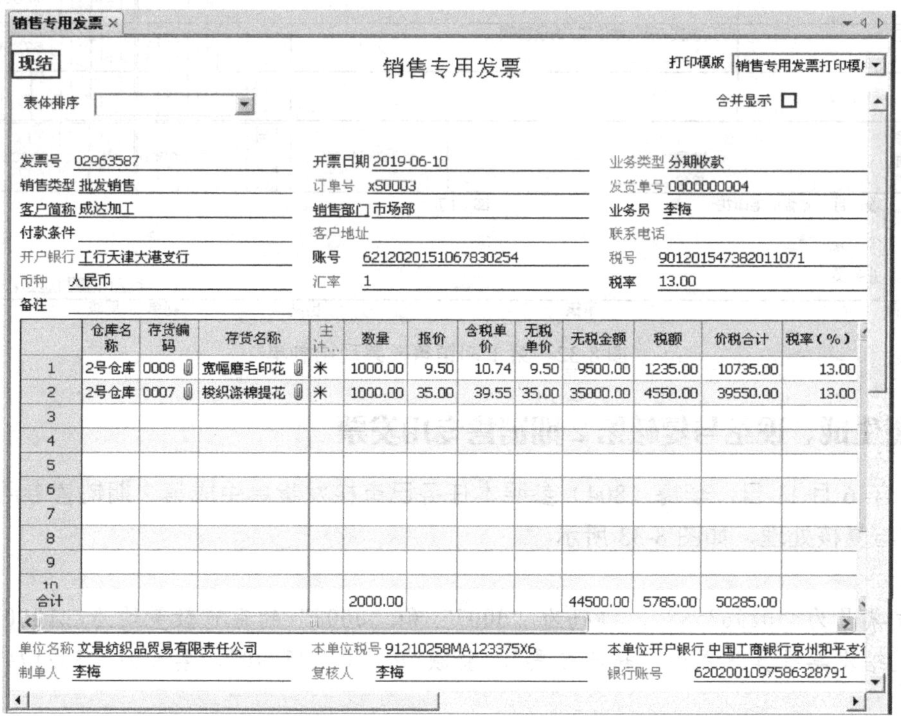
销售专用发票

发票号 02963587　开票日期 2019-06-10　业务类型 分期收款
销售类型 批发销售　订单号 XS0003　发货单号 0000000004
客户简称 成达加工　销售部门 市场部　业务员 李梅
付款条件　客户地址　联系电话
开户银行 工行天津大港支行　账号 6212020151067830254　税号 901201547382011071
币种 人民币　汇率 1　税率 13.00
备注

	仓库名称	存货编码	存货名称	主计...	数量	报价	含税单价	无税单价	无税金额	税额	价税合计	税率（%）
1	2号仓库	0008	宽幅磨毛印花	米	1000.00	9.50	10.74	9.50	9500.00	1235.00	10735.00	13.00
2	2号仓库	0007	梭织涤棉提花	米	1000.00	35.00	39.55	35.00	35000.00	4550.00	39550.00	13.00
合计					2000.00				44500.00	5785.00	50285.00	

单位名称 文景纺织品贸易有限责任公司　本单位税号 91210258MA123375X6　本单位开户银行 中国工商银行京州和平支
制单人 李梅　复核人 李梅　银行账号 6202001097586328791

图 8-31　第 1 期销售专用发票

提示：

◆ 发票号为“02963587”，编码为“0007”和“0008”的存货数量均为“1000.00”。

◆ 现结发票结算方式为“转账支票”，金额为“50 285.00”，票号为“33217458”。

五、应收单据（第1期销售专用发票）审核与制单

（1）2019年6月10日，会计周晓（802）完成第1期销售专用发票（票号02963587）的审核操作。

（2）会计周晓（802）完成第1期销售专用发票的现结制单操作，生成凭证，如图8-32所示。

提示：

◆ 生成凭证时，插入第2笔分录，科目编码为“6001”（主营业务收入），项目选择“梭织涤棉提花”，贷方金额为“35 000.00”；修改第3笔分录“主营业务收入”所在行的项目为“宽幅磨毛印花”，贷方金额改为“9 500.00”。

已生成

收 款 凭 证

收 字 0003　　制单日期：2019.06.10　　审核日期：　　附单据数：1

摘 要	科目名称	借方金额	贷方金额
现结	银行存款/工行存款	5028500	
现结	主营业务收入		3500000
现结	主营业务收入		950000
现结	应交税费/应交增值税/销项税额		578500
票号 日期	数量 单价 合 计	5028500	5028500

备注　项　目　宽幅磨毛印花　　部　门

个　人　　客　户

业务员

记账　　审核　　出纳　　制单　周晓

图8-32　第1期销售发票现结制单

六、参照生成、现结与复核第2期销售专用发票

2019年6月11日，李梅（804）参照本任务已审核发货单生成第2期销售专用发票，并进行现结与复核处理，如图8-33所示。

提示：

◆ 发票号为“02963588”，编码为“0007”和“0008”的存货数量均为“1000”。

◆ 现结发票结算方式为“转账支票”，金额为“50 285.00”，票号为“33217459”。

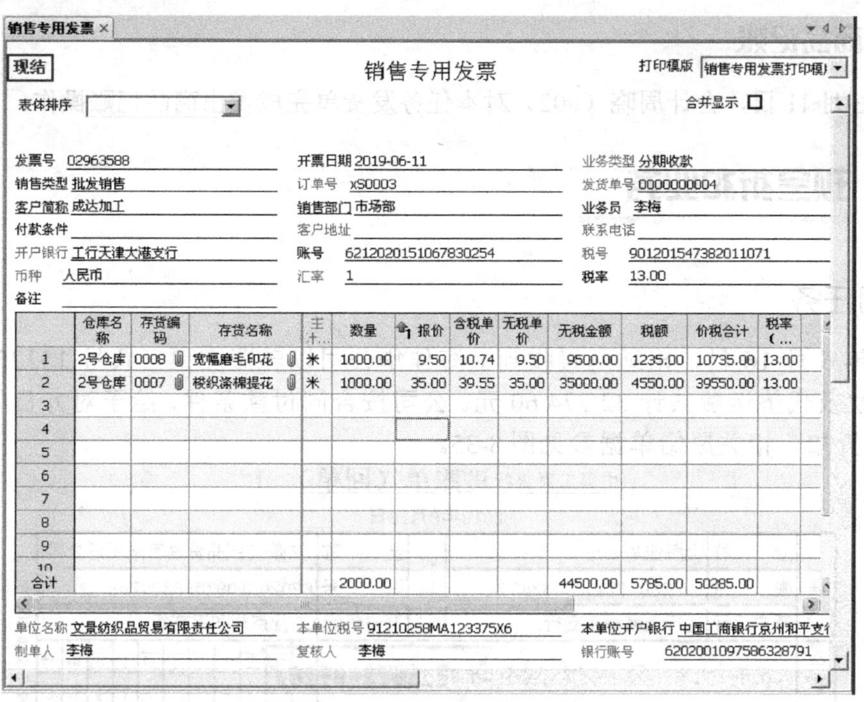

销售专用发票

现结　　打印模版 销售专用发票打印模版

表体排序　　合并显示 □

发票号 02963588　开票日期 2019-06-11　业务类型 分期收款

销售类型 批发销售　订单号 XS0003　发货单号 0000000004

客户简称 成达加工　销售部门 市场部　业务员 李梅

付款条件　客户地址　联系电话

开户银行 工行天津大港支行　账号 6212020151067830254　税号 901201547382011071

币种 人民币　汇率 1　税率 13.00

备注

	仓库名称	存货编码	存货名称	主计…	数量	报价	含税单价	无税单价	无税金额	税额	价税合计	税率(…
1	2号仓库	0008	宽幅磨毛印花	米	1000.00	9.50	10.74	9.50	9500.00	1235.00	10735.00	13.00
2	2号仓库	0007	梭织涤棉提花	米	1000.00	35.00	39.55	35.00	35000.00	4550.00	39550.00	13.00
3												
4												
5												
6												
7												
8												
9												
10												
合计					2000.00				44500.00	5785.00	50285.00	

单位名称 文景纺织品贸易有限责任公司　本单位税号 91210258MA123375X6　本单位开户银行 中国工商银行京州和平支行

制单人 李梅　复核人 李梅　银行账号 6202001097586328791

图 8-33　第 2 期销售专用发票

七、应收单据（第 2 期销售专用发票）审核与制单

（1）2019 年 6 月 11 日，会计周晓（802）完成第 2 期销售专用发票（票号 02963588）的审核操作。

（2）会计周晓（802）完成第 2 期销售专用发票制单操作，生成凭证，如图 8-34 所示。

已生成

收款凭证

收　字 0004　制单日期：2019.06.11　审核日期：　附单据数：1

摘要	科目名称	借方金额	贷方金额
现结	银行存款/工行存款	5028500	
现结	主营业务收入		3500000
现结	主营业务收入		950000
现结	应交税费/应交增值税/销项税额		578500
票号 202 - 33217459 日期 2019.06.11 数量 单价	合计	5028500	5028500

备注　项目　部门

个人　客户

业务员

记账　审核　出纳　制单 周晓

图 8-34　第 2 期销售专用发票现结制单

八、发出商品记账

2019 年 6 月 11 日，会计周晓（802）对本任务发货单完成发出商品记账操作。

任务 4　现金折扣业务

学习任务

2019 年 6 月 16 日，出纳刘媛收到上海佳华公司以转账支票（票号 15325561）支付货款价税款及代垫运费共计 32 774.60 元。公司按合同付款条件，给予对方货物含税价款 2%的现金折扣。相关原始单据参见图 8-35。

中国工商银行**进账单（回单）** 1

2019年6月16日

出票人	全　　称	上海佳华公司	收款人	全　　称	文景纺织品贸易有限责任公司
	账　　号	6222607874562332820		账　　号	6202001097586328791
	开户银行	建行上海浦东支行		开户银行	工行京州和平支行
金额	人民币（大写）⊗ 叁万贰仟柒佰柒			亿千百十万千百十元角分	¥3277460
票据种类	转账支票	票据张数 1张			
票据号码	15325561				
	复核（略）　记账（略）				收款人开户银行签章

此联是开户银行交持票人的回单

图 8-35　银行进账单

任务分析

本任务是有现金折扣的销售收款业务，首先需要通过应收款管理系统的“选择收款”功能进行收款单确认和应收核销处理，然后在“制单处理”功能完成收款制单，如图 8-36 所示。

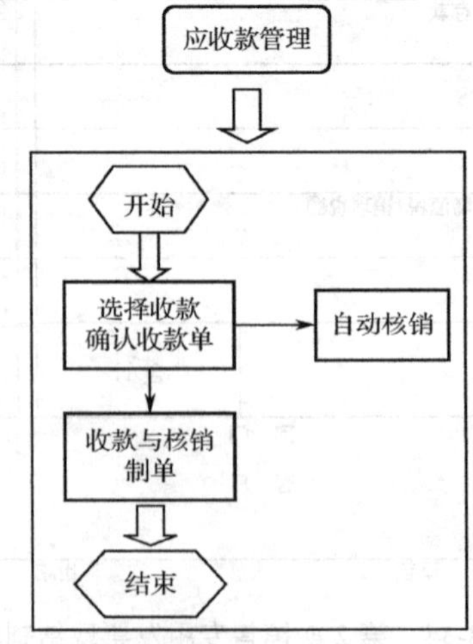

图 8-36　有现金折扣的销售收款业务操作流程

知识准备

一、现金折扣

现金折扣是债权人为鼓励债务人早付款而向债务人提供的债务扣除。核算现金折扣的方法有总价法、净价法和备抵法 3 种，我国《企业会计准则》要求采用总价法入账。

二、选择收款

“选择收款”功能可以实现一次对多个客户、多笔款项进行收款核销处理。选择收款后系统自动完成核销处理，生成核销单和收款单，然后直接进行收款制单和核销制单。

任务实施

一、选择收款并确认收款单

（1）2019 年 6 月 16 日，出纳刘媛（803）执行“业务工作—财务会计—应收款管理—选择收款”命令，打开“选择收款—条件”对话框，客户选择“上海佳华”，勾选“可享受折扣”复选框，单击“确定”按钮，系统退出该对话框并打开“选择收款—单据”窗口。

（2）在“选择收款—单据”窗口显示客户为“上海佳华”的两张单据。在“其他应收款”单据所在行收款金额栏录入“660”；同时在“销售专用发票”的本次折扣栏录入“655.4”，收款金额栏显示数据“32 114.6”。

（3）单击工具栏中的“OK”（确认）按钮，打开“选择收款—收款单”对话框。在该对话框选择结算方式为“转账支票”，票号“15325561”，单击“确定”按钮，系统自动完成收款与核销处理后返回“选择收款—单据”窗口。单击窗口“关闭”按钮退出。

二、收款核销制单

会计周晓（802）在应收款管理系统完成“核销制单”和“收付款单制单”，核销制单生成凭证如图 8-37 所示，收付款单制单生成凭证如图 8-38 所示。

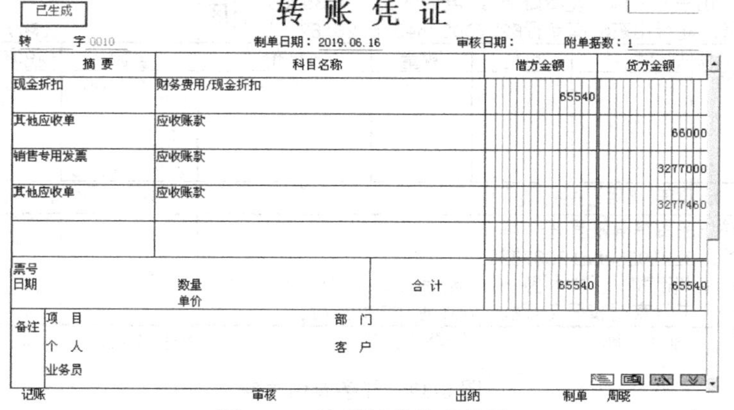

已生成

转 账 凭 证

转　字 0010　　制单日期：2019.06.16　　审核日期：　　附单据数：1

摘要	科目名称	借方金额	贷方金额
现金折扣	财务费用/现金折扣	65540	
其他应收单	应收账款		66000
销售专用发票	应收账款		3277000
其他应收单	应收账款		3277460
票号 日期　数量 单价	合计	65540	65540

备注　项目　　部门
个人　　客户
业务员

记账　　审核　　出纳　　制单　周晓

图 8-37　核销制单生成凭证

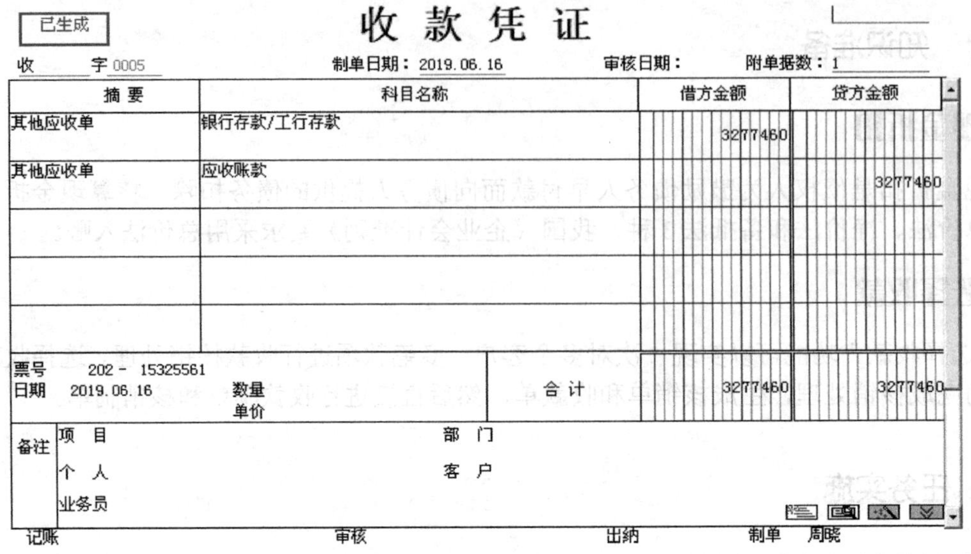

已生成

收 款 凭 证

收 字 0005　　制单日期：2019.06.16　　审核日期：　　附单据数：1

摘要	科目名称	借方金额	贷方金额
其他应收单	银行存款/工行存款	3277460	
其他应收单	应收账款		3277460
票号 202 - 15325561 日期 2019.06.16　数量 单价	合计	3277460	3277460

备注　项　目　　部　门
　　　个　人　　客　户
　　　业务员

记账　　审核　　出纳　　制单　周晓

图 8-38　收付款单制单生成凭证

任务 5　销售退货业务

学习任务

2019 年 6 月 20 日，销售部李小平收到山东天韵服装厂退回的商品宽幅全棉贡缎面料 100 米，经确认属于质量问题。出纳刘媛开出转账支票支付退货款。相关原始单据参见图 8-39 和图 8-40。

1300014321　　**北京增值税专用发票**　　No：02963589

记账联

开票日期：2019年6月20日

购货单位	名称：山东天韵服装厂 纳税人识别号：933705746112208481 地址、电话：山东省济南市北清路8号，电话0531-77235200 开户行及账号：建行山东济南支行6227002354318923167	密码区	（略）

货物或应税劳务名称	规格型号	单位	数量	单价	金额	税率	税额
宽幅全棉贡缎		米	-100	22.00	-2 200.00	13%	-286.00
合计					¥-2 200.00		¥-286.00
价税合计（大写）	⊗贰仟肆佰捌拾陆元整				（小写）¥-2 486.00		

销货单位	名称：文景纺织品贸易有限责任公司 纳税人识别号：91210258MA123375X6 地址、电话：京州市和平区胜利路7号，电话022-66010000 开户行及账号：工行京州和平支行6202001097586328791	备注	文景纺织品贸易有限责任公司 91210258MA123375X6 发票专用章

收款人：略　　复核：略　　开票人：略　　销货单位：（章）

第二联：记账联 销货方记账凭证

图 8-39　红字专用发票

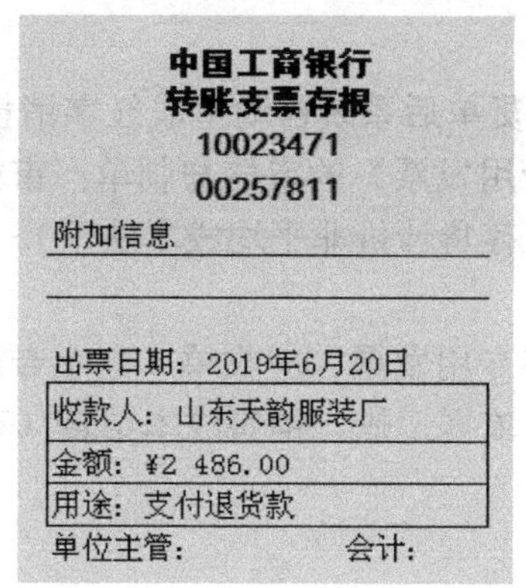
中国工商银行
转账支票存根
10023471
00257811
附加信息

出票日期：2019年6月20日

收款人：山东天韵服装厂
金额：¥2 486.00
用途：支付退货款

单位主管：　　　　会计：

图 8-40　转账支票存根

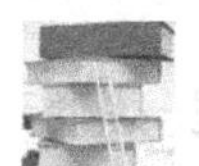

任务分析

本任务是已开票收款销售的销售退货退款业务，完成该任务需要进行开票退货和付款处理。本业务既可以先退货后开票，也可以开票直接退货。先退货后开票退货方式下的操作流程如图 8-41 所示。

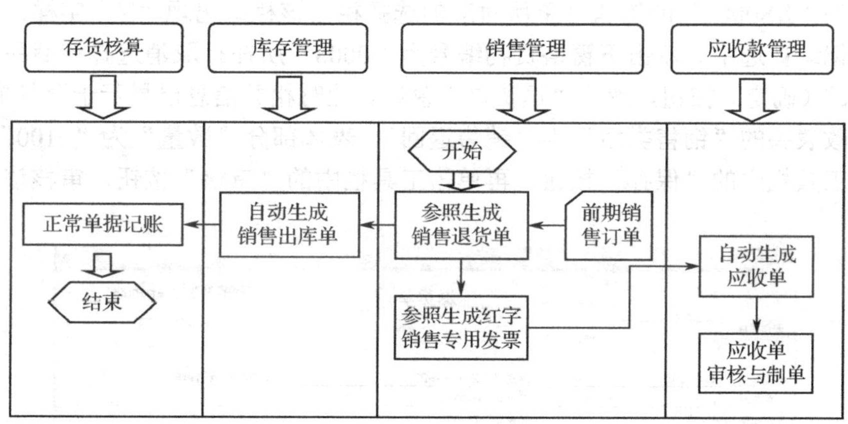

图 8-41　先退货后开票退货方式下的操作流程

知识准备

销售退货是指企业售出的商品由于质量、品种不符合客户要求等原因而发生的退货。销售退货业务的处理与普通销售业务的处理流程基本相同，如果退货发生在开票和出库前，则直接修改或作废发货单即可；如果退货时已经开票和出库，则需要先填制并审核退货单，根据退货单生成、现结（如果已退款）并审核红字销售专用发票，再对发票进行应收单审核与制单，最后对审核退货单时系统自动生成的红字销售出库单进行审核操作，相关部门办理退货入库手续。

对于已完成开票和收款处理的退货付款业务，既可以先退货后开票，也可以开票直接退货，相关操作流程简述如下。

1. 先退货后开票操作流程

填制并审核退货单（审核退货单后系统自动生成红字销售出库单）、参照生成并审核红字销售专用发票、应收单（红字专用发票）的审核与制单；审核红字销售出库单、红字销售出库单单据记账、销售成本结转（存货计价非平均成本法下）。

2. 先开票后退货操作流程

填制、现结并审核红字销售专用发票、应收单（红字专用发票）的审核与制单；审核红字销售出库单、红字销售出库单单据记账、销售成本结转（存货计价非平均成本法下）。

任务实施

一、参照生成并审核销售退货单

（1）2019 年 6 月 20 日，市场部李梅（804）执行“业务工作—供应链—销售管理—销售发货—退货单”命令，打开“退货单”窗口。单击“增加”按钮，打开“查询条件选择—参照订单”对话框。

（2）直接单击该对话框的“确定”按钮，打开“参照生单”窗口。在该窗口的上窗格中，双击订单号为“XS0001”的销售订单所对应的选择栏，该栏即出现“Y”字样，同时下窗格中也有两条记录被选中。双击下窗格货物编号为“0008”所在行取消选择该商品。单击工具栏中的“OK”（确定）按钮，返回“退货单”窗口。此时相关信息已显示于退货单表体部分。

（3）修改表头的“销售类型”为“销售退回”，表体部分“数量”为“-100”，其他为默认值。单击工具栏中的“保存”按钮，再单击工具栏中的“审核”按钮，审核该退货单，如图 8-42 所示。

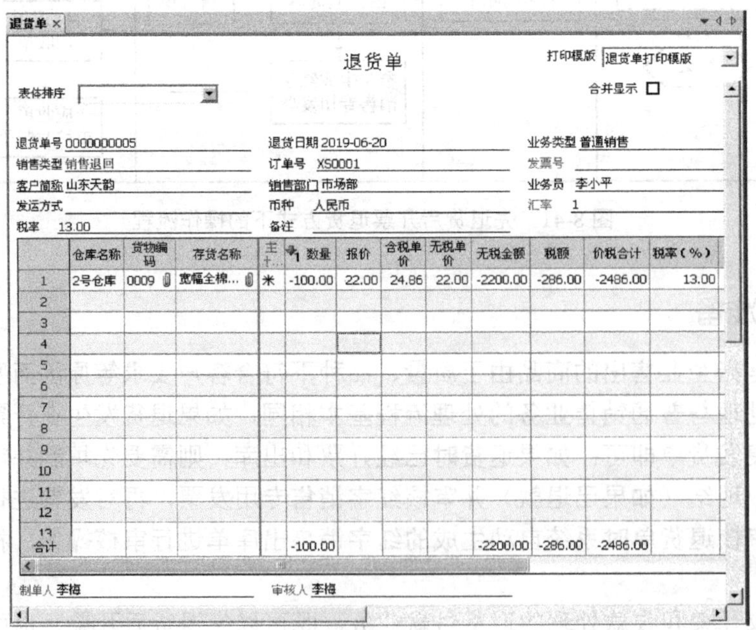

退货单 ×

退货单

打印模版 退货单打印模版

表体排序

合并显示 □

退货单号 0000000005　退货日期 2019-06-20　业务类型 普通销售

销售类型 销售退回　订单号 XS0001　发票号

客户简称 山东天韵　销售部门 市场部　业务员 李小平

发运方式　币种 人民币　汇率 1

税率 13.00　备注

	仓库名称	货物编码	存货名称	主计…	数量	报价	含税单价	无税单价	无税金额	税额	价税合计	税率（%）
1	2号仓库	0009	宽幅全棉…	米	-100.00	22.00	24.86	22.00	-2200.00	-286.00	-2486.00	13.00
2												
3												
4												
5												
6												
7												
8												
9												
10												
11												
12												
13												
合计					-100.00				-2200.00	-286.00	-2486.00	

制单人 李梅　审核人 李梅

图 8-42　退货单

（4）单击“关闭”按钮退出“退货单”窗口。

提示：系统将根据退货单自动生成红字销售出库单。

二、审核销售出库单

2019 年 6 月 20 日，物流部孙志（805）审核根据退货单自动生成的销售出库单，如图 8-43 所示。

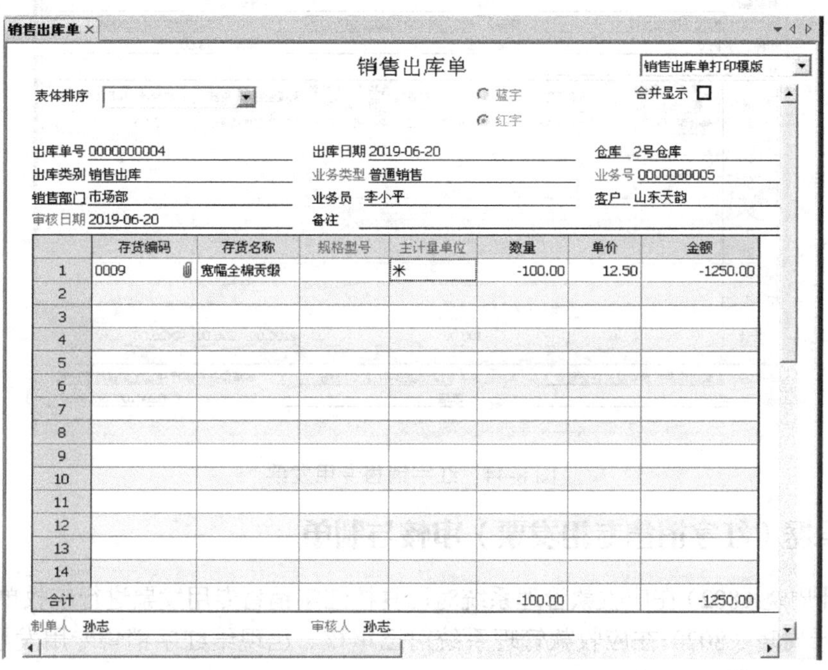

销售出库单

出库单号 0000000004　出库日期 2019-06-20　仓库 2号仓库

出库类别 销售出库　业务类型 普通销售　业务号 0000000005

销售部门 市场部　业务员 李小平　客户 山东天韵

审核日期 2019-06-20　备注

	存货编码	存货名称	规格型号	主计量单位	数量	单价	金额
1	0009	宽幅全棉贡缎		米	-100.00	12.50	-1250.00
合计					-100.00		-1250.00

制单人 孙志　审核人 孙志

图 8-43　销售出库单

三、参照生成、现结与复核红字销售专用发票

（1）市场部李梅（804）执行“业务工作—供应链—销售管理—销售开票—红字专用销售发票”命令，打开红字“销售专用发票”窗口。单击“增加”按钮，打开“查询条件选择—参照订单”对话框，单击“取消”按钮返回。

（2）单击工具栏中的“生单－参照发货单”选项，打开“查询条件选择—发票参照发货单”对话框，选择发货单类型为“红字记录”，再单击“确定”按钮，进入“参照生单”窗口。双击相应的发货单（销售退回）的选择栏，再单击工具栏中的“OK”（确定）按钮返回。

（3）在红字“销售专用发票”窗口修改发票号为“02963589”，其他为系统默认值，然后单击工具栏中的“保存”按钮保存该发票。

（4）单击“销售专用发票”窗口工具栏“现结”按钮，系统打开“现结”对话框。在该对话框的表体部分，选择输入结算方式为“转账支票”，原币金额为“−2 486.00”，票号为“00257811”，单击“确定”按钮返回，此时窗口左上角出现红色“现结”字样。

（5）单击工具栏中的“复核”按钮，完成发票复核处理，在表尾的“复核人”栏显示“李

梅”的名字，如图 8-44 所示。单击“关闭”按钮退出。

销售专用发票

现结 打印模版 销售专用发票打印模

表体排序 合并显示

发票号 02963589 开票日期 2019-06-20 业务类型 普通销售

销售类型 批发销售 订单号 XS0001 发货单号 0000000005

客户简称 山东天韵 销售部门 市场部 业务员 李小平

付款条件 客户地址 联系电话

开户银行 建行山东济南支行 账号 6227002354318923167 税号 933705746112208481

币种 人民币 汇率 1 税率 13.00

备注

	仓库名称	存货编码	存货名称	主计…	数量	报价	含税单价	无税单价	无税金额	税额	价税合计	税率（%）
1	2号仓库	0009	宽幅全棉贡缎	米	-100.00	22.00	24.86	22.00	-2200.00	-286.00	-2486.00	13.00
2												
3												
4												
5												
6												
7												
8												
9												
10												
合计					-100.00				-2200.00	-286.00	-2486.00	

单位名称 文景纺织品贸易有限责任公司 本单位税号 91210258MA123375X6 本单位开户银行 中国工商银行京州和

制单人 李梅 复核人 李梅 银行账号 6202001097586328

图 8-44　红字销售专用发票

四、应收单据（红字销售专用发票）审核与制单

（1）会计周晓（802）在应收款管理系统对已复核红字销售专用发票进行应收单据审核操作。

（2）会计周晓（802）在应收款管理系统对已审核、已现结红字销售专用发票进行现结制单，生成凭证，如图 8-45 所示。

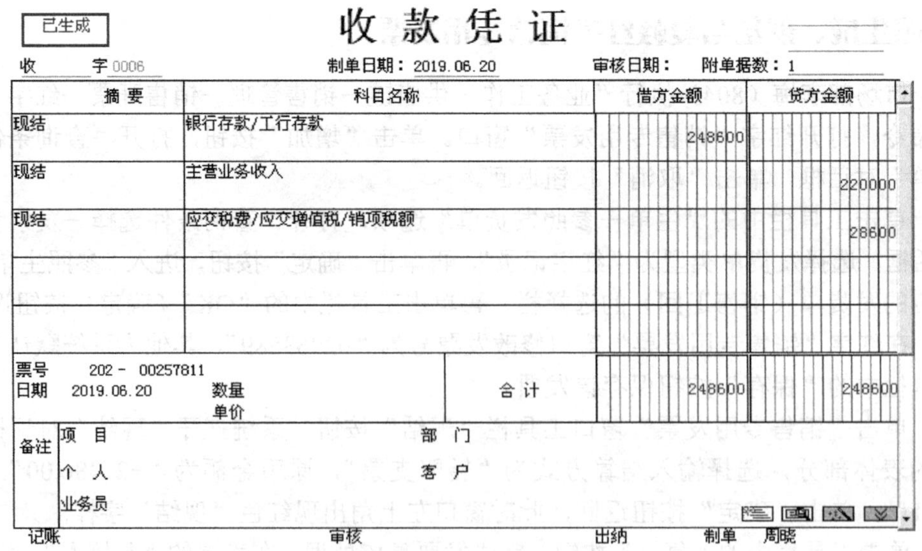

已生成

收款凭证

收　字 0006　制单日期：2019.06.20　审核日期：　附单据数：1

摘要	科目名称	借方金额	贷方金额
现结	银行存款/工行存款	248600	
现结	主营业务收入		220000
现结	应交税费/应交增值税/销项税额		28600
票号 202 - 00257811 日期 2019.06.20 数量 单价	合计	248600	248600

备注　项目　部门

个人　客户

业务员

记账　审核　出纳　制单 周晓

图 8-45　红字销售专用发票现结制单

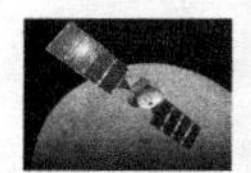

提示：在凭证页修改第 2 笔分录（主营业务收入）的辅助项（项目）为“宽幅全棉贡缎面料”。

五、正常单据记账

会计周晓（802）在存货核算系统完成红字销售出库单正常单据记账操作。

思考与练习

2019 年 6 月 20 日登录企业应用平台，完成以下操作：

1．建立新文件夹，备份 008 账套至该文件夹。

2．完成凭证审核（801）、出纳签字（803）、主管签字（801）和凭证记账（802）。

3．查询 2019 年 6 月 8 日至 20 日银行存款（工行存款）日记账。

4．查询科目余额表。

项目九

固定资产业务处理

学习目标

固定资产是企业的重要资源，占用企业的大量资金，对固定资产的管理是企业的一项重要基础工作。ERP-U8V10.1 固定资产系统主要是以固定资产各类卡片和固定资产明细账为基础，实现对固定资产的变动、折旧计提和分配、会计核算等功能，同时提供对固定资产按类别、使用情况、所属部门和价值结构等进行分析、统计和各种条件下的查询、打印功能，以及该系统与其他系统的数据接口管理。

本项目主要学习如何应用 ERP-U8V10.1 系统平台完成固定资产系统日常业务处理，任务内容包括购置新资产、固定资产调拨、计提固定资产折旧和固资产报废清理等业务的处理。

任务 1　购置新资产业务

学习任务

2019 年 6 月 21 日，文景纺织品贸易有限公司财务部购 1 台激光打印机，相关原始单据参见图 9-1 至图 9-4。

购销合同

卖方：河北联佳科技有限公司　　　　合同编号：CG0002

买方：文景纺织品贸易有限责任公司

为维护买卖双方的合法权益，买卖双方根据《中华人民共和国合同法》相关规定，经充分协商，一致同意签订本合同。

一、货物名称、数量及价格

货物名称	规格	计量单位	数量	单价（不含税）	金额（不含税）	税率（%）	价税合计
激光打印机	HPM603	台	1	14 200.00	14 200.00	13	16 046.00
合计					¥14 200.00		¥16 046.00

二、交货日期及地址：2019年6月21日交货，地点为文景纺织品贸易有限责任公司。

三、合同总金额：人民币壹万陆仟零肆拾陆元整（¥16 046.00）。

四、付款时间及付款方式：签订合同当日买方向卖方支付全部价税款。

付款方式：转账支票

五、货物发运方式与运费承担方式：由卖方负责发货并承担运费。

本合同式两份，买卖双方各执一份，经双方签字盖章后生效。

卖方：河北联佳科技有限公司　　　　买方：文景纺织品贸易有限责任公司

卖方代表：朱亚强　　　　买方代表：孙志

日期：2019年6月21日　　　　日期：2019年6月21日

合同专用章　　　　合同专用章

图 9-1　购置资产合同

2251132768

北京增值税专用发票

发票联

No：22347801

开票日期：2019年6月21日

购货单位	名称：文景纺织品贸易有限责任公司 纳税人识别号：91210258MA123375X6 地址、电话：京州市和平区胜利路7号，电话022-66010000 开户行及账号：工行京州和平支行6202001097586328791	密码区	（略）			

货物或应税劳务名称	规格型号	单位	数量	单价	金额	税率	税额
激光打印机	HPM603	台	1	14 200.00	14 200.00	13%	1 846.00
合计					¥14 200.00		¥1 846.00
价税合计（大写）	⊗壹万陆仟零肆拾陆元整				（小写）¥16 046.00		

销货单位	名称：河北联佳科技有限公司 纳税人识别号：921333415567872523 地址、电话：河北省石家庄市大宇路3号，电话0311-68527482 开户行及账号：工行河北石家庄支行6227000528337225401	备注： 河北联佳科技有限公司 921333415567872523 发票专用章

收款人：略　　复核：略　　开票人：略　　销货单位：（章）

第二联：发票联　购货方记账凭证

图 9-2　购置资产专用发票

文景纺织品贸易有限责任公司

固定资产验收交付使用交接单

编　号：00001　　2019年6月21日

供货商	河北联佳科技有限公司	合同编号	CG0002	发票编号		22347801	收货日期		2019年6月21日
取得来源	直接购入	用　途	办公用						
序号	资产名称	资产类别	规格型号	单位	数量	单价	金额	运费	总计
1	激光打印机	电子设备	HPM603	台	1	14 200.00	14 200.00	0.00	14 200.00
2									
3									
合计							¥14 200.00		¥14 200.00
移交部门	物流部	移交部门负责人			孙志		移交人	孙志	
接收部门	财务部	接收部门负责人			王成		接交人	周晓	

图 9-3　资产验收交接单

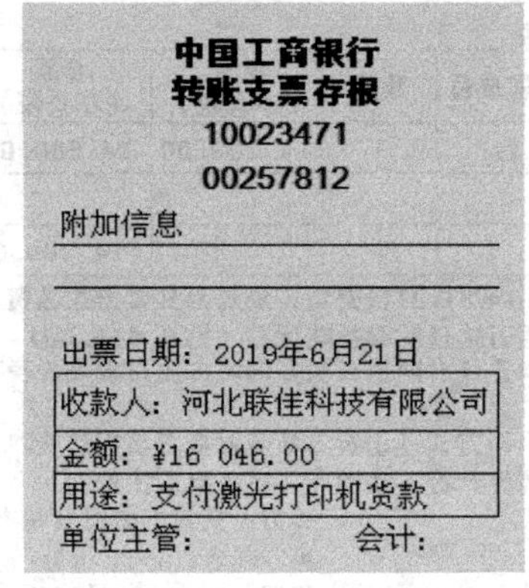
中国工商银行
转账支票存根
10023471
00257812
附加信息

出票日期：2019年6月21日
收款人：河北联佳科技有限公司
金额：¥16 046.00
用途：支付激光打印机货款
单位主管：　　会计：

图 9-4　支票存根

任务分析

在日常业务中，可能会购进或通过其他方式增加企业固定资产，该部分资产可通过“资产增加”操作录入系统，也可以通过“采购资产”功能来增加新资产。只有当固定资产开始使用日期的会计期间大于等于固定资产账套启用会计期间时，才能通过“资产增加”录入。

此笔业务是购置新固定资产业务，首先需要进行基础档案设置，包括建立新仓库、新存货档案和新入库类别。一是建立一个资产仓库，专门用于存放固定资产；二是新增固定资产类存货，该存货属性选“外购”和“资产”选项，专门用于资产采购入库和资产增加处理；三是新建“资产采购”采购类别。其次进行资产采购业务处理。资产购置业务操作流程如图 9-5 所示。

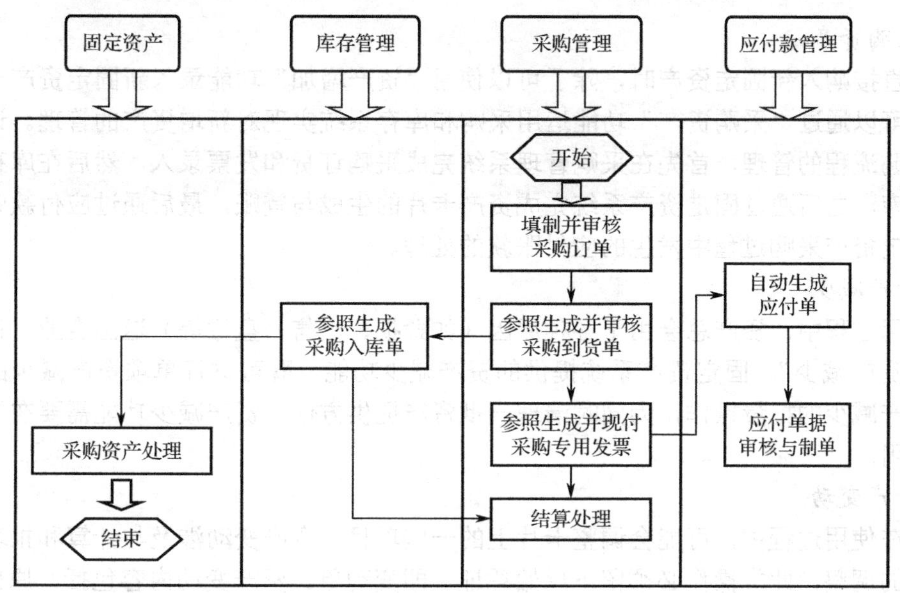

图 9-5 资产购置业务操作流程

知识准备

一、固定资产系统基本功能

固定资产系统的任务主要是完成单位固定资产的日常核算与管理，形成固定资产卡片，对固定资产的增加、减少、调拨、原值变动、报废清理等业务进行动态管理，进行固定资产的分类汇总与统计，按月自动计提固定资产折旧并生成折旧记账凭证，为成本管理系统提供固定资产的折旧费用依据。另外，还可输出相应的资产变动明细表、账簿等报表数据。其基本功能主要体现在以下几个方面。

（一）固定资产系统初始设置

固定资产系统初始设置和操作参见项目五任务 2 相关内容。

（二）固定资产卡片管理

该功能包括进行卡片项目、卡片样式定义，录入原始卡片并进行卡片管理维护，核算与管理固定资产的增减、原值变动、资产评估、资产盘点等业务。

1. 卡片格式、内容及维护管理

该功能包括卡片项目、卡片样式定义，录入原始卡片并进行卡片完善修改等管理维护。

2. 资产增加

在系统日常使用过程中，可能会购进或通过其他方式增加企业固定资产，该部分资产通过“资产增加”操作录入系统。只有当开始使用日期的期间等于录入的期间时，才能通过“资产增加”录入。

3. 采购资产

企业直接购入新固定资产时，除了可以使用“资产增加”功能录入新固定资产卡片的方式外，还可以通过“采购资产”功能运用采购和库存系统实现对新增资产的管理。该功能主要运用采购流程的管理，首先在采购管理系统完成采购订货和发票录入，然后在库存管理系统完成入库，之后通过固定资产系统完成资产卡片的生成与登账，最后通过应付款管理系统完成对固定资产采购过程中发生的应付账款的处理。

4. 资产减少

在使用过程中，资产总会由于各种原因（如毁损、出售、盘亏等）退出企业，该部分操作称为“资产减少”。固定资产系统提供的资产减少功能，既可进行单项资产减少的处理，也提供资产减少的批量操作，为同时清理一批资产提供方便。资产减少功能需要在计提折旧后才能使用。

5. 资产变动

资产在使用过程中，可能会调整卡片上的一些项目，资产变动涉及与计算和报表汇总有关的项目的调整，此类操作必须留下原始凭证，即变动单。资产变动内容包括：原值变动、部门转移、使用状况变动、使用年限调整、折旧方法调整、净残值（率）调整、工作总量调整、累计折旧调整、资产类别调整、计提固定资产减值准备、转回固定资产减值准备、变动单管理。其他项目的修改，如名称、编号、自定义项目等的变动等可直接在卡片上进行。

资产变动业务通过填制相应的变动单来完成，生成的变动单不能修改，只能当月删除重做，所以应仔细检查后再保存。

6. 资产评估

系统将固定资产评估简称资产评估。系统资产评估主要完成以下任务：

（1）将评估机构的评估数据手工录入或定义公式录入到系统。

（2）根据国家要求手工录入评估结果或根据定义的评估公式生成评估结果。

7. 资产盘点

企业应当定期对固定资产进行盘点，该功能通过盘点单和盘点结果清单的记录来完成。业务操作过程中将录入盘点单的实际数据和所选核对项目盘点日账面数据进行比较，生成盘点结果清单，报告盘盈、盘亏或相符情况及不符原因。

（三）固定资产其他处理业务

该功能主要包括：通过相应设置自动计提折旧形成折旧清单和折旧分配表，按折旧分配表生成折旧凭证和其他固定资产业务的凭证生成、修改、删除等，进行与总账系统的对账、月末结账等工作内容。

此外，系统还提供账表查询和数据维护功能。

二、固定资产系统与其他系统数据传递关系

固定资产系统中资产的增加、减少、原值变动、计提折旧等日常业务的发生除了在系统内进行相关处理，还要将数据通过记账凭证的形式传递到总账系统，并与总账系统进行对账，以保持固定资产账目与总账系统的平衡。同时每月或定期按部门分配折旧费，并将分配结果

提供给成本管理系统。报表系统也可以通过取数函数从固定资产系统中提取数据。

固定资产系统与其他系统的主要关系如图 9-6 所示。

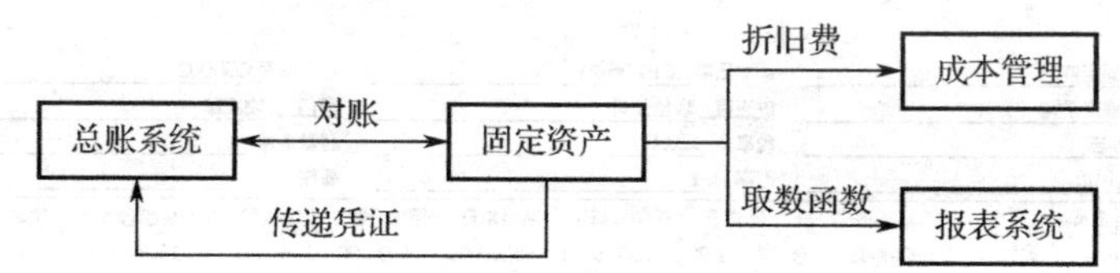

图 9-6　固定资产系统与其他系统的主要关系

任务实施

一、新增基础档案

（一）新增资产仓库

2019 年 6 月 21 日，会计周晓（802）在基础档案功能下新增仓库档案。仓库档案基本信息如下：仓库编码为“003”，仓库名称为“资产仓库”，计价方法选择“个别计价法”，仓库属性为“普通仓”。在其他属性选项中，先取消勾选“参与 MRP 运算”“记入成本”两个复选框，然后勾选“资产仓”选项，其他使用默认值。

（二）新增资产存货档案

会计周晓（802）在基础档案功能下新增存货档案。存货档案信息如下：存货编码为“0013”，存货名称为“激光打印机”，规格型号为“HPM603”，存货分类为“其他”，计量单位组为“其他”，主计量单位为“台”（直接增加一个计量单位），销项税率和进项税率均为“13%”，存货属性勾选“外购”和“资产”两个复选框，其他使用默认值。

（三）新增采购类别

会计周晓（802）在基础档案功能下新增采购类型。采购类型信息如下：采购类型编码为“05”，采购类型名称为“资产采购”，入库类别为“采购入库”，其他为“否”。

（四）新增供应商档案

会计周晓（802）在基础档案功能下新增供应商档案。供应商档案信息如下：供应商编码为“0008”，供应商名称为“河北联佳科技有限公司”，供应商简称为“联佳公司”，所属地区为“华北地区”，所属分类为“其他供应商”，税号为“921333415567872523”，开户银行为“工行河北石家庄支行”，银行账号为“6227000528337225401”，其他使用默认值。

二、填制并审核固定资产采购订单

物流部孙志（805）在采购管理系统下填制并审核固定资产采购订单，如图 9-7 所示。

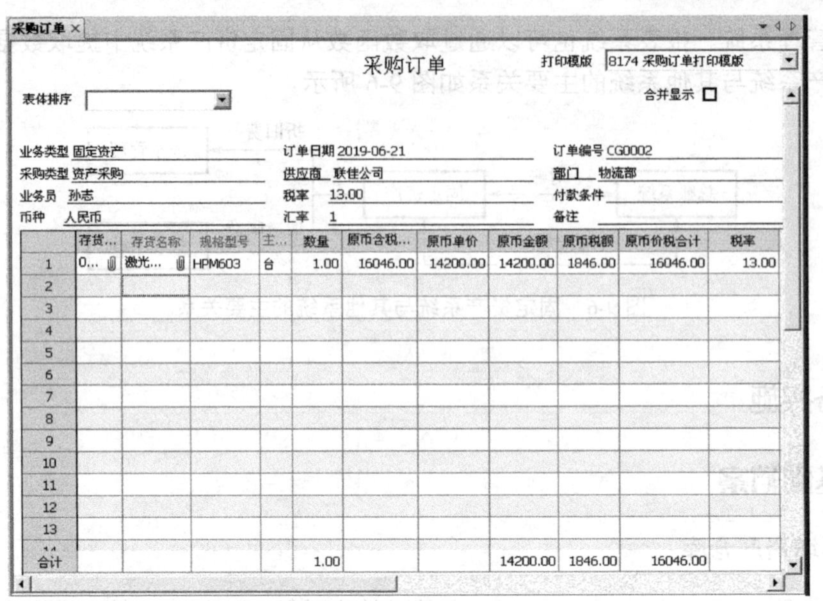

采购订单 ×

采购订单　打印模版 8174 采购订单打印模版

表体排序　　合并显示 □

业务类型 固定资产　订单日期 2019-06-21　订单编号 CG0002

采购类型 资产采购　供应商 联佳公司　部门 物流部

业务员 孙志　税率 13.00　付款条件

币种 人民币　汇率 1　备注

	存货…	存货名称	规格型号	主…	数量	原币含税…	原币单价	原币金额	原币税额	原币价税合计	税率
1	0…	激光…	HPM603	台	1.00	16046.00	14200.00	14200.00	1846.00	16046.00	13.00
2											
3											
4											
5											
6											
7											
8											
9											
10											
11											
12											
13											
合计					1.00			14200.00	1846.00	16046.00	

图 9-7　固定资产采购订单

三、参照生成并审核固定资产采购到货单

物流部孙志（805）在采购管理系统参照本任务已审核固定资产采购订单（CG0002）生成并审核固定资产采购到货单，如图 9-8 所示。

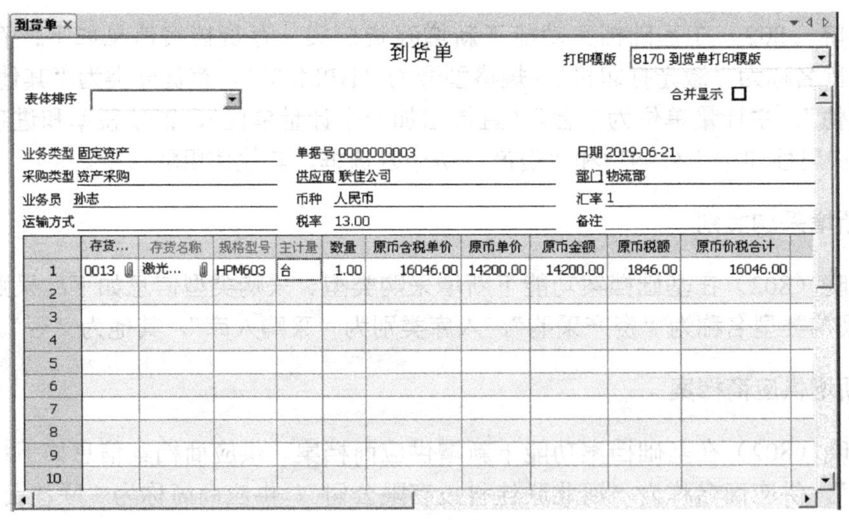

到货单 ×

到货单　打印模版 8170 到货单打印模版

表体排序　　合并显示 □

业务类型 固定资产　单据号 0000000003　日期 2019-06-21

采购类型 资产采购　供应商 联佳公司　部门 物流部

业务员 孙志　币种 人民币　汇率 1

运输方式　税率 13.00　备注

	存货…	存货名称	规格型号	主计量	数量	原币含税单价	原币单价	原币金额	原币税额	原币价税合计
1	0013	激光…	HPM603	台	1.00	16046.00	14200.00	14200.00	1846.00	16046.00
2										
3										
4										
5										
6										
7										
8										
9										
10										

图 9-8　固定资产采购到货单

四、参照生成并审核采购入库单

孙志（805）在库存管理系统参照固定资产采购到货单生成并审核固定资产采购入库单，如图 9-9 所示。

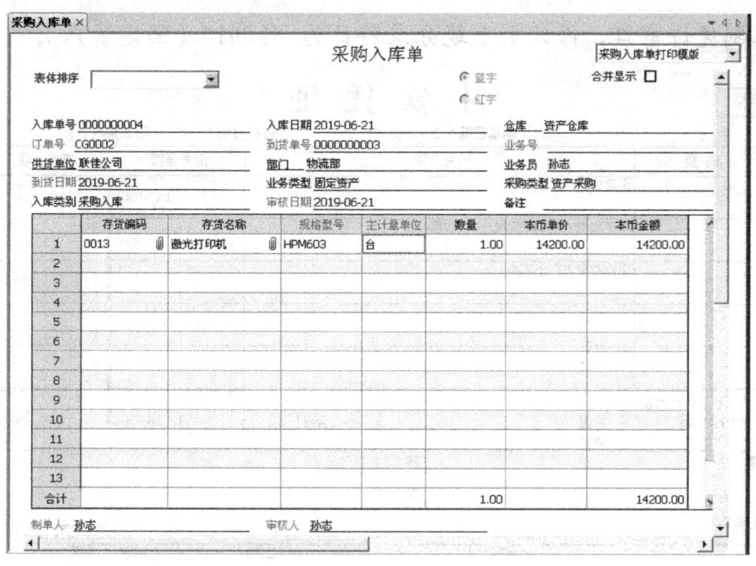

采购入库单　采购入库单打印模版

表体排序　　蓝字　红字　　合并显示

入库单号 0000000004　入库日期 2019-06-21　仓库 资产仓库

订单号 CG0002　到货单号 0000000003　业务号

供货单位 联佳公司　部门 物流部　业务员 孙志

到货日期 2019-06-21　业务类型 固定资产　采购类型 资产采购

入库类别 采购入库　审核日期 2019-06-21　备注

	存货编码	存货名称	规格型号	主计量单位	数量	本币单价	本币金额
1	0013	激光打印机	HPM603	台	1.00	14200.00	14200.00
2							
3							
4							
5							
6							
7							
8							
9							
10							
11							
12							
13							
合计					1.00		14200.00

制单人 孙志　审核人 孙志

图 9-9　固定资产采购入库单

五、参照生成、现付并结算固定资产采购专用发票

孙志（805）在采购管理系统参照固定资产采购入库单生成并现结固定资产采购专用发票，同时进行结算处理，如图 9-10 所示。

已结算 已现付　专用发票　打印模版 8164 专用发票打印模版

表体排序　　合并显示

业务类型 固定资产　发票类型 专用发票　发票号 22347801

开票日期 2019-06-21　供应商 联佳公司　代垫单位 联佳公司

采购类型 资产采购　税率 13.00　部门名称 物流部

业务员 孙志　币种 人民币　汇率 1

发票日期　付款条件　备注

	存货编码	存货名称	规格型号	主...	数量	原币单价	原币金额	原币税额	原币价税合计	税率
1	0013	激光打印机	HPM603	台	1.00	14200.00	14200.00	1846.00	16046.00	13.00
2										
3										
4										
5										
6										
7										
8										
9										
10										
11										
12										
13										
合计					1.00		14200.00	1846.00	16046.00	

图 9-10　固定资产采购专用发票

六、固定资产采购专用发票审核与制单

（1）主管王成（801）在应付款管理系统完成对本任务已现结销售专用发票的单据审核。

（2）会计周晓（802）在应付款管理系统完成发票现结制单，生成凭证，如图 9-11 所示。

提示：在填制凭证窗口，修改第 1 笔分录科目为“1601”（固定资产）。

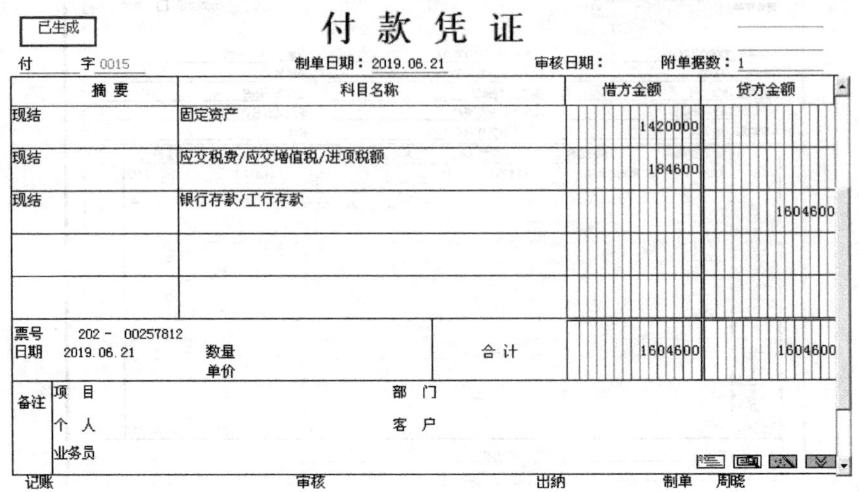

已生成

付 款 凭 证

付 字 0015 制单日期：2019.06.21 审核日期： 附单据数：1

摘要	科目名称	借方金额	贷方金额
现结	固定资产	1420000	
现结	应交税费/应交增值税/进项税额	184600	
现结	银行存款/工行存款		1604600
票号 202 - 00257812 日期 2019.06.21 数量 单价	合 计	1604600	1604600

备注 项 目 部 门

个 人 客 户

业务员

记账 审核 出纳 制单 周晓

图 9-11 固定资产采购专用发票现结制单

七、采购资产处理

（1）会计周晓（802）执行“业务工作—财务会计—固定资产—卡片—采购资产”命令，打开“采购资产”窗口，该窗口上窗格显示有未转采购资产订单 1 张。双击该订单选择栏，系统在下窗格显示采购资产入库单明细表。

（2）单击工具栏中的“增加”按钮，系统弹出“采购资产分配设置”窗口。在该窗口表体部分设置“类别编号”为“03”、“使用部门”为“财务部”，按存货数量生成卡片选项设为“是”，“使用状况”为“在用”，其他使用默认值。

（3）单击工具栏中的“保存”按钮，打开“固定资产卡片”窗口，在该窗口显示 1 张新固定资产卡片，如图 9-12 所示。确认相关信息无误后，单击“保存”按钮，系统提示保存成功及相关信息，单击提示框中的“确定”按钮返回。

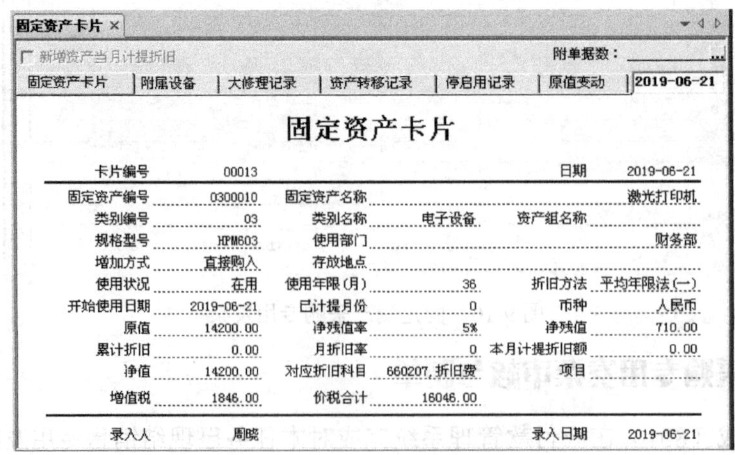

固定资产卡片 ×

新增资产当月计提折旧 附单据数：

固定资产卡片 | 附属设备 | 大修理记录 | 资产转移记录 | 停启用记录 | 原值变动 | 2019-06-21

固定资产卡片

卡片编号	00013			日期	2019-06-21
固定资产编号	0300010	固定资产名称			激光打印机
类别编号	03	类别名称	电子设备	资产组名称	
规格型号	HPM603	使用部门			财务部
增加方式	直接购入	存放地点			
使用状况	在用	使用年限(月)	36	折旧方法	平均年限法(一)
开始使用日期	2019-06-21	已计提月份	0	币种	人民币
原值	14200.00	净残值率	5%	净残值	710.00
累计折旧	0.00	月折旧率	0	本月计提折旧额	0.00
净值	14200.00	对应折旧科目	660207，折旧费	项目	
增值税	1846.00	价税合计	16046.00		

录入人 周晓 录入日期 2019-06-21

图 9-12 新增固定资产卡片

（4）单击“固定资产卡片”和“采购资产”窗口的“关闭”按钮退出。

提示：本系统生成的凭证可在“固定资产—处理—凭证查询”功能下进行查看、修改、删除和冲销等操作。

任务 2　固定资产调拨业务

学习任务

2019 年 6 月 22 日，公司领导批复将总经理办公室的海尔空调调拨给物流部使用，变动原因为公司统一调整资源，相关原始单据参见图 9-13。

文景纺织品贸易有限责任公司

固定资产调拨单

编　号：00001　　2019年6月22日

资产名称	资产编码	规格型号	单位	数量	资产原值	调拨日期	备注
海尔空调01	0300002		台	1	8 200.00	2019年6月22日	
调出部门	资产管理员		部门负责人	调入部门	资产管理员	部门负责人	
总经理办公室	张晓萌		刘恒	物流部	王伟	孙志	
行政管理部门意见		同意。 刘恒					

审核：（略）　　经办：（略）　　交货：（略）

图 9-13　固定资产调拨单

任务分析

本业务是公司固定资产调拨业务，属于变动业务的一种，需要填制部门转移变动单。部门转移变动的资产，在变动当月按变动后的部门计提折旧。

任务实施

一、填制固定资产变动单

（1）2019 年 6 月 22 日，会计周晓（802）登录企业应用平台，执行“业务工作—财务会计—固定资产—卡片—变动单—部门转移”命令，打开“固定资产变动单”窗口。

（2）在该窗口选择“卡片编号”为“00003”的固定资产，“变动后部门”（单部分使用）选择“物流部”，“变动原因”为“公司统一调整资源”，其他为默认值。

（3）单击工具栏中的“保存”按钮，系统提示保存成功和部门已改变的信息，单击提示框中的“确定”按钮，如图 9-14 所示。单击“关闭”按钮退出。

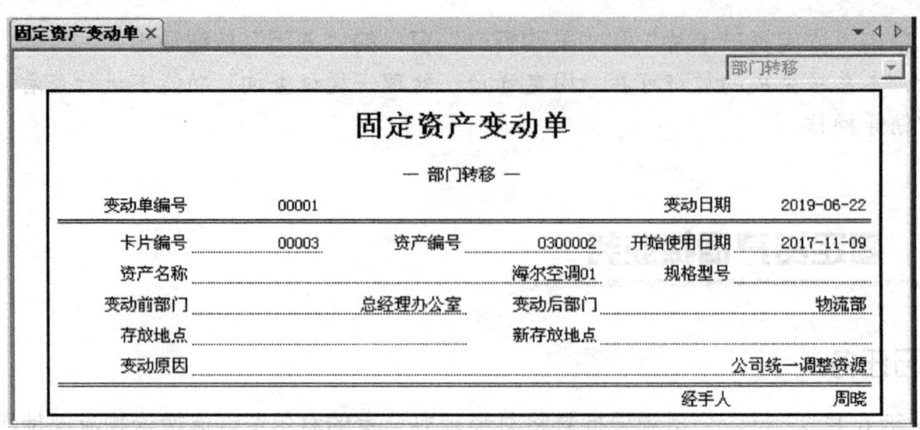
固定资产变动单 ×

部门转移

固定资产变动单

— 部门转移 —

变动单编号	00001			变动日期	2019-06-22
卡片编号	00003	资产编号	0300002	开始使用日期	2017-11-09
资产名称			海尔空调01	规格型号	
变动前部门	总经理办公室	变动后部门			物流部
存放地点		新存放地点			
变动原因					公司统一调整资源
				经手人	周晓

图 9-14　固定资产变动单

二、查询变动后资产

（1）会计周晓（802）执行“业务工作—财务会计—固定资产—卡片—卡片管理”命令，打开“查询条件选择—卡片管理”对话框。

（2）单击“卡片编号”的参照按钮，打开“固定资产卡片档案”窗口。勾选“卡片编号”为“00003”的资产，“开始使用日期”改为“2017-11-09”，单击“确定”按钮返回。单击“确定”按钮，返回“卡片管理”窗口，该窗口显示相关资产信息。

（3）双击该资产任意栏，打开“固定资产卡片”窗口，可以看到该固定资产卡片所载资产的使用部门已经改为“物流部”，对应折旧科目为“660207”（折旧费）。

任务 3　计提固定资产折旧业务

学习任务

2019 年 6 月 30 日，会计计提各部门本月固定资产折旧，该业务无原始凭证。

任务分析

本业务是计提固定资产折旧业务，需要在固定资产系统进行本月固定资产折旧计提与制单操作。

知识准备

自动计提折旧是固定资产系统的主要功能之一。系统每期计提折旧一次，根据录入系统的资料自动计算每项资产的折旧，并自动生成折旧分配表，然后制作记账凭证，并将本期的折旧费用自动登账。

计提折旧时，系统将自动计提所有资产当期折旧额，并将本期的折旧额自动累加到累计

折旧项目中。计提工作完成，系统会进行折旧分配，自动生成折旧清单和折旧分配表，并以折旧分配表为依据生成记账凭证。

系统的折旧计算和分配遵循以下基本原则：

（1）在一个期间内可以多次计提折旧，每次计提折旧后，只是将计提的折旧累加到月初的累计折旧，不会重复累计。

（2）如果上次计提折旧已制单并把数据传递到总账系统，则必须删除该凭证才能重新计提折旧。

（3）计提折旧后又对账套进行了影响折旧计算或分配的操作，必须重新计提折旧，否则系统不允许结账。

（4）如果自定义的折旧方法月折旧率或月折旧额出现负数，自动中止计提。

（5）若折旧信息选项中的“新增资产当月计提折旧”选项被选中，则本月计提新增资产的折旧，否则本月不计提新增资产的折旧，下月计提。

（6）本系统影响折旧计算的因素包括：原值变动、累计折旧调整、净残值（率）调整、折旧方法调整、使用年限调整、使用状况调整、工作总量调整、减值准备期初、计提减值准备调整、转回减值准备调整。

（7）本系统发生与折旧计算有关的变动后，以前修改的月折旧额或单位折旧的继承值无效；加速折旧法在变动生效的当期以净值为计提原值，以剩余使用年限为计提年限计算折旧；平均年限法还以原公式计算。

（8）当原值调整时，若选择了变动单中的“本变动单当期生效”选项，则该变动单本月计提的折旧额按变化后的值计算折旧，否则本月计提折旧额不变，下月按变化后的值计算折旧。

（9）当发生累计折旧调整，若折旧信息选项中的“累计折旧调整当期生效”选项被选中，则本月计提的折旧额按变化后的值计算折旧；否则本月计提的折旧额不变，下月按变化后的值计算折旧。

（10）当发生净残值（率）调整时，若折旧信息选项中的“净残值（率）调整当期生效”选项被选中，则本月计提的折旧额按变化后的值计算折旧；否则本月计提的折旧额不变，下月按变化后的值计算折旧。

任务实施

（1）2019 年 6 月 30 日，会计周晓（802）执行“业务工作—财务会计—固定资产—处理—计提本月折旧”命令，系统弹出提示框“是否要查看折旧清单?”，单击“是”按钮，系统继续提示“本操作将计提本月折旧，并花费一定时间，是否要继续?”，单击“是”按钮。

（2）系统进行自动处理后打开“折旧清单”窗口，如图 9-15 所示。

（3）单击“退出”按钮，系统提示计提折旧完成信息，单击“确定”按钮返回并打开“折旧分配表”窗口，系统将根据该分配表制作记账凭证，如图 9-16 所示。

（4）单击“凭证”按钮，打开“填制凭证”窗口。修改“凭证类别”为“转账凭证”，单击“保存”按钮，即生成按部门计提本月固定资产折旧凭证，如图 9-17 所示。

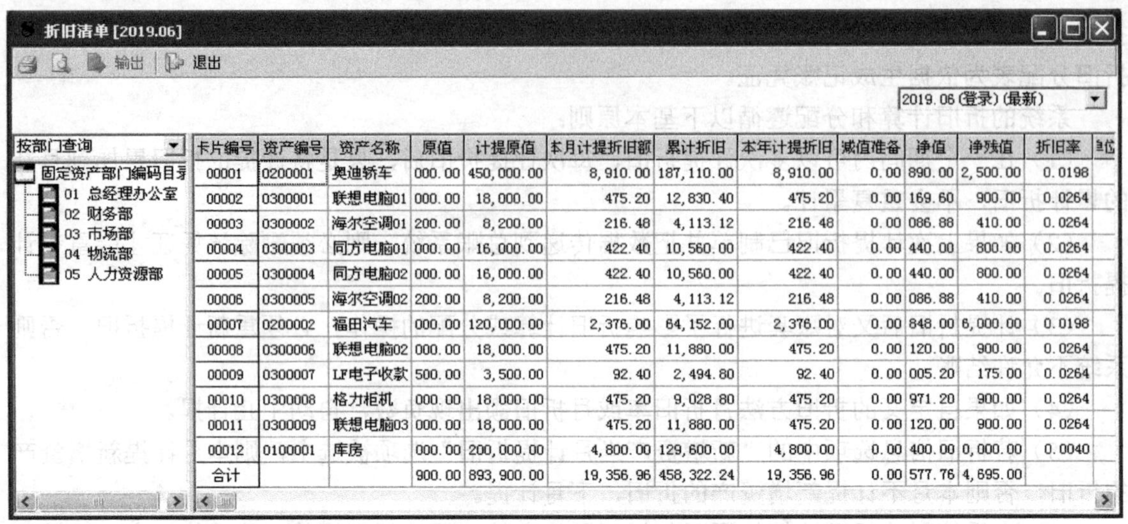

折旧清单 [2019.06]

输出 退出

2019.06(登录)(最新)

按部门查询

- 固定资产部门编码目录
  - 01 总经理办公室
  - 02 财务部
  - 03 市场部
  - 04 物流部
  - 05 人力资源部

卡片编号	资产编号	资产名称	原值	计提原值	本月计提折旧额	累计折旧	本年计提折旧	减值准备	净值	净残值	折旧率
00001	0200001	奥迪轿车	000.00	450,000.00	8,910.00	187,110.00	8,910.00	0.00	890.00	2,500.00	0.0198
00002	0300001	联想电脑01	000.00	18,000.00	475.20	12,830.40	475.20	0.00	169.60	900.00	0.0264
00003	0300002	海尔空调01	200.00	8,200.00	216.48	4,113.12	216.48	0.00	086.88	410.00	0.0264
00004	0300003	同方电脑01	000.00	16,000.00	422.40	10,560.00	422.40	0.00	440.00	800.00	0.0264
00005	0300004	同方电脑02	000.00	16,000.00	422.40	10,560.00	422.40	0.00	440.00	800.00	0.0264
00006	0300005	海尔空调02	200.00	8,200.00	216.48	4,113.12	216.48	0.00	086.88	410.00	0.0264
00007	0200002	福田汽车	000.00	120,000.00	2,376.00	64,152.00	2,376.00	0.00	848.00	6,000.00	0.0198
00008	0300006	联想电脑02	000.00	18,000.00	475.20	11,880.00	475.20	0.00	120.00	900.00	0.0264
00009	0300007	LF电子收款	500.00	3,500.00	92.40	2,494.80	92.40	0.00	005.20	175.00	0.0264
00010	0300008	格力柜机	000.00	18,000.00	475.20	9,028.80	475.20	0.00	971.20	900.00	0.0264
00011	0300009	联想电脑03	000.00	18,000.00	475.20	11,880.00	475.20	0.00	120.00	900.00	0.0264
00012	0100001	库房	000.00	200,000.00	4,800.00	129,600.00	4,800.00	0.00	400.00	0,000.00	0.0040
合计			900.00	893,900.00	19,356.96	458,322.24	19,356.96	0.00	577.76	4,695.00	

图 9-15　折旧清单

折旧分配表

按部门分配　按类别分配　部门分配条件...

01 (2019.06-->2019.06)

部门编号	部门名称	项目编号	项目名称	科目编号	科目名称	折旧额
01	总经理办公			660207	折旧费	9,385.20
02	财务部			660207	折旧费	1,061.28
03	市场部			660107	折旧费	3,418.80
04	物流部			660207	折旧费	5,491.68
合计						19,356.96

图 9-16　折旧分配表

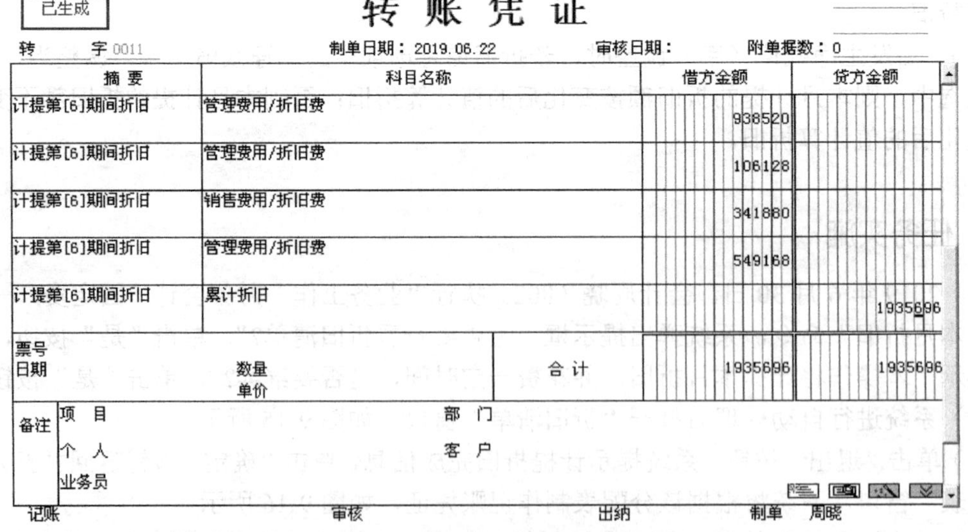

已生成

转 账 凭 证

转　字 0011　　制单日期：2019.06.22　　审核日期：　　附单据数：0

摘要	科目名称	借方金额	贷方金额
计提第[6]期间折旧	管理费用/折旧费	938520	
计提第[6]期间折旧	管理费用/折旧费	106128	
计提第[6]期间折旧	销售费用/折旧费	341880	
计提第[6]期间折旧	管理费用/折旧费	549168	
计提第[6]期间折旧	累计折旧		1935696
票号 日期	数量 单价 合计	1935696	1935696

备注　项　目　　部　门

个　人　　客　户

业务员

记账　　审核　　出纳　　制单　周晓

图 9-17　计提本月固定资产折旧凭证

任务 4　固定资产报废清理业务

学习任务

2019 年 6 月 30 日，因技术进步，文景纺织品贸易有限责任公司市场部报废处理 LF 电子收款机一台，取得残料现金收入 248.6 元，已办妥报废手续，相关原始单据参见图 9-18 和图 9-19。

1300000014321　　北京增值税专用发票　　No：02963593

记账联

开票日期：2019年6月30日

购货单位	名称：文宇贸易公司 纳税人识别号：924105231600657801 地址、电话：京州市宇文路8号，电话022-85713208 开户行及账号：建行京州和平支行6227562114253014756				密码区	（略）		
货物或应税劳务名称	规格型号	单位	数量	单价	金额	税率	税额	
LF电子收款机		台	1	220.00	220.00	13%	28.60	
合计					¥220.00		¥28.60	
价税合计（大写）	⊗贰佰肆拾捌元陆角整				（小写）¥248.60			
销货单位	名称：文景纺织品贸易有限责任公司 纳税人识别号：91210258MA123375X6 地址、电话：京州市和平区胜利路7号，电话022-66010000 开户行及账号：工行京州和平支行6202001097586328791				备注：			

收款人：略　　复核：略　　开票人：略　　销货单位：（章）

第一联：记账联　销货方记账凭证

图 9-18　残料销售专用发票

收　　据

NO：001245

入账日期：2019年6月30日

交款单位	文宇贸易公司
收款方式	现金
人民币（大写）	⊗贰佰肆拾捌元陆角整　¥248.60
收款事由	残料收入

单位盖章　　主管　　审核　　收款人（略）

图 9-19　现金收款收据

任务分析

固定资产报废清理属于资产减少业务，需要进行固定资产减少单据的录入、固定资产清理并进行制单处理。资产减少与制单在固定资产系统完成，进项税额转出与相关结转清理损益的制单处理在总账系统完成。固定资产报废清理操作流程如图 9-20 所示。

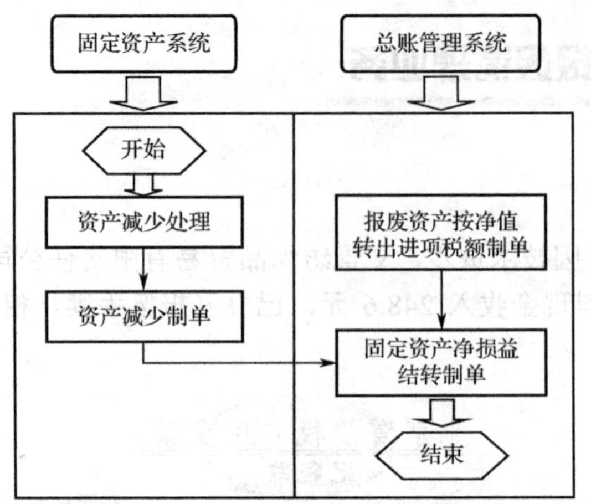

图 9-20　固定资产报废清理操作流程

知识准备

在使用过程中，资产总会由于各种原因（如毁损、出售、盘亏等）退出企业，该类业务称为“资产减少”业务。固定资产系统提供的资产减少功能，既可进行单项资产减少的处理，也提供资产减少的批量操作，为同时清理一批资产提供方便。

资产减少功能需要在计提折旧后才能使用。

任务实施

一、填制固定资产减少单

（1）2019 年 6 月 30 日，会计周晓（802）执行“业务工作—财务会计—固定资产—卡片—资产减少”命令，打开“资产减少”窗口，单击卡片编号栏的参照按钮，打开“固定资产卡片档案”窗口，单击选择“0009”号名称为“LF 电子收款机”的资产卡片，单击“确定”按钮返回。

（2）继续单击“增加”按钮，修改卡片“减少方式”为“报废”，“清理收入”为“248.6”，“增值税”为“28.6”，“清理原因”为“报废”，如图 9-21 所示。

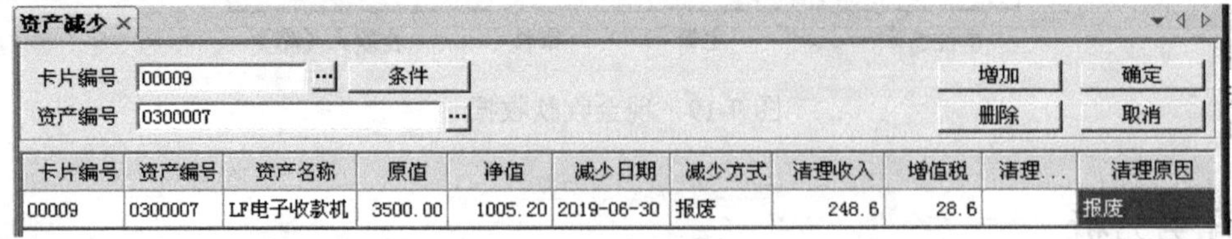

卡片编号	资产编号	资产名称	原值	净值	减少日期	减少方式	清理收入	增值税	清理...	清理原因
00009	0300007	LF电子收款机	3500.00	1005.20	2019-06-30	报废	248.6	28.6		报废

图 9-21　资产减少处理

（3）单击“确定”按钮，系统提示“所选卡片已经减少成功”信息，单击提示框的“确定”按钮退出。

二、报废资产制单处理

（1）会计周晓（802）执行“固定资产—处理—批量制单”命令，打开“查询条件选择—批量制单”对话框。单击“确定”按钮，打开“批量制单”窗口。

（2）在“制单选择”选项卡双击资产减少单据的选择栏选中该单据。修改相应“科目”栏：对应借方发生额为“248.6”的科目为“1001（库存现金）”，对应贷方发生额为“28.60”的科目为“22210103（销项税额）”，其他为默认科目，如图 9-22 所示。

批量制单 ×

制单选择　制单设置　　凭证类别 收 收款凭证　合并号 00009资产减少

☑ 方向相同时合并分录　☑ 借方合并　☑ 贷方合并　☑ 方向相反时合并分录

序号	业务日期	业务类型	业务描述	业务号	方向	发生额	科目
1	2019-06-30	资产减少	减少资产	00009	借	2,494.80	1602 累计折旧
2	2019-06-30	资产减少	减少资产	00009	借	1,005.20	1606 固定资产清理
3	2019-06-30	资产减少	减少资产	00009	贷	3,500.00	1601 固定资产
4	2019-06-30	资产减少	减少资产	00009	借	248.60	1001 库存现金
5	2019-06-30	资产减少	减少资产	00009	贷	248.60	1606 固定资产清理
6	2019-06-30	资产减少	减少资产	00009	借	28.60	1606 固定资产清理
7	2019-06-30	资产减少	减少资产	00009	贷	28.60	22210103 销项税额

图 9-22　资产减少制单设置

（3）单击工具栏中的“凭证”按钮，打开“填制凭证”窗口。在该窗口修改“凭证类别”为“收款凭证”，附单据数为“2”，单击工具栏中的“保存”按钮，生成凭证，如图 9-23 所示。

已生成

收款凭证

收　字 0007 － 0001/0002　制单日期：2019.06.30　审核日期：　附单据数：0

摘要	科目名称	借方金额	贷方金额
资产减少	固定资产清理	100520	
资产减少 － 累计折旧	累计折旧	249480	
资产减少 － 清理收入	库存现金	24860	
资产减少 － 增值税	固定资产清理	2860	
资产减少 － 清理收入	固定资产清理		24860
票号 日期　数量 单价	合计	377720	377720

备注　项目　部门　个人　客户　业务员

记账　审核　出纳　制单 周晓

图 9-23　固定资产清理收款凭证

提示：系统提供对已减少资产的恢复操作，如果已生成记账凭证，需要首先在“固定资产—处理—凭证查询”功能中删除凭证，然后执行“固定资产—卡片—卡片管理”功能，“卡片管理”窗口右上角显示在役资产，单击下拉三角，选择显示已减少资产，找到需要取消减少的卡片，单击工具栏中的“撤销减少”按钮即可。

三、固定资产清理净损益结转制单

（1）会计周晓（802）执行“业务工作—财务会计—总账—凭证—填制凭证”命令，打开“填制凭证”窗口。

（2）单击工具栏中的“增加”按钮，“凭证类别”选择“转账凭证”，“摘要”为“结转固定资产清理净损益”，第 1 笔分录科目为“1606（固定资产清理）”，单击工具栏中的“余额”按钮，系统弹出“最新余额一览表”对话框，如图 9-24 所示。

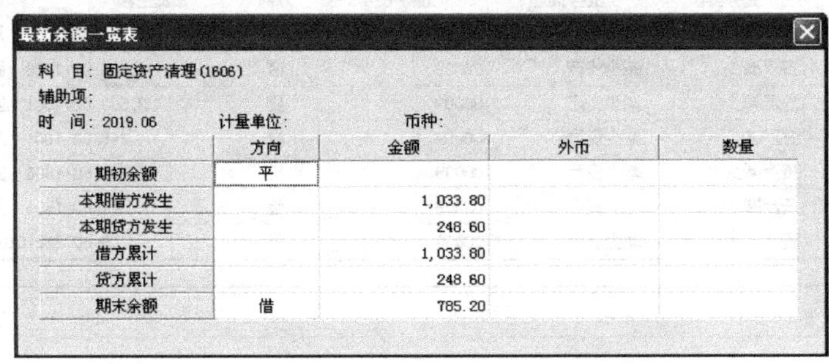

最新余额一览表

科　目：固定资产清理(1606)
辅助项：
时　间：2019.06　计量单位：　币种：

	方向	金额	外币	数量
期初余额	平			
本期借方发生		1,033.80		
本期贷方发生		248.60		
借方累计		1,033.80		
贷方累计		248.60		
期末余额	借	785.20		

图 9-24　固定资产清理科目最新余额提示

（3）单击该对话框“关闭”按钮退出并返回“填制凭证”窗口，在当前分录贷方金额栏录入“956.08”，再按 Enter（回车）键，第 2 笔分录科目为“6711（营业外支出）”，在借方金额栏按“=”键，单击工具栏中的“保存”按钮，系统提示保存成功信息。单击提示框的“确定”按钮，生成凭证，如图 9-25 所示。

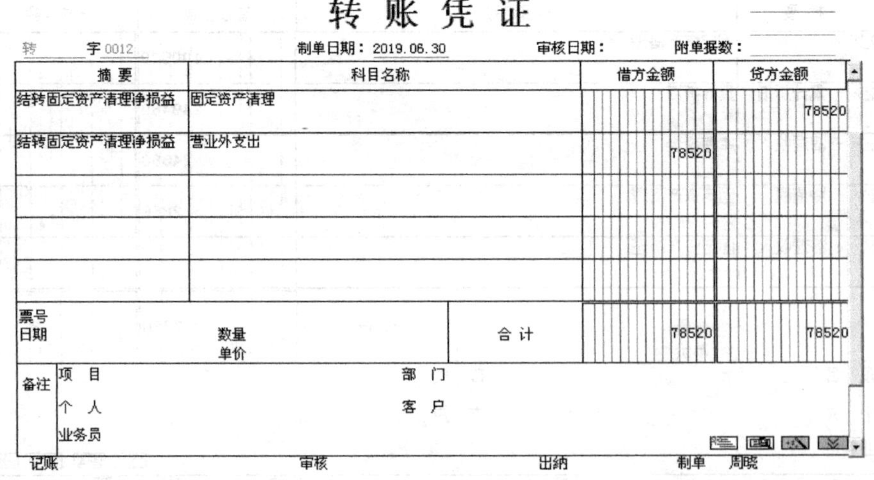

转 账 凭 证

转　字 0012　制单日期：2019.06.30　审核日期：　附单据数：

摘要	科目名称	借方金额	贷方金额
结转固定资产清理净损益	固定资产清理		78520
结转固定资产清理净损益	营业外支出	78520	
票号 日期　数量 单价	合计	78520	78520

备注　项　目　部　门
个　人　客　户
业务员

记账　审核　出纳　制单　周晓

图 9-25　固定资产清理净损益结转转账凭证

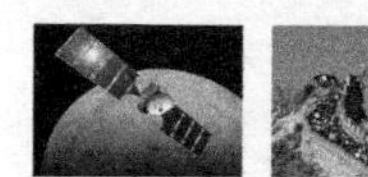

（4）单击“关闭”按钮退出当前窗口。

思考与练习

2019 年 6 月 30 日在固定资产系统完成以下操作：

1．周晓（802）建立新文件夹，备份 008 账套至该文件夹。

2．完成凭证审核（801）、出纳签字（803）、主管签字（801）和记账（802）操作。

3．周晓（802）查询本月固定资产登记簿。

提示：固定资产登记簿在“固定资产—账表—我的账表—账簿—固定资产登记簿”功能下查询。

4．周晓（802）查询本月增加和减少变动资产情况。

提示：固定资产及累计折旧表在“固定资产—账表—我的账表—账簿—折旧表”功能下查询。

5．周晓（802）查询固定资产部门构成分析表。

提示：固定资产部门构成分析表在“固定资产—账表—我的账表—账簿—分析表”功能下查询。

项目十 薪资业务处理

学习目标

薪资管理系统主要适用于各单位进行工资核算、工资计算与发放、工资费用分摊、工资数据统计分析和计算及核算个人所得税等业务处理。

本项目主要学习如何应用 ERP-U8V10.1 系统平台完成工资日常业务处理，任务内容包括职工工资变动、职工工资分配、工资费用分摊与计提、个人所得税核算等业务的处理。

任务1 职工工资变动业务

学习任务

2019 年 6 月 30 日，经过人力资源部考核及相关部门批准，6 月份公司给市场部每人增加绩效工资 400 元，其他部门按原标准发放，同时增加“房补”和“单位五险一金计提基数”工资项目。本月房补按职工工资的 20%发放，其计算公式为“(基本工资+岗位工资+绩效工资+交补) × 0.2”，单位五险一金计提基数计算公式为“基本工资+岗位工资+绩效工资+交补”。另外，本月总经理办公室张晓萌请假 1 天，人力资源部子恩请假 2 天。

任务分析

此笔业务是根据职工出勤与部门考核结果计算本月职工工资，需要进行工资变动处理。

知识准备

一、薪资管理系统日常处理功能

工资管理系统日常处理的业务包括管理单位所有人员的工资基础数据，对人员的增减、转换和工资变动进行处理，自动计算个人所得税、结合工资发放进行找零设置及向代理发放工资的银行传递工资数据，自动计算、汇总工资数据，自动完成工资分摊和费用计提，自动生成凭证并传递至总账系统，提供工资数据及相关报表凭证的查询等工作内容。

二、薪资管理系统与其他系统的关系

薪资管理系统可以共享用友 ERP-U8V10.1 系统基础数据，直接将生成的工资分摊结果凭证传递到总账系统。此外，薪资管理系统还可以向存货核算系统传递有关成本费用的数据。

任务实施

一、“房补”、“单位计提五险一金基数”工资项目和公式设置

（1）2019 年 6 月 30 日，会计周晓（802）在薪资管理系统设置“房补”工资项目，该项目类型选择“数字”，长度默认为“8 位”，小数位默认为“2 位”，增减项为“增项”。

（2）设置“单位五险一金计提基数”工资项目，该项目类型选择“数字”，长度为“10 位”，小数位默认为“2 位”，增减项为“其他”。

（3）设置“房补”计算公式“(基本工资+岗位工资+绩效工资+交补) ×0.2”和“单位五险一金计提基数”计算公式“基本工资+岗位工资+绩效工资+交补”。

二、工资数据变动处理

（1）会计周晓（802）执行“薪资管理—业务处理—工资变动”命令，打开“工资变动”窗口。单击“全选”按钮，再单击“替换”按钮，打开“工资项数据替换”对话框。在该对话框设置替换条件，如图 10-1 所示。

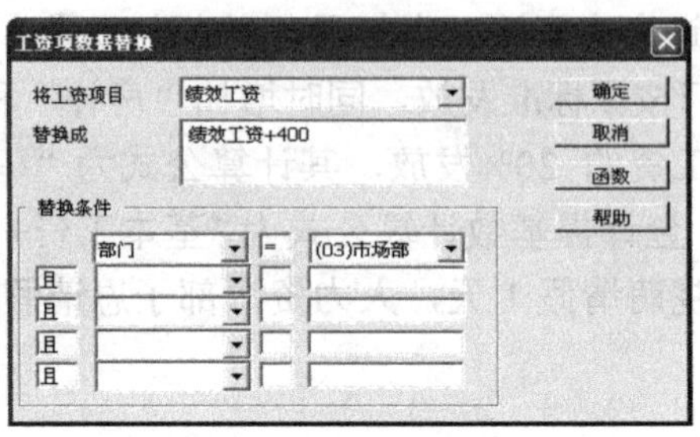

图 10-1　工资数据批量替换

（2）单击“确定”按钮，系统提示“数据替换后将不可恢复，是否继续？”，单击“是”按钮；系统提示“5 条记录被替换，是否重新计算？”，单击“是”按钮返回。

（3）在员工“张晓萌”和“子恩”的工资项目“缺勤天数”栏分别录入“1”和“2”。

（4）单击“计算”按钮，再单击“汇总”按钮，工资发生变动，如图 10-2 所示。

工资变动

过滤器　所有项目　定位器

选择	员编号	姓名	部门	人员类别	基本工资	岗位工资	绩效工资	交补	应发合计	住房公积金	社会保险	应税所得	缺勤扣款	缺勤天数	他扣款	代扣税	扣款合计	实发合计
	1001	刘恒	总经理办公	行政管理	3,500.00	2,400.00	2,600.00	1,500.00	12,000.00	1,200.00	1,020.00	7,780.00				83.40	2,303.40	9,696.6
	1002	张晓萌	总经理办公	行政管理	2,800.00	1,800.00	1,800.00	1,500.00	9,480.00	948.00	805.80	6,146.20	100.00	1.00		34.39	1,888.19	7,591.8
	2001	王成	财务部	财务管理	3,000.00	2,300.00	2,500.00	1,500.00	11,160.00	1,116.00	948.60	7,235.40				67.06	2,131.66	9,028.3
	2002	周晓	财务部	财务管理	2,800.00	1,600.00	2,200.00	1,500.00	9,720.00	972.00	826.20	6,301.80				39.05	1,837.25	7,882.7
	2003	刘媛	财务部	财务管理	2,500.00	1,600.00	1,500.00	1,500.00	8,520.00	852.00	724.20	5,523.80				15.71	1,591.91	6,928.0
	3001	李梅	市场部	营销管理	3,500.00	2,200.00	3,000.00	2,000.00	12,840.00	1,284.00	1,091.40	8,324.60				122.46	2,497.86	10,342.1
	3002	王迪	市场部	营销管理	2,600.00	1,600.00	2,200.00	2,000.00	10,080.00	1,008.00	856.80	6,535.20				46.06	1,910.86	8,169.1
	3003	李小平	市场部	营销管理	2,500.00	1,600.00	2,000.00	2,000.00	9,720.00	972.00	826.20	6,301.80				39.05	1,837.25	7,882.7
	3004	李军	市场部	营销管理	2,600.00	1,600.00	2,000.00	2,000.00	9,840.00	984.00	836.40	6,379.60				41.39	1,861.79	7,978.2
	3005	陈莉	市场部	营销管理	2,500.00	1,500.00	1,900.00	2,000.00	9,480.00	948.00	805.80	6,146.20				34.39	1,788.19	7,691.8
	4001	孙志	物流部	物流管理	3,400.00	2,200.00	2,500.00	1,500.00	11,520.00	1,152.00	979.20	7,468.80				74.06	2,205.26	9,314.7
	4002	王伟	物流部	物流管理	2,200.00	1,600.00	1,800.00	1,500.00	8,520.00	852.00	724.20	5,523.80				15.71	1,591.91	6,928.0
	4003	赵京	物流部	物流管理	2,400.00	1,500.00	1,500.00	1,500.00	8,280.00	828.00	703.80	5,368.20				11.05	1,542.85	6,737.1
	5001	子恩	人力资源部	人事管理	3,400.00	2,200.00	2,600.00	1,500.00	11,640.00	1,164.00	989.40	7,546.60	200.00	2.00		76.40	2,429.80	9,210.2
	5002	文卓	人力资源部	人事管理	2,500.00	1,600.00	1,600.00	1,500.00	8,640.00	864.00	734.40	5,601.60				18.05	1,616.45	7,023.5
	5003	张子江	人力资源部	人事管理	2,600.00	1,600.00	1,600.00	1,500.00	8,760.00	876.00	744.60	5,679.40				20.38	1,640.98	7,119.0
合计					44,800.00	28,900.00	33,300.00	26,500.00	160,200.00	16,020.00	13,617.00	103,863.00	300.00	3.00		738.61	30,675.61	129,524.3

当前月份：6 月　总人数：16　当前人数：16

图 10-2　本月工资数据变动结果

（5）单击“关闭”按钮退出当前窗口。

任务 2　职工工资分配业务

学习任务

2019 年 6 月 30 日，分配本月职工工资。职工工资总额分摊设置如表 10-1 所示。

表 10-1 职工工资总额分摊设置

<table>
<tr><th>部门名称</th><th>人员类别</th><th>项目</th><th>借方科目</th><th>贷方科目</th></tr>
<tr><td>总经理办公室</td><td>行政管理</td><td>应发合计</td><td rowspan="4">660201 管理费用/工资</td><td rowspan="5">221101
应付职工薪酬
/工资</td></tr>
<tr><td>财务部</td><td>财务管理</td><td>应发合计</td></tr>
<tr><td>物流部</td><td>物流管理</td><td>应发合计</td></tr>
<tr><td>人力资源部</td><td>人事管理</td><td>应发合计</td></tr>
<tr><td>市场部</td><td>营销管理</td><td>应发合计</td><td>660101 销售费用/工资</td></tr>
</table>

任务分析

此笔业务由会计周晓在薪资管理系统进行工资总额分配，并编制记账凭证。

任务实施

一、工资总额分摊设置

（1）2019 年 6 月 30 日，会计周晓（802）执行“薪资管理—业务处理—工资分摊”命令，打开“工资分摊”对话框。单击“工资分摊设置”按钮，打开“分摊类型设置”对话框，单击“增加”按钮，打开“分摊计提比例设置”对话框，在“计提类型名称”栏录入“计提工资总额”。

（2）单击“下一步”按钮，打开“分摊构成设置”对话框，根据表 10-1 录入相关内容，如图 10-3 所示。单击“完成”按钮返回“分摊类型设置”对话框。

分摊构成设置

部门名称	人员类别	工资项目	借方科目	借方项目大类	借方项目	贷方科目	贷方项目大类	贷方项目
总经理办公室	行政管理	应发合计	660201			221101		
财务部	财务管理	应发合计	660201			221101		
市场部	营销管理	应发合计	660101			221101		
物流部	物流管理	应发合计	660201			221101		
人力资源部	人事管理	应发合计	660201			221101		

上一步　完成　取消

图 10-3 工资总额分摊构成设置

二、工资总额分摊制单

（1）会计周晓（802）在“工资分摊”对话框中勾选“计提工资总额”复选框，同时选中所有核算部门，勾选“明细到工资项目”复选框，单击“确定”按钮，打开“工资分摊明细”窗口。勾选“合并科目相同、辅助项相同的分录”复选框，如图 10-4 所示。

工资分摊明细

计提工资总额一览表

☑ 合并科目相同、辅助项相同的分录

类型 计提工资总额　　计提会计月份 6月

部门名称	人员类别	应发合计		
		分配金额	借方科目	贷方科目
总经理办公室	行政管理	21480.00	660201	221101
财务部	财务管理	29400.00	660201	221101
市场部	营销管理	51960.00	660101	221101
物流部	物流管理	28320.00	660201	221101
人力资源部	人事管理	29040.00	660201	221101

记录数：5　　已经制单

图 10-4　计提工资总额一览表

（2）单击工具栏中的“制单”按钮，打开“填制凭证”窗口。修改凭证类别为“转账凭证”，单击“保存”按钮，生成工资总额费用分配凭证，如图 10-5 所示。

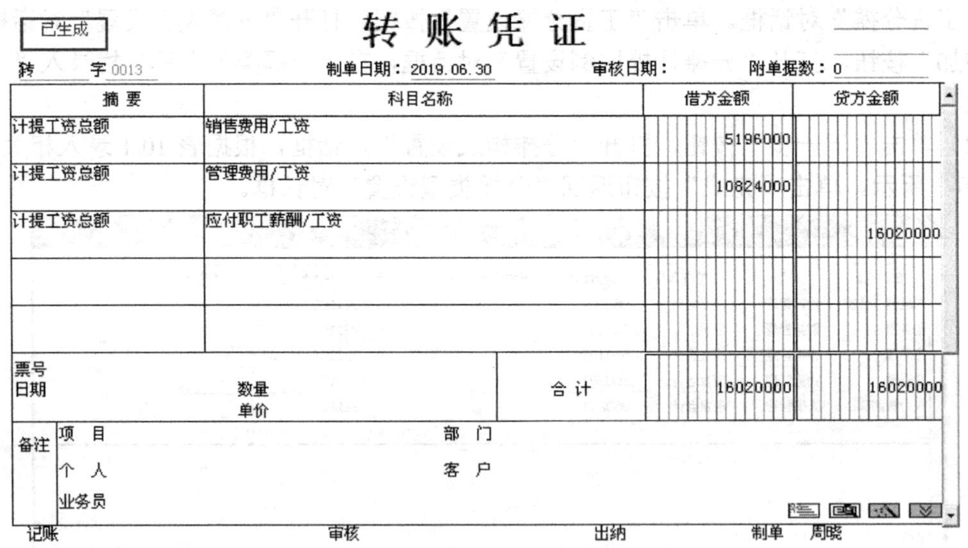

已生成

转 账 凭 证

转 字 0013　　制单日期：2019.06.30　　审核日期：　　附单据数：0

摘 要	科目名称	借方金额	贷方金额
计提工资总额	销售费用/工资	5196000	
计提工资总额	管理费用/工资	10824000	
计提工资总额	应付职工薪酬/工资		16020000
票号 日期	数量 单价 合 计	16020000	16020000

备注　项 目　　部 门

个 人　　客 户

业务员

记账　　审核　　出纳　　制单 周晓

图 10-5　计提工资总额制单

任务 3　计提单位承担五险一金业务

学习任务

2019 年 6 月 30 日，计提由单位承担的社会保险和住房公积金。单位承担五险一金计提

基数是职工工资应发合计。单位承担五险一金分摊设置如表 10-2 所示。

表 10-2 单位承担五险一金分摊设置

计提类型与比例	部门名称	人员类别	借方科目	贷方科目
社会保险（32.8%）（其中养老 20%、医疗 10%、失业 1%、工伤 1%、生育 0.8%）	所有部门	所有类别	660210 管理费用/保险费	221103 应付职工薪酬/社会保险费
住房公积金（12%）	所有部门	所有类别	660211 管理费用/住房公积金	221104 应付职工薪酬/住房公积金

任务分析

此笔业务是公司月末计提由单位承担的五险一金，需要在薪资管理系统进行相关费用分摊科目设置、费用分摊制单操作。

知识准备

按照有关规定，各单位需要为员工缴纳“五险一金”，“五险”即基本养老保险、基本医疗保险、失业保险、工伤保险和生育保险，“一金”即住房公积金。其中，养老保险费、医疗保险费、失业保险费和住房公积金的缴纳方式为单位和个人各承担一部分，员工个人不需要缴纳工伤保险和生育保险。

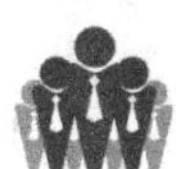

任务实施

一、计提单位承担社会保险费和住房公积金分摊设置

2019 年 6 月 30 日，会计周晓（802）在“工资分摊”功能下依据表 10-2 完成“计提单位承担社会保险”和“计提单位承担住房公积金”工资分摊设置，如图 10-6 和图 10-7 所示。

分摊构成设置

部门名称	人员类别	工资项目	借方科目	借方项目大类	借方项目	贷方科目	贷方项目大
总经理办公室	行政管理	单位五险一金计提基数	660210			221103	
财务部	财务管理	单位五险一金计提基数	660210			221103	
市场部	营销管理	单位五险一金计提基数	660210			221103	
物流部	物流管理	单位五险一金计提基数	660210			221103	
人力资源部	人事管理	单位五险一金计提基数	660210			221103	

上一步 完成 取消

图 10-6 计提单位承担社会保险分摊构成设置

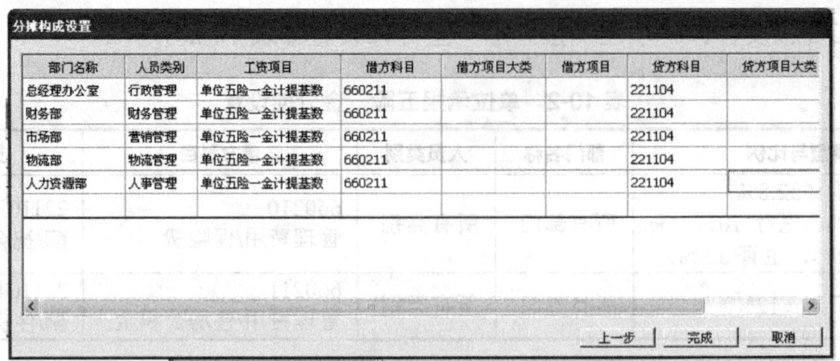

分摊构成设置

部门名称	人员类别	工资项目	借方科目	借方项目大类	借方项目	贷方科目	贷方项目大类
总经理办公室	行政管理	单位五险一金计提基数	660211			221104	
财务部	财务管理	单位五险一金计提基数	660211			221104	
市场部	营销管理	单位五险一金计提基数	660211			221104	
物流部	物流管理	单位五险一金计提基数	660211			221104	
人力资源部	人事管理	单位五险一金计提基数	660211			221104	

上一步　完成　取消

图 10-7　计提单位承担住房公积金分摊构成设置

二、计提单位承担社会保险和住房公积金制单

会计周晓（802）在“工资分摊”功能下完成“计提单位承担社会保险”和“计提单位承担住房公积金”工资分摊制单，计提单位承担社会保险一览表如图 10-8 所示，计提单位承担住房公积金一览表如图 10-9 所示，生成凭证，分别如图 10-10 和图 10-11 所示。

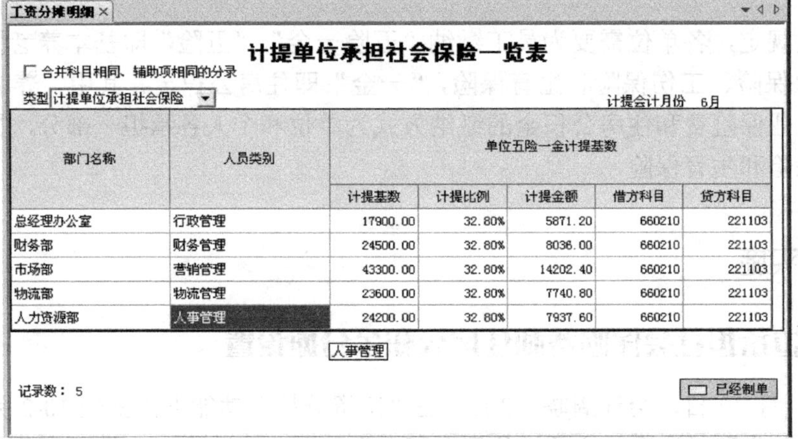

工资分摊明细

计提单位承担社会保险一览表

☐ 合并科目相同、辅助项相同的分录

类型 计提单位承担社会保险　　计提会计月份 6月

部门名称	人员类别	单位五险一金计提基数				
		计提基数	计提比例	计提金额	借方科目	贷方科目
总经理办公室	行政管理	17900.00	32.80%	5871.20	660210	221103
财务部	财务管理	24500.00	32.80%	8036.00	660210	221103
市场部	营销管理	43300.00	32.80%	14202.40	660210	221103
物流部	物流管理	23600.00	32.80%	7740.80	660210	221103
人力资源部	人事管理	24200.00	32.80%	7937.60	660210	221103

人事管理

记录数：5　　已经制单

图 10-8　计提单位承担社会保险一览表

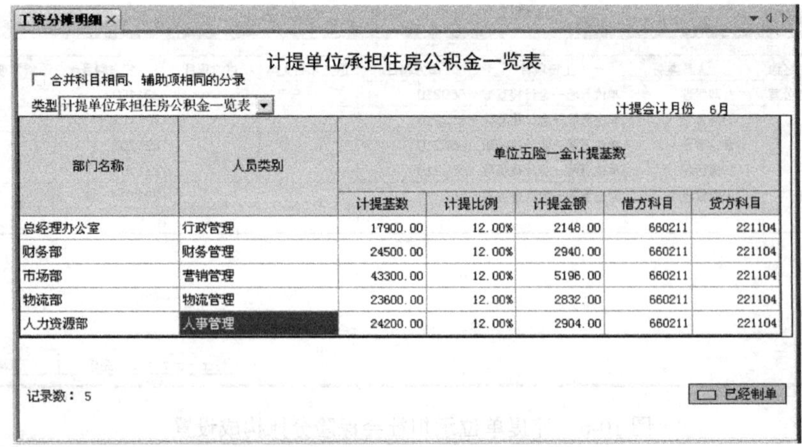

工资分摊明细

计提单位承担住房公积金一览表

☐ 合并科目相同、辅助项相同的分录

类型 计提单位承担住房公积金一览表　　计提会计月份 6月

部门名称	人员类别	单位五险一金计提基数				
		计提基数	计提比例	计提金额	借方科目	贷方科目
总经理办公室	行政管理	17900.00	12.00%	2148.00	660211	221104
财务部	财务管理	24500.00	12.00%	2940.00	660211	221104
市场部	营销管理	43300.00	12.00%	5196.00	660211	221104
物流部	物流管理	23600.00	12.00%	2832.00	660211	221104
人力资源部	人事管理	24200.00	12.00%	2904.00	660211	221104

记录数：5　　已经制单

图 10-9　计提单位承担住房公积金一览表

已生成

转 账 凭 证

转　字 0014　　制单日期：2019.06.30　　审核日期：　　附单据数：0

摘要	科目名称	借方金额	贷方金额
计提单位承担社会保险	管理费用/保险费	4378800	
计提单位承担社会保险	应付职工薪酬/社会保险费		4378800
票号 日期　数量 单价	合计	4378800	4378800

备注　项目　部门　个人　客户　业务员

记账　审核　出纳　制单　周晓

图 10-10　计提单位承担社会保险制单

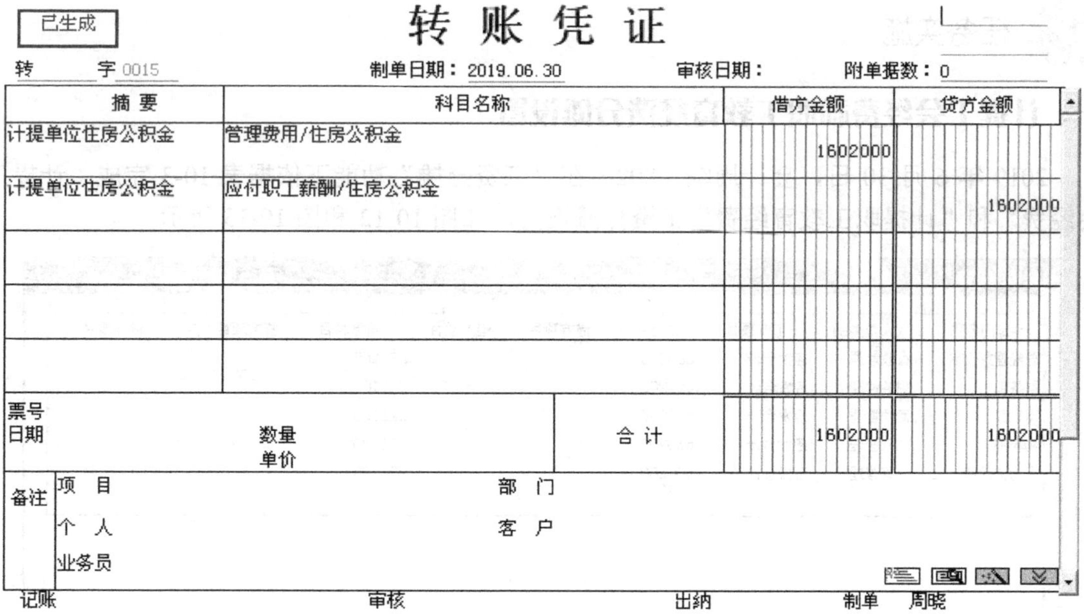

已生成

转 账 凭 证

转　字 0015　　制单日期：2019.06.30　　审核日期：　　附单据数：0

摘要	科目名称	借方金额	贷方金额
计提单位住房公积金	管理费用/住房公积金	1602000	
计提单位住房公积金	应付职工薪酬/住房公积金		1602000
票号 日期　数量 单价	合计	1602000	1602000

备注　项目　部门　个人　客户　业务员

记账　审核　出纳　制单　周晓

图 10-11　计提单位承担住房公积金制单

任务 4　计提工会经费和职工教育经费业务

学习任务

2019 年 6 月 30 日，计提本月工会经费和职工教育经费，本公司该项计提基数是“应发合计”工资项目。单位计提工会经费和职工教育经费分摊设置如表 10-3 所示。

表 10-3　单位计提工会经费和职工教育经费分摊设置

计提类型与比例	部门名称	人员类别	借方科目	贷方科目
工会经费（2%）	所有部门	所有类别	660208 管理费用/工会经费	221105 应付职工薪酬/工会经费
职工教育经费（2.5%）	所有部门	所有类别	660209 管理费用/职工教育经费	221106 应付职工薪酬/职工教育经费

任务分析

此笔业务是公司月末计提由单位承担的工会经费和职工教育经费，需要在薪资管理系统进行相关费用分摊科目设置、费用分摊制单操作。

任务实施

一、计提工会经费和职工教育经费分摊设置

2019 年 6 月 30 日，会计周晓（802）在“工资分摊”功能下依据表 10-3 完成“计提工会经费”和“计提职工教育经费”工资分摊设置，如图 10-12 和图 10-13 所示。

分摊构成设置

部门名称	人员类别	工资项目	借方科目	借方项目...	借方项目	贷方科目	贷方项目大类	贷方项目
总经理办公室	行政管理	应发合计	660208			221105		
财务部	财务管理	应发合计	660208			221105		
市场部	营销管理	应发合计	660208			221105		
物流部	物流管理	应发合计	660208			221105		
人力资源部	人事管理	应发合计	660208			221105		

上一步　完成　取消

图 10-12　工会经费分摊构成设置

分摊构成设置

部门名称	人员类别	工资项目	借方科目	借方项目大类	借方项目	贷方科目	贷方项目大类	贷方项目
总经理办公室	行政管理	应发合计	660209			221106		
财务部	财务管理	应发合计	660209			221106		
市场部	营销管理	应发合计	660209			221106		
物流部	物流管理	应发合计	660209			221106		
人力资源部	人事管理	应发合计	660209			221106		

上一步　完成　取消

图 10-13　职工教育经费分摊构成设置

二、计提工会经费和职工教育经费制单

会计周晓（802）在“工资分摊”功能下完成“计提工会经费”和“计提职工教育经费”工资分摊制单，计提工会经费一览表如图 10-14 所示，计提职工教育经费一览表如图 10-15 所示，生成凭证，如图 10-16 和图 10-17 所示。

工资分摊明细

计提工会经费一览表

合并科目相同、辅助项相同的分录

类型 计提工会经费

计提会计月份　6月

部门名称	人员类别	应发合计				
		计提基数	计提比例	计提金额	借方科目	贷方科目
总经理办公室	行政管理	21480.00	2.00%	429.60	660208	221105
财务部	财务管理	29400.00	2.00%	588.00	660208	221105
市场部	营销管理	51960.00	2.00%	1039.20	660208	221105
物流部	物流管理	28320.00	2.00%	566.40	660208	221105
人力资源部	人事管理	29040.00	2.00%	580.80	660208	221105

记录数： 5

已经制单

图 10-14　计提工会经费一览表

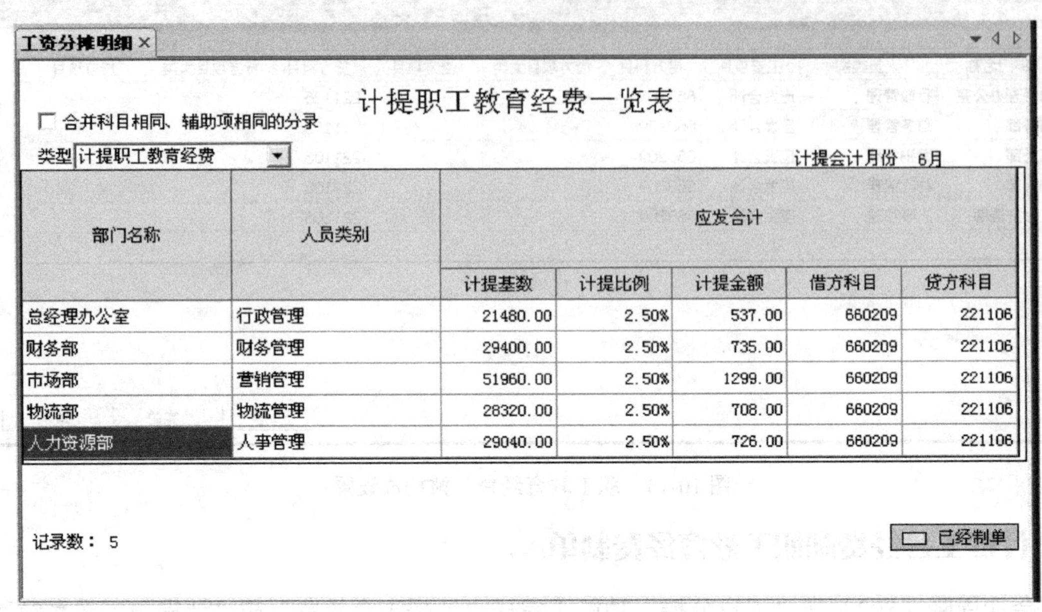

工资分摊明细 ×

计提职工教育经费一览表

☐ 合并科目相同、辅助项相同的分录

类型 计提职工教育经费

计提会计月份 6月

部门名称	人员类别	应发合计				
		计提基数	计提比例	计提金额	借方科目	贷方科目
总经理办公室	行政管理	21480.00	2.50%	537.00	660209	221106
财务部	财务管理	29400.00	2.50%	735.00	660209	221106
市场部	营销管理	51960.00	2.50%	1299.00	660209	221106
物流部	物流管理	28320.00	2.50%	708.00	660209	221106
人力资源部	人事管理	29040.00	2.50%	726.00	660209	221106

记录数：5

☐ 已经制单

图 10-15　计提职工教育经费一览表

已生成

转 账 凭 证

转　字 0016　　制单日期：2019.06.30　　审核日期：　　附单据数：0

摘 要	科目名称	借方金额	贷方金额
计提工会经费	管理费用/工会经费	320400	
计提工会经费	应付职工薪酬/工会经费		320400
票号 日期　数量 单价	合 计	320400	320400

备注　项 目　　部 门

个 人　　客 户

业务员

记账　　审核　　出纳　　制单 周晓

图 10-16　计提工会经费制单

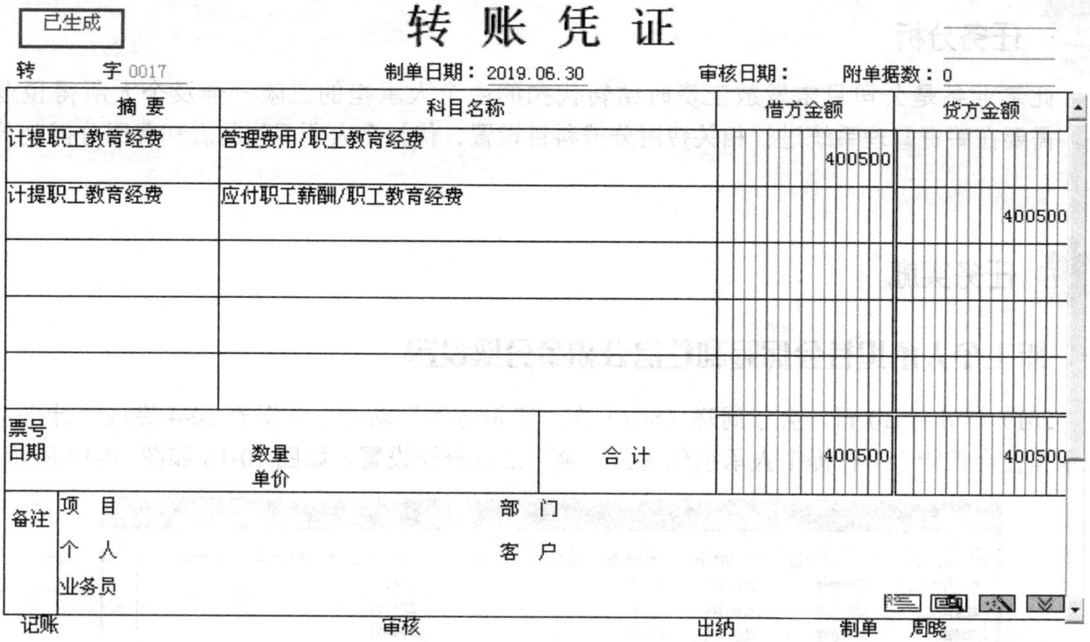

已生成

转 账 凭 证

转　字 0017　　制单日期：2019.06.30　　审核日期：　　附单据数：0

摘要	科目名称	借方金额	贷方金额
计提职工教育经费	管理费用/职工教育经费	400500	
计提职工教育经费	应付职工薪酬/职工教育经费		400500
票号 日期	数量 单价 　合 计	400500	400500

备注　项　目　　部　门
　　　个　人　　客　户
　　　业务员

记账　　审核　　出纳　　制单　周晓

图 10-17　计提职工教育经费制单

任务 5　计提个人三险一金和代扣个人所得税业务

学习任务

2019 年 6 月 30 日，结转本月代扣职工个人三险一金及个人所得税。本公司职工个人承担社会保险和住房公积金计提比例为计提基数的 10.2%（其中养老 8%、医疗 2%、失业 0.2%）和 12%。由于工资变动处理时已经计算出职工需要计提的两项费用和个人所得税，因此计提金额直接使用相应工资项目数据即可。职工个人承担三险一金和个人所得税科目分摊设置如表 10-4 所示。

表 10-4　职工个人承担三险一金和个人所得税科目分摊设置

计提类型名称与比例	部门名称	人员类别	借方科目	贷方科目
计提个人承担社会保险（100%）	所有部门	所有类别	221101 应付职工薪酬/工资	224101 其他应付款/ 应付社会保险费
计提个人承担住房公积金（100%）	所有部门	所有类别	221101 应付职工薪酬/工资	224102 其他应付款/ 应付住房公积金
代扣个人所得税（100%）	所有部门	所有类别	221101 应付职工薪酬/工资	222104 应交税费/ 应交个人所得税

任务分析

此笔业务是公司月末发放工资时结转代扣的由个人承担的三险一金及个人所得税业务，需要在薪资管理系统进行相关费用分摊科目设置、代扣个人所得税制表和费用分摊制单操作。

任务实施

一、职工个人承担社会保险和住房公积金分摊设置

2019 年 6 月 30 日，会计周晓（802）在“工资分摊”功能下依据表 10-4 完成“计提个人承担社会保险”、“计提个人承担住房公积金”工资分摊设置，如图 10-18 和图 10-19 所示。

分摊构成设置

部门名称	人员类别	工资项目	借方科目	借方项目大类	借方项目	贷方科目	贷方项目大类	贷方项目
总经理办公室	行政管理	社会保险	221101			224101		
财务部	财务管理	社会保险	221101			224101		
市场部	营销管理	社会保险	221101			224101		
物流部	物流管理	社会保险	221101			224101		
人力资源部	人事管理	社会保险	221101			224101		

上一步　完成　取消

图 10-18　职工个人承担社会保险分摊构成设置

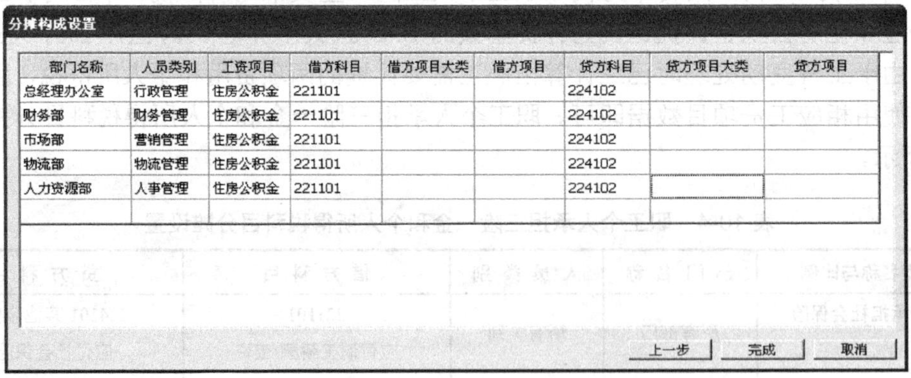

分摊构成设置

部门名称	人员类别	工资项目	借方科目	借方项目大类	借方项目	贷方科目	贷方项目大类	贷方项目
总经理办公室	行政管理	住房公积金	221101			224102		
财务部	财务管理	住房公积金	221101			224102		
市场部	营销管理	住房公积金	221101			224102		
物流部	物流管理	住房公积金	221101			224102		
人力资源部	人事管理	住房公积金	221101			224102		

上一步　完成　取消

图 10-19　职工个人承担住房公积金分摊构成设置

二、计提个人承担社会保险和住房公积金制单

会计周晓（802）在“工资分摊”功能下完成“计提个人承担社会保险”“计提个人承担住房公积金”工资分摊制单，计提个人承担社会保险一览表如图 10-20 所示，计提个人承担住房公积金一览表如图 10-21 所示，生成凭证，如图 10-22 和图 10-23 所示。

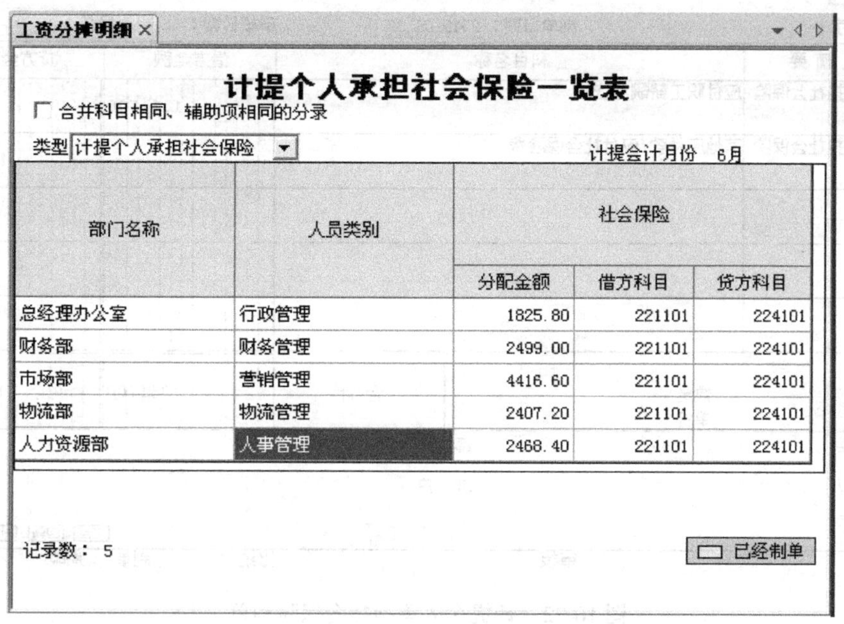

工资分摊明细

计提个人承担社会保险一览表

□ 合并科目相同、辅助项相同的分录

类型 计提个人承担社会保险　　计提会计月份 6月

部门名称	人员类别	社会保险		
		分配金额	借方科目	贷方科目
总经理办公室	行政管理	1825.80	221101	224101
财务部	财务管理	2499.00	221101	224101
市场部	营销管理	4416.60	221101	224101
物流部	物流管理	2407.20	221101	224101
人力资源部	人事管理	2468.40	221101	224101

记录数：5　　□ 已经制单

图 10-20　计提个人承担社会保险一览表

工资分摊明细

计提个人承担住房公积金一览表

□ 合并科目相同、辅助项相同的分录

类型 计提个人承担住房公积金　　计提会计月份 6月

部门名称	人员类别	住房公积金		
		分配金额	借方科目	贷方科目
总经理办公室	行政管理	2148.00	221101	224102
财务部	财务管理	2940.00	221101	224102
市场部	营销管理	5196.00	221101	224102
物流部	物流管理	2832.00	221101	224102
人力资源部	人事管理	2904.00	221101	224102

记录数：5　　□ 已经制单

图 10-21　计提个人承担住房公积金一览表

已生成

转 账 凭 证

转 字 0018 制单日期：2019.06.30 审核日期： 附单据数：0

摘要	科目名称	借方金额	贷方金额
计提个人承担社会保险	应付职工薪酬/工资	1361700	
计提个人承担社会保险	其他应付款/应付社会保险费		1361700
票号 日期	数量 单价 合计	1361700	1361700

备注 项目 部门 个人 客户 业务员

记账 审核 出纳 制单 周晓

图 10-22 计提个人承担社会保险制单

已生成

转 账 凭 证

转 字 0019 制单日期：2019.06.30 审核日期： 附单据数：0

摘要	科目名称	借方金额	贷方金额
计提个人承担住房公积金	应付职工薪酬/工资	1602000	
计提个人承担住房公积金	其他应付款/应付住房公积金		1602000
票号 日期	数量 单价 合计	1602000	1602000

备注 项目 部门 个人 客户 业务员

记账 审核 出纳 制单 周晓

图 10-23 计提个人承担住房公积金制单

三、代扣个人所得税制表、分摊与制单

（一）代扣个人所得税制表

（1）会计周晓（802）执行“薪资管理—业务处理—扣缴所得税”命令，打开“个人所

得税申报模版”对话框。在“请选择所在地区名”中选择“北京”，单击选中“北京扣缴个人所得税报表”所在行。

提示：由于京州市是一个虚拟的城市，此处以北京代替。

（2）单击“打开”按钮，进入“所得税申报”对话框，单击“确定”按钮，打开“所得税申报”窗口，系统显示2019年6月“北京扣缴个人所得税报表”，如图10-24所示。

所得税申报

输出　税率　栏目　内容　邮件　过滤　定位　退出

北京扣缴个人所得税报表

2019年6月 -- 2019年6月

总人数：16

序号	纳税人姓名	身份证照...	...	...	所得项目	所得期间	收入额	允许扣除...	费用扣除...	准予扣除...	应纳税所...	税率	应扣税额	已扣税额	备注
1	刘恒	身份证			工资	6	12000.00		5000.00		2780.00	3	83.40	83.40	
2	张晓萌	身份证			工资	6	9480.00		5000.00		1146.20	3	34.39	34.39	
3	王成	身份证			工资	6	11160.00		5000.00		2235.40	3	67.06	67.06	
4	周晓	身份证			工资	6	9720.00		5000.00		1301.80	3	39.05	39.05	
5	刘媛	身份证			工资	6	8520.00		5000.00		523.80	3	15.71	15.71	
6	李梅	身份证			工资	6	12840.00		5000.00		3324.60	10	122.46	122.46	
7	王迪	身份证			工资	6	10080.00		5000.00		1535.20	3	46.06	46.06	
8	李小平	身份证			工资	6	9720.00		5000.00		1301.80	3	39.05	39.05	
9	李军	身份证			工资	6	9840.00		5000.00		1379.60	3	41.39	41.39	
10	陈莉	身份证			工资	6	9480.00		5000.00		1146.20	3	34.39	34.39	
11	孙志	身份证			工资	6	11520.00		5000.00		2468.80	3	74.06	74.06	
12	王伟	身份证			工资	6	8520.00		5000.00		523.80	3	15.71	15.71	
13	赵京	身份证			工资	6	8280.00		5000.00		368.20	3	11.05	11.05	
14	子恩	身份证			工资	6	11640.00		5000.00		2546.60	3	76.40	76.40	
15	文卓	身份证			工资	6	8640.00		5000.00		601.60	3	18.05	18.05	
16	张子江	身份证			工资	6	8760.00		5000.00		679.40	3	20.38	20.38	
合计							160200.00		80000.00		23863.00		738.61	738.61	

图10-24　扣缴个人所得税报表

（3）单击“所得税申报”窗口工具栏“退出”按钮退出当前窗口，再单击“个人所得税申报模版”对话框“取消”按钮返回企业应用平台。

（二）代扣个人所得税分摊科目设置与制单

（1）会计周晓（802）在“工资分摊”功能下依据表10-4完成“代扣个人所得税”工资分摊设置，如图10-25所示。

分摊构成设置

部门名称	人员类别	工资项目	借方科目	借方项目大类	借方项目	贷方科目	贷方项目大类	贷方项目
总经理办公室	行政管理	代扣税	221101			222104		
财务部	财务管理	代扣税	221101			222104		
市场部	营销管理	代扣税	221101			222104		
物流部	物流管理	代扣税	221101			222104		
人力资源部	人事管理	代扣税	221101			222104		

上一步　完成　取消

图10-25　个人所得税分摊构成设置

（2）会计周晓（802）在“工资分摊”功能下完成“代扣个人所得税”工资分摊制单，代扣个人所得税一览表如图10-26所示，生成凭证，如图10-27所示。

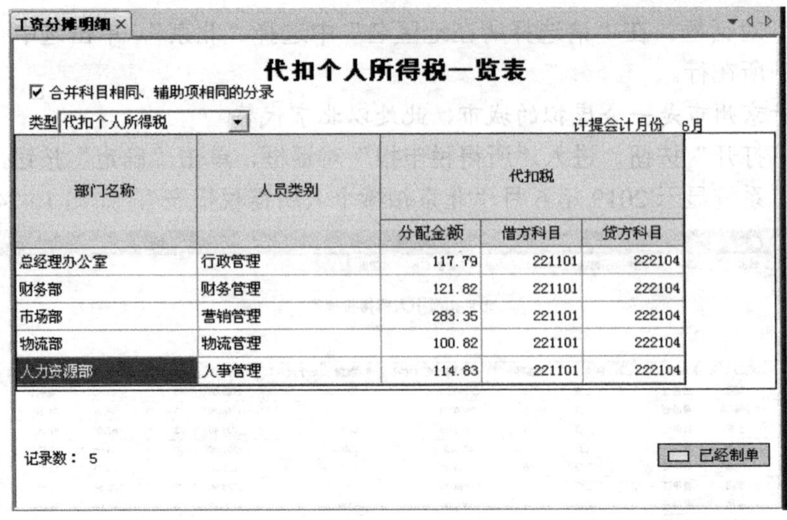
工资分摊明细

代扣个人所得税一览表

☑ 合并科目相同、辅助项相同的分录

类型 代扣个人所得税　　计提会计月份 6月

部门名称	人员类别	代扣税		
		分配金额	借方科目	贷方科目
总经理办公室	行政管理	117.79	221101	222104
财务部	财务管理	121.82	221101	222104
市场部	营销管理	283.35	221101	222104
物流部	物流管理	100.82	221101	222104
人力资源部	人事管理	114.83	221101	222104

记录数：5　　已经制单

图 10-26　代扣个人所得税一览表

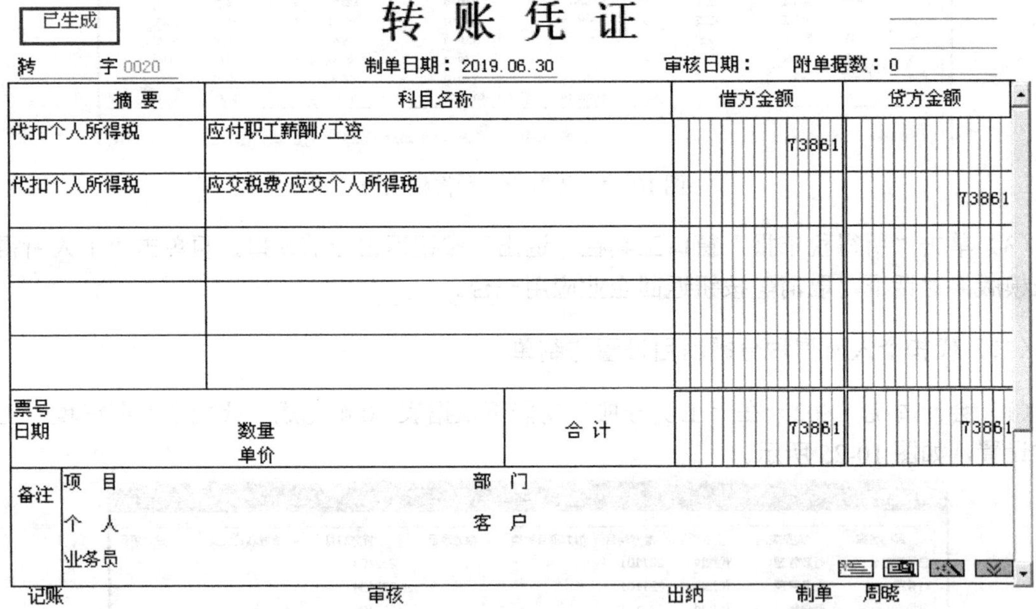
已生成

转账凭证

转 字 0020　　制单日期：2019.06.30　　审核日期：　　附单据数：0

摘要	科目名称	借方金额	贷方金额
代扣个人所得税	应付职工薪酬/工资	73861	
代扣个人所得税	应交税费/应交个人所得税		73861
票号 日期	数量 单价 合计	73861	73861

备注　项目　　部门

个人　　客户

业务员

记账　　审核　　出纳　　制单 周晓

图 10-27　代扣个人所得税制单

思考与练习

2019 年 6 月 30 日登录企业应用平台，完成以下操作：

1. 建立新文件夹，备份 008 账套至该文件夹。
2. 完成凭证审核（801）、主管签字（801）和凭证记账（802）。
3. 查询本月部门工资汇总表。

提示：部门工资汇总表在“人力资源—账表—工资表”功能下查询。

4．查询本月工资发放条。

提示：工资发放条在“人力资源—账表—工资表”功能下查询。

5．查询本项目生成的记账凭证。

提示：薪资管理系统生成的凭证在“薪资管理—统计分析—凭证查询”功能下进行查看、删除、冲销及单据联查等操作。

项目十一

期末业务处理

学习目标

每一会计期末都有一些特定的工作要处理完成，如期末盘点业务、转账业务、对账结账业务等。本项目主要学习如何应用 ERP-U8V10.1 系统平台完成财务业务和供应链期末业务处理，任务内容包括总账期末结转、银行对账、供应链系统月末结账、各系统期末结账等业务的处理。

任务1 存货盘点业务

学习任务

2019年6月30日，物流部对各个仓库进行盘点，发现1号仓库原色棉布比账面少了20米。

任务分析

此笔业务是存货盘点业务，需要在库存管理系统填制存货盘点单和其他出库单，然后在存货核算系统进行正常单据记账。

提示：由于本公司存货采用全月平均法计价，此处暂不进行出库制单。

知识准备

为保证库存商品的安全和完整，各单位必须对存货进行定期或不定期的盘存和清查，及时掌握库存实际数量，并查明相关存货盘盈、盘亏的数量和原因，以利于企业加强存货管理，提高流动资产管理效率。

存货盘存制度也称账面盘存制，就是通过设置存货明细账，对日常发生的存货增加或减少都必须根据会计凭证在账簿中进行连续登记，随时在账面上结算各项存货的结存数并定期与实际盘存数对比，确定存货盘盈盘亏的一种制度。存货盘存一般分两个阶段：

第一阶段是盘点阶段。此阶段主要是按计划进行盘点操作，通过盘点实存数与账面数进行对照，全面查明盘盈盘亏情况。财务部门及时调整存货账面数。

第二阶段是结果处理阶段。查明存货盘盈和盘亏的原因并得到有关部门批准后，需要根据不同原因进行相应账务处理。

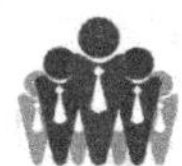

任务实施

一、填制并审核盘点单

（1）2019年6月30日，物流部孙志（805）登录用友企业应用平台，执行“业务工作—供应链—库存管理—盘点业务”命令，打开“盘点单”窗口。单击工具栏中的“增加”按钮，新增1张空白盘点单。

（2）编辑盘点单。

① 在表头部分“盘点仓库”选择“1号仓库”，“出库类别”选择“盘亏出库”，“入库类别”选择“盘盈入库”，“部门”选择“物流部”，“经手人”选择“王伟”。

② 单击“盘库”按钮，系统弹出“盘库将删除未保存的所有记录，是否继续？”信息框。单击“是”按钮，打开“盘点处理”对话框。确认盘点方式为“按仓库盘点”，再单击“确认”按钮，返回“盘点单”窗口。

③ 在表体部分存货编码为“0001”所在行录入实际盘点数量“2180”。

（3）单击工具栏中的“保存”按钮保存该盘点单，再单击“审核”按钮，系统提示审核成功信息，单击“确定”按钮返回，如图 11-1 所示。退出当前窗口。

提示：盘点单审核后系统自动生成盘盈入库单和盘亏出库单。

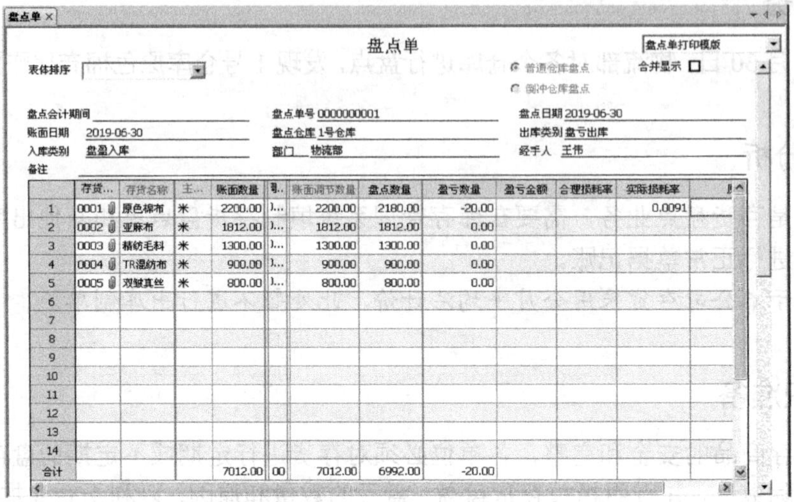

盘点单 ×

盘点单　　盘点单打印模版

表体排序　　◉ 普通仓库盘点　○ 倒冲仓库盘点　　合并显示 □

盘点会计期间　　盘点单号 0000000001　　盘点日期 2019-06-30

账面日期 2019-06-30　　盘点仓库 1号仓库　　出库类别 盘亏出库

入库类别 盘盈入库　　部门 物流部　　经手人 王伟

备注

	存货...	存货名称	主...	账面数量	单...	账面调节数量	盘点数量	盘亏数量	盘亏金额	合理损耗率	实际损耗率	
1	0001	原色棉布	米	2200.00	)...	2200.00	2180.00	-20.00			0.0091	
2	0002	亚麻布	米	1812.00	)...	1812.00	1812.00	0.00				
3	0003	精纺毛料	米	1300.00	)...	1300.00	1300.00	0.00				
4	0004	TR混纺布	米	900.00	)...	900.00	900.00	0.00				
5	0005	双皱真丝	米	800.00	)...	800.00	800.00	0.00				
6												
7												
8												
9												
10												
11												
12												
13												
14												
合计				7012.00	00	7012.00	6992.00	-20.00				

图 11-1　1 号仓库盘点单

二、审核盘亏出库单

（1）物流部孙志（805）执行“库存管理—出库业务—其他出库单”命令，打开“其他出库单”窗口。

（2）单击工具栏中的末张箭头按钮，系统显示本业务“其他出库单”。单击工具栏中的“审核”按钮，系统提示审核成功信息，单击“确定”按钮完成单据审核，如图 11-2 所示。

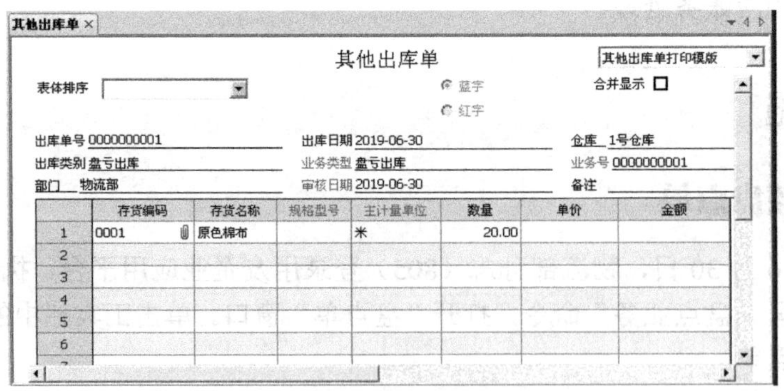

其他出库单 ×

其他出库单　　其他出库单打印模版

表体排序　　◉ 蓝字　○ 红字　　合并显示 □

出库单号 0000000001　　出库日期 2019-06-30　　仓库 1号仓库

出库类别 盘亏出库　　业务类型 盘亏出库　　业务号 0000000001

部门 物流部　　审核日期 2019-06-30　　备注

	存货编码	存货名称	规格型号	主计量单位	数量	单价	金额
1	0001	原色棉布		米	20.00		
2							
3							
4							
5							
6							

图 11-2　盘亏出库单

（3）退出当前窗口。

三、盘亏出库单记账

（1）会计周晓（802）在企业应用平台执行“业务工作—供应链—存货核算—业务核算

一正常单据记账”命令，打开“查询条件选择”对话框，单击“确定”按钮，打开“未记账单据一览表”窗口。

（2）选中本业务生成的“其他出库单”，单击“记账”按钮，系统显示“记账成功”，单击“确定”按钮，完成单据记账。退出当前窗口。

任务 2　报销差旅费业务

学习任务

2019 年 6 月 30 日，物流部王伟出差回来报销差旅费 3 340.8 元，相关原始单据参见图 11-3 至图 11-5。

差旅费报销单

部门：物流部　　　　2019年6月30日

姓名		王伟			事由	参会		出差日期			6月5日～6月12日		
出发地			到达地			车船票		出差补助			住宿费	其他	
月	日	地点	月	日	地点	类别	金额	时间	标准	金额		摘要	金额
6	5	北京	6	5	上海	机票	945.2	7	80	560.00	890.4		
6	12	上海	6	12	北京	机票	945.2						
小计							1 890.40			560.00	890.40		
合计人民币（大写）					⊗叁仟叁佰肆拾元零捌角整								
备注：								预借旅费	¥3000.00			补领金额	¥340.8
												退还金额	

单位领导：　　财务主管：　　报销人：王伟　　审核人：王成

图 11-3　差旅费报销单

1021132321　　　　北京增值税专用发票　　　　No：22345673

发票联

开票日期：2019年6月12日

购货单位	名称：文景纺织品贸易有限责任公司 纳税人识别号：91210258MA123375X6 地址、电话：京州市和平区胜利路7号，电话022-66010000 开户行及账号：工行京州和平支行6202001097586328791				密码区	（略）		
货物或应税劳务名称	规格型号	单位	数量	单价	金额	税率	税额	
住宿费		元			840.00	6%	50.40	
合计					¥840.00		¥50.40	
价税合计（大写）	⊗捌佰玖拾元零肆角整				（小写）¥890.40			
销货单位	名称：上海市文亚国际酒店 纳税人识别号：953100001231924531 地址、电话：上海市浦东区文化路5号，电话021-68321567 开户行及账号：工行上海浦东支行6202002145372278022				备注：			

收款人：略　　复核：略　　开票人：略　　销货单位：（章）

第二联：发票联购货方记账凭证

图 11-4　住宿费专用发票

支出凭单

2019年6月30日　　第0001号

即付 差旅费					款
计人民币（大写）叁佰肆拾元零捌角整					¥340.8
领款人：	王伟	会计主管：	王成	出纳：	刘媛

现金付讫

图 11-5　现金支出凭单

任务分析

此笔业务是报销差旅费业务，需要会计周晓在总账系统填制付款凭证 1 张。

任务实施

2019 年 6 月 30 日，会计周晓（802）在总账系统填制付款凭证，如图 11-6 所示。

付款凭证

付　字 0016　　制单日期：2019.06.30　　审核日期：　　附单据数：1

摘要	科目名称	借方金额	贷方金额
王伟报销差旅费	管理费用/差旅费	329040	000
王伟报销差旅费	应交税费/应交增值税/进项税额	5040	
王伟报销差旅费	其他应收款/备用金		300000
王伟报销差旅费	库存现金		34080
票号 日期　数量 单价	合计	334080	334080

备注　项　目　　部　门
个　人　　客　户
业务员

记账　　审核　　出纳　　制单　周晓

图 11-6　报销差旅费制单

任务 3　结转出库业务

学习任务

2019 年 6 月 30 日，结转本月出库业务。

任务分析

此笔业务是对所有未结转出库业务进行制单处理，生成相应结转凭证。由于本公司销售出库存货成本核算采用全月平均法，因此需要在期末才能进行营业成本结转工作。本任务由会计周晓在存货核算系统进行仓库期末处理，核算出库成本，然后完成制单操作。

知识准备

当日常业务全部完成后，存货核算系统提供期末处理功能，该功能进行以下处理：

（1）计算按全月平均方式核算的存货全月平均单价及本会计月出库成本。

（2）计算按计划价/售价方式核算存货的差异率/差价率及本会计月的分摊差异/差价。

（3）对已完成日常业务的仓库/部门/存货做处理标志。

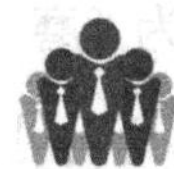

任务实施

一、仓库期末处理

（1）2019 年 6 月 30 日，会计周晓（802）执行“业务工作—供应链—存货核算—业务核算—期末处理”命令，打开“期末处理-1 月”窗口，该窗口已默认选择 1 号仓库和 2 号仓库。

（2）单击“未期末处理仓库”选项下“检查”按钮，系统提示“检测成功!”，单击“确定”按钮。再单击“处理”按钮，打开“月平均单价计算表”窗口，系统显示出入库存货数量与成本信息。单击“显示”按钮，则显示所有存货当月出入库信息，如图 11-7 所示。

月平均单价计算表

输出 显示 确定 栏目

仓库平均单价计算表

记录总数：9

仓...	仓库名称	存...	存货名称	字...	期初数量	期初金额	入库数量	入库金额	有金额...	有金额...	平均单价	原单价	出库合计数量	出库合计成本
001	1号仓库	0001	原色棉布	米	4,200.00	34,440.00	0.00	0.00	2,000.00	16,400.00	8.20	8.20	2,020.00	16,564.00
001	1号仓库	0002	亚麻布	米	612.00	18,360.00	1,200.00	34,704.00	0.00	0.00	29.28	29.28	0.00	0.00
001	1号仓库	0003	精纺毛料	米	1,500.00	67,500.00	-200.00	-8,944.00	0.00	0.00	45.04	45.04	0.00	0.00
001	1号仓库	0004	TR混纺布	米	900.00	19,800.00	0.00	0.00	0.00	0.00	22.00	22.00	0.00	0.00
001	1号仓库	0005	双绉真丝	米	800.00	28,000.00	0.00	0.00	0.00	0.00	35.00	35.00	0.00	0.00
002	2号仓库	0006	纯棉印花	米	1,000.00	8,000.00	0.00	0.00	0.00	0.00	8.00	8.00	0.00	0.00
002	2号仓库	0007	梭织涤棉提花	米	3,100.00	74,400.00	0.00	0.00	0.00	0.00	24.00	24.00	2,000.00	48,000.00
002	2号仓库	0008	宽幅磨毛印花	米	4,000.00	23,200.00	0.00	0.00	800.00	4,640.00	5.80	5.80	2,800.00	16,240.00
002	2号仓库	0009	宽幅全棉贡缎	米	2,650.00	33,125.00	0.00	0.00	900.00	11,250.00	12.50	12.50	900.00	11,250.00

图 11-7　仓库平均单计算表

（3）单击“确定”按钮，系统提示“期末处理完毕!”，此时在右侧“恢复期末处理操作”选项下出现 1 号仓库和 2 号仓库信息。退出当前窗口。

提示：在期末处理完毕后，如果单击选中右侧“已期末处理仓库”选项下方的仓库，再

单击“恢复”按钮，则进行“恢复期末处理”操作。

二、本月出库制单

（1）会计周晓（802）执行“存货核算—财务核算—生成凭证”命令，打开“生成凭证”窗口。单击“选择”按钮，打开“查询条件”对话框，单击“确定”按钮，打开“选择单据”窗口，双击选中所有出库单和发货单，不选择专用发票。

（2）单击“确定”按钮，进入“生成凭证”窗口，在该窗口修改凭证类别为“转账凭证”，同时将所有“发出商品”的科目编码修改为“6401”（主营业务成本）。

（3）单击“生成”按钮，进入“填制凭证”窗口，系统显示第 1 笔分录“主营业务成本”科目借方金额为“59 600.00”。修改第 1 笔分录“主营业务成本”科目辅助项为“提花家纺面料”，借方金额为“48 000.00”；插入第 2 笔分录，科目为“6401（主营业务成本）”，辅助项为“磨毛印花面料”，借方金额为“11 600.00”；修改第 3 笔分录“库存商品”的辅助项为“提花家纺面料”，贷方金额为“48 000.00”；增加第 4 笔分录，科目为“1405”，辅助项为“磨毛印花面料”，贷方金额为“11 600.00”。单击“保存”按钮，生成凭证，如图 11-8 所示。

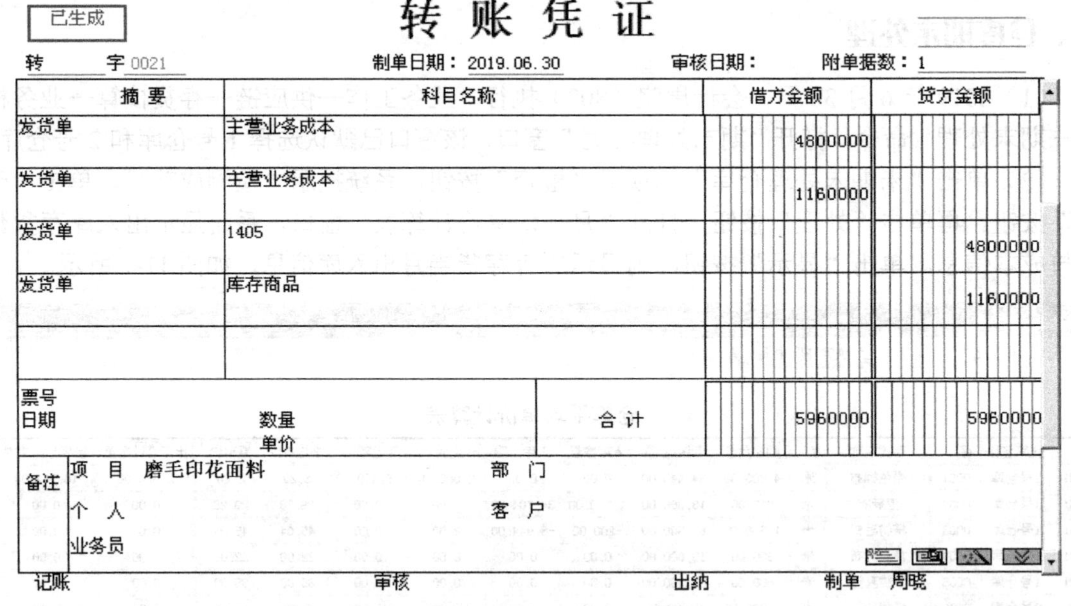

已生成

转账凭证

转 字 0021　　制单日期：2019.06.30　　审核日期：　　附单据数：1

摘要	科目名称	借方金额	贷方金额
发货单	主营业务成本	4800000	
发货单	主营业务成本	1160000	
发货单	1405		4800000
发货单	库存商品		1160000
票号 日期　数量 单价	合计	5960000	5960000

备注　项　目　磨毛印花面料　　部　门

个　人　　客　户

业务员

记账　　审核　　出纳　　制单　周晓

图 11-8　分期收款销售发货单制单

（4）单击“下一张”箭头按钮，该凭证是盘亏出库单制单凭证。修改“库存商品”科目的辅助项为“棉布”，单击“保存”按钮，生成凭证，如图 11-9 所示。

（5）单击“下一张”箭头按钮，系统显示“主营业务成本”科目借方金额为“17 140.00”。修改第 1 笔分录“主营业务成本”科目辅助项为“贡缎家纺面料”，借方金额为“12 500.00”；插入第 2 笔分录，科目为“6401”，辅助项为“磨毛印花面料”，借方金额为“4 640.00”；修改第 3 笔分录“库存商品”的辅助项为“贡缎家纺面料”，贷方金额为“12 500.00”；增加第 4 笔分录，科目为“1405”，辅助项为“磨毛印花面料”，贷方金额为“4 640.00”。单击“保存”按钮，生成凭证，如图 11-10 所示。

已生成

转 账 凭 证

转 字 0022 制单日期：2019.06.30 审核日期： 附单据数：1

摘要	科目名称	借方金额	贷方金额
其他出库单	待处理财产损溢/待处理流动资产损溢	16400	
其他出库单	1405		16400
票号 日期	数量 单价 合计	16400	16400

备注 项 目 棉布 部 门

个 人 客 户

业务员

记账 审核 出纳 制单 周晓

图 11-9 棉布盘亏出库制单

已生成

转 账 凭 证

转 字 0023 制单日期：2019.06.30 审核日期： 附单据数：1

摘要	科目名称	借方金额	贷方金额
销售出库单	主营业务成本	1250000	
销售出库单	主营业务成本	464000	
销售出库单	库存商品		1250000
销售出库单	库存商品		464000
票号 日期	数量 单价 合计	1714000	1714000

备注 项 目 贡缎家纺面料 部 门

个 人 客 户

业务员

记账 审核 出纳 制单 周晓

图 11-10 全棉贡缎和磨毛印花面料销售出库制单

（6）单击“下一张”箭头按钮，修改两笔分录“主营业务成本”和“库存商品”科目的辅助项均为“棉布”，单击“保存”按钮，生成凭证，如图 11-11 所示。

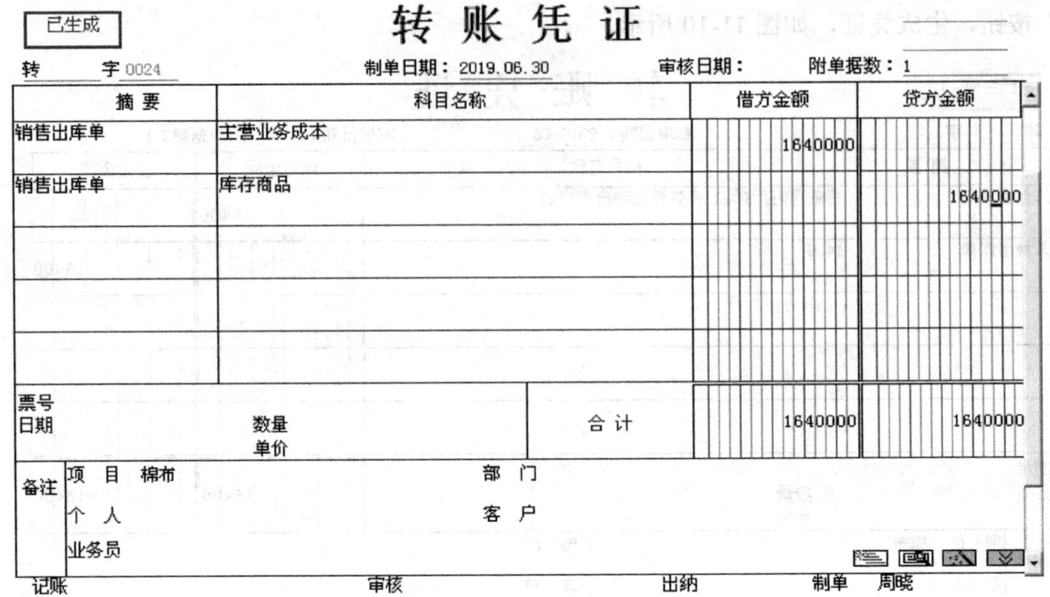

已生成

转 账 凭 证

转 字 0024 制单日期：2019.06.30 审核日期： 附单据数：1

摘要	科目名称	借方金额	贷方金额
销售出库单	主营业务成本	1640000	
销售出库单	库存商品		1640000
票号 日期	数量 单价 合计	1640000	1640000

备注 项 目 棉布 部 门
个 人 客 户
业务员

记账 审核 出纳 制单 周晓

图 11-11 棉布销售出库制单

（7）单击“下一张”箭头按钮，修改两笔分录“主营业务成本”和“库存商品”科目的辅助项均为“贡缎家纺面料”，单击“保存”按钮，生成凭证，如图 11-12 所示。

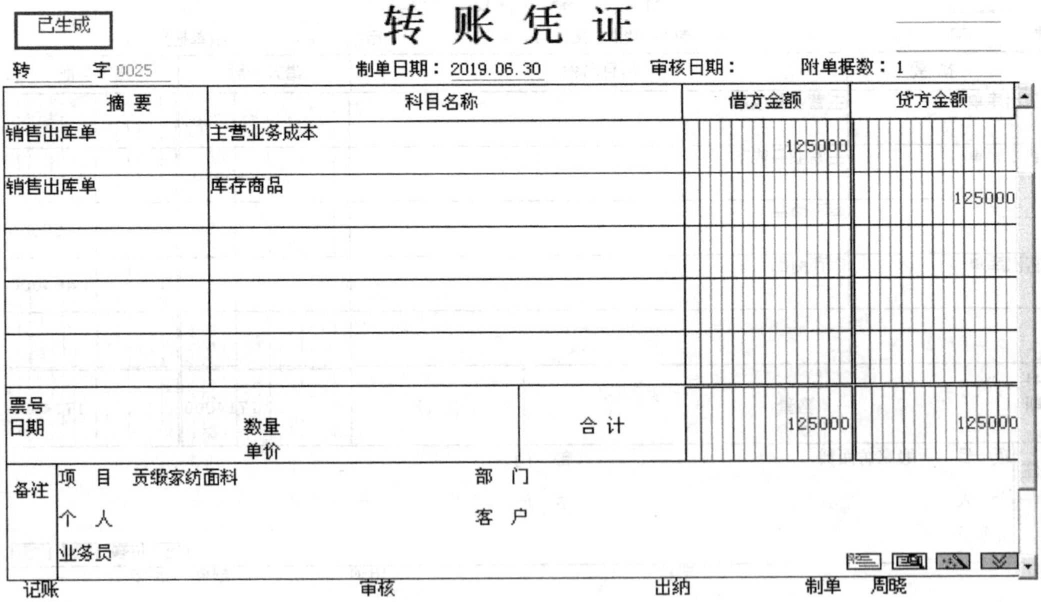

已生成

转 账 凭 证

转 字 0025 制单日期：2019.06.30 审核日期： 附单据数：1

摘要	科目名称	借方金额	贷方金额
销售出库单	主营业务成本	125000	
销售出库单	库存商品		125000
票号 日期	数量 单价 合计	125000	125000

备注 项 目 贡缎家纺面料 部 门
个 人 客 户
业务员

记账 审核 出纳 制单 周晓

图 11-12 贡缎家纺面料销售退货红字出库制单

（8）单击“填制凭证”和“生成凭证”窗口的“关闭”按钮退出。

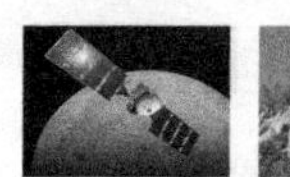

任务 4　委托银行代发工资业务

学习任务

2019 年 6 月 30 日，出纳刘媛开出转账支票，委托银行代发工资。相关原始单据参见图 11-13。

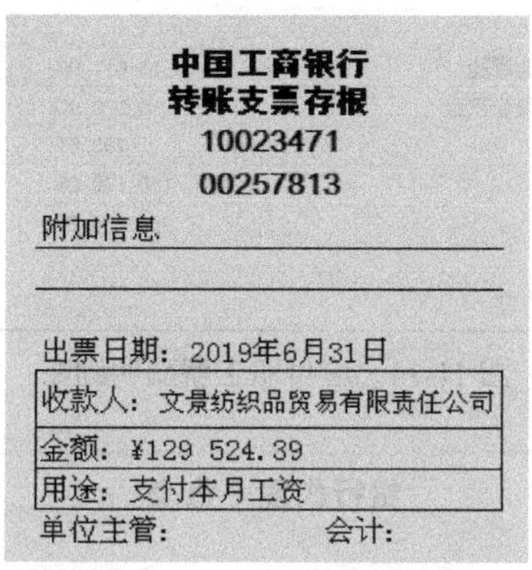

中国工商银行
转账支票存根
10023471
00257813
附加信息

出票日期：2019年6月31日

收款人：文景纺织品贸易有限责任公司
金额：¥129 524.39
用途：支付本月工资

单位主管：　　　　会计：

图 11-13　支付工资支票存根

任务分析

此笔业务是公司委托银行代发工资制单业务，需要在总账系统查询应付工资总额明细账，然后进行银行代发和制单处理。

任务实施

一、查询应付工资总额与银行代发合计数

（1）2019 年 6 月 30 日，会计周晓（802）执行“业务工作—财务会计—总账—账表—科目账—明细账”命令，打开“明细账查询条件”对话框。在科目一栏参照输入“221101”，单击“确定”按钮，打开“明细账”窗口，该窗口显示“应付职工薪酬明细账”，如图 11-14 所示。

（2）周晓继续执行“人力资源—薪资管理—业务处理—银行代发”命令，打开“请选择部门范围”对话框。单击选中所有部门，再单击“确定”按钮，打开“银行文件格式设置”对话框。

（3）在该对话框银行模版处选择“中国工商银行”，在“请设置代发银行所要求的数据内容”编辑框内修改账号总长度为“19”位，再单击“确定”按钮。系统提示“确认设置的银行文件格式？”，单击“是”按钮，打开“银行代发”窗口，如图 11-15 所示。

明细账 ×

金额式

应付职工薪酬明细账

科目 221101 工资　　　　月份：2019.06-2019.06

2019年 月	日	凭证号数	摘要	借方	贷方	方向	余额
			期初余额			贷	157,823.65
06	05	付-0007	支付职工工资	157,823.65		平	
06	30	转-0013	计提工资总额		160,200.00	贷	160,200.00
06	30	转-0018	计提个人承担社会保险	13,617.00		贷	146,583.00
06	30	转-0019	计提个人承担住房公积金	16,020.00		贷	130,563.00
06	30	转-0020	代扣个人所得税	738.61		贷	129,824.39
06			当前合计	188,199.26	160,200.00	贷	129,824.39
06			当前累计	981,086.21	950,525.34	贷	129,824.39
			结转下年			贷	129,824.39

图 11-14　应付职工薪酬明细账

银行代发 ×

银行代发一览表

名称：中国工商银行　　　　人数：16

单位编号	人员编号	账号	金额	录入日期
1234934325	1001	6212004811002211001	9696.60	20190630
1234934325	1002	6212004811002211002	7591.81	20190630
1234934325	2001	6212004811002211003	9028.34	20190630
1234934325	2002	6212004811002211004	7882.75	20190630
1234934325	2003	6212004811002211005	6928.09	20190630
1234934325	3001	6212004811002211006	10342.14	20190630
1234934325	3002	6212004811002211007	8169.14	20190630
1234934325	3003	6212004811002211008	7882.75	20190630
1234934325	3004	6212004811002211009	7978.21	20190630
1234934325	3005	6212004811002211010	7691.81	20190630
1234934325	4001	6212004811002211011	9314.74	20190630
1234934325	4002	6212004811002211012	6928.09	20190630
1234934325	4003	6212004811002211013	6737.15	20190630
1234934325	5001	6212004811002211014	9210.20	20190630
1234934325	5002	6212004811002211015	7023.55	20190630
1234934325	5003	6212004811002211016	7119.02	20190630
合计			129,524.39	

图 11-15　银行代发一览表

提示：此处“应付职工薪酬/工资”明细账余额“129 824.39”和银行代发金额“129 524.39”相差 300 元，是由于总经理办公室张晓萌和人力资源办公室于恩两人请假扣款合计为 300 元，制单时需要做冲减管理费用处理。

二、填制记账凭证

会计周晓（802）在总账系统填制支付工资付款凭证，如图 11-16 所示。

付 款 凭 证

付　字 0017　　制单日期：2019.06.30　　审核日期：　　附单据数：1

摘 要	科目名称	借方金额	贷方金额
支付本月职工工资	应付职工薪酬/工资	12982439	
支付本月职工工资	银行存款/工行存款		12952439
支付本月职工工资	管理费用/工资	30000	
票号 202 - 00257813 日期 2019.06.30　数量 单价	合 计	12952439	12952439
备注 项 目 个 人 业务员	部 门 客 户		

记账　　审核　　出纳　　制单 周晓

图 11-16　银行代发职工工资制单

提示：第 2 笔分录科目“100201”（银行存款/工行存款）的结算方式为“转账支票”，票号为“00257813”。

任务 5　存货清查结果处理业务

学习任务

2019 年 6 月 30 日，经主管领导审批，盘亏棉布 20 米属于管理不善造成的损失，转入管理费用，同时转出购进时已抵扣的进项税额。

任务分析

此笔业务是存货盘存结果处理业务，直接由会计在总账系统填制凭证。

任务实施

（1）2019 年 6 月 30 日，会计周晓（802）填制“转账凭证”，“摘要”栏录入“盘亏存货转管理费用”，科目编码为“660214”（管理费用/其他），借方金额为“185.32”，按 Enter 键转入第 2 笔分录，科目编码为“190101”（待处理财产损溢/待处理流动资产损溢），贷方金额为“164.00”。增加第 3 笔分录，科目编码为“22210102”（应交税费/应交增值税/进项税额转出），贷方金额为“21.32”。

（2）保存后生成凭证，如图 11-17 所示。

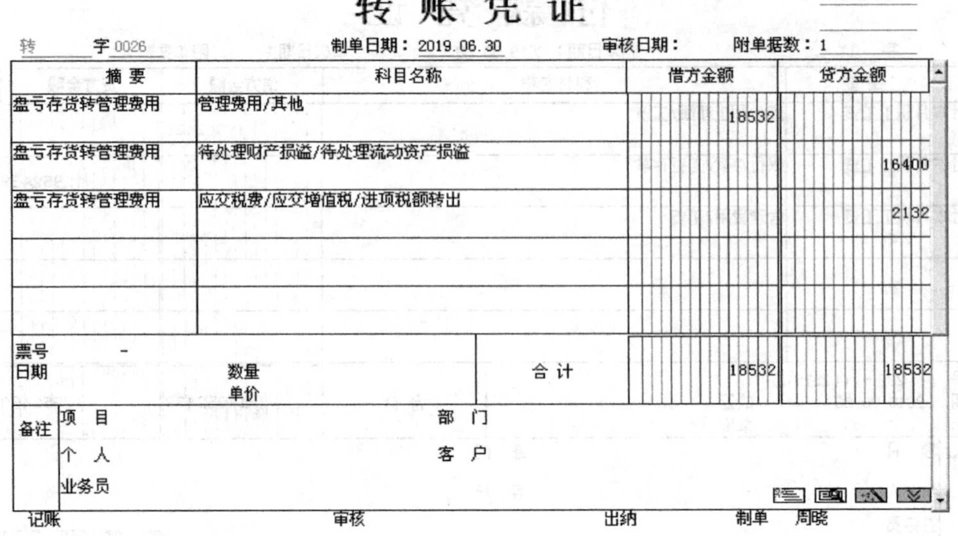

转账凭证

转 字 0026 制单日期：2019.06.30 审核日期： 附单据数：1

摘要	科目名称	借方金额	贷方金额
盘亏存货转管理费用	管理费用/其他	18532	
盘亏存货转管理费用	待处理财产损溢/待处理流动资产损溢		16400
盘亏存货转管理费用	应交税费/应交增值税/进项税额转出		2132
票号 - 日期	数量 单价 合计	18532	18532

备注 项目 部门
个人 客户
业务员

记账 审核 出纳 制单 周晓

图 11-17 存货盘亏报批处理制单

任务 6 结转增值税业务

学习任务

2019 年 6 月 30 日，计算并结转当月未交增值税。

任务分析

本业务是结转本月应交未交增值税业务，可通过自定义结转功能来完成记账凭证的生成。由于本业务属于期末结转业务，如果使用总账系统自定义转账功能，则需要对所有相关的记账凭证进行记账处理，否则可能无法取到正确的数据。

知识准备

一、增值税结转业务

月末，会计人员应当审核增值税业务会计处理是否完整、正确，如果确认无误，则根据当月“应交税费/应交增值税”明细账期末余额编制相应的会计分录，将该科目余额转入“应交税费/未交增值税”科目。

二、自定义转账功能

企业财务部门月末结账前，需要将费用进行归集和分摊，以及相应科目的结转，这些业务具有科目相同、数据来源一致等特点，适合一次设置，多次引用。这就需要应用财务会计

提供的自定义转账功能。该功能主要完成费用分配结转、费用分摊结转、应交税费结转、各项费用计提、期间损益结转等期末常规业务的处理。

自定义转账一般分两步完成，即“转账定义”与“转账生成”。首次使用总账系统进行会计核算，如果想让系统自动完成期末转账业务，必须先进行“转账定义”，即根据企业的实际业务设置自动转账业务的转账分录，包括凭证类型、摘要、分录、取数公式。“转账生成”是根据已定义好的转账凭证，计算或直接取数生成相应记账凭证。而且转账分录可以一次定义，多次使用，即转账业务分录定义完成后，以后月份就可以直接调用“转账生成”功能，而无须再次定义。当以后月份出现转账分录金额公式需要进行修改时，可以先在“转账定义”中修改相关内容，再执行“转账生成”功能即可。

三、账务取数函数

账务取数是指从总账系统提取账簿数据至科目或单元格，是报表或自定义凭证数据来源。用友 ERP-U8V10.1 管理系统提供了账务函数公式向导功能，可以使用该功能完成取数操作。

账务函数基本格式为：“函数名（科目编码,会计期间,[方向],[账套号],[会计年度],[编码1],[编码 2])”，其中“科目编码”也可以是科目名称，用在公式中必须用双引号括起来。会计期间可以是年或月或输入 1、2……12。如果输入“年”则按当前会计年度取数，如果输入“月”则按结转月份取数，如果输入“1”“2”等数字时，表示取此会计月的数据。会计期可以为空，为空时默认为“月”。方向指借或贷，可以省略。账套号为账套编号，缺省时为默认账套。会计年度即数据取数年度，可以省略。编码 1、编码 2 与科目编码核算账类相关，表示取科目辅助账数据，可以省略。

常用账务取数函数的函数名和含义说明如下：

（1）QC（），取科目期初余额。

（2）QM（），取科目期末余额。

（3）FS（），取科目发生额。

（4）JG（），取对方科目计算结果。

由于自定义结转中设置的金额公式等大多从账簿取数，因此在月末转账生成之前，必须将所有未记账凭证全部记账，否则，生成的转账凭证数据可能不准确或不完整。

任务实施

一、出纳签字、凭证审核、主管签字与记账

出纳刘媛（803）对所有出纳凭证进行出纳签字，主管王成（801）进行凭证审核和主管签字，会计周晓（802）完成记账操作。

二、查询“应交税费/应交增值税”明细账余额

（1）2019 年 6 月 30 日，会计周晓（802）登录企业应用平台，执行“业务工作—财务会计—总账—账表—明细账”命令，打开“明细账查询条件”对话框。

（2）在该对话框参照输入科目为“222101”，单击“确定”按钮，打开“明细账”窗口。该窗口显示科目“222101 应交增值税”有贷方余额“6 967.36”，如图 11-18 所示。

明细账

金额式

应交税费明细账

科目 222101 应交增值税　　　月份：2019.06-2019.06

2019年 月	日	凭证号数	摘要	借方	贷方	方向	余额
06	03	付-0003	支付广告费	1,080.00		借	1,080.00
06	05	付-0008	支付上月购精纺毛料货款_202	5,232.24		借	6,312.24
06	06	收-0001	采购退货_202	-1,162.72		借	5,149.52
06	07	转-0004	采购专用发票	45.36		借	5,194.88
06	07	转-0005	购亚麻布	4,446.00		借	9,640.88
06	07	转-0007	上月电费	300.30		借	9,941.18
06	07	转-0008	上月水费	146.98		借	10,088.16
06	08	收-0002	现结_4		3,848.00	借	6,240.16
06	08	转-0009	销售专用发票		3,770.00	借	2,470.16
06	10	收-0003	现结_202		5,785.00	贷	3,314.84
06	11	收-0004	现结_202		5,785.00	贷	9,099.84
06	20	收-0006	现结_202		-286.00	贷	8,813.84
06	21	付-0015	现结_202	1,846.00		贷	6,967.84
06	30	收-0007	资产减少 - 增值税		28.60	贷	6,996.44
06	30	付-0016	王伟报销差旅费	50.40		贷	6,946.04
06	30	转-0026	盘亏存货转管理费用		21.32	贷	6,967.36
06			当前合计	11,984.56	18,951.92	贷	6,967.36
06			当前累计	222,008.56	228,975.92	贷	6,967.36

图 11-18　应交增值税明细账

（3）退出当前窗口。

三、结转未交增值税自定义转账设置

（1）会计周晓（802）执行“总账—期末—转账定义—自定义转账”命令，打开“自定义转账设置”窗口。单击工具栏中的“增加”按钮，打开“转账目录”对话框。在该对话框“转账序号”栏录入“0001”，“转账说明”栏录入“结转本月未交增值税”，“凭证类别”选择“转账凭证”，单击“确定”按钮返回。

（2）单击“增行”按钮，在新增的第 1 行“科目编码”栏录入“22210107（应交税费/应交增值税/转出未交增值税）”，“方向”为“借”，“金额公式”栏参照输入“QM(222101,月)”。

（3）继续单击“增行”按钮，在第 2 行的“科目编码”栏录入“222102（应交税费/未交增值税）”，“方向”改为“贷”，“金额公式”栏参照输入“JG()”。

（4）单击“保存”按钮，如图 11-19 所示。退出当前窗口。

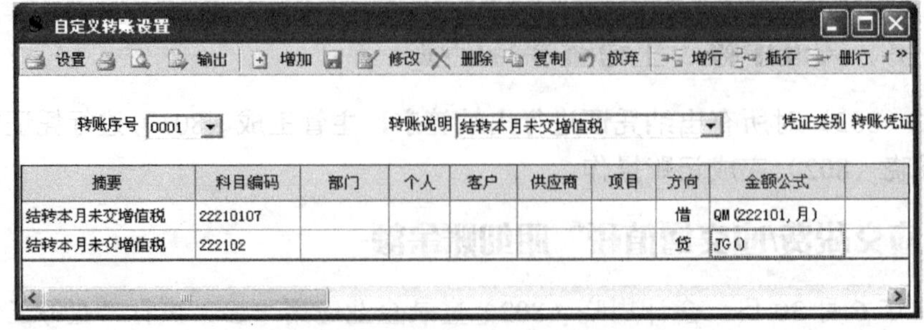

自定义转账设置

设置　输出　增加　修改　删除　复制　放弃　增行　插行　删行

转账序号 0001　　转账说明 结转本月未交增值税　　凭证类别 转账凭证

摘要	科目编码	部门	个人	客户	供应商	项目	方向	金额公式
结转本月未交增值税	22210107						借	QM(222101,月)
结转本月未交增值税	222102						贷	JG()

图 11-19　结转未交增值税自定义转账设置

提示：

◆ 公式“QM(222101,月)”表示当前科目借方金额取自“222101”科目的本月期末余额。

◆ 公式“JG()”表示当前科目（222102）贷方金额取对方（借方）所有科目余额之和。

四、结转未交增值税自定义转账生成

（1）周晓（802）执行“总账—期末—转账生成”命令，打开“转账生成”对话框。该对话框默认选中“自定义转账”选项，且在窗格内显示刚刚增加的转账定义项。

（2）双击选中编号为“0001”的转账定义项“是否结转”栏，再单击“确定”按钮，系统打开“转账”窗口。该窗口显示“结转本月未交增值税”转账凭证，单击“保存”按钮，生成凭证，如图 11-20 所示。

已生成

转 账 凭 证

转　字 0027　　制单日期：2019.06.30　　审核日期：　　附单据数：0

摘要	科目名称	借方金额	贷方金额
结转本月未交增值税	应交税费/应交增值税/转出未交增值税	696736	
结转本月未交增值税	应交税费/未交增值税		696736
票号 日期	数量 单价	合计 696736	696736

备注　项　目　　部　门

个　人　　客　户

业务员

记账　审核　出纳　制单　周晓

图 11-20　结转未交增值税凭证

（3）单击“转账”窗口“退出”按钮，退出并返回“转账生成”对话框。退出当前窗口。

五、凭证审核、主管签字与记账

主管王成（801）进行凭证审核和主管签字，会计周晓（802）完成记账操作。

任务 7　计提并结转相关税费业务

学习任务

2019 年 6 月 30 日，计算并结转当月应交的城市维护建设税、教育费附加和地方教育费附加。

任务分析

月末，会计人员应当根据应交增值税、消费税合计数计算缴纳应交城市维护建设税、教育费附加和地方教育费附加，由于本公司无消费税项目，因此只需要根据当月应交增值税余额计提三项税费。本公司三项税费计提比例分别为7%、3%和2%。

本任务可通过自定义转账与转账生成功能来完成。

任务实施

一、计提相关税费自定义转账设置

2019 年 6 月 30 日，会计周晓（802）进行自定义转账设置，如图 11-21 所示。

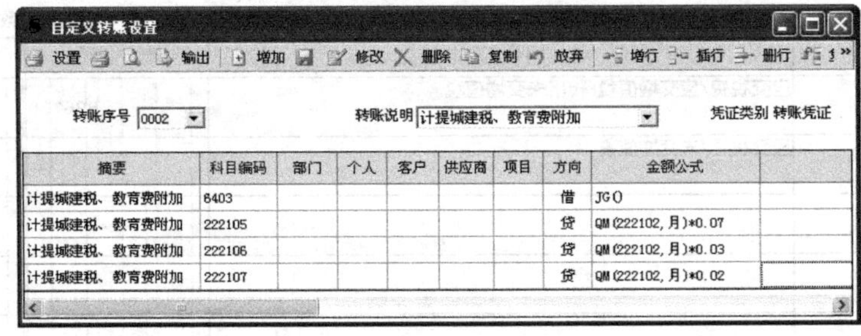

自定义转账设置

设置 | 输出 | 增加 | 修改 | 删除 | 复制 | 放弃 | 增行 | 插行 | 删行

转账序号 0002　　转账说明 计提城建税、教育费附加　　凭证类别 转账凭证

摘要	科目编码	部门	个人	客户	供应商	项目	方向	金额公式
计提城建税、教育费附加	6403						借	JG()
计提城建税、教育费附加	222105						贷	QM(222102,月)*0.07
计提城建税、教育费附加	222106						贷	QM(222102,月)*0.03
计提城建税、教育费附加	222107						贷	QM(222102,月)*0.02

图 11-21　计提城建税和教育费附加自定义转账设置

二、计提相关税费转账生成

会计周晓（802）在总账系统“转账生成”功能下完成“0002”号转账定义的转账生成操作，生成凭证，如图 11-22 所示。

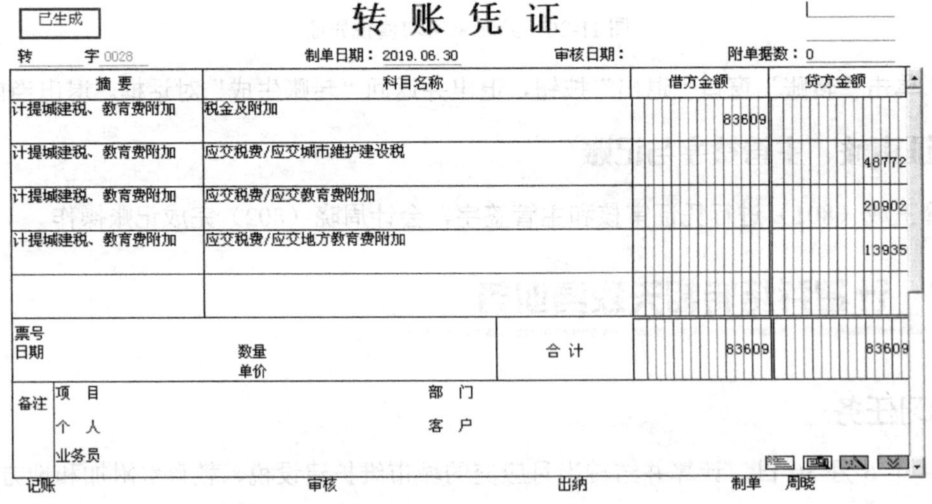

已生成

转 账 凭 证

转　字 0028　　制单日期：2019.06.30　　审核日期：　　附单据数：0

摘要	科目名称	借方金额	贷方金额
计提城建税、教育费附加	税金及附加	83609	
计提城建税、教育费附加	应交税费/应交城市维护建设税		48772
计提城建税、教育费附加	应交税费/应交教育费附加		20902
计提城建税、教育费附加	应交税费/应交地方教育费附加		13935
票号 日期　数量 单价	合计	83609	83609

备注　项目　　部门
个人　　客户
业务员

记账　审核　出纳　制单 周晓

图 11-22　计提城建税和教育费附加凭证

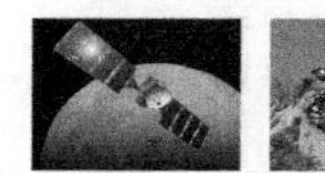

三、凭证审核、主管签字与记账

主管王成（801）进行凭证审核和主管签字，会计周晓（802）完成记账操作。

任务 8　期间损益结转业务

学习任务

2019 年 6 月 30 日，会计周晓利用期间损益结转方式进行当月期间损益结转处理，并计算结转本月企业所得税。

任务分析

此笔业务是月末期间损益结转业务，由会计周晓在总账系统操作完成。

知识准备

期间损益结转用于在一个会计期间终了将损益类科目的余额结转到本年利润科目中，从而及时反映企业利润的盈亏情况。损益结转主要对管理费用、销售费用、财务费用、销售收入、营业外收支等科目向本年利润的结转。本业务属于期末业务，需要在“总账—期末”功能下进行期间损益结转凭证的设置和转账生成处理。

任务实施

一、期间损益结转设置

（1）2019 年 6 月 30 日，会计周晓（802）登录用友企业应用平台，执行“业务工作—财务会计—总账—期末—转账定义—期间损益”命令，打开“期间损益结转设置”对话框。在该对话框，将凭证类别修改为“转账凭证”，本年利润科目参照选入“4103”。

（2）单击“确定”按钮，完成期间损益结转设置。

二、期间损益结转生成

（1）会计周晓（802）继续执行“总账—期末—转账生成”命令，打开“转账生成”对话框。在该对话框左侧转账生成选项中单击选中“期间损益结转”选项，系统自动显示“结转月份”为“2019.06”，损益“类型”为“全部”。

（2）单击“全选”按钮，选择所有损益类型科目进行期末结转。再单击“确定”按钮，进入“转账”对话框，系统显示凭证内容，单击“保存”按钮，生成期间损益结转凭证，如图 11-23 所示。

（3）单击“退出”按钮，返回“转账生成”对话框，再单击“关闭”按钮退出。

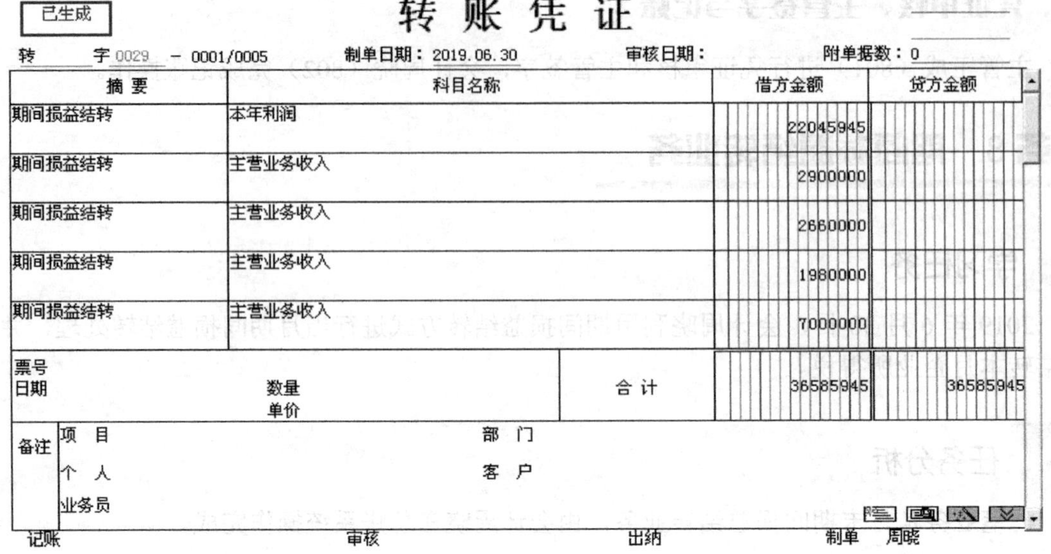

已生成

转账凭证

转 字 0029 - 0001/0005 制单日期：2019.06.30 审核日期： 附单据数：0

摘要	科目名称	借方金额	贷方金额
期间损益结转	本年利润	22045945	
期间损益结转	主营业务收入	2900000	
期间损益结转	主营业务收入	2660000	
期间损益结转	主营业务收入	1980000	
期间损益结转	主营业务收入	7000000	
票号 日期	数量 单价 合计	36585945	36585945

备注 项目 部门

个人 客户

业务员

记账 审核 出纳 制单 周晓

图 11-23 期间损益结转制单

提示：

◆ 月末期间损益结转生成之前，必须保证所有记账凭证全部记账，否则，可能造成生成转账凭证的数据不准确或不完整。

◆ 由于“本年利润”科目余额在借方，因此本月不需要计算结转企业所得税。

三、凭证审核、主管签字与记账

主管王成（801）进行凭证审核和主管签字，会计周晓（802）完成记账操作。

任务 9 银行对账业务

学习任务

2019 年 6 月 30 日，由会计周晓进行银行对账，编制银行存款余额调节表。文景公司银行账启用日期为 2019 年 6 月 1 日，工行存款企业日记账调整前余额为 367 773.93 元，银行对账单调整前余额为 367 773.93 元，没有银行未达账。6 月份银行对账单如表 11-1 所示。

表 11-1 6 月份银行对账单

日 期	结算方式	票 号	摘 要	借方金额	贷方金额
2019.06.02	其他		缴纳税费		3 421.36
2019.06.02	其他		缴纳税费		16 388.00
2019.06.03	转账支票	00257801	支付广告费		19 080.00
2019.06.05	转账支票	00257802	交社会保险		26 660.00

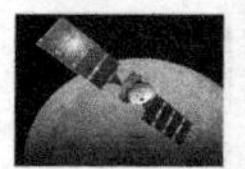

续表

日　期	结算方式	票　号	摘　要	借方金额	贷方金额
2019.06.05	转账支票	00257803	交住房公积金		14 880.00
2019.06.05	转账支票	00257804	支付职工工资		157 823.65
2019.06.05	转账支票	00257805	支付购货款		45 480.24
2019.06.07	转账支票	11573325	收退货款	10 106.72	
2019.06.08	转账支票	00257806	支付购货款		38 646.00
2019.06.08	转账支票	00257807	支付货款		4 068.00
2019.06.09	转账支票	00257809	支付电费		2 610.30
2019.06.09	转账支票	00257810	支付水费		1 780.06
2019.06.10	电汇	00245671	收到货款	33 448.00	
2019.06.10	现金支票	00232001	支付运费		660.00
2019.06.12	转账支票	33217458	收到货款	50 285.00	
2019.06.13	转账支票	33217459	收到货款	50 285.00	
2019.06.17	转账支票	15325561	收到货款	32 774.60	
2019.06.21	转账支票	00257811	退货款		2 486.00
2019.06.22	转账支票	00257812	购打印机		16 046.00

任务分析

此笔业务是公司银行对账业务，由出纳刘媛在总账系统操作完成。

知识准备

银行对账是出纳管理工作中一项很重要的内容，该项工作通常在期末进行。在“银行对账”功能下主要完成以下工作任务。

1. 输入银行对账期初数据

为了保证银行对账的正确性，在使用“银行对账”功能进行对账之前，必须先将日记账、银行对账单未达项录入系统。

2. 录入银行对账单

在进行银行对账前，还必须将银行每月交来的银行对账单录入系统。

3. 银行对账

银行对账采用自动对账与手工对账相结合的方式。自动对账是计算机根据对账依据自动进行核对，对于已核对上的银行业务，系统将自动在银行存款日记账和银行对账单双方写上两清标志，并视为已达账项。对于在两清栏未写上两清符号的记录，系统则视其为未达账项。手工对账是对自动对账的补充，使用完自动对账后，可能还有一些特殊的已达账项没有对出来，而被视为未达账项，为了保证对账更彻底、更正确，可用手工对账来进行调整。

4. 输出余额调节表

对账完成后，系统自动整理并汇总未达账项和已达账项，生成银行存款余额调节表。

5. 查询对账勾对情况

该功能用于查询单位日记账及银行对账单的对账结果。

6. 核销银行账

核销银行账功能用于将核对正确并确认无误的已达账项删除。银行对账正确后，如果想将已达账项删除并只保留未达账项时，可使用本功能。但银行对账不平衡时，则不建议使用本功能，因为可能造成以后对账错误。

核销已达账项不影响银行日记账的查询和打印，核销后还可进行反核销（Alt+U 组合键）。

任务实施

一、录入银行对账期初数据

（1）2019 年 6 月 30 日，出纳刘媛（803）执行“业务工作—财务会计—总账—出纳—银行对账—银行对账期初录入”命令，打开“银行科目选择”对话框。在该对话框，默认银行科目为“工行存款（100201）”，单击“确定”按钮，进入“银行对账期初”对话框。

（2）系统显示启用日期为“2019.06.01”，输入单位日记账“调整前余额”为“367 773.93”，银行对账单“调整前余额”为“367 773.93”，如图 11-24 所示。退出当前窗口。

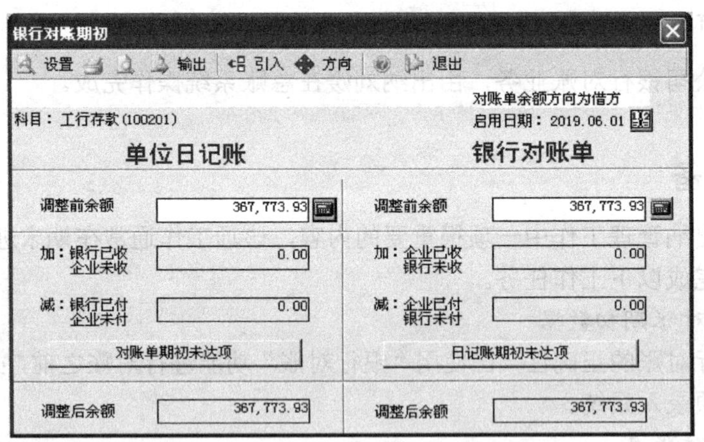

图 11-24　银行对账期初数据

二、录入银行对账单

（1）出纳刘媛（803）执行“业务工作—财务会计—总账—出纳—银行对账—银行对账单”命令，打开“银行科目选择”对话框。默认银行科目为“工行存款（100201）”，月份为“2019.06”，单击“确定”按钮，打开“银行对账单”窗口。

（2）单击“增加”按钮，依次录入表 11-1 所示银行对账单数据，单击“保存”按钮，如图 11-25 所示。单击“关闭”按钮退出当前窗口。

银行对账单 ×

银行对账单

科目：工行存款(100201)　　　　对账单账面余额:194,643.64

日期	结算...	票号	借方金额	贷方金额	余额
2019.06.02	7			3,421.36	364,352.57
2019.06.02	7			16,388.00	347,964.57
2019.06.03	202	00257801		19,080.00	328,884.57
2019.06.05	202	00257802		26,660.00	302,224.57
2019.06.05	202	00257803		14,880.00	287,344.57
2019.06.05	202	00257804		157,823.65	129,520.92
2019.06.05	202	00257805		45,480.24	84,040.68
2019.06.07	202	11573325	10,106.72		94,147.40
2019.06.08	202	00257806		38,646.00	55,501.40
2019.06.08	202	00257807		4,068.00	51,433.40
2019.06.09	202	00257809		2,610.30	48,823.10
2019.06.09	202	00257810		1,780.06	47,043.04
2019.06.10	4	00245671	33,448.00		80,491.04
2019.06.10	201	00232001		660.00	79,831.04
2019.06.12	202	33217458	50,285.00		130,116.04
2019.06.13	202	33217459	50,285.00		180,401.04
2019.06.13	202	15325561	32,774.60		213,175.64
2019.06.21	202	00257811		2,486.00	210,689.64
2019.06.22	202	00257812		16,046.00	194,643.64

□ 已勾对　□ 未勾对

图 11-25　银行对账单

三、银行对账

（1）出纳刘媛继续执行“业务工作—财务会计—总账—出纳—银行对账—银行对账”命令，打开“银行科目选择”对话框。默认银行科目为“工行存款（100201）”，月份为“2019.06”，单击“确定”按钮，进入“银行对账”窗口。

（2）单击“对账”按钮，打开“自动对账”对话框。截止日期选择“2019-06-30”，对账条件使用系统默认设置。单击“确定”按钮，系统显示自动对账结果，即对于已达账项，系统自动在单位日记账和银行对账单双方的“两清”栏内标上“O”的标志，否则不予标记。

（3）对于不符合自动对账条件，但属于已达账项，可进行手工调整。如该对话框有 1 笔退货款因为金额为负数（−2 486.00）没有对上，可以分别双击日记账和对账单该账项的“两清”栏后出现“√”标志，表示已经手工对账成功，如图 11-26 所示。

（4）对账结束，单击“检查”按钮，进行对账结果平衡检查，系统显示“平衡”结果，单击“确定”按钮返回。

（5）单击工具栏中的“保存”按钮，再单击“关闭”按钮退出当前窗口。

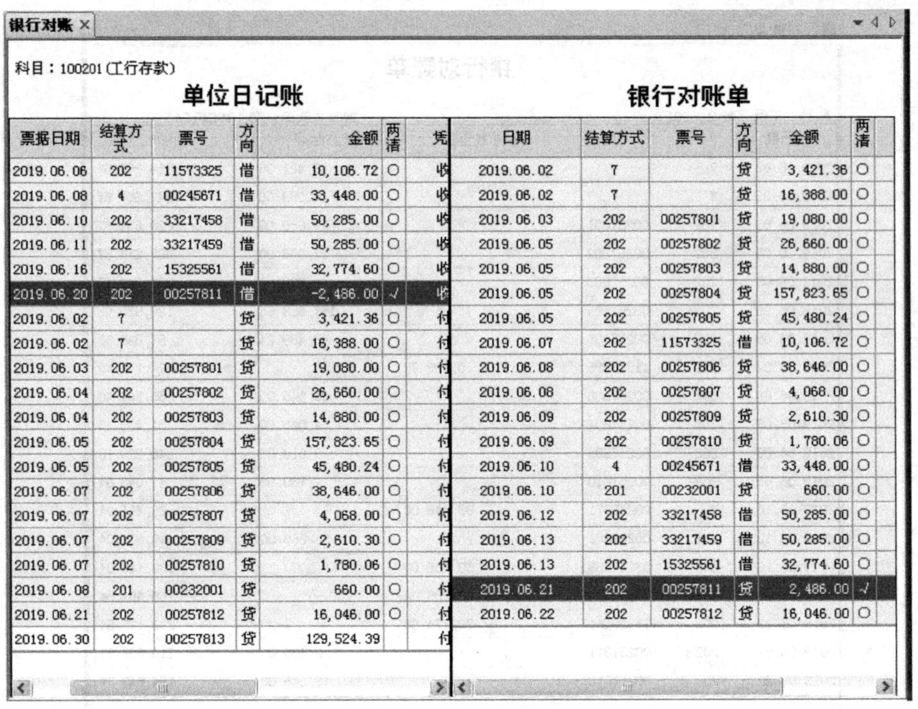

银行对账 ×

科目：100201 (工行存款)

单位日记账

票据日期	结算方式	票号	方向	金额	两清	凭
2019.06.06	202	11573325	借	10,106.72	○	收
2019.06.08	4	00245671	借	33,448.00	○	收
2019.06.10	202	33217458	借	50,285.00	○	收
2019.06.11	202	33217459	借	50,285.00	○	收
2019.06.16	202	15325561	借	32,774.60	○	收
2019.06.20	202	00257811	借	-2,486.00	√	收
2019.06.02	7		贷	3,421.36	○	付
2019.06.02	7		贷	16,388.00	○	付
2019.06.03	202	00257801	贷	19,080.00	○	付
2019.06.04	202	00257802	贷	26,660.00	○	付
2019.06.04	202	00257803	贷	14,880.00	○	付
2019.06.05	202	00257804	贷	157,823.65	○	付
2019.06.05	202	00257805	贷	45,480.24	○	付
2019.06.07	202	00257806	贷	38,646.00	○	付
2019.06.07	202	00257807	贷	4,068.00	○	付
2019.06.07	202	00257809	贷	2,610.30	○	付
2019.06.07	202	00257810	贷	1,780.06	○	付
2019.06.08	201	00232001	贷	660.00	○	付
2019.06.21	202	00257812	贷	16,046.00	○	付
2019.06.30	202	00257813	贷	129,524.39		付

银行对账单

日期	结算方式	票号	方向	金额	两清
2019.06.02	7		贷	3,421.36	○
2019.06.02	7		贷	16,388.00	○
2019.06.03	202	00257801	贷	19,080.00	○
2019.06.05	202	00257802	贷	26,660.00	○
2019.06.05	202	00257803	贷	14,880.00	○
2019.06.05	202	00257804	贷	157,823.65	○
2019.06.05	202	00257805	贷	45,480.24	○
2019.06.07	202	11573325	借	10,106.72	○
2019.06.08	202	00257806	贷	38,646.00	○
2019.06.08	202	00257807	贷	4,068.00	○
2019.06.09	202	00257809	贷	2,610.30	○
2019.06.09	202	00257810	贷	1,780.06	○
2019.06.10	4	00245671	借	33,448.00	○
2019.06.10	201	00232001	贷	660.00	○
2019.06.12	202	33217458	借	50,285.00	○
2019.06.13	202	33217459	借	50,285.00	○
2019.06.13	202	15325561	借	32,774.60	○
2019.06.21	202	00257811	贷	2,486.00	√
2019.06.22	202	00257812	贷	16,046.00	○

图 11-26 银行对账结果

提示：

- ◆ 在对账条件中，"方向相同、金额相同"是必选条件，其他为可选条件。
- ◆ 在"银行对账"窗口单击"取消"按钮，可以自动取消指定期间内的所有对账标志。
- ◆ 双击要取消对账标志业务的"两清"标志，可以取消该栏对账标志。

四、输出余额调节表

（1）出纳刘媛继续执行"业务工作—财务会计—总账—出纳—银行对账—余额调节表查询"命令，打开"银行存款余额调节表"窗口。双击"工行存款（100201）"所在行或选中该科目后单击"查看"按钮，打开"银行存款余额调节表"对话框，如图 11-27 所示。

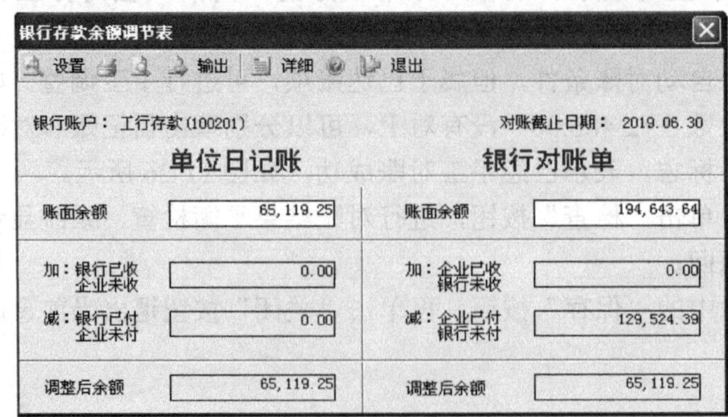

银行存款余额调节表

设置 输出 详细 退出

银行账户：工行存款 (100201)　　对账截止日期：2019.06.30

单位日记账		银行对账单	
账面余额	65,119.25	账面余额	194,643.64
加：银行已收企业未收	0.00	加：企业已收银行未收	0.00
减：银行已付企业未付	0.00	减：企业已付银行未付	129,524.39
调整后余额	65,119.25	调整后余额	65,119.25

图 11-27 银行存款余额调节表

（2）单击“详细”按钮，系统显示详细银行存款余额调节表，如图 11-28 所示。

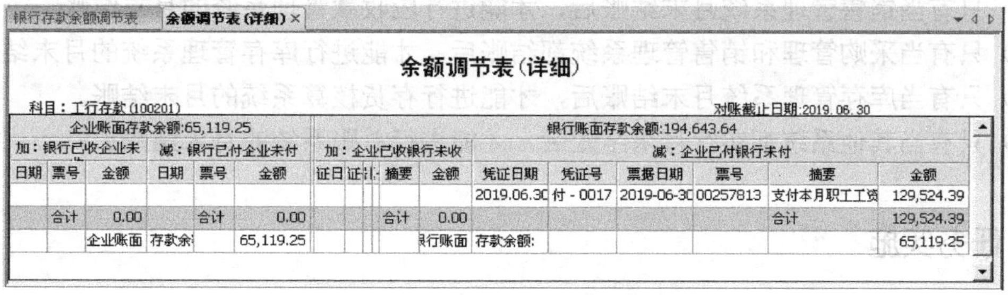

银行存款余额调节表 | 余额调节表（详细）×

余额调节表（详细）

科目：工行存款(100201)　　　　对账截止日期:2019.06.30

企业账面存款余额:65,119.25						银行账面存款余额:194,643.64										
加：银行已收企业未收			减：银行已付企业未付			加：企业已收银行未收					减：企业已付银行未付					
日期	票号	金额	日期	票号	金额	证日	证	讠	摘要	金额	凭证日期	凭证号	票据日期	票号	摘要	金额
											2019.06.30	付 - 0017	2019-06-30	00257813	支付本月职工工资	129,524.39
	合计	0.00		合计	0.00				合计	0.00					合计	129,524.39
		企业账面	存款余		65,119.25					银行账面	存款余额:					65,119.25

图 11-28　工行存款详细余额调节表

（3）单击“余额调节表（详细）”和“银行存款余额调节表”窗口“关闭”按钮退出。

任务 10　供应链系统月末结账

学习任务

2019 年 6 月 30 日，会计对采购管理、销售管理、库存管理、存货核算各系统处理的经济业务进行月末结账处理。

任务分析

本任务是月末处理业务，需要相关操作员在各业务系统完成。

知识准备

在电算化方式下，结账工作迅速而准确，它是一种成批数据处理，主要是对当月日常处理进行限制和对下月账簿的初始化，全部结账工作由计算机自动完成。记账工作一月可以进行多次，但每月只能结账一次。

当企业会计信息系统集成使用了薪资管理、固定资产管理、应收/应付款管理和供应链系统时，月末结账必须遵循一定顺序，如图 11-29 所示。

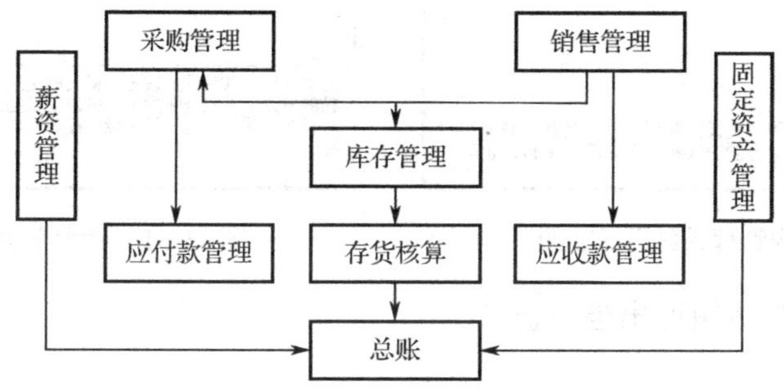

图 11-29　月末结账顺序

（1）只有当采购管理系统月末结账后，才能进行应付款管理系统的月末结账。

（2）只有当销售管理系统月末结账后，才能进行应收款管理系统的月末结账。

（3）只有当采购管理和销售管理系统都结账后，才能进行库存管理系统的月末结账。

（4）只有当库存管理系统月末结账后，才能进行存货核算系统的月末结账。

（5）只有当其他系统都实行月末结账后，才能进行总账系统的月末结账。

任务实施

一、采购管理系统月末结账

（1）2019 年 6 月 30 日，物流部孙志（805）登录用友企业应用平台，执行“业务工作—供应链—采购管理—月末结账”命令，打开“结账”对话框。

（2）单击“结账”按钮，系统弹出信息提示框。单击“否”按钮，系统自动进行结账处理。处理完毕，在 6 月所在行的“是否结账”栏显示为“是”，如图 11-30 所示。

（3）单击“退出”按钮退出当前窗口。

二、销售管理系统月末结账

（1）市场部李梅（804）执行“业务工作—供应链—销售管理—月末结账”命令，打开“结账”对话框，单击“结账”按钮，系统弹出“是否关闭订单？”信息提示框，单击“否”按钮，系统自动进行结账处理。处理完毕，在 6 月所在行的“是否结账”栏显示为“是”，如图 11-31 所示。

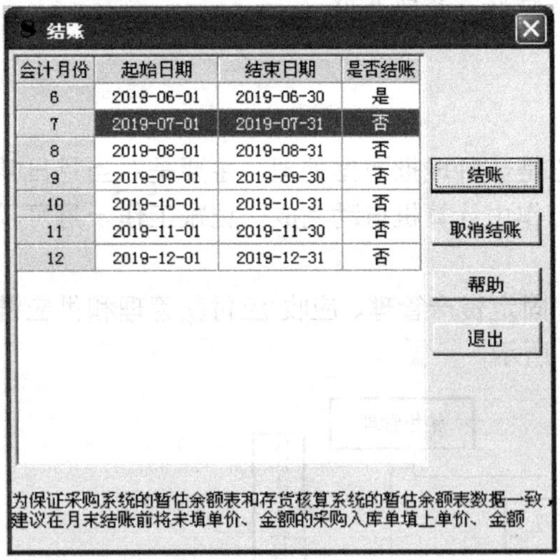

结账

会计月份	起始日期	结束日期	是否结账
6	2019-06-01	2019-06-30	是
7	2019-07-01	2019-07-31	否
8	2019-08-01	2019-08-31	否
9	2019-09-01	2019-09-30	否
10	2019-10-01	2019-10-31	否
11	2019-11-01	2019-11-30	否
12	2019-12-01	2019-12-31	否

结账　取消结账　帮助　退出

为保证采购系统的暂估余额表和存货核算系统的暂估余额表数据一致，建议在月末结账前将未填单价、金额的采购入库单填上单价、金额

图 11-30　采购管理系统月末结账

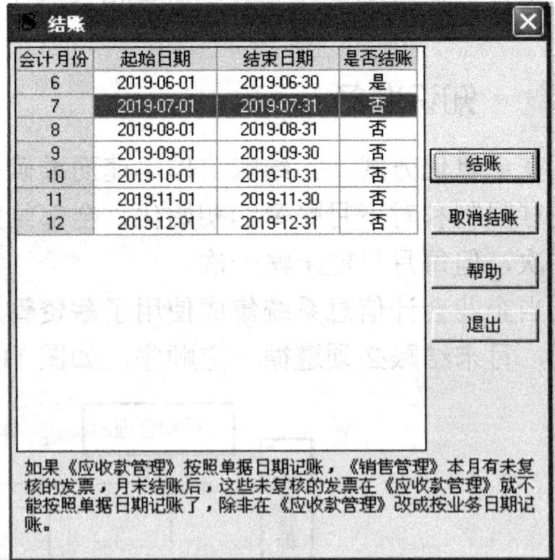

图 11-31　销售管理系统月末结账

（2）单击“退出”按钮退出当前窗口。

三、库存管理系统月末结账

（1）物流部孙志（805）执行“业务工作—供应链—库存管理—月末结账”命令，打开“结账”对话框，系统默认选择6月。

（2）单击“结账”按钮，系统提示“库存启用月份结账后不能修改期初数据，是否继续结账？”。单击“是”按钮，系统自动进行结账处理。处理完毕，在6月所在行的“是否结账”栏显示为“是”。单击“退出”按钮退出当前窗口。

四、存货核算系统月末结账

（1）会计周晓（802）执行“业务工作—供应链—存货核算—业务核算—月末结账”命令，打开“结账”对话框，系统默认结账月份为6月。

（2）单击“月结检查”按钮，系统提示“检测成功！”信息，单击“确定”按钮返回。

（3）单击“结账”按钮，系统提示“月末结账完成！”等信息，单击“确定”按钮完成当月存货核算系统月末结账处理。

任务11　财务与薪资各系统月末结账处理

学习任务

2019年6月30日，会计对固定资产、薪资管理、应收款管理、应付款管理和总账各系统处理的经济业务进行月末结账处理。

任务分析

本任务是财务各系统月末结账业务，由会计周晓在各业务系统完成。

任务实施

一、固定资产管理系统月末结账

（1）2019年6月30日，会计周晓登录用友企业应用平台，执行“财务会计—固定资产—处理—月末结账”命令，打开“月末结账”对话框。该对话框显示本系统月末结账处理相关说明。

（2）单击“开始结账”按钮，系统自动进行相应处理后显示与总账系统对账结果。单击“确定”按钮，系统提示“月末结账成功完成！”信息，单击“确定”按钮，系统提示固定资产账套最新可修改日期等信息，单击“确定”按钮，完成固定资产管理系统本月月末结账处理。

二、薪资管理系统月末结账

（1）会计周晓（802）执行“业务工作—财务会计—薪资管理—业务处理—月末处理”

命令，打开“月末结账”对话框。该对话框显示本模块月末处理期间与相关说明。

（2）单击“确定”按钮，系统弹出提示框“月末处理之后，本月工资将不许变动，继续月末处理吗？”，单击“是”按钮，继续弹出提示信息“是否选择清零项？”，单击“否”按钮，系统提示“月末处理完毕！”，单击“确定”按钮，完成薪资管理系统本月月末结账处理。

三、应收款管理系统月末结账

（1）周晓执行“业务工作—财务会计—应收款管理—期末处理—月末结账”命令，打开“月末结账”对话框。双击“六月”的“结账标志”栏，该单元栏出现“Y”标志，如图 11-32 所示。

（2）单击“下一步”按钮，系统提示截止至本月相关单据记账与制单处理情况，如图 11-33 所示。单击“完成”按钮，系统提示“6 月份结账成功”信息，单击“确定”按钮，完成应收款管理系统本月月末结账处理。

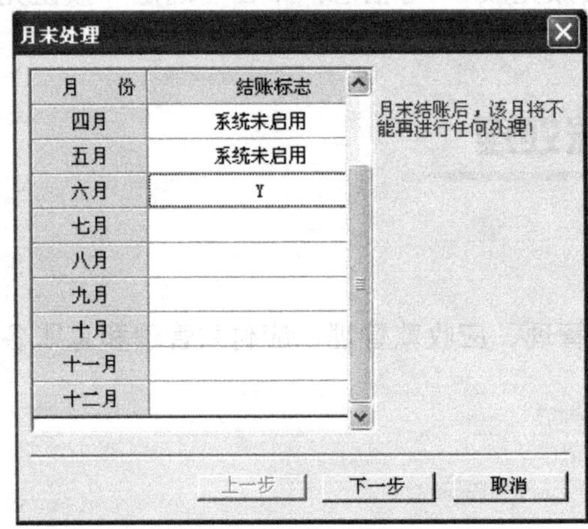

图 11-32 应收款管理系统月末结账选择

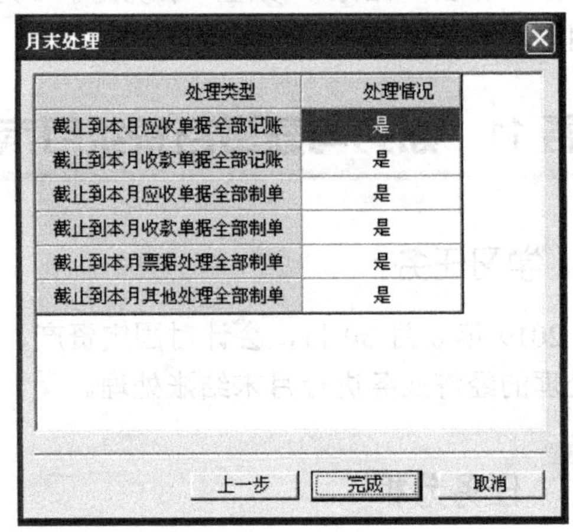

图 11-33 应收款管理系统单据处理情况

提示：

◆ 只有当销售管理系统月末结账后，才能进行应收款管理系统月末结账处理。

◆ 本月如果有未审核结算单据，不能进行结账处理。

◆ 若在应收款管理系统参数设置中，将“单据审核日期依据”设为“单据日期”，则本月销售发票、应收单、收款单在结账前应全部审核完成。该选项若设置为“业务日期”，则月末结账不受此限制。

◆ 系统提供“反结账”功能。执行“业务工作—财务会计—应收款管理—期末处理—取消月结”命令，可进行应收款管理系统反结账处理。

四、应付款管理系统月末结账

（1）周晓执行“业务工作—财务会计—应付款管理—期末处理—月末结账”命令，打开“月末结账”对话框。双击“六月”的“结账标志”栏，该单元栏出现“Y”标志。

（2）单击“下一步”按钮，系统提示截止至本月相关单据记账与制单处理情况。单击“完

成”按钮，系统提示“6 月份结账成功”信息，单击“确定”按钮，完成应付款管理系统本月月末结账处理。

提示：

◆ 只有当采购管理系统月末结账后，才能进行应付款管理系统月末结账处理。

◆ 本月如果有未审核结算单据，不能进行结账处理。

◆ 若在应付款管理系统参数设置中，将“单据审核日期依据”设为“单据日期”，则本月采购发票、应付单、付款单在结账前应全部审核完成。该选项若设置为“业务日期”，则月末结账不受此限制。

◆ 系统提供“反结账”功能。执行“业务工作—财务会计—应付款管理—期末处理—取消月结”命令，可进行应付款管理系统反结账处理。

五、总账系统月末结账

（一）期末对账

（1）周晓（802）执行“业务工作—财务会计—总账—期末—对账”命令，打开“对账”对话框。

（2）双击月份为“2019.06”所在行的“是否对账”栏，该栏显示“Y”标志。

（3）单击工具栏中的“对账”按钮，系统自动对账后显示对账结果，如图 11-34 所示。

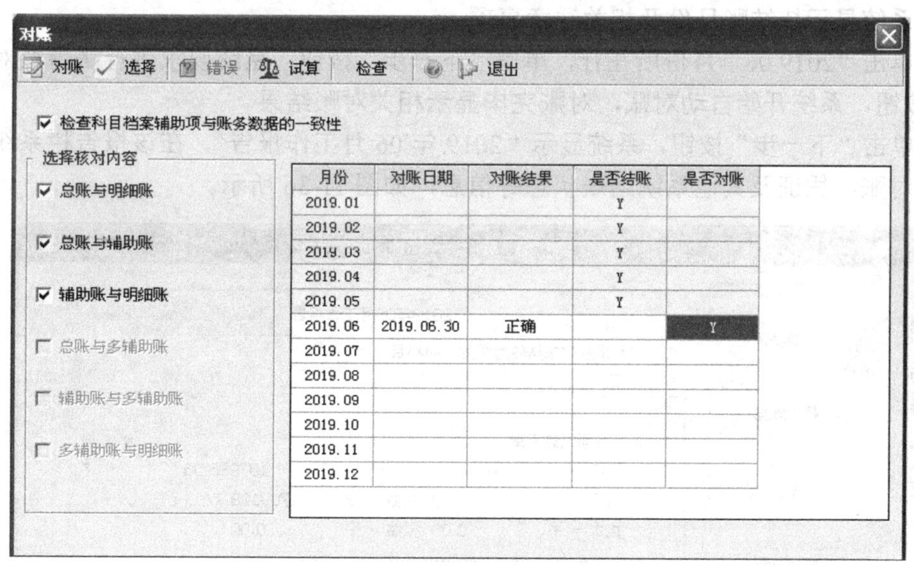

图 11-34　总账系统对账结果

（4）单击工具栏中的“试算”按钮，打开“2019.06 试算平衡表”，系统显示“试算结果平衡”，如图 11-35 所示。

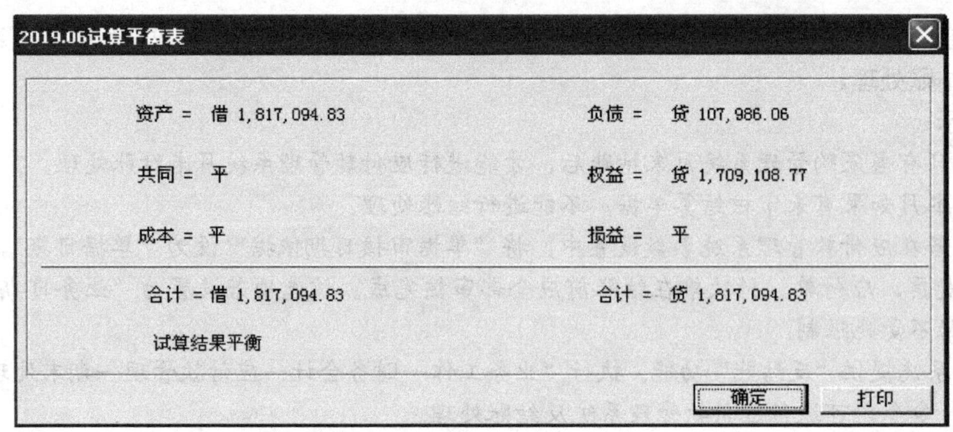

图 11-35　总账系统月末试算平衡表

（5）单击“确定”按钮返回，再单击“检查”按钮，系统显示“总账、辅助账、多辅助账、凭证数据正确！”提示信息，单击“确定”按钮返回。

（6）单击“退出”按钮退出“对账”对话框。

（二）期末结账

（1）周晓（802）执行“业务工作—财务会计—总账—期末—结账”命令，打开“结账”对话框。系统显示待结账月份及相关注意事项。

（2）单击“2019.06”月份所在行，单击“下一步”按钮，系统要求进行账簿核对。单击“对账”按钮，系统开始自动对账，对账完毕显示相关对账结果。

（3）单击“下一步”按钮，系统显示“2019 年 06 月工作报告”，在该报告栏系统提示试算平衡、对账、凭证及其他系统结账状态等信息，如图 11-36 所示。

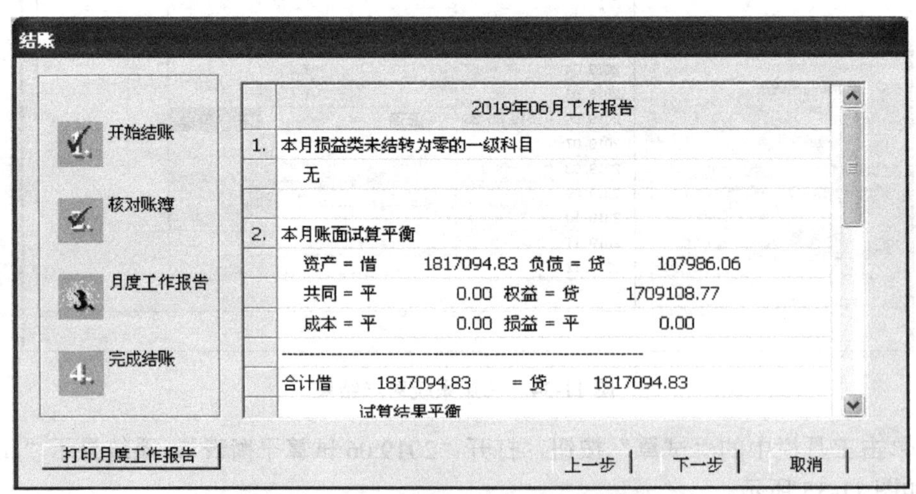

图 11-36　总账系统月末结账工作报告

（4）查看本月月度工作报告后，单击“下一步”按钮，系统显示 2019 年 6 月工作检查完成，可以结账。单击“结账”按钮，系统自动完成结账并退出“结账”对话框。

提示：

◆ 只有工作检查结果符合结账要求，才能进行结账处理，否则本月不能结账。

◆ 如果上月未结账，则本月既不能记账，也不能结账，但可以填制、审核凭证。

◆ 对账结果不正确，不能结账。

◆ 如果没有期初记账，则当月不能月末结账。

◆ 若系统参数“是否允许反结账”选项设置了“否”，则不允许进行反结账。

◆ 月末结账前，必须进行数据备份。

◆ 月末结账后，当月单据和凭证数据将不能修改和删除。

◆ 总账系统提供“反结账”功能。执行“业务工作—财务会计—总账—期末—结账”命令，进入“结账”对话框，选择要取消结账的月份，按下“Ctrl+Shift+F6”组合键激活“取消结账”功能，确认后出现取消结账标记。

◆ 结账必须按月份顺序从前向后进行，反结账必须按月份顺序从后向前进行。

技能训练

2019年6月30日，会计周晓（802）完成以下账簿查询管理工作：

1．查询6月份科目汇总数据，包括各科目期初余额、本期发生额及期末余额。

2．查询并设计6月份管理费用多栏账。

提示：

◆ 在ERP-U8V10.1系统中，在对企业发生的经济业务经过凭证填制、审核、签字及记账操作后，就形成了正式的会计账簿，可供查询、统计分析使用。

知识准备

查询账簿也是日常会计工作中的一项重要内容，通过查账可以及时了解单位的最新经营动态与财务情况，及时发现经营问题、风险，采取相关措施，调整经营策略，防患于未然。在总账系统中，可以查询到的账簿有总账、明细账、余额表、序时账、多栏账等基本会计账簿和各类辅助核算账簿。另外，在账簿查询中，如果有未登账凭证，可以通过选择“包含未记账凭证”选项进行包括未记账凭证的账簿查询。

1．总账

总账功能不但可以查询各总账科目的年初余额、各月发生额合计和月末余额，还可以查询所有二至六级明细科目的年初余额、各月发生额合计和月末余额。查询总账时，标题显示为所查科目的一级科目名称+总账，如库存商品总账。联查总账对应的明细账时，明细账显示为库存商品明细账。

系统提供四种账页格式：金额式、外币金额式、数量金额式、数量外币式。在外币金额式显示格式中如为末级科目则显示外币名称，非末级科目则不显示。

2．余额表

余额表功能用于查询统计各级科目的本期发生额、累计发生额和余额等。传统的总账以

总账科目分页设账，而余额表则可输出某月或某几个月的所有总账科目或明细科目的期初余额、本期发生额、累计发生额、期末余额。显然查询余额表比查询总账更方便、快捷。

3. 明细账

明细账功能用于查询各账户的明细发生额，查询时可按任意条件组合查询明细账。本功能提供了三种明细账的查询格式：普通明细账、按科目排序明细账、月份综合明细账。普通明细账是按科目、按发生日期排序的明细账；按科目排序明细账是按非末级科目查询，按其发生的末级科目排序的明细账；月份综合明细账是按非末级科目查询，包含非末级科目总账数据及末级科目明细数据的综合明细账，使用户对各级科目的数据关系一目了然。

4. 序时账

序时账功能提供按时间顺序排列每笔业务的明细数据。

5. 多栏账

多栏账是总账系统中一个很重要的功能，用户可以使用本功能方便快捷、自由灵活地设计符合企业需要的多栏明细账，按明细科目保存为不同的多栏账名称，在以后的查询中只需要选择多栏明细账直接查询即可。

6. 综合多栏账

综合多栏账功能是在多栏账的基础上新增的一个账簿查询方式，它除了可以以科目为分析栏目查询明细账外，也可以以辅助项及自定义项为分析栏目查询明细账，并可完成多组借贷栏目在同一账表中的查询。其目的主要是完成商品销售、库存、成本明细账的横向联合查询，并提供简单的计算功能，以方便用户对商品进销存状况的即时了解。

7. 日记账

日记账功能主要用于查询除现金日记账、银行日记账以外的其他日记账。要想在该功能查询到相应日记账，需要先在“会计科目”设置中将科目设置为“日记账”辅助项。现金日记账、银行日记账不能在此查询，只能在出纳管理系统中查询。

8. 日报表

日报表功能用于查询输出某日除现金、银行存款科目之外的所有科目发生额及余额情况。

除了以上常见账簿的查询，系统还提供了各类辅助账簿查询功能。例如，客户项目余额表功能用于查询带有客户、项目辅助核算科目的发生额和余额情况，项目科目总账功能用于查询某科目下各明细项目的发生额及余额情况，项目部门总账功能用于查询某部门下各项目的发生额及余额情况等。相关内容与操作可参考相应会计软件的帮助文件。

思考与练习

一、单选题（请将备选答案中唯一正确答案的字母填在括号内）

1. 使用总账系统输入凭证时，“红字”金额的输入方法是（　　）输入。

A. 用红色数字　　B. 加方框　　C. 用负数形式　　D. 加下画线

2. 使用总账系统填制凭证后，计算机自动检查借贷双方是否平衡，不平衡的凭证（　　）。

A. 不能保存　　B. 可强行保存　　C. 不能退出　　D. 不能放弃

3．使用总账系统输入凭证时，对输入科目和金额的要求是（ ）。

A．科目必须是总账科目　　B．科目必须是最低级科目，金额不能为零

C．金额可以是任意数　　D．金额不能为负数

4．使用总账系统填制凭证，在输入方向和金额时，不正确的限制是（ ）。

A．金额不能为“零”　　B．分录的每一条记录的金额方向唯一

C．红字以“－”号表示　　D．不能有多借多贷的明细科目

5．使用总账系统输入凭证头部分时，不合理的要求是（ ）。

A．编号必须按类别按月顺序编号　　B．类别必须输入已定义的类别代码或名称

C．附件张数不能为零　　D．日期应随凭证号递增而递增

6．在总账系统中，用户可通过（ ）功能彻底删除已作废记账凭证。

A．作废凭证　　B．整理凭证　　C．冲销凭证　　D．删除分录

7．明光公司应收款项通过总账系统核算，并进行分客户管理，则其“应收账款”科目应选择（ ）辅助核算方式。

A．客户往来　　B．个人往来　　C．供应商往来　　D．部门核算

8．在总账系统中，每张凭证的借贷方数据的平衡关系是由（ ）校对的。

A．手工　　B．机器自动　　C．录入员　　D．审核员

9．使用总账系统填制凭证时，制单人签字（ ）。

A．由操作员利用键盘输入

B．由电算主管利用键盘输入

C．由审核员利用键盘输入

D．由系统根据进入本功能时输入的操作员姓名自动输入

10．在总账系统中录入有数量核算要求的记账凭证时，系统根据“数量*单价”自动计算出金额，并将金额先放在借方，如果方向不符，用户可以使用（ ）调整金额方向。

A．F2键　　B．回车键　　C．空格键　　D．Shift键

11．在总账系统中，关于输入记账凭证的叙述正确的是（ ）。

A．分录较长时，可分多张凭证输入　　B．末张凭证的借贷方发生额可以不平衡

C．一张凭证的借贷方发生额必须相等　　D．一张凭证的金额合计可以为零

12．某企业的销售业务员已经在系统中设置了运输费这个存货，但在销售订单中无法输入运输费这个存货，其原因是（ ）。

A．该业务员没有权限操作这个存货

B．在存货档案中运输费的属性没有选择销售

C．该业务员只通过企业门户添加了运输费这个存货，需要在销售系统中再次输入运输费这个存货

D．运输费本来就不可以在销售订单中录入

13．关于总账系统记账凭证录入功能，下列说法中不正确的是（ ）。

A．当前新增分录完成后，按回车键，系统可以将摘要自动复制到下一分录行

B．对于定义了辅助核算的科目，应在输入每笔分录时，同时输入辅助核算的内容

C．凭证日期应随凭证号递增而递增，并且大于等于业务日期

D．凭证金额合计栏由计算机自动计算借方科目和贷方科目的金额合计数并显示

14．下列关于 ERP-U8V10.1 管理系统添加新客户档案时的各项中必须填写的是（　　）。

A．地址　　B．电话　　C．发货方式　　D．以上都不是

15．某设备甲经过了三次更新，变动单编号分别为 0002、0005、0003 号，后来发现更新的是设备乙，需要删除这三张变动单，删除的顺序应为（　　）。

A．0002—0003—0005　　B．0005—0002—0003

C．任意顺序　　D．0005—0003—0002

16．下列固定资产卡片能被直接删除的是（　　）。

A．已制单的卡片

B．2018 年 4 月发现本月录入固定资产卡片有错误

C．2018 年 4 月发现本年度 3 月录入的固定资产卡片有错误

D．2018 年 4 月发现本月录入的固定资产卡片有错误，但已做过变动单处理

17．在采购系统中，采购手工结算完成后，系统（　　）。

A．系统把已结算的单据数据从屏幕清除，此时可以进行其他采购结算

B．系统不会把已结算的单据数据从屏幕清除，此时可以进行其他采购结算

C．系统把已结算的单据数据从屏幕清除，此时不可以进行其他采购结算

D．系统不会把已结算的单据数据从屏幕清除，此时也可以进行其他采购结算

18．采购管理手工填制到货单时采购类型（　　）必填项，默认类型（　　）更改。

A．是，可以　　B．不是，可以　　C．是，不可以　　D．不是，不可以

19．用友软件在做账套备份时会生成（　　）个文件。

A．1　　B．2　　C．3　　D．4

20．在采购系统中，采购发票有三种类型，下面错误的是（　　）。

A．增值税专用发票　　B．普通发票　　C．运费发票　　D．红字运费发票

21．在用友 ERP-U8V10.1 总账系统中，以下关于结账的意义说法不正确的是（　　）。

A．结账工作每月进行一次

B．结账就是终止本月的账务处理工作

C．结账就是计算和结转各账簿的本期发生额和期末余额

D．结账就是计算本月各科目的本期借贷方累计发生额和期末余额

22．在总账系统中设置转账分录时无须定义（　　）。

A．摘要　　B．借贷方向　　C．凭证类别　　D．凭证号

23．关于总账系统自动转账分录凭证生成，下列说法中不正确的是（　　）。

A．独立自动转账分录可以在任何时候用于填制机制凭证

B．自动转账分录只能在某些相关经济业务入账后使用，否则计算金额时会发生差错

C．系统按设定的自动转账分录生成转账凭证后自动审核凭证并记账

D．同一张自动转账凭证，年度内可根据需要多次生成，但每月一般只需结转一次

24．下列自动转账分录中，属于独立自动转账分录的是（　　）。

A．销售成本结转自动转账分录　　B．制造费用结转自动转账分录

C．期间损益结转自动转账分录　　D．固定资产计提折旧结转自动转账分录

25．账务处理系统中，当月结账后只能输入（　　）的凭证。

A．上月　　B．下月　　C．当月　　D．下年

二、多选题（每个小题有两个或两个以上正确答案，请将所选答案的字母填在括号内）

1．在总账系统中，采用自定义转账分录生成机制凭证前，需要做的工作有（　　）。

A．本月发生的经济业务均已填制凭证　　B．凭证已审核

C．凭证已记账　　D．凭证已审核记账且已结账

2．下列关于凭证审核，正确的是（　　）。

A．审核后的凭证还要出纳签字　　B．审核后的凭证才可记账

C．审核员和制单员可以为同一个人　　D．审核后的凭证需取消审核才能修改

3．采购与应付系统必须有的初始设置为（　　）。

A．供应商档案设置　　B．结算方式设置

C．付款期间设置　　D．存货档案设置

4．计量单位组分为（　　）几种。

A．无换算率　　B．固定换算率　　C．浮动换算率　　D．普通换算率

5．在供应链中用户可以根据（　　）功能来查询某一存货月底的结存数量。

A．明细账　　B．库存台账　　C．流水账　　D．收发存汇总表

6．填制销售发货单时以下各项属于表头必填项的是（　　）。

A．销售类型　　B．销售部门　　C．客户名称　　D．业务员

7．关于总账系统结账功能，下列说法中正确的有（　　）。

A．结账功能每月可根据需要多次进行　　B．结账前，一般应进行数据备份

C．已结账月份不能再填制记账凭证　　D．结账操作只能由会计主管进行

8．以下系统中可以查询采购入库单的是（　　）。

A．采购管理系统　　B．销售管理系统　　C．库存管理系统　　D．存货核算系统

9．为防止账簿数据混乱，账套启用后不能修改的账套参数有（　　）。

A．科目编码规则　　B．单位名称　　C．账套号　　D．启用日期

10．总账系统期末会计业务处理主要内容包括（　　）及编制会计报表等。

A．记账　　B．银行对账　　C．转账业务　　D．结账

11．根据“查询”凭证可查到（　　）。

A．未记账凭证　　B．有错记账凭证　　C．已记账凭证　　D．作废记账凭证

12．在总账系统中，如果由于断电或人为因素导致记账错误，可调用“恢复记账前状态”功能，将数据恢复到记账前状态并进行调整。目前系统提供的恢复记账前状态的方式有（　　）。

A．将系统恢复到最后一次记账前状态　　B．将系统恢复到本月月初状态

C．将系统恢复到启用时状态　　D．将系统恢复到本年年初状态

13．应收款系统主要处理的单据包括（　　）。

A．应收单　　B．收款单　　C．发货单　　D．销售发票

14．固定资产原始卡片的录入中，对应折旧科目项目可通过（　　）。

A．根据所选择的使用部门自动带出

B．单击“对应折旧科目”按钮，显示参照界面，选择需要的科目

C．直接输入该科目编码

D．直接输入该科目名称

15．企业需要对某项固定资产的净值进行评估，在选择评估项目时，下列选项正确的是（　　）。

A．原值和净值　　B．原值、累计折旧、和净值

C．净值和累计折旧　　D．净值

16．在工资分摊构成设置中，需要设置的内容是（　　）。

A．工资项目　　B．人员类别　　C．科目　　D．部门

17．下列操作必须在关闭工资类别的情况下才能进行的是（　　）。

A．增加人员类别　　B．增加人员档案　　C．删除工资类别　　D．增加部门

18．在用友 ERP-U8V10.1 管理系统中，以下与总账系统之间存在凭证传递关系的有（　　）。

A．UFO 报表　　B．固定资产管理　　C．工资管理　　D．应收管理

19．通过总账系统“银行对账”功能，可以实现（　　）等各项操作。

A．自动银行对账　　B．银行对账单查询

C．输入银行对账单　　D．引入银行对账单

20．总账系统中记账凭证的来源有（　　）。

A．从外部导入，如凭证引入或接口开发

B．根据审核无误的原始单据人工编制录入

C．从其他业务系统自动传递转入

D．系统根据设定的自动转账分录自动生成

21．在账务处理系统中，每月可多次使用的功能有（　　）。

A．结账　　B．账簿查询　　C．记账　　D．审核

22．下列（　　）情况出现时，会计软件当期不能结账。

A．上期未结账　　B．机内总分类账与机内明细账不一致

C．会计凭证未全部登账　　D．存在未经审核的记账凭证

23．关于总账系统结账的功能，下列说法正确的有（　　）。

A．结账前，一般应进行数据备份　　B．结账操作只能由会计主管进行

C．已结账月份不能再填制记账凭证　　D．结账功能每月可根据需要多次进行

24．由于各会计期间的许多转账和期末业务具有较强的规律性，可以通过设定自动转账达到快速生成转账凭证的目的。目前总账系统“转账定义”功能提供（　　）多种转账功能的定义。

A．对应转账设置　　B．销售成本转账设置

C．期间损益结转设置　　D．自动转账定义

25．使用总账系统，进行银行对账时，对账单中记录与银行日记账未达账项中记录，需要进行手工辅助对账的情况包括（　　）。

A．多对一　　B．多对多　　C．一对一　　D．一对多

26．在总账系统中，进行银行对账后，计算机自动整理汇总未达账和已达账，可生成（　）。

A．账龄分析表　　B．银行日记账未达账项

C．银行对账单未达账项　　D．银行存款余额调节表

27．月末处理是指在将本月发生的经济业务全部登记入账后所要做的工作，通过总账系统"月末处理"功能，用户可以实现下列（　）操作。

A．对账　　B．转账生成　　C．结账　　D．转账定义

28．结账前要进行的检查包括（　）。

A．检查本月业务是否全部记账，有未记账凭证不能结账

B．月末结转必须全部生成并已记账，否则本月不能结账

C．检查上月是否已结账，如果上月未结账，则本月不能结账

D．核对总账与明细账、主体账与辅助账、账务处理系统与其他子系统的数据是否已经一致，如果不一致，则不能结账

29．下列属于银行对账功能的操作包括（　）。

A．录入银行对账期初　　B．录入银行对账单

C．银行对账　　D．生成银行存款余额调节表

三、判断题（正确的在题后的括号内打"√"，错误的在题后的括号内打"×"）

1．总账系统是财务管理系统的一个基本子系统，并在财务管理系统中处于中枢地位。（　）

2．在总账系统中，取消出纳凭证的签字既可由出纳员自己进行，也可由会计主管进行。（　）

3．用友 ERP-U8V10.1 工资管理系统只提供以人民币作为发放工资的唯一货币。（　）

4．在总账系统中，可根据需要随时更改已定义并使用的会计科目辅助账设置。（　）

5．在总账系统中填制记账凭证时，凭证一旦保存，其凭证编号和凭证类别不能再进行修改。（　）

6. 在总账系统中，期初余额试算不平衡时，可以填制凭证，但不能执行记账功能。（　）

7．工资管理系统默认以应发合计作为个人所得税的扣税基数。（　）

8．在总账系统中，上月未记账，本月可以先记账，但若上月未结账，则本月不能记账。（　）

9．凭证上的摘要是对本凭证所反映的经济业务内容的说明，凭证上的每个分录行必须有摘要，且同一张凭证上的摘要应相同。（　）

10．记账凭证是登记账簿的依据，在实行计算机处理账务后，电子账簿的准确与完整完全依赖于记账凭证，因此一定确保记账凭证的准确完整。（　）

11．在生成期末自动转账凭证时必须注意业务发生的先后顺序，否则计算金额时就会发生差错。（　）

12．每位员工是否从工资中代扣个人所得税是由用户自由选择的。（　　）

13．每个月月末均需要先进行转账定义，再进行转账生成。（　　）

14．被指定现金及银行总账科目的会计科目不能删除。如若删除，必须先取消现金及银行科目的指定。（　　）

15．工资分摊的结果可以自动生成凭证传递到总账系统。（　　）

16．行政事业单位的固定资产不提折旧，故用友 ERP-U8V10.1 固定资产管理系统不适用。（　　）

17．本月发现上月有误减少的固定资产，可以通过“撤销已减少资产”功能进行恢复。（　　）

18．在用友 ERP-U8V10.1 固定资产管理系统中，已记账的凭证，不能通过“处理/凭证查询”功能删除。（　　）

19．建立在系统中的所有存货档案都可以被材料出库单参照调用。（　　）

20．销售订单填制并保存后，即可输出到相关的统计表以供参考或查询。（　　）

21．在总账系统中，“银行对账”功能应该与其他账务处理功能同时启用，并于启用时输入企业银行存款日记账和银行对账单期初未达账项。（　　）

22．在总账系统中定义期间损益结转自动转账分录时，若损益科目与本年利润科目都有辅助核算，则其辅助账类必须相同。（　　）

23．总账系统中期初余额试算不平衡或上个月未结账，本月不能记账，也不可以录入凭证。（　　）

24．结账后才能输出已结账期间的正式会计报表、总账和明细账。（　　）

25．当企业会计信息系统集成使用应收应付和供应链系统时，只有当采购管理和销售管理系统都进行月末结账后，才能进行库存管理系统的月末结账。（　　）

26．只有当总账系统都实行月末结账后，才能进行其他系统月末结账。（　　）

27．在存货核算系统月末结账前必须先进行仓库与存货期末处理。（　　）

28．期末结账工作主要是对当月日常处理进行限制和对下月账簿的初始化，全部由计算机自动完成。（　　）

项目十二
会计报表编制

学习目标

文景纺织品贸易有限责任公司财务人员完成当月所有经济业务的处理后，还需要以日常核算资料为依据，编制集中反映本月财务状况与经营成果的财务报告。本公司每月需要编制资产负债表和利润表等对外报表，同时还要编制货币资金表、财务分析表等内部报表。

本项目要求完成一张自定义报表和利用报表模版编制“资产负债表”与“利润表”。

任务1　自定义报表编制

学习任务

6 月 30 日，由会计周晓自定义编制本月货币资金表，如表 12-1 所示。另外，要求进行报表审核与舍位平衡设计，公司在对外输出资金表时将金额单位改为“千元”。

表 12-1　货币资金表格式设计

货币资金表

单位：元

项　　目	行　　次	期　初　数	本 期 收 入	本 期 支 出	期　末　数
库存现金	1				
银行存款	2				
—工行存款	3				
—中行存款	4				
合计	5				

制表人：

任务分析

此任务是编制自定义报表，由会计周晓在 UFO 报表系统完成。

知识准备

财务报表系统是会计信息系统中一个独立的子系统，该系统能为单位内部各管理部门及外部相关部门提供综合反映本单位一定时期财务状况、经营成果和现金流量的会计信息。

一、报表管理系统功能

UFO 报表系统是报表处理的工具，利用 UFO 报表系统既可以编制对外报表，又可以编制各种内部报表。它的主要任务是设计报表的格式和编制公式，从总账系统或从其他业务系统中取得有关会计信息，自动编制各种会计报表，对报表进行审核、汇总，生成各种分析图，并按预定格式输出各种会计报表。其主要功能如下。

（一）提供各行业报表模版

该系统不仅提供了多个行业的标准财务报表模版，可轻松生成复杂报表；还提供了自定义模版的新功能，可以根据本单位的实际需要定制模版。

（二）文件管理

文件管理主要是对各类报表文件的创建、读取、保存和备份进行管理。UFO 报表系统能够进行不同文件格式的转换，包括文本文件、*.MDB 文件、EXCEL 文件、LOTUS1-2-3 文件，支持多个窗口同时显示和处理，可以同时打开多个文件和图形窗口。同时，它还提供了标准财务数据的“导入”和“导出”功能，可以和其他流行财务软件交换数据。

（三）格式管理

该系统提供了丰富的格式设计功能，如定义组合单元、画表格线及调整行高和列宽等，可以制作各种要求的报表。

（四）数据处理

UFO 报表系统以固定的格式管理大量不同的表页，具有相同格式的报表资料统一在一个报表文件中管理，并且在每张表页之间建立有机的联系。它提供了排序、审核、舍位平衡及汇总功能；提供了绝对单元公式和相对单元公式，可以方便迅速地定义计算公式；提供了种类丰富的函数，可以从总账系统及其他业务系统中提取数据，生成财务报表。

此外，该系统还提供了打印和二次开发的功能。

二、报表系统基本概念

在编制报表前，有必要先了解 UFO 报表系统的基本概念。

（一）格式状态与数据状态

UFO 报表系统将含有数据的报表编制分为两大部分来处理，即报表格式设计工作与报表数据处理工作。实现状态切换的是一个特别重要的按钮——格式/数据按钮，用鼠标单击该按钮可以在格式状态和数据状态之间切换。

1. 格式状态

在格式状态下可以设计报表的格式，如表尺寸、行高列宽、单元属性、单元风格、组合单元、关键字、可变区等。报表的三类公式，如单元公式（计算公式）、审核公式、舍位平衡公式也在格式状态下定义。

在格式状态下所做的操作对本报表所有的表页都发生作用。在格式状态下不能进行数据的录入、计算等操作。在格式状态下看到的是报表的格式，报表的数据全部都隐藏了。

2. 数据状态

在数据状态下进行的是数据的管理，如输入数据、录入关键字、数据自动计算、表页增加与删除、审核、舍位平衡、做图形、汇总、合并报表等。在数据状态下不能修改报表格式，但看到的是报表的全部内容，包括格式和数据。

（二）二维表与三维表

几何学上将确定某一数据所处位置的要素称为“维”。一个由若干行和列组成的表格称

为二维表。二维表可以通过行号和列号的组合找到任何位置的数据。如果将多个相同的二维表叠放在一起，要从这些表中找到一个数据需要增加一个要素，即表页号，这一叠表称为一个三维表。如果将多个不同的三维表放在一起，要从多个三维表中找到一个数据，又需要增加一个要素，即表名。在 UFO 报表系统中要确定一个数据的要素可以包括表名、表页、行、列。例如，资金表第 3 页的 D4 单元，表示为："资金表"->D4@3。

（三）报表文件与表页

报表在计算机中是以文件的形式保存在存储设备上的，每个文件都有一个文件名，如“资产负债表.rep”，其中“rep”是 UFO 报表系统文件后缀名。

报表文件由若干表页组成。表页是由若干行和列组成的一个二维表，一个报表中的表页具有相同的格式，但其中的数据不同，每一张表页又由许多单元格组成。

（四）单元及单元属性

单元又称单元格，由表行和表列确定的方格称为单元格，是组成报表的最小单位。单元格由所在列、行标识，行号用数字 1～9999 表示，列标用字母 A～IU 表示。例如，C8 表示第 3 列与第 8 行交叉处对应的单元格。

单元属性主要是指单元类型与单元格式。

1. 单元类型

单元类型是指单元格中可以存放的数据的类型。数据类型有数值型、字符型和表样型。

（1）数值单元：是报表的数据，在数据状态下输入。建立一个新表时，所有单元的类型默认为数值型。

（2）字符单元：是报表的数据，在数据状态下输入。字符单元的内容可以是汉字、字母、数字及各种键盘可输入的符号组成的一串字符。字符单元的数字不参与运算，只被当作字符来识别。

（3）表样单元：是报表的格式，是定义一个没有数据的空表所需的所有文字、符号或数字。一旦单元被定义为表样，那么在其中输入的内容对所有表页都有效。

2. 单元格式

单元格式是指单元格中数据的显示格式，如字体大小、字体类型、字体颜色、对齐方式、边框与底纹等格式的内容。

（五）区域与组合单元

区域由一张表页上的一组单元组成，单元之间必须是相连的，不能有中断，一个区域就是一个完整的矩形。描述一个区域用起点单元（矩形的左上角单元）与结束单元（右下角单元）及中间一个冒号连接。例如，C2 到 J12 的矩形区域表示为 C2:J12。

组合单元由相邻的两个或多个单元组成，这些单元必须是同一种类型，组合单元在报表中被当作一个单元来处理。组合单元的名称可以用区域的名称或区域中的单元的名称来表示。例如，将 D3 到 D8 定义为一个组合单元，其名称可以用 D3、D8 或 D3:D8 来表示。

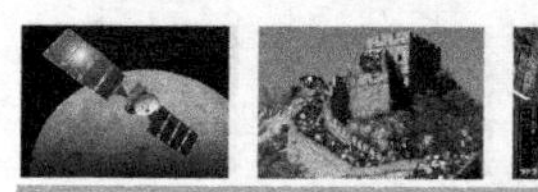

（六）固定区与可变区

固定区是指组成一个区域的行数和列数的数量固定。一旦设定好以后，在固定区域内其单元总数是不变的。可变区是指屏幕显示一个区域的行数或列数是不固定的数字，可变区的最大行数或最大列数是在格式设计中设定的。

在一个报表中只能设置一个可变区，或是行可变区或是列可变区。行可变区是指可变区中的行数是可变的；列可变区是指可变区中的列数是可变的。设置可变区后，屏幕只显示可变区的第一行或第一列，其他可变行（列）隐藏在表体内。在以后的数据操作中，可变行（列）数随需要而增减。有可变区的报表称为可变表。没有可变区的报表称为固定表。

（七）关键字

关键字是游离于单元之外的特殊数据单元，可以用来唯一标识一个表页，用于在大量表页中快速选择表页。UFO 报表系统要生成有数据的报表，最重要的一个步骤是录入关键字。

UFO 报表系统共提供了 7 种关键字，包括单位名称、单位编号、年、季、月、日和日期。关键字的显示位置在格式状态下设置，关键字的大小、颜色、字体等可在设置单元格属性中定义，关键字的值则在数据状态下录入，每个报表可以定义多个关键字。

此外，UFO 报表系统提供了自定义关键字功能。

（八）运算符与表达式

1. 运算符

运算符常用于公式当中，根据参与运算内容的不同，运算符可分为算术运算符、比较运算符和逻辑运算符。

（1）算术运算符：是在描述运算公式时采用的符号，UFO 报表系统可使用的算术运算符及运算符的优先顺序是先平方、后乘除，最后加减。

（2）比较运算符：UFO 报表系统的比较运算符有“=”（等于）、“>”（大于）、“<”（小于）、“<>”（不等于）、“>=”（大于或等于）、“<=”（小于或等于）。

（3）逻辑运算连接符：UFO 报表系统的逻辑运算连接符有“AND ”（与）、“OR”（或）、“NOT”（非）。逻辑运算符在使用时，如与其他内容相连接，必须至少有一个前置空格和一个后置空格。例如，“A1=B1 AND B2=B3”为正确的运算公式，“A1=B1ANDB2=B3”为错误的公式。

2. 表达式

UFO 报表系统中的表达式是指运算符、区域和单元、常数、变量、关键字、非逻辑类函数及算术表达式的组合，其结果为一个确定值。表达式中括号嵌套应在 5 层以下。报表系统中表达式主要是算术表达式和逻辑表达式。

（1）算术表达式：由数字和算术运算符组成的有意义的式子，分为单值和多值算术表达式。单值算术表达式的结果为一个数值或一个常数，可将其赋值给一个单元。例如，公式“A1=5”和公式“B2=A1+B1”。多值算术表达式结果为多个数值，将其运算结果赋值给多个单元。例如，公式“C1:C10=A1:A10 + B1:B10”表示 C1=A1+B1,C2=A2+B2,……,C10=A10+

B10。公式中等号后面的式子即为多值算术表达式。

（2）逻辑表达式：是用逻辑运算符、比较运算符将关系表达式或逻辑量连接起来的有意义的式子。逻辑表达式的值是一个逻辑值，即 1(真)、0(假)。

三、报表系统与其他系统数据关系

编制单位会计报表是一定期间会计工作完成的重要标志，也是每个会计期末最重要的一项工作。运用 UFO 报表系统编制报表时主要是从其他系统中提取编制报表所需的数据，如总账、薪资、固定资产、应收、应付等均可向 UFO 报表系统传递数据，以生成财务部门所需的各种会计报表。除从其他系统取数，还可以人工直接输入数据来生成财务报表。UFO 报表系统与其他系统之间的数据传递关系如图 12-1 所示。

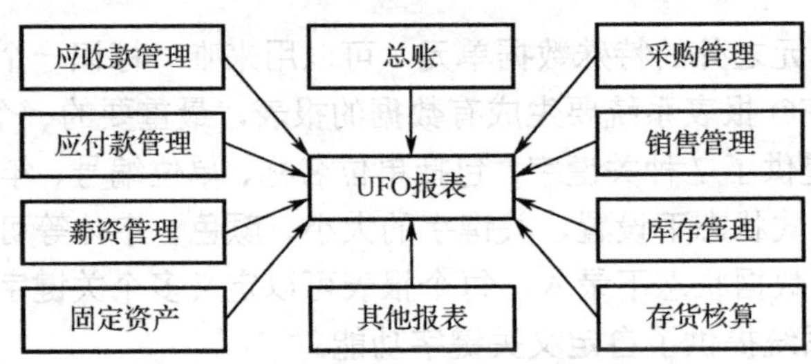

图 12-1　UFO 报表系统与其他系统之间的数据传递关系

四、报表编制基本操作流程

在 UFO 报表系统中创建新报表，首先要做的是进行格式设计。由于 UFO 报表系统预置了一些常用报表模版，除了自定义报表格式，还可以利用系统提供的模版稍做调整与修改来进行报表格式设计。格式设计好后，就可以通过录入关键字生成报表。

（一）报表格式设计

报表编制的第一步就是进行格式设计，包括设置报表尺寸（行列数），画表格线，设置标题、表头、表体、表尾各部分固定项目文字内容，设置单元属性、单元公式和关键字等内容，其中最重要的是设置单元公式和关键字。

1. 单元格式设置

单元格式设置主要包括报表单元格的框架结构、字体、颜色、固定项目等内容。

2. 单元公式设计

报表公式主要包括单元公式、审核公式和舍位公式三种。

（1）单元公式。单元公式是指对报表数据单元进行赋值的公式，主要分为账务取数公式、表页内部统计公式、表间取数公式和其他报表取数公式 4 种。

① 账务取数公式。账务取数是指从总账系统提取账簿数据至目标单元格，是报表数据最主要的来源。账务函数基本格式为：函数名（科目编码,会计期间,[方向],[账套号],[会计年度],[编码 1],[编码 2]）。

科目编码也可以是科目名称，用在公式中必须用双引号括起来。会计期间可以是年或月

或输入 1、2、…、12，可以为空，为空时默认为“月”。编码 1、编码 2 与科目编码核算账类相关，可以省略。

常用账务取数函数及其含义如表 12-2 所示。

表 12-2　常用账务取数函数及其含义

函　数　名	含 义 说 明
QC（）	取科目期初余额
SQC（）	取科目期初数量
WQC（）	取科目外币期初余额
QM（）	取科目期末余额
SQM（）	取科目期末数量
FS（）	取科目发生额
LFS（）	取科目累计发生额
DFS（）	取对方科目发生额
SDFS（）	取对方科目数量发生额
TFS（）	取科目条件发生额
JE（）	取科目净额（科目借贷发生额差额）

② 表页内部统计公式。表页内部统计主要是进行统计或求平均数、最大/最小值、计数等运算。常用表页内部统计函数及其含义如表 12-3 所示。

表 12-3　常用表页内部统计函数及其含义

函　数　名	含 义 说 明
PTOTAL（）	指定区域内所有满足筛选条件各单元的合计
TOTAL（）	符合页面筛选条件的所有页面的区域内各单元的合计
PAVG（）	指定区域内所有满足筛选条件各单元的平均值
AVG（）	符合页面筛选条件的所有页面的区域内各单元的平均值
PCOUNT（）	指定区域内所有满足筛选条件的单元个数
COUNT（）	符合页面筛选条件的所有页面计数区域内各单元个数之和
PMIN（）	指定区域内所有满足筛选条件的单元中最小单元的数值
PMAX（）	指定区域内所有满足筛选条件的单元中最大单元的数值

③ 表页间取数公式。表页间取数也称为表间取数，是指同一报表文件不同表页之间通过数据连接获取数据。表页间取数可通过 SELECT()函数完成。其函数格式为：SELECT(区域，[页面筛选条件])。

区域是用绝对地址表示的数据来源，不含页号和表名。因为是本表取数，所以不含表名，页号由页面筛选条件确定。页面筛选条件用来确定数据源所在表页，格式为：＜目标页关键字@|目标页单元格@|变量|常量＞＜关系运算符＞＜目标页关键字@|目标页单元格@|变量|常量＞。例如，C5=SELECT(B4,月@=月+1)，表示 C5 单元格数据取关键字月比本页小 1 的表

页的 B4 单元格。

④ 其他报表取数公式。其他报表取数公式与表间取数不同的地方在于要确定其他报表文件名。例如，资产负债表完整的表名为“资产负债表.rep”，存于“D:\bb”文件夹中，如取该报表 D8 单元格数据，其公式为：“D:\bb\资产负债表.rep”->D8。如果该报表文件有多张表页，则需要指明是哪张表页。假如该报表文件有 12 张表页，现在要取其第 3 张表页 C12 单元格数据，其公式为：“D:\bb\资产负债表.rep”->C12@3。

（2）审核公式。在经常使用的各类财务报表中的每个数据都有明确的经济含义，并且各个数据之间一般都有一定的钩稽关系。在 UFO 报表系统中将报表数据之间的钩稽关系用公式表示出来，就是审核公式。系统按照审核公式逐条审核表内的关系，当报表数据不符合钩稽关系时，屏幕上出现提示信息，记录该提示信息后按任意键继续审核其余的公式。

审核公式的格式为：<算术表达式 ><关系表达式><算术表达式> [FOR <页面筛选条件> [RELATION < 页面关联条件> [<页面关联条件>] MESSAGE“<提示信息 >”

其中，“提示信息”是当审核公式不满足时系统出现的提示信息。

（3）舍位平衡公式。报表数据在进行进位时，如以“元”为单位的报表在上报时可能会转换为以“千元”或“万元”为单位的报表，原来满足的数据平衡关系可能被破坏，因此需要进行调整，使之符合指定的平衡公式。报表经舍位之后，重新调整平衡关系的公式称为舍位平衡公式。其中，进行进位的操作叫作舍位，舍位后调整平衡关系的操作叫作平衡调整公式。

3. *设置关键字*

报表格式设计的最后一步是设置关键字。只有在设置了关键字的前提下，才能进行关键字的录入，才能保证报表数据的准确性。

（二）报表数据处理

已设置好报表格式的报表并没有数据，必须通过数据处理后才能形成有数据的报表。报表数据处理主要包括表页管理和数据生成，在数据状态下完成操作。

1. *表页管理*

表页管理主要包括表页的增加、交换和删除。向一个报表中增加表页有追加和插入两种方式，插入表页即在当前表页前面增加新的表页，追加表页即在最后一张表页后面增加新的表页。交换表页是将指定的任何表页中的全部数据进行交换。删除表页是将指定的整个表页删除，报表的表页数相应减少。

2. *数据生成*

数据生成即报表生成，指录入未定义公式单元数值及根据已定义好的单元公式对报表进行取数的过程。数据生成需要经过以下步骤。

（1）报表和账套接口设置，即进行账套初始设置，包括选择所属账套及会计年度。

（2）录入关键字，即针对在格式状态下已经设置的关键字，在数据状态下录入其具体内容。

报表编制的基本操作流程如图 12-2 所示。

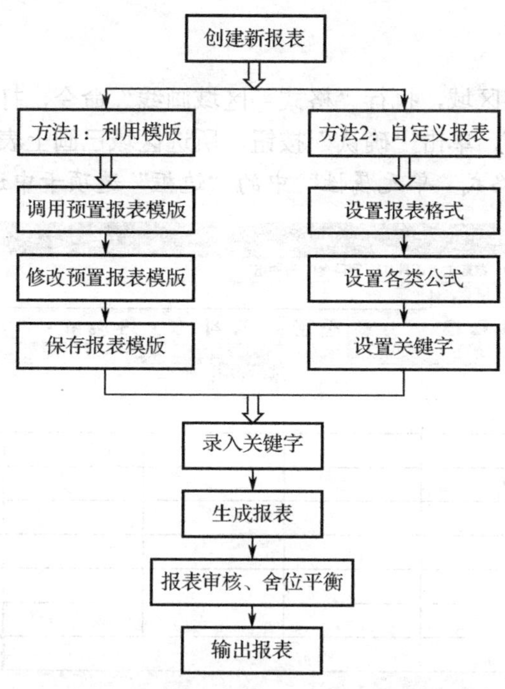

图 12-2　报表编制的基本操作流程

任务实施

一、报表格式设计

（一）建立空白报表并设置表尺寸

（1）2019 年 6 月 30 日，会计周晓（802）登录用友企业应用平台，执行“业务工作—财务会计—UFO 报表”命令，启动 UFO 报表系统。执行“文件—新建”命令，建立一张空白报表，保存为文件名“货币资金表”。

（2）单击报表底部左下角处的“格式/数据”按钮，确认当前报表处于“格式”状态。

（3）执行“格式—表尺寸”命令，打开“表尺寸”对话框。行数栏输入“9”，列数栏输入“6”，表示表格一共有 9 行 6 列。

（4）单击“确认”按钮，当前报表显示为 9 行 6 列的表格样式。

提示：

◆ 如果需要增加行或列，当前应当处于格式状态，然后在编辑菜单项下的“插入”或“追加”功能进行操作。

◆ 如果需要增加表页，则当前表格应当处于数据状态，然后在编辑菜单项下的“插入”或“追加”功能进行操作。

（二）画表格线

选中“A3:F8”单元格区域，执行“格式—区域画线”命令，打开“区域画线”对话框。默认画线类型中的“网线”，单击“确认”按钮，所选区域已画上表格线，如图 12-3 所示。

提示：表格线可在“格式—单元属性”中的“边框”选项卡中进行设置。

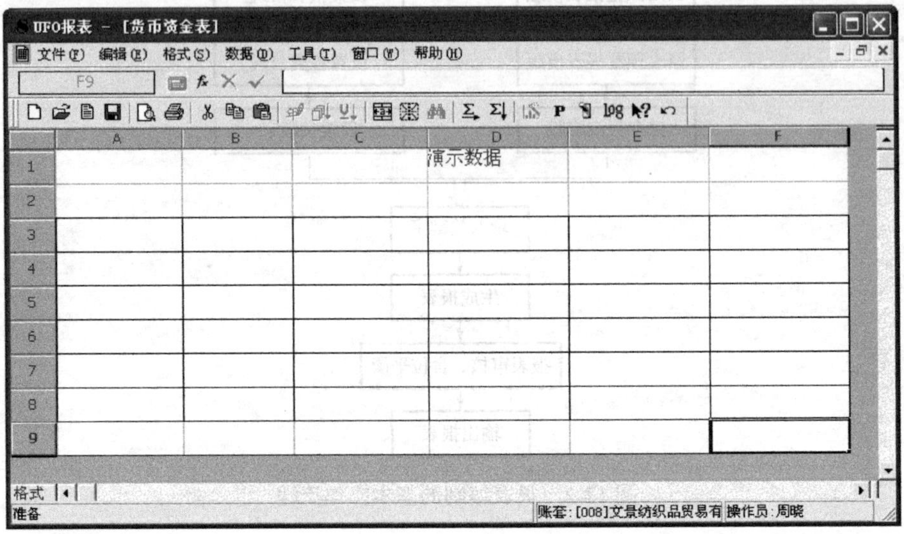

图 12-3　表格画线

（三）定义报表标题组合单元

（1）选中“A1:F1”单元格区域，执行“格式—组合单元”命令，打开“组合单元”对话框。

（2）单击“整体组合”按钮，该单元格区域即合并成一个单元格。

（四）录入报表文字项目

在当前表格中录入表 12-1 所示文字内容。

提示：报表项目是指报表文字内容，主要包括表头信息、表体内容和表尾信息，关键字不属于报表文字项目，不在此设置和录入。

（五）设置单元格式

1. 设置标题单元格格式

（1）选中标题单元格，执行“格式—单元属性”命令，打开“单元格属性”对话框。单击“字体图案”选项卡，可以在此进行字体、字型、字号及单元格前景和背景颜色设置。这里字体设置为“黑体”，字型为“粗体”，字号为“18”，前景色自选。

（2）单击“对齐”选项卡，水平方向和垂直方向对齐方式均选择“居中”，单击“确定”按钮，完成标题单元属性设置。

（3）执行“格式—行高”命令，可对该单元格进行行高设置，行高的单位为“毫米”，

设置行高为15毫米。

（4）执行“格式—列宽”命令，设置列宽为30毫米。

提示：行高和列宽也可在格式状态通过移动行或列之间的分隔线进行调整。

2. 设置其他单元格格式

（1）选中“A3:F8”区域，依据上述方法设置该区域字体图案为“宋体”“粗体”“12”，水平和垂直方向对齐方式均为“居中”。

（2）通过移动行和列之间的分隔线适当调整行高和列宽。

（3）设置F2单元格水平、垂直方向对齐方式为“居中”，F9单元格水平方向对齐方式为“自动”、垂直方向对齐方式为“居中”。

（4）选中“C4:F8”区域，执行“格式—单元属性”命令，设置其单元格类型为“数值”型，小数位为“2”。单击“确定”按钮退出。

提示：

◆ 格式状态下输入数据（包括文字、符号等信息）的单元均默认为表样单元，未输入数据的单元均默认为数值单元。

◆ 在数据状态下可输入数值，如果需要在数据状态下输入字符，必须将单元格数据类型定义为“字符型”。

◆ 字符单元和数值单元的内容只对本表页生效，表样单元的内容对所有表页都有效。

二、报表数据处理

（一）设置关键字

（1）在格式状态，组合A2:C2单元格后选中该组合单元，执行“数据—关键字—设置”命令，打开“设置关键字”对话框。选择“单位名称”单选按钮，再单击“确定”按钮，完成“单位名称”关键字设置。

（2）组合D2:E2单元格后，选中该组合单元，分别设置“年”和“月”关键字。

（3）执行“数据—关键字—偏移”命令，打开“定义关键字偏移”对话框。在“年”关键字栏输入“-30”，表示向左移动30个像素单位。单击“确定”按钮返回。

提示：

◆ 关键字的位置可以用偏移量来表示，负数值表示向左移，正数值表示向右移。在调整时，可以通过输入正或负的数值来调整。

◆ 关键字偏移量单位为像素。关键字偏移既可以在格式状态下操作也可以在数据状态下操作。

◆ 每个报表可以同时定义多个关键字。如果要取消关键字，在“数据—关键字—取消”功能下完成。

（二）设置报表公式

（1）选定需要定义公式的单元“C4”，即“库存现金”的期初数，执行“数据－编辑公式－单元公式”菜单项或直接单击工具栏中的“fx”公式按钮，打开“定义公式”对话框。

单击“函数向导”按钮，打开“函数向导”对话框。选择左侧的“函数分类”列表框下的“用友账务函数”选项，再选择右边“函数名”列表框下的“期初（QC）”选项。

（2）单击“下一步”按钮，打开“用友账务函数”对话框。单击“参照”按钮，打开“账务函数”对话框。选择科目“1001”，其他使用默认值。单击“确定”按钮返回“用友账务函数”对话框。再单击“确定”按钮，“定义公式”对话框中显示已定义公式，如图 12-4 所示。

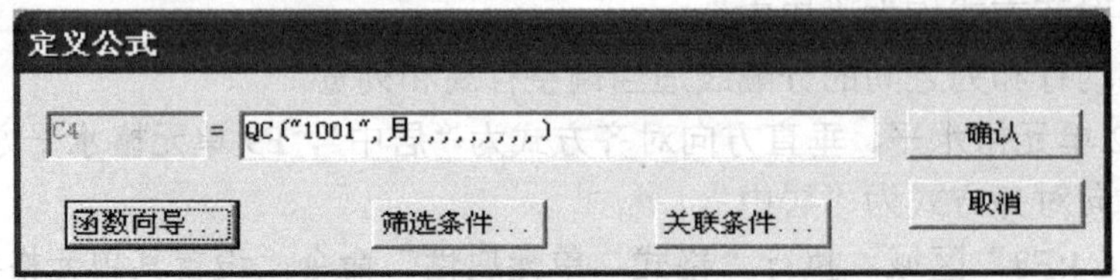

图 12-4　库存现金期初数定义公式

（3）单击“确认”按钮带回公式，C4 单元格中出现“公式单元”字样，公式内容显示在格式工具栏上的公式栏中。

（4）同理，依据上述步骤，完成 C5、C6、C7 单元格取数公式的设置。

（5）选定需要定义公式的单元“D4”，即“库存现金”的本期收入栏，执行 “数据－编辑公式－单元公式”命令，选择“用友账务函数”下的“发生（FS）”函数，单击“下一步”按钮，打开“用友账务函数”对话框。单击“参照”按钮，打开“账务函数”对话框。选择科目“1001”，其他使用系统默认值，再单击“确定”按钮返回“用友账务函数”对话框。继续单击“确定”按钮，“定义公式”对话框中显示已定义公式，如图 12-5 所示。

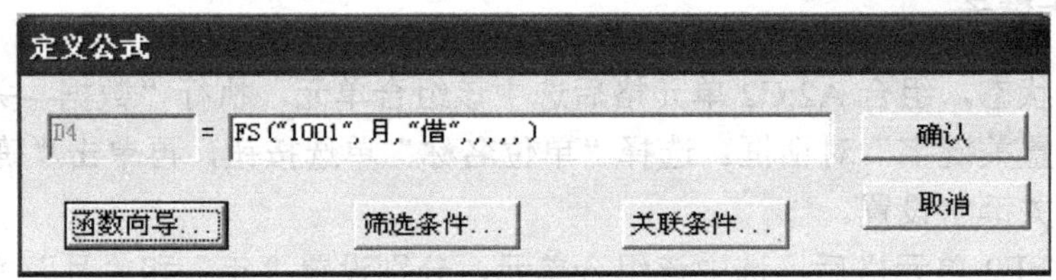

图 12-5　库存现金本期收入定义公式

（6）同理，依据上述步骤，完成 D5、D6、D7 单元格取数公式的设置。

（7）选定需要定义公式的单元“E4”，即“库存现金”的本期支出栏，执行 “数据－编辑公式－单元公式”命令，选择“用友账务函数”下的“发生（FS）”函数（方向为贷）。

（8）同理，依据上述步骤，完成 E5、E6、E7 单元格取数公式的设置。

（9）选定需要定义公式的单元“F4”，即“库存现金”的期末数，执行 “数据－编辑公式－单元公式”命令，选择“用友账务函数”下的“期末（QM）”函数，如图 12-6 所示。

图 12-6　期末数公式定义

（10）同理，完成 F5、F6、F7 单元格取数公式的设置。

（11）选中 C8 单元格，单击工具栏中的“fx”公式按钮，打开“定义公式”对话框，在公式文本框内输入“C4+C5”。单击“确认”按钮带回公式。

（12）设置 D8 单元格计算公式：D8=D4+D5。同理设置 E8、F8 单元格计算公式。

提示：

◆ 单元公式中涉及的符号均为英文半角字符。

◆ 除执行 “数据－编辑公式－单元公式”菜单项，单击“fx”按钮或按“=”键，都可打开“定义公式”对话框。

（三）生成报表

（1）在“制表人”栏填上“周晓”。单击报表底部左下角处的“格式/数据”按钮，系统提示“是否确定全表重算？”，单击“是”按钮，这时报表显示为数据状态。

（2）单击 A2 单元格，执行“数据—关键字—录入”命令，打开“录入关键字”对话框。在“单位名称”栏录入“文景纺织品贸易有限责任公司”，在“年”栏录入“2019”，在“月”栏录入“6”。单击“确认”按钮，系统提示“是否重算第 1 页？”，单击“是”按钮，系统自动生成“货币资金表”，如图 12-7 所示。

货币资金表

单位名称：文景纺织品贸易有限责任公司　　2019 年 6 月单位：元

项目	行次	期初数	本期收入	本期支出	期末数
库存现金	1	13315.82	248.60	3890.16	9674.26
银行存款	2	367773.93	174413.32	477068.00	65119.25
—工行存款	3	367773.93	174413.32	477068.00	65119.25
—中行存款	4				
合计	5	381089.75	174661.92	480958.16	74793.51

制表人：周晓

图 12-7　货币资金表

（四）报表审核

（1）在报表“格式”状态，执行“数据—编辑公式—审核公式”命令，打开“审核公式”对话框。在该对话框“审核关系”文本框内录入审核公式：

F4=C4+D4-E4，

F5=C5+D5-E5，

F6=C6+D6-E6，

F7=C7+D7-E7，

F8=C8+D8-E8

MESS"期末数<>期初数+本期收入-本期支出"

（2）单击“确定”按钮返回，切换至“数据”状态，执行“数据—审核”命令。如果窗口左下角状态栏系统提示“完全正确！”信息，说明审核通过，否则审核未通过。

（五）舍位平衡设计

（1）切换至“格式”状态，执行“数据—编辑公式—舍位公式”命令，打开“舍位平衡公式”对话框。在该对话框录入相关内容，如图 12-8 所示。单击“完成”按钮返回。

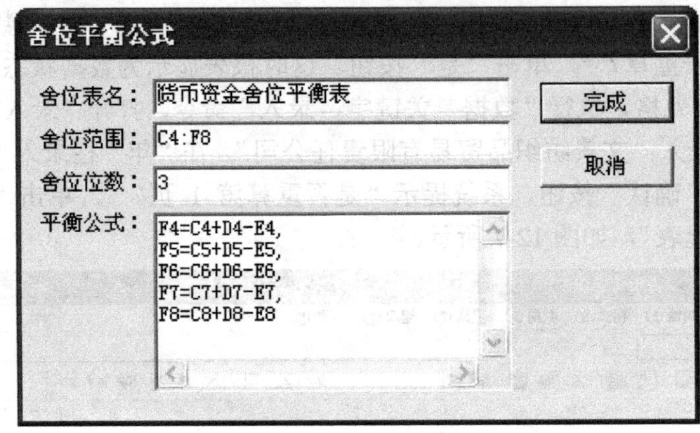

图 12-8　舍位平衡公式设计

提示：

◆ 舍位平衡表名不能和当前表名相同，因为舍位后会生成一张单独的报表，默认保存在当前目录。舍位范围为需要舍位数据所在单元格范围。

◆ 舍位位数为 1～8 位。当舍位位数为 1 时，舍位范围内数据除以 10；当舍位位数为 2 时，除以 100，以此类推。

◆ 每个公式一行，各公式之间用逗号隔开，最后一条公式则不加逗号。

◆ 公式中只能使用“+、-”，公式等号的左边只能为一个单元。

（2）修改 F2 单元格中单位“元”为“千元”。切换至“数据”状态，执行“数据—舍位平衡”命令，即生成一张舍位平衡表，如图 12-9 所示。单击“保存”按钮保存该报表。

UFO报表 - [货币资金舍位平衡表]

	A	B	C	D	E	F
1	货币资金表					
2	单位名称：文景纺织品贸易有限责任公司				2019 年 6 月单位：千元	
3	项目	行次	期初数	本期收入	本期支出	期末数
4	库存现金	1	13.31	0.25	3.89	9.67
5	银行存款	2	367.77	174.41	477.08	65.12
6	一工行存款	3	367.77	174.41	477.08	65.12
7	一中行存款	4				
8	合计	5	381.09	174.66	480.96	74.79
9						制表人：周晓

图 12-9　舍位平衡表

任务 2　利用模版编制报表

学习任务

2019 年 6 月 30 日，由会计周晓编制本公司 2019 年 6 月“资产负债表”和“利润表”。

任务分析

本任务是月末对外资产负债表和利润的编制，会计周晓可以调用 UFO 报表系统提供的报表模版，在此基础上设置资产负债表和利润表的格式与生成报表。

知识准备

在财务报表系统中，一般都预置了分行业的常用会计报表格式，称为报表模版。每个模版中都详细设计了报表格式与公式，以供核算单位调用。核算单位可以报表模版为基础，进行适当调整与修改，使之符合本单位的核算要求，实现本单位财务报表的快速编制。

任务实施

一、编制“资产负债表”

（1）会计周晓在 UFO 报表系统创建新报表并保存为文件名“资产负债表”。

（2）执行“格式—报表模版”命令，打开“报表模版”对话框。行业选择“2007 年新会计制度科目”，报表选择“资产负债表”。单击“确认”按钮，系统提示“模版格式将覆盖本

表格式！是否继续？”，单击“确定”按钮，打开“资产负债表”模版。

（3）单击选中 A3 单元格，删除该单元格信息，并将“单位名称”设置为本表关键字。

（4）单击报表底部左下角“格式/数据”按钮，系统提示“是否确定全表重算？”，单击“是”按钮，使当前状态为“数据”状态。单击工具栏中的“数据—计算时提示选择账套”菜单项。

（5）执行“数据－关键字－录入”命令，打开“录入关键字”对话框。输入单位名称为“文景纺织品贸易有限责任公司”，年为“2019”，月为“6”，日为“30”。

（6）单击“确认”按钮。系统弹出企业应用平台登录界面。在操作员栏录入“802”，密码录入所设密码，选择账套“008”，再单击“登录”按钮，系统自动根据单元公式计算生成 2019 年 6 月资产负债表数据，如图 12-10 所示。单击“保存”按钮，保存生成的资产负债表。

演示数据

资产负债表

会企01表

单位名称：文景纺织品贸易有限责任公司019 年　6 月　30 日　单位:元

资　　产	行次	期末余额	年初余额	负债和所有者权益（或股东权益）	行次	期末余额	年初余额
流动资产:				流动负债:			
货币资金	1	74,793.51	450,592.44	短期借款	32		
应收账款	4	12,749.76	43,284.76	应付账款	35		25,875.00
应收股利	7			应交税费	38	8,542.06	22,901.69
存货	9	280,779.00	349,097.00	应付股利	40		
一年内到期的非流动资产	10			其他应付款	41	29,637.00	13,764.00
流动资产合计	12	368,322.27	842,974.20	其他流动负债	43		
非流动资产:				流动负债合计	44	107,986.06	253,491.95
固定资产	18	1,448,772.56	1,267,909.72	预计负债	49		
固定资产清理	21			非流动负债合计	52		
生产性生物资产	22			负债合计	53	107986.06	253491.95
油气资产	23			所有者权益（或股东权益）:			
无形资产	24			实收资本（或股本）	54	1,800,000.00	1,800,000.00
开发支出	25			资本公积	55		
商誉	26			减：库存股	56		
长期待摊费用	27			盈余公积	57	33,156.00	33,156.00
其他非流动资产	29			所有者权益（或股东权益)合计	59	1,709,108.77	1,857,391.97
非流动资产合计	30	1448772.56	1267909.72				
资产总计	31	1817094.83	2110883.92	负债和所有者权益(或股东权益)总计	60	1,817,094.83	2,110,883.92

图 12-10　6 月资产负债表

二、编制“利润表”

（1）会计周晓（802）在 UFO 报表系统新建报表并保存为“利润表”。

（2）执行“格式－报表模版”命令，打开“报表模版”对话框。行业选择“2007 年新会计制度科目”，报表选择“利润表”选项。单击“确认”按钮，系统提示“模版格式将覆盖本表格式！是否继续？”，单击“确定”按钮，打开“利润表”模版。

（3）单击选中 A3 单元格，删除该单元格信息，将“单位名称”设置为本表关键字。

（4）单击报表底部左下角“格式/数据”按钮，系统提示“是否确定全表重算？”，单击“是”按钮，使当前状态为“数据”状态。单击“数据—计算时提示选择账套”菜单项。

（5）执行“数据—关键字—录入”命令，打开“录入关键字”对话框。输入单位名称为“文景纺织品贸易有限责任公司”，年为“2019”，月为“6”。

（6）单击“确认”按钮，系统提示“是否重算第 1 页？”，单击“是”按钮，系统弹出企业应用平台登录界面。登录成功后系统自动生成利润表，如图 12-11 所示。单击“保存”按钮，保存生成的利润表。

利润表

会企02表

单位名称：文景纺织品贸易有限责任公司　　2019 年　　6 月　　单位:元

项　　目	行数	本期金额	上期金额
一、营业收入	演示数据	145,400.00	
减：营业成本	2	91,890.00	
营业税金及附加	3	836.09	
销售费用	4	73,378.80	
管理费用	5	198,313.96	
财务费用	6	655.40	
资产减值损失	7		
加：公允价值变动收益（损失以“-”号填列）	8		
投资收益（损失以“-”号填列）	9		
其中：对联营企业和合营企业的投资收益	10		
二、营业利润（亏损以“-”号填列）	11	-219674.25	
加：营业外收入	12		
减：营业外支出	13	785.20	
其中：非流动资产处置损失	14		
三、利润总额（亏损总额以“-”号填列）	15	-220459.45	
减：所得税费用	16		
四、净利润（净亏损以“-”号填列）	17	-220459.45	
五、每股收益：	18		
（一）基本每股收益	19		
（二）稀释每股收益	20		

数据　第1页

图 12-11　6 月利润表

（7）单击“关闭”按钮退出当前窗口。

技能训练

完成“财务分析简表”的编制，如表 12-4 所示。

表 12-4　财务分析简表

编制单位：　　　　　　年　　月

财务指标项目	财务指标名称	本 期 数 值
偿债能力	流动比率(流动资产/流动负债)	
	速动比率(流动资产-预付款项-存货/流动负债)	
	资产负债率(总负债/总资产)	
盈利能力	销售净利率(净利润/营业收入)	
	权益净利率(净利润/股东权益)	
营运能力	应收账款周转率(营业收入/平均应收账款)	
	总资产周转率(营业收入/平均资产)	

提示：

◆ 设置单元公式前需要将已编制的资产负债表和利润表报表文件保存至相关文件夹(此处为 D:\008\report)，在取数时需要将报表文件所在路径完整列出。

◆ 财务分析简表相应单元格公式定义参考表 12-5，生成报表结果参考图 12-12。

表 12-5　财务分析简表单元格公式定义

财务指标名称	计 算 公 式	单元格公式
流动比率	流动资产/流动负债	"D:\008\report\资产负债表.rep"->c18/"D:\008\report\资产负债表.rep"->g19
速动比率	（流动资产-预付款项-存货）/流动负债	("D:\008\report\资产负债表.rep"->c18-"D:\008\report\资产负债表.rep"->c11-"D:\008\report\资产负债表.rep"->c15)/"D:\008\report\资产负债表.rep"->g19
资产负债率	总负债/总资产	"D:\008\report\资产负债表.rep"->g29/"D:\008\report\资产负债表.rep"->c38
销售净利率	净利润/营业收入	"D:\008\report\利润表.rep"->c21/"D:\008\report\利润表.rep"->c5
权益净利率	净利润/股东权益	"D:\008\report\利润表.rep"->c21/"D:\008\report\资产负债表.rep"->g36
应收账款周转率	营业收入/（期初应收账款+期末应收账款）/2	"D:\008\report\利润表.rep"->c5/("D:\008\report\资产负债表.rep"->c10+"D:\008\report\资产负债表.rep"->d10)/2
总资产周转率	营业收入/（期初总资产+期末总资产）/2	"D:\008\report\利润表.rep"->c5/("D:\008\report\资产负债表.rep"->c38+"D:\008\report\资产负债表.rep"->d38)/2

财务分析简表

企业财务指标分析简表

单位名称：文景纺织品贸易有限责任公司　　2019 年　6 月

财务指标项目	财务指标名称	本期数值
偿债能力	流动比率(流动资产/流动负债)	341.08%
	速动比率(流动资产-预付款项-存货/流动负债)	81.07%
	资产负债率(总负债/总资产)	5.94%
盈利能力	销售净利率(净利润/营业收入)	-151.62%
	权益净利率(净利润/股东权益)	-12.90%
营运能力	应收账款周转率(营业收入/平均应收账款)	129.74%
	总资产周转率(营业收入/平均资产)	1.85%

数据　第1页

图 12-12　企业财务指标分析简表

◆ 取数公式“"D:\008\report\资产负债表.rep"->c18”代表的含义为：取“D:\008\report”路径下“资产负债表.rep ”文件中 C18 单元格的数值。

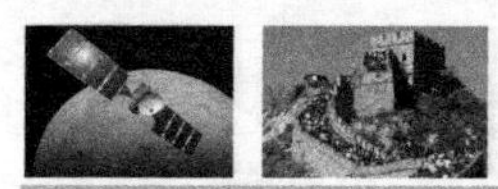

思考与练习

一、单选题（请将备选答案中唯一正确答案的字母填在括号内）

1．下列报表中不在账务处理系统中编制和输出的是（ ）。

A．资金日报表 B．科目汇总表 C．试算平衡表 D．资产负债表

2．UFO报表系统在定义公式单元时属于不能默认必须输入的是（ ）。

A．账套号 B．会计年度 C．科目编码 D．科目的借贷方向

3．舍位公式输入时，需要在“舍位位数”栏输入3，其含义是（ ）。

A．舍位区域中的所有单元数据都除以3

B．舍位区域中的所有数据保留小数点后3位

C．舍位区域所有数据小数点都向右移动3位

D．舍位区域中的所有单元数据都除以1000

4．对于所有表页，设置B9单元格的值等于B1单元格到B8单元格的总和，公式为（ ）。

A．B9=SUM（B1：B8） B．B9=PTOTAL（B1：B8）

C．B9=“累计”（B1：B8） D．B9=B1+. . . B8

5．UFO报表中同一报表文件的表页可以是（ ）。

A．不同格式不同数据 B．不同格式同样数据

C．相同格式不同数据 D．相同格式相同数据

6．取总账系统指定科目的本期数量发生额，应当选择函数（ ）。

A．FS() B．SFS() C．WFS() D．SJE()

7．函数QM("5301",月,"借","778",,,,,,,)中的“778”表示（ ）。

A．778号总账账套 B．778号固定资产账套

C．778号工资账套 D．778号科目

8．下列公式中正确的表取数公式是（ ）。

A．C3:D10='资产负债表'-〉C3:D10@1

B．C3:D10=资产负债表-〉C3:D10@1

C．C3:D10="资产负债表"->C3:D10@1

D．C3:D10='资产负债表．REP'->C3:D10@1

9．以下格式正确的审核公式是（ ）。

A．C43=G43 MESS '期初资产总计与负债及权益总计不等！'

B．C43=G43 MESS 期初资产总计与负债及权益总计不等！

C．C43=G43 MESS [期初资产总计与负债及权益总计不等！]

D．C43=G43 MESS "期初资产总计与负债及权益总计不等！"

10．UFO生成报表中有公式的单元数据发现错误时，正确的修改方法是（ ）。

A．直接键入正确的数据 B．返回格式状态修改数据

C．返回格式状态修改公式 D．直接修改公式

11．UFO 报表进行舍位计算时，正确的操作方法是（　　）。

A．在数据状态下执行舍位操作

B．在格式状态下编制舍位公式，在数据状态下执行舍位操作

C．在报表计算时，同时进行舍位计算

D．在表页重算时，同时执行舍位计算

12．欲将关键字位置向左调整时，正确的数据输入方法是（　　）。

A．左 10　　B．−10　　C．10　　D．0

13．如果报表系统中取不到总账数据或数据出错，以下不是必然出错原因的是（　　）。

A．总账中凭证未记账　　B．关键字录入错误

C．公式定义错误　　D．账套选择错误

14．报表系统增加表页操作在（　　）进行。

A．格式状态　　B．数据状态

C．格式或数据状态　　D．编辑菜单下选择插入表页

15．求单元平均值的运算函数是（　　）。

A．SUM()　　B．MIN()　　C．AVG()　　D．MAX()

16．在 UFO 报表系统中，对报表进行钩稽关系检查可以通过（　　）操作完成。

A．单元公式　　B．舍位公式　　C．批命令　　D．审核公式

二、多选题（每个小题有两个或两个以上正确答案，请将所选答案的字母填在括号内）

1．以下属于 UFO 报表的单元类型的有（　　）。

A．字符型　　B．表样型　　C．数值型　　D．逻辑型

2．以下正确选择区域的方法是（　　）。

A．选择区域左上角单元，按住 Ctrl 键，单击区域右下角单元

B．在区域左上角单元按住鼠标左键，拖曳至区域右下角单元释放

C．单击区域左上角单元，按住 Shift 键，单击右下角单元

D．选择区域左上角单元，按住 Alt 键，单击区域右下角单元

3．下列操作在报表的格式状态下进行的是（　　）。

A．定义单元风格　　B．追加表页　　C．定义组合单元　　D．画表格线

4．在编制 UFO 报表时，可用（　　）方式设置表格线。

A．套用格式　　B．区域画线　　C．单元属性　　D．区域填充

5．如果选择 A1:C1 区域定义组合单元，应采用 R 组合方式为（　　）。

A．整体组合　　B．按列组合　　C．按行组合　　D．取消组合

6．在 UFO 系统中，对生成的报表文件可以用（　　）方法防止修改。

A．隐藏文件　　B．对文件进行加密

C．对格式进行加密　　D．强制备份

7．单元公式输入方法可以是（　　）。

A．按“=”键输入公式　　B．在编辑框中输入“=”和公式

C．双击单元格输入公式　　D．单击“fx”按钮，输入公式

8．报表审核公式是报表数据之间关系的检查公式，主要作用是（　　）。
A．报表数据来源定义中，审核报表的合法性
B．报表数据生成后，审核报表数据的正确性
C．报表数据来源定义完成后，审核报表的合法性
D．报表数据生成中，审核报表数据的正确性
9．下列操作在报表的数据状态下进行的是（　　）。
A．舍位平衡计算　　B．录入关键字计算结果
C．定义报表公式　　D．设定表单元属性
10．在 UFO 报表中，舍位平衡公式需要确定（　　）。
A．舍位单元　　B．舍位表名　　C．舍位位数　　D．舍位区域
11．用 UFO 报表系统生成报表数据时，前提条件是（　　）。
A．已经输入审核公式　　B．手工输入关键字
C．已经设置好报表格式　　D．已经输入舍位公式
12．要想改变设置好的UFO 报表尺寸，可以（　　）。
A．在数字状态下执行插入表页操作
B．在格式状态下执行插入行或列操作
C．在格式状态下执行追加行或列操作
D．在数字状态下执行追加表页操作
13．为保证 UFO 报表与总账的对应关系，可以（　　）。
A．进入 UFO 时，选择正确的账套
B．在取数函数中指定账套号
C．在数据状态下选中“数据”菜单的“计算时提示选择账套”
D．将报表文件与总账文件放在同一路径下
14．报表格式设置的基本内容一般包括（　　）。
A．设置报表尺寸　　B．定义行高列宽　　C．画表格线　　D．定义单元属性
15．UFO 报表系统中提供的关键字有（　　）。
A．单位名称　　B．单位编号　　C．年、月、日　　D．季
16．报表系统中报表公式主要有（　　）。
A．审核公式　　B．合并报表公式
C．舍位平衡公式　　D．报表单元公式
17．下面（　　）操作必须在 UFO 报表数据状态下完成。
A．审核操作　　B．表页重算　　C．设置关键字　　D．定义舍位公式
18．UFO 报表的自动求和可以分为（　　）。
A．格式状态下的自动求和，生成自动求和公式
B．数据状态下的自动求和，生成自动求和公式
C．数据状态下的自动求和，生成自动求和数值
D．格式状态下的自动求和，生成自动求和数值
19．在 UFO 报表中，统计函数包括（　　）。

A．合计函数　　B．平均值函数　　C．计数函数　　D．最大值函数

20．UFO 报表的数据处理包括（　　）。

A．生成报表数据　　B．数据采集　　C．审核报表数据　　D．舍位平衡操作

三．判断题（正确的在题后的括号内打“√”，错误的在题后的括号内打“×”）

1．用友 UFO 报表系统是报表事务处理的工具。（　　）

2．在格式状态下录入的数据单元都是表样型。（　　）

3．UFO 报表可直接在格式状态下获取总账数据。（　　）

4．在 UFO 报表的格式状态下可以进行删除表页的操作。（　　）

5．*.MDB 文件、*DBF 文件的数据可以导入 UFO 系统中。（　　）

6．在报表数据状态下可以进行格式加锁。（　　）

7．在 UFO 中只能从总账中提取财务数据。（　　）

8．审核公式只能验证当前表页中数据的钩稽关系。（　　）

9．UFO 中关键字偏移量为负数，则表示关键字的位置向左偏移的距离。（　　）

10．在 UFO 报表系统中，关键字可以在格式状态下自定义。（　　）

11．在数据状态下可以修改 UFO 报表的审核公式。（　　）

12．在单元公式存在的情况下，不能直接录入数据。（　　）

13．报表系统中提供的报表模版是不能再修改的。（　　）

14．执行 UFO 舍位操作后，工作界面显示的报表是生成的舍位报表。（　　）

15．UFO 报表的所有数据单元都可以联查明细账。（　　）

参考文献

[1] 张莉莉，李吉梅，张莉. 企业财务业务一体化实训教程（用友 ERP-U8.72 版）[M]. 北京：清华大学出版社，2013.

[2] 庞莉. 会计电算化[M]. 北京：中国劳动社会保障出版社，2009.

[3] 王海洪，李霞林. 会计信息化[M]. 北京：机械工业出版社，2011.

[4] 刘大斌，李吉梅，万新焕. 财务业务一体化实训教程（用友 U8V10.1 微课版）[M]. 北京：清华大学出版社，2018.

反侵权盗版声明

举报电话：（010）88254396；（010）88258888

传　　真：（010）88254397

E-mail：　dbqq@phei.com.cn

通信地址：北京市海淀区万寿路 173 信箱

电子工业出版社总编办公室

邮　　编：100036